KB126761

대한민국의 역사교육과정 2

〈총서 간행위원회〉

위원장 박재영(역사와교육학회 부회장/대구대학교 자유전공학부 교수)

위 원 조성운(역사와교육학회장/동국대학교 역사교육과 대우교수)

허은철(역사와교육학회 학술이사/총신대학교 역사교육과 교수)

신선혜(역사와교육학회 학술이사/호남대학교 교양학부 교수)

간 사 이주희(동국대학교 일반대학원 박사과정 수료)

역사와 교육학회 총서 2

대한민국 역사교육과정 2
제3차 교육과정-제4차 교육과정

초판 1쇄 발행   2024년 01월 15일

지은이   김한종 · 조성운 · 이정빈
황인규 · 한철호 · 신선혜 · 장희흥
엮은이   역사와교육학회 · 동국대학교 역사교과서연구소
펴낸이   윤관백
펴낸곳   선인
등 록   제5-77호(1998.11.4)
주 소   서울시 양천구 남부순환로 48길 1(신월동 163-1) 1층
전 화   02)718-6252/6257 | 팩 스   02)718-6253
E-mail   suninbook@naver.com

정 가   24,000원
ISBN   979-11-6068-870-2 94900
ISBN   979-11-6068-873-3 (세트)

* 잘못된 책은 바꿔 드립니다.

역사와교육학회 총서 2

대한민국의 역사교육과정

김한종 · 조성운 · 이정빈
황인규 · 한철호 · 신선혜 · 장희흥 지음

역사와교육학회 · 동국대학교 역사교과서연구소 엮음

2

제3차 교육과정 - 제4차 교육과정

선인

일반적으로 교육정책은 국가 권력에 의하여 지지되는 교육이념, 또는 이를 구현하는 국가적 활동의 기본방침이나 지도원리를 의미한다. 교육 정책은 종합적으로 자라나는 2세들에게 있어서 실시되는 교육이 어떠해야 하는가 하는 문제를 밝히는 것으로서, 교육의 목적·내용·방법·조직· 경영의 모든 부문에 걸치는 시책을 포함한다. 또한 교육정책은 광범위하게 여러 방면에 관련되는 문제이므로 그 결정·수립 과정이 중시되지 않으면 안 되는데, 이는 법적 절차의 문제와 정책 결정에 누가 참여하느냐 하는 문제로 나타난다.

아울러 교육에 대하여 국가나 지방공공단체가 강력히 관여하는 체제에서는 교육정책이 교육행정과 불가분의 관계에 있으므로 정책결정에서도 교육행정기관의 영향력이 크게 작용한다. 집권 세력의 교육정책 결정에 있어 실질적 권한이 특정 기관으로 집중되기도 하고, 때로는 정책의 타당성을 잃는 경우도 있기 때문에 국민 전체의 의사를 반영하기 위하여 교육과정 심의회와 같은 자문기관을 설치하기도 한다. 또한 교육과정은 교육목표를 달성하기 위한 다양한 교육 활동의 기준을 체계적으로 선정하고 조직하며, 이를 실행하는 과정과 성취한 결과를 포함하는 일련의 계획이라 할 수 있다. 교육과정의 중요성에 비추어 볼 때, 교육과정 개정은 국가적 차원에서 신중한 판단과 절차에 의해서 이루어져야 한다. 하지만 한국의 교육과정 개정은 현재까지 정권의 통치 이데올로기와 홍보 그리고 행정적 편의에 의해 이루어져 온 측면이 없지 않았으며, 그 결과 정권의 이념적 성향에 따라 교육과정의 강조점이 달라지기도 하였다.

그렇다면 논의의 주제를 역사교육에 맞추어 보자. 개체로서의 인간은 또한 운명 공동체적 성격을 지닌 민족의 한 구성원이다. 그러기에 개체로서의 인간 완성에 노력하는 한편, 전체의 하나로서 민족 또는 인류 사회의 복지증진을 위하여 이바지할 수 있는 태도와 능력을 길러야 한다. 즉, 건전한 민족의식과 애국심, 또는 인류애의 정신을 체득하고 이의 달성을 위하여 헌신할 수 있어야 한다. 역사교육은 이러한 관점에서 반드시 요청되는 것이다. 역사교육의 목적은 첫째 역사학습을 통하여 민족의 전통과 문화에 대한 긍지를 제고하고, 둘째 국사교육과 아울러 세계사교육을 통하여 국제 이해력을 증진·배양하며, 셋째 역사적인 사고력과 판단력을 육성하여 바람직한 역사인식을 확립하는데 있다.

학생들이 지식을 습득하는데 있어서 많은 부분이 학교교육을 통해서 이루어진다. 또한 학교교육에서 교과서는 아직도 중요한 위치를 차지하고 있고 또 가까운 장래에도 계속 그럴 것이다. 이것은 학생들이 학교에서 배우는 다른 나라와 문화에 대해 갖게 되는 지식, 이미지, 관점에 아직도 교과서가 중요한 영향을 미친다는 것을 의미한다. 그러한 이유로 교과서 개선을 위한 노력은 국내뿐 아니라 전 세계적으로 이루어지고 있는 것이다.

학교 현장에서의 역사교육은 역사교과서를 기본 텍스트로 진행되지만, 역사교과서의 체제와 내용의 구성에는 교육 당국의 교육목표와 교육 내용, 교과서 집필자의 주관적 역사인식이 개입된다. 아울러 수업 현장에서 교육의 담당자인 교사의 역사인식 또한 교과서의 내용과는 별개로 역사수업에 학생들에게 영향을 끼친다. 이렇게 학교 현장에서는 역사교과서라는 텍스트를 가지고 학생들을 대상으로 역사수업이 이루어지지만, 거기에는 역사교육에 관여하고 있는 여러 주체들의 주관이 필연적으로 개입될수밖에 없다. 결국, 학생들은 역사교과서를 텍스트로 수업에 임하지만 학생들의 의식 속에 형성되는 역사적 사건이나 인물, 그리고 타 민족이나 국가에 대한 이미지는 교과서뿐만 아니라 교과서 외적 요인들, 아니 보다 구체적으로 말하자면 교과서를 중심으로 한 여러 주체들(교육당국자, 교과서 집필자, 교사)의 역사인식이 개입된 결과물이라고 할 수 있는 것이다.

역사교과서는 역사교육의 가장 기본이 되는 교재이며, 자라나는 2세들에게 그들이 속한 민족이나 국가에 대한 정체성과 국가관, 세계관을 형성하는데 영향을 끼치는 공교육에 있어서 매우 중요한 매개체라 할 수 있다. 그러나 역사적으로 볼 때, 역사교과서는 민족이나 국가 간의 불화와 대립, 적개심을 불러일으키고, 국제적 분쟁을 조장하는데 일정한 역할을 해왔음도 주지의 사실이다. 특히, 동아시아 지역 국가들의 경우, 학교교육에서 교과서가 차지하는 비중은 유럽이나 미국에 비해 훨씬 큰 것으로 알려져 있다. 이것은 다시 말해서, 다른 나라, 다른 문화에 대한 학생들의 이미지나 태도형성에 교과서가 구미 제국의 경우보다 더욱 큰 영향을 준다는 것을 의미한다. 게다가 동아시아 국가들에서 교과서는 가치판단의 준거대상이 되는 문헌으로서의 권위를 가지는 경향이 있는데, 이는 학교교육을 받고 사회에 진출한 일반인들이 갖는 타국, 타문화에 대한 이미지에도 영향을 끼칠 수 있음을 의미한다.

위와 같이 한 국가의 교육정책은 교육과정을 통해서 구체화 되며, 교육과정은 다시 교과별로 세분화된다. 그중에서 역사교육과정은 자라나는 2세들의 국가관이나 역사관을 형성하는데 중요한 역할을 하고 있으며, 역사교과의 운영방식, 교과서 발행제도, 교과서의 단원 및 내용구성 등이 국가에 의해 강하게 통제되는 경향을 보인다. 즉, 역사교과서의 내용은 대부분 '역사교육과정'에 의해 결정된다. 그리고 지구상의 거의 모든 나라에서 교과서는 국가의 인허가에 의해서 학교수업의 정식 교재로 채택된다. 여기에서 문제가 되는 것은 국가는 어떠한 형태로든지 역사교육에 개입하고 있다는 점이다.

그렇다면 1945년 해방 이후 대한민국의 역사교육과정은 교수요목기에서 2022년 개정교육과정까지 어떠한 논의와 결정을 거쳐 그 의미와 내용이 변화됐을까. 자유당 정권, 제2공화국, 제3공화국, 유신독재, 신군부 시대와 문민정부, 참여정부를 거쳐 오늘날에 이르기까지 대한민국의 역사교육은 자라나는 2세들의 역사 인식에 어떠한 영향을 끼쳤는가. 바로 그러한 문제의식을 느끼고 역사와교육학회는 동국대학교 역사교과서연구소와 더불어 지난 2015년부터 2021년까지 모두 일곱 차례 '대한민국의 역사교육과정(교수요목기~제6차 교육과정)'을 주제로 학술대회를 개최하였고, 학술대회에서 발표된 논문들은 저자들의 동의를 얻어 총 3권의 총서로 간행하게 되었다. 총서 1권(16편)은 교수요목기에서 제2차 교육과정까지, 총서 2권(9편)은 제3차~제4차 교육과정까지, 총서 3권(10편)은 제5차~제6차 교육과정까지를 다루고 있으며 총서 3권에 실린 논문은 총 35편이다. 총서 각 권의 프롤로그에서는 해당 교육과정이 형성되는 데 있어서 영향을 끼친 정치적·사회적·학문적 배경을 언급하면서 논문 저자들이 중점적으로 다루고 있는 주제와 접근방법, 그리고 내용들을 간략하게 소개하고 있다. 모쪼록 이번에 간행된 총서가 대한민국의 역사교육과정에 관심이 있는 독자 제위께 조그마한 도움이 되었으면 하는 바램이다.

마지막으로 학문연구와 교육에 바쁜 와중에도 옥고를 단행본으로 출간하는데 기꺼이 동의해 주신 저자 제위께, 그리고 출판시장이 불황임에도 총서 출간에 응해주신 윤관백 도서출판 선인 대표님과 편집부 장유진 선생님께 깊은 감사의 마음을 전한다.

2024년 1월 12일
역사와교육학회 총서간행위원장 박재영

국정화: 역사교육과 역사교과서의 정치도구화

1

이 책은 역사와교육학회와 동국대학교 역사교과서연구소가 2015년부터 2021년까지 매년 1회씩 공동 주최한 각 교육과정기 국사과 교육과정과 국사교과서에 대한 학술회의에서 발표되고, 역사와교육학회가 발행하고 있는 학회지 『역사와교육』을 비롯한 여러 학회지에 게재된 논문들을 수정, 정리하여 3권의 시리즈로 출판한 것 중 제2권이다. 물론 이 중에는 이 학술회의에서 발표되지 않은 논문을 필자의 동의를 얻어 수록한 것도 있다. 그 논문도 역사와교육학회와 동국대학교 역사교과서연구소의 활동 속에서 이루어진 것이므로 함께 묶어 출판하여도 이 학술회의의 취지를 크게 벗어나지는 않는다고 판단하였다.

역사교과서연구소는 역사와교육학회와 공동으로 해방 이후 교수요목기부터 역사교육과정의 흐름과 특징을 파악하기 위하여 지속적으로 학술회의를 추진하고 있으며 이 책에서 다루는 제3차 역사교육과정과 제4차 역사교육과정 관련 글들은 그 네 번째와 다섯 번째 결실이라 하겠다.

1972년 10월 유신 이후, '국적있는 교육'을 제창하며 실시된 제3차 교육과정은 한국이 처한 현실과 박정희 정부의 정책적 의지가 강조되면서 국민교육헌장 이념의 구현을 내세웠다. 따라서 제3차 교육과정은 자국사교육을 민족중흥을 위한 수단으로 변질시켰고, 세계사에서는 아시아사를 강조하였다. 이러한 역사교육의 방향 변화로 중·고등학교 국사가 사회과에서 독립 교과로 분리되었으며 필수과목이 되었다. 그러나 세계사의 경우 여전히 사회과 안에 존재 함으로써 국사와 세계사가 이원화되고 세계사 교육이 약해졌다. 그리고 유신 정권의 정당성을 확보하기 위해 국난극복을 강조하며 대외전쟁사 위주의 『시련과 극복』을 발간하기도 하였다.

제3차 교육과정의 가장 큰 특징은 교과서 발행체제가 국정이 되었다는 것이다. 이전에는 국정과 검정을 혼용하여 교과서를 발행했다면, 제3차 교육과정부터 국정 발행이 주를 이루었다. 특히 중학교 역사 교과서와 고등학교 국사 교과서는 전면적으로 국정체제로 발행되었다. 세계사 교과서는 검정체제를 유지하였지만, 한 종류의 교과서만 검정을 통과하면서 사실상 단일한 교과서였다.

국정교과서에 대한 사회와 학계의 문제 제기로 1978년 교과서 제도가 개정되었다. 이에 국정·검정·인정의 교과서 발행제도가 1종·2종·3종으로 바뀌었다. 그러나 교과서 연구개발을 전문연구기관이 맡았던 1종은 아쉽게도 기존의 국정교과서와 별다른 차이가 없었다. 한편 『시련과 극복』을 없애고 그 내용을 국사 교과서에 포함하면서 국사 교과서가 상권과 하권의 두 권으로 나뉘게 되었다.

제4차 교육과정은 1981년 12월 인간중심 교육과정의 이념을 바탕으로 종합적이며 복합적인 성격을 지향하였다. 이는 초·중·고등학교 교육과정 사이의 연계성이 강조되고 지식의 학문성과 유용성을 강조한 것이다. 그러나 종합적이고 복합적인 교육과정의 방향은 사회과에서 독립한 국사과를 사회과로 다시 통합하려는 움직임으로 나타났다. 제4차 교육과정기는 민족 자주성과 공동체 의식을 강조하는 교육 목표 및 이념을 표방했다는 점에서 민족주체성을 강조한 제3차 교육과정기와 약간의 차이를 보인다. 그리고 교육과정 개발이 한국교육개발원에 위탁되었다. 여전히 국사교과서의 경우 국정화 방향을 유지하였고, 신군부의 정치적 의도가 교과서에 포함되기도 하였다. 한편, 1982년 일본의 역사 교과서 왜곡 사건을 계기로 국사 교과서 곳곳에 남아있는 식민사학의 잔재를 청산하려는 움직임이 나타났다. 1986년 국사교육심의회가 구성되여 「국사 교과서 편찬 준거안」을 발표하였다. 이를 바탕으로 「국사 교과서 내용 전개의 준거안」이 만들어져 이후 국사 교과서 집필의 중요한 기준이 되었다.

세계사 교육의 경우 내용 면에서 아시아사를 강조하며 유럽사보다 먼저 서술하였고, '유럽 중심과 중국사 부중심'이라는 서술 체제에서 벗어나기 위해 서아시아사, 남아시아사를 보강하고 동남아시아와 아프리카사를 일부 포함하였다.

제4차 교육과정의 특이점은 민주화 운동의 확산으로 인해 정치의 역사교육 도구화가 비판받기 시작한 것이다. 1980년대 중반, 젊은 역사교사나 진보적인 역사학자들 중심으로 이데올로기적 역사교육을 비판하였다. 이들은 정권의 정당성과 반공 이데올로기를 강조한 한국 근·현대사 서술과 지배층 위주의 전근대사를 비판하였다. 이를 계기로 정치사와 사회사나 생활사가 강조되었다.

2

이 책은 제3차 교육과정기와 제4차 교육과정기의 역사교과서와 역사교육을 주제로 개최된 역사와교육학회 학술대회에서 발표된 글을 중심으로 구성되었다. 그 내용을 구체적으로 살피면 다음과 같다.

김한종은 '제3차 교육과정기의 교육이념과 인간상'을 검토하였다. 제3차 교육과정기의 인간상을 국민교육헌장의 이념을 이해하고 몸으로 받아들이며 실천할 수 있는 인간이라고 파악하면서, 이를 통하여 교육이념이 내포하고 있는 속성이 무엇이며, 교육을 통해 기르고자 했던 인간상을 학교교육이나 사회교육에 어떻게 관철시키고자 했는지를 분석하였다. 아울러 교육이념의 일방적 전달과 주입이 오히려 정치적 목적에 순응하는 인간을 길러내려는 정권의 의도를 가로막는 역설을 가져왔다는 점도 지적하고 있다.

조성운은 '제3차 국사과 교육과정의 성립과 국사교과서 개편'이라는 논문을 통하여 5·16군사정변 이후 박정희 정권이 민족주체성을 강조하고 이를 교육과정에 반영하는 과정을 제2차 교육과정기와의 연관성을 바탕으로 1974년 국정 국사교과서가 편찬되는 과정을 살펴보았다. 이를 통하여 제3차 교육과정기 국사교과서는 박정희 정권의 국사교육 정책의 총화로서 대내외적인 정권의 위기상황을 극복하기 위한 교육정책으로 탄생하였으며, 그 요체는 반공주의와 국가주의의 강화라는 것을 강조하고 있다.

이정빈은 '제3차 교육과정기 고등학교 국사의 한국 고대사 서술과 특징'이라는 글을 통하여 고등학교 국사교과서의 한국 고대사 서술을 검토하였다. 아직까지 제3차 교육과정기 교과서의 한국 고대사 서술에 초점을 맞춘 연구는 찾아보기 어렵다는 점에서 1974판『고등학교 국사』와 1979년판『고등학교 국사』의 한국 고대사 구성과 서술 내용의 검토는 교육과정 및 역사교과서 연구에 있어서 학계에 일정한 공헌을 하였다.

황인규는 '제3차 교육과정 국정 고등국사의 편찬과 중세사 서술 비판'이라는 논문에서 해방이후 국사교육의 강화와 국정화, 이에 대한 국사학계 및 재야사학자의 대응을 간략히 살펴보고 제3차 교육과정 시기 국사교과서의 중세인 고려와 조선시대의 편찬 체제와 서술 내용을 비판적으로 검토하였다. 이를 통하여 교과서의 단원구분과 시대구분에 있어서도 기존의 검인정 교과서의 수준을 넘어서지 못하였다는 점과 중세사 서술 내용 측면에서도 편견과 오류가 많으며, 각급 학교 간의 계열성도 일관성이 없을 뿐만 아니라 위계화도 고려되지 못하였던 점을 지적하였다.

한철호는 한국 근현대사 연구자로서 '제3차 교육과정기 고등학교 국사 국정교과서의 한국 근·현대사 서술과 그 특징'이라는 글에서 국사의 근·현대사 서술 체제 및 특징과 근대사 서술 내용 변화와 의미를 살펴보았다. 그는 먼저 1974년판과 1979년판『고등학교 국사』의 서술 내용이나 중학교와 고등학교 국사의 서술 체제와 내용을 치밀하게 비교·분석하지 못한 한계를 지적하면서, 고등학교 국사 국정교과서 2종의 근·현대사 서술 체제와 내용을 고찰하였다. 이를 통하여 당시 국사교과서는 명백한 사실마저 왜곡했을 뿐 아니라 편파적이고 일방적인 해석과 의미를 부여함으로써 오히려 역사교육의 본질을 훼손하고 있음을 밝혀내었다.

신선혜는 '제4차 교육과정기 고등학교 국사교과서의 고대사 서술 특징과 배경'이라는 글에서 제4차 국사과 교육과정 및 국사교과서의 서술 체제를 검토하고 국사교과서의 구체적인 서술을 분석하였다. 해당 내용의 분석을 통해 시대구분법 및 국가발달론이라는 큰 틀에 있어서 새로운 시각이 반영되었고, 발해 단원 설정의 변화되었다는 점을 발견하였다. 그밖에 전곡리 유적에 대한 서술 추가, 백제의 지방제도, 신라 골품제도 관련 서술의 변화가 당시까지 축적된 국내학계의 고대사 연구성과가 교과서 서술에 반영되었음을 밝혀내었다. 그는 제4차 교육과정과 교과서를 고대사 중심으로 분석하는 것은 1980년을 전후한 시기의 국내외적 상황에 대한 역사학계와 교육학계의 적극적 대응이라는 측면에서 바라볼 것을 강조하였다.

황인규는 제4차 교육과정기 중등국사에 서술된 고려시대 서술 내용에 대하여 살펴보았다. 제4차 교육과정기 중등국사(1982년판)과 고교국사

(1982년판)의 서술 내용이 교과서 집필자가 달라졌음에도 거의 차이가 없었다고 분석하였다. 이는 60년대 초반 이후부터 국가 주도의 국사교육의 강화로 교과서 집필 기준이 별로 달라지지 않았으며, 제5공화국 군사정부도 박정희 군사정부의 '국가 주도의 국사교육 강화'시책을 계승하였기 때문이라고 보았다.

장희흥은 '제4차 교육과정기 중·고등학교 국사교과서의 조선시대 서술 체제와 내용 분석'이라는 글에서 제4차 교육과정기 중·고등학교 국사교과서의 조선시대 구성과 서술 체제와 내용이 이전의 내용을 답습하면서도 구성상 상하권으로 구분한다거나 보조 자료를 많이 추가하는 등의 변화를 주고자 노력을 하였다고 검토하였다. 하지만 식민주의 역사학, 정치 권력과 관련된 서술이 보이고, 중·고등학교 내의 역사 서술의 동일성과 계열화는 아직 이루어지지 않은 한계를 지적하였다.

조성운은 제4차 교육과정기 국사교과서 근현대사 서술의 특징을 살폈다. 제4차 교육과정 근현대사 서술의 특징으로 대표적인 것은 대원군의 내정개혁을 왕권강화라 평가하였으나 제4차 교육과정기 국사교과서에서는 전제왕권의 확립이라는 관점에서 서술하였던 점, '우리나라 역사상 최대의 농민혁명', '농민전쟁으로서의 성격'이라 평가하였던 '동학농민혁명운동'을 '안으로는 유교적 전통사회를 부정하고 밖으로는 외국의 침략을 몰아내야 한다는 민족운동'이라는 의미의 '동학운동'이라 평가절하한 점, 일제의 침략을 자세하게 서술함과 동시에 독립군의 항전'을 '독립전쟁'이라 높이 평가하고, 이전까지 서술하지 않던 국민부, 조선의용대, 조선혁명군, 대일선전포고, 버어마·인도 전선에 광복군 파견, 국내진입작전 등을 처음으로 교과서에 수록한 것이라고 분석하였다. 또한, 제4차 교육과정기 국사교과서는 이전 시기의 국사교과서보다 다양한 학습자료를 수록하였는데, 이는 교과서 서술의 문제에 국한되는 것이 아니라 교육과정에 다양한 학습자료를 통해 교수할 수 있도록 하는 방향으로 교육과정이 변화하게 되는 계기가 되었다고 평가하였다. 그는 제4차 교육과정기 국사교과서는 정통성이 약한 제5공화국 정권의 요구에 따라 민족주의의 강화를 통해 정권의 정통성을 강화하려는 목적에서 편찬되었고, 이는 1982년 일본의 역사교과서왜곡사건을 계기로 보다 강화되었다고 지적하였다.

3

이 책은 역사와교육학회와 동국대학교 역사교과서연구소가 공동 주최한 제3차 교육과정과 제4차 교육과정기의 역사교육과 역사교과서에 대한 학술회의에서 발표된 논문(이 논문들은 역사와교육학회가 발행하는 『역사와교육』에 수록되었다.)과 여타 학술지에 수록된 논문, 미발표 논문을 모은 것이다. 역사와교육학회가 개최한 교수요목기부터 제6차 교육과정기까지의 학술회의는 그동안 학계에서 부분적으로 이루어졌던 각 교육과정기의 역사교육과 역사교과서에 대한 연구성과를 하나로 모아 정리하였다는 점에서 역사교육 발전에 큰 공헌을 했다고 생각한다. 이번에 3권의 총서로 나오게 되어 역사와교육학회의 학술이사로서 매우 기쁘게 생각하며, 앞으로 역사 및 역사교육 전문가를 비롯한 관련 연구자들에게 이 책이 해당 연구에 소중한 밑거름이 되기를 소망한다.

허은철(역사와교육학회 학술이사)

차례

1장
3차 역사교육과정

2장

4차 역사교육과정

1장

3차 역사교육과정

01

제3차 교육과정기 교육이념과 인간상

김한종

I. 머리말

일반적으로 교육이념은 어떤 나라나 사회에서 교육이 지향하는 일반적인 방향을 뜻한다. 교육목표를 넘어서 교육정책이나 활동의 전체적인 방향을 규정하는 것이 교육이념이다. 사전적 정의로는 "교육목적 및 목표의 원천이 되는 교육적 성과에 대한 이상적 관념"[1]이 교육이념이다. 해방 이후 한국교육의 틀을 세우는데 적잖은 영향을 미쳤던 오천석은 교육이념의 특징을 포괄적, 보편적, 기본적, 일관적, 지속적, 긍정적으로 정리한다.[2] 오천석이 말하는 교육이념은 교육의 방향을 총괄하며 교육활동 전체에 적용하고자 하는 원리이다. 교육이념은 교육행위에 깔려있는 기초적인 사상으로 포괄적이고 비교적 장기적으로 교육에 영향을 미친다.

---

1 서울대학교 교육연구소, 『교육학용어사전』, 하우동설, 1995. 네이버 지식백과 검색(https://terms.naver.com/)
2 오천석, 『발전한국의 교육이념 탐구』, 광명출판사, 1975, 6~7쪽.

그러기에 교육이념에 따라 교육을 통해 기르고자 하는 인간상은 달라진다. 그렇지만 실제 학교교육에서 교육이념이 어느 정도 영향을 미치는지 일괄적으로 말하기는 어렵다. 교육 관련 규정에 일반적이고 추상적인 원리만으로 제시되는 경우도 있고, 학교나 사회교육에 구체적으로 영향을 미치는 경우도 있다. 교육법과 교육기본법에는 교육이념으로 '홍익인간'이 제시되어 있지만, 홍익인간이라는 교육이념이 학교교육에 구체적으로 어떻게 구현되었는지는 불투명하다. 미군정기와 대한민국 정부수립 과정에서 많은 논란을 거쳐 '홍익인간'을 교육이념으로 채택했지만, 명목상 교육법에 담겨있을 뿐 실제 이에 입각한 교육은 이루어지지 않았다는 평가를 받기도 한다.[3]

이에 반해 1960, 70년대 박정희 정부가 내세운 교육이념은 교과교육이건 교과 외 교육활동이건 간에 학교교육 전반에 직접적으로 크게 영향을 주었다. 정부가 정책적으로 교육이념을 구현하려고 했기 때문이다. 제3차 교육과정기 교육이념의 성격과 지향하는 인간상은 당시 정부의 이념 및 정책을 적극 반영했다.

국가 교육과정에는 학교교육을 통해 기르고자 하는 인간상이 진술되어 있다. 교육이념을 밝히려는 연구들이 국가 교육과정을 분석하는 이유가 여기에 있다. 다수의 연구들은 교육과정의 진술을 통해, 한국의 교육이념이 어떻게 변화했는지를 추적한다. 이런 연구에 따르면, 전체적으로 볼 때 교육과정에 진술되어 있는 교육적 인간상은 포괄적이고 추상적 목표에서 점차 구체적 진술로 바뀌는 경향을 띤다. 또한 사회적 차원의 목표에 중점을 두다가 근래에는 개인적 차원의 목표를 강조하는 방향으로 전환하였으며, 국가 사회적, 교육외적 요구는 약화되고 교육 본질적 필

---

3 권성아, 「해방 이후 교육이념의 설정과 국사교육」, 『역사와교육』 21, 2015, 181쪽.

요에 기초하여 교육의 방향을 제시하는 쪽으로 나아가고 있다고 분석한다.[4] 이런 분석이 타당한 지는 다시 검토해보아야 할 문제이다. 교육과정에 깔려 있는 교육이념의 정치적 속성이 처음에는 강하였다고 점차 약화되었다는 의미겠지만, 교육 본질적 필요라는 것도 따지고 보면 교육이 무엇이고 어떤 사회적 기능을 해야 하는지에 대한 관점이 들어가 있다. 더구나 한국의 학교교육이나 그 방향을 규정하는 교육과정은 정치사회적 영향을 강하게 받았다. 적어도 학교교육의 이념이나 인간상을 교육과정 문서 등을 분석하는 것만으로 밝히기는 어렵다.

교육이념은 국가나 정부가 교육을 통해 이루고자 하는 정책적 의지와 밀접한 관련을 가진다. 비판적 교육학의 눈으로 보면, 정치권력의 이데올로기가 강하게 반영되는 것이 교육이다. 학교교육은 기존의 사회구조나 문화를 재생산하는 도구의 역할을 한다. 그러나 교육과정 문서에는 교육정책이 가지고 있는 의도가 명시적으로 드러나지 않는 경우가 많다. '교육의 정치적 중립성'이라는 헌법적 가치를 의식하기 때문이다. 국가 교육과정을 문서에 서술된 내용만으로 분석하는 것의 문제는 여기에 있다. 박정희 집권 후기로, 국가의 정책적 의지가 학교교육을 비롯한 사회 전반에 강하게 반영되던 제3차 교육과정기는 더욱 그렇다. 그러기에 당시의 교육이념과 인간상의 논의는 정부의 정책이나 사회적 환경을 바탕으로 해야 한다. 어쩌면 교육과정의 진술 자체보다도, 국가가 의도하는 목적이 교육과정에 어떤 식으로 반영되었는지 살펴보는 것이 교육이념과 목적을 잘 보여줄 수도 있다. 이런 점에서 보면 제3차 교육과정기는 박정희 정부의 교육이념이 국가 교육과정에 직접적이면서 명시적으로 드러난다는 점에서 특징을 찾을 수 있다.

---

4 양은주·조경원·임현식, 「한국 교육과정의 교육적 인간상에 대한 비판적 고찰」, 『교육과정연구』 19, 2000, 52쪽.

정부의 정치사회적 의도가 교육과정이나 교과서에 직접적으로 제시되거나 교육활동 전반에 그대로 반영되었기 때문에, 1960, 70년대 박정희 정부의 교육이념이 무엇인지는 상당히 널리 알려져 있다. 예컨대, 민족주체성의 확립을 학교교육 전반에 내세우고 있으며, 역사교육을 통해 국난극복 정신을 함양하는 것은 이를 위한 수단이었다. 더구나 제3차 교육과정에서는 학교교육의 기본적 방향으로 '국민교육헌장 이념의 구현'을 전면에 내세웠다. 이에 비추어 보면, 국민교육헌장의 이념을 이해하고 몸으로 받아들이며 실천할 수 있는 인간이 제3차 교육과정이 기르고자 하는 인간상이라고 할 수 있다. 국민교육헌장 이념이 무엇인지는 당시 문교부를 비롯한 정부기관들이 발행한 책자나 이 논리를 뒷받침한 학자들에 의해 자세히 설명되었다. 『국민교육헌장독본』이나 『국민교육헌장해설』과 같은 보조교재들이 보급되었으며, 〈국민윤리〉 등과 같은 과목의 교과서에서도 국민교육헌장 이념을 직접적으로 설명하고 있다. 따라서 이 글에서 제3차 교육과정기에 어떤 교육이념을 내세웠다는 것을 반복적으로 자세히 언급할 필요는 없을 듯하다. 그보다는 교육이념이 내포하고 있는 속성이 무엇이며, 교육을 통해 기르고자 했던 인간상을 학교교육이나 사회교육에 어떻게 관철시키고자 했는지 검토하고자 한다.

II. 제3차 교육과정에 나타난 교육이념의 개념과 인간상

교육과정 문서에 구체적으로 제시되어 있지는 않지만, 정치권력이 지향하고 있는 국가나 사회의 방향과 의도는 국가 교육과정 체제를 취하고 있는 한국의 상황에서는 학교교육에 광범위한 영향을 미친다. 또한 학교교육을 통해 구현하려는 사회의 모습과 인간상을 개괄적으로 보여준다.

이런 점을 감안하여 먼저 제3차 교육과정 문서에 교육이념과 인간상이 어떻게 표현되어 있는지 보도록 하자.

교육과정을 분석하는 사람들은 보통 '인간상'에다가 '교육적'이라는 말을 붙여 '교육적 인간상'이라는 용어를 사용한다. 국가나 사회가 교육을 통해 기르고자 하는 인간을 가리키는 말이다. 교육과정에 나타난 교육적 인간상은 정부가 추진하는 정책이 반영된 것으로, 학교교육을 통해 추구하는 교육적 목적을 달성하는 지도 원리로 기능한다. 그러기에 교육과정을 개정할 때 교육적 인간상은 개정의 당위성이나 방향을 합리화하는 근거로 제시된다.[5] 즉, 교육과정의 이념을 보여주는 것이 교육적 인간상이다. 국가 교육과정의 첫머리에는 으레 당시 세계와 한국사회의 성격 및, 이에 비추어 교육이 기르고자 하는 인간의 속성을 서술한다. 제3차 교육과정은 학교교육을 통해 함양해야 하는 국민적 자질을 다음과 같은 3가지로 제시한다.

(1) 민족 주체 의식의 고양
민족사의 정통을 바탕으로 한 민족적인 자각에 의하여 우리 민족이 당면한 과제를 주체적으로 판단하고 해결하려는 정신을 기른다.
(2) 전통을 바탕으로 한 민족 문화의 창조
줄기차게 이어 온 우리의 전통 문화를 바탕으로 하여 유용한 외래 문화를 섭취 소화함으로써 새로운 민족 문화를 창조하고, 나아가 민족의 전통과 문화적 유산을 올바르게 계승, 발전시키는 데 이바지하게 한다.
(3) 개인의 발전과 국가의 융성과의 조화
민주주의의 이상은 개인의 발전과 국가의 융성과의 조화 속에서

---

5 박창언·박상욱, 「홍익인간의 교육이념과 국가 교육과정의 교육적 인간상」, 『민족사상』 8(3), 2014, 172쪽.

실현되며, 개인의 발전과 국가의 융성은 국민의 총화로써 이루어진다는 점을 깨닫게 한다.

국가 교육과정은 보통 교육적 인간상을 명료하게 제시하지 않는다. 그래서 총론에서 진술한 교육적 인간상이 각 교과의 목표 진술까지 명확하게 이어지지 않는다는 지적을 받는다.[6] 그렇지만 이런 분석은 두 가지 문제점을 지닌다. 첫째는, 학교 교육을 구체적으로 어떤 방향으로 이끌고 있으며 그 결과가 무엇인가 하는 기능적 관점에서 교육과정을 바라보고 있다. 국가 교육과정이 사회에서 차지하는 위상이나 학교교육에 어떤 역할을 해야 하는지는 고민하지 않는다. 교육이념이나 교육적 인간상이 각 교과의 목표나 내용에 구체적인 영향을 미치는 것이 교육적으로 타당한지는 논의의 대상에서 제외하고 있는 것이다. 둘째는 각론, 즉 교과는 총론에 비해 교과별 특성이나 지향하는 방향 중심으로 서술하기 때문에 일관성을 보이지 않는다고 지적하지만, 교육과정의 각론 진술에 교과의 어떤 성격이 반영되어 있는지 분석하거나 이런 진술이 실제 교과내용에 얼마나 영향을 미치는지 제대로 밝히지 않는다. 제3차 교육과정에서 사회과와 분리되어 독립교과가 된 중·고등학교 〈국사〉 교육과정의 목표를 보면 다음과 같다.

(중학교 〈국사〉 목표)
(가) 우리 민족의 발전 과정을 주체적인 입장에서 파악시키고, 민족사의 정통성에 대한 인식을 깊게 하며, 문화 민족의 후예로서의 자랑을 깊이 하게 한다.
(나) 우리 민족사의 각 시대의 특성을 종합적으로 파악시키고, 현재적 관점에서 이를 살필 수 있게 하여 민족사의 특색에 대한

---

6 양은주·조경원·임현식, 「한국 교육과정의 교육적 인간상에 대한 비판적 고찰」, 『교육과정연구』 18(2), 2000, 52쪽.

인식을 깊이 하게 한다.

(다) 우리 민족사를 세계사적 차원에서 인식하여, 우리 민족사의 특징을 찾도록 한다.

(라) 우수한 민족 문화를 창조한 우리 민족의 역량을 이해시키고, 민족 문화의 계승, 발전에 힘쓰려는 태도를 기른다.

(마) 역사적 사실을 실증적으로 탐구하고, 민족적 가치관에 입각하여 체계화하는 능력을 기른다.

(고등학교 〈국사〉 목표)

(가) 국사 교육을 통하여 올바른 민족사관을 확립시키고 민족적 자부심을 키워서, 민족중흥에 이바지하게 한다.

(나) 각 시대의 특성을 그 시대의 규범 체제와 문화 현상을 통하여 종합적, 발전적으로 파악시킴으로써, 현재를 바로 알고 미래를 내다보는 능력을 기른다.

(다) 국사의 특수성과 세계사적 보편성을 인식시켜서, 민족사에 대한 긍지를 가지게 하고, 우리나라 발전에 기여하게 한다.

(라) 전통 문화를 역사의식을 가지고 인식하게 하여서, 외래문화를 수용하는 바른 자세와 새 문화 창조에 이바지하는 태도를 가지게 한다.

(마) 전통적 가치를 비판적으로 파악하게 하여서, 투철한 역사의식을 가지고 당면한 국가문제 해결에 적극 참여하는 자세를 키운다.

교육과정에 진술되어 있는 국사교육의 목표에는 '민족', '문화', '발전'이라는 말이 자주 사용되고 있음을 알 수 있다. 민족사의 발전과 민족문화의 우수성을 알아서 민족적 긍지와 자부심을 가지게 하는 것이 국사교육의 목표이다. 이는 국가 발전에 기여할 수 있는 민족정신을 가져야 한다는 것으로 이어진다. 중학교와 고등학교 국사 과목의 목표는 거의 비슷하게 구성되어 있다. (가)~(라)의 목표는 민족사의 성격 파악, 민족사와 민족 문화에 대한 자부심 함양, 외래문화의 선택적 수용 등으로 별 차이가 없다. 다만 고등학교 목표 (마)는 중학교 목표에 비해 '당면한 국가 문제 해결에 적극 참여하는 자세를 키운다'는 가치에 중점을 두고 있다. 이런 차이는 고등학생 단계가 되면 국가가 요구하는 가치를 받아들이는 것뿐 아니라 이를 사회에서 직접 실천에 옮길 수 있다고 생각했기 때문이다. 고등학생은 국가나 사회가 요구하는 인간으로 어느 정도 자리를 잡아야 한다고 생각하는 것이다. 그런 점에서 (마)의 목표는 교육이념과 인지발달을 고려한 것이다. 1970년대 박정희 정부의 반공교육 이념을 잘 보여주는 교련 과목을 고등학교부터 편성한 것도 신체 발달과 함께 정신적 성숙을 고려한 것이라고 할 수 있다.

이와 함께 (마)는 당시 유행하던 교육학적 교수방법론을 반영하고 있다. 중학교 목표 (마)에서 "역사적 사실을 실증적으로 탐구하고, … 체계화하는"이나 고등학교 목표 (마)의 '문제해결'이라는 말은 학문중심 교육과정에서 강조하는 탐구와 구조를 연상시킨다. 제3차 교육과정에서는 교육과정 구성의 교육적 원리로 학문중심 교육과정을 내세웠다. 잘 알려져 있는 것처럼 학문중심 교육과정에서는 학문의 구조와 지식의 체계를 강조한다. 그리고 이를 학습하기 위한 교수학적 원리로 탐구를 내세운다. 미국에서는 학문중심 교육과정과 탐구학습이 1950년대 말 시작하여 1960년대 유행했지만, 한국에서는 1960년대 말, 1970년대 초 본격적으로 소개되었다. 국가가 지향하는 교육이념을 전파하고 교육적 인간상을 기르는 방법으로 학문의 구조와 지식체계를 탐구하게 하는 것이었다. 한국의 전통과 현실에 알맞은 새로운 한국적 교육질서를 확립한다는 취지로 1972년 설립되어 교육 연구 및 사업을 수행하고 교육과정을 개발한 한국교육개발원이 초기에 탐구학습을 소개하고 전파하는데 힘을 기울였던 것도 이런 취지였다. 그렇지만 교과 교육과정이나 교실수업 현장에서 학문의 구조와 탐구라는 교수법적 내용과 방법을 교육과정이 지향하는 인간상과 어떻게 연결했는지는 명확하지 않다.

Ⅲ. 국가를 앞세우는 발전론적 교육이념과 인간상

1. 국가, 사회, 개인의 일체화

잘 알려져 있는 바와 같이 박정희 정부의 정책을 상징하는 키워드는 '반공'과 더불어 '근대화'이다. 근대화는 곧 나라의 발전이다. '반공'은 이전 이승만 정부나 장면 정부에서도 강조되었지만, '근대화'는 박정희 정부가 특히 강조하던 정책이었다. 그러기에 박정희는 모든 정책을 정당화하는 논리를 나라의 발전에서 찾는 발전국가론을 내세웠다. 박정희가 즐겨 내세우던 민족주의나 민주주의도 발전주의에 규정되는 것이었다. '민족중흥'이라는 표현에서 알 수 있듯이, 민족은 발전된 민족일 때 의미가 있었다. '한국적 민주주의'도 발전을 위해 생산성이 낮은 불필요한 낭비적 요인을 제거한다는 의미였다.[7]

사회현상을 발전의 관점에서 파악하는 것은 경제성장이나 '한국적 민주주의'를 표방한 정치적 근대화뿐 아니라 교육에서도 마찬가지였다. 흔히 교육은 사회에 유용해야 한다고 생각해 왔다. 교육은 정치적, 경제적 및 사회문화적 측면에서 국가발전에 공헌할 수 있으며, 또 공헌해야 한다는 것이 교육의 필요성을 주장하는 중요하면서도 당연시되는 논거였다.[8] 1960~70년대 교육이념을 검토하는 여러 연구에서는, 당시 교육과

---

7 황병주, 「국민교육헌장과 박정희 체제의 지배 담론」, 『역사문제연구』 15, 2005, 166~167쪽.
8 이경섭·이홍우·김순택, 『교육과정 −이론·개발·관리』, 교육과학사, 1982, 92쪽.

정에 나타난 교육이념의 본질을 '발전론적 교육이념'으로 규정한다. 박정희 정부뿐 아니라 많은 교육학자들도 교육을 인간과 사회를 발전시키는 것이라고 보았다. 앞에서 인용한 오천석의 글에서는 교육의 역할을 다음과 같이 설명한다.

> 하나의 조그만 공장이나 농원을 차려 놓은 사업주가 가장 큰 관심을 가지는 일은 거기서 어떤 제품이 나오느냐 하는 문제다. 교육을 이러한 제조업에 비교한다는 것은 반드시 적당한 것이 아니라고 하더라도, 거기에는 분명히 공통되는 점이 있다. 그것은 곧 그들이 기도하는 목적이 바람직하게 달성되느냐 하는 것이다. 공장주가 바라는 것은 제조과정을 통하여 그가 기대하는 제품이 제작되느냐 하는 것이요, 농장주의 관심이 그의 노력의 결과로 그의 예상에 어그러지지 않는 물산이 생산되느냐 하는데 있음과 마찬가지로, 교육을 영위하는 개인이나 국가도 자연 이를 통하여 얻어지는 피교육자의 질적 문제를 주시하지 않을 수 없다. 단지 이 들 사이의 차이는 그가 끼치는 영향의 크고 작음에 있을 뿐이다. 교육의 결과가 부실할 경우, 그 영향이 개인 일생에 관련될 수 있을 뿐만 아니라, 국가나 인류의 운명에 결부될 수도 있다는 점에서 그 중요성이 있다.[9]

교육을 통한 발전에는 개인의 발전과 국가의 발전이 모두 포함된다. 양자는 서로 밀접한 관련을 가지며 상호작용을 한다. 그러나 교육이 직접적으로 추구하는 발전이 개인에 초점을 맞추느냐 국가에 초점을 맞추느냐에 따라 학교교육의 방향은 크게 달라진다. 인용문에서는 개인의 발전과 국가의 발전을 병렬적으로 표현하고 있지만, '발전한국'이라는 책의 성격과 내용에 비추어 국가 발전에 더 비중을 두고 있음은 어렵지 않

---

9 오천석, 『발전한국의 교육이념 탐구』, 광명출판사, 1975, 3~4쪽.

게 알 수 있다. 박정희 정부의 교육론에서는 국가의 발전에 중점을 두어야 함을 더 직접적이고 노골적으로 강조한다. 개인의 발전을 국가 발전에 따른 자연적 산물이라고 보는 것이었다.

그러기에 박정희 정부에서 학교교육의 필요성은 나라의 발전을 뒷받침할 수 있는 인적 자원의 육성에 있었다. 경제성장으로 대변되는 국가 발전을 위한 인간을 육성하는 것이 교육의 목적이었다. 이를 위한 교육의 방향은 경제 성장을 물리적으로 뒷받침할 수 있는 인력의 육성과, 나라가 발전해야 한다는 국민의식의 함양이라는 두 측면으로 전개되었다. 전자가 과학교육과 실업교육, 경제교육, 특히 실업교육의 강화로 나타났다면, 후자를 담당하는 것은 국어와 국사, 도덕 등 인문사회 과목의 몫이었다. 1960년대 전반 경제 지식의 습득이나 효율적인 경제활동 능력을 기르던 교육은, 1960년대 후반이 되면 국민정신을 상대적으로 더 강조하는 방향으로 바뀌었다. '제2경제론'을 내세우고, 국민교육헌장을 제정한 것은 이에 따른 것이었다.[10] 집권 초기 근대화를 위한 경제성장의 물적 기반을 강조하던 박정희는 1967년 선거로 두 번째 집권을 한 다음에는 지속적 성장을 위해서는 국민정신이 중요함을 내세웠다. 박정희의 근대화 정책에 비판적인 사람들도, 경제성장 정책이 사회와 사람들에게 물질을 숭상하는 풍조를 가져왔음을 지적했다. 경제성장뿐 아니라 올바른 국민정신을 가지게 하는 것이 필요하다는 주장이었다. 그러기에 국민교육헌장은 온 국민의 의견을 모은다는 명분으로 법적으로 필요하지 않은 국회 동의의 절차를 거쳤으며, 그것도 국회에서 여야 모두가 찬성해서 만장일치로 통과되었다. 박정희의 경제성장론을 비판적으로 평가하던 사람들이 그 논리로 삼았던 것 중 하나가 물질만능주의로 인한 국민정신의 빈곤이었기 때문이었다.

---

10 오성철, 「박정희의 국가주의 교육론과 경제성장」, 『역사문제연구』 11, 2003, 54쪽.

국민교육헌장에서는 인간이 갖추어야 할 윤리를 개인윤리, 사회윤리, 국가윤리로 구분한다. 한 사람은 개인으로서 정체성, 자신이 속해 있는 사회의 구성원으로서 정체성, 국민으로서 정체성을 가진다. 국가의 관점에서 보면, 그 나라에서 살아가는 모든 사람은 국민이라는 정체성을 가지고 있지만, 이들의 사회구성원으로서 정체성이나 개인적 정체성은 다를 수 있다. 사람은 자기가 속해 있는 집단의 구성원으로서 사회적 정체성이 동일하더라도, 개인적 정체성이 똑같은 것은 아니다. 물론 개인이 반드시 하나의 사회에 속해 있는 것이 아니므로, 같은 사람이라고 하더라도 사회적 정체성이 동일한 것도 아니다. 그런 점에서 국민교육헌장이 개인윤리, 사회윤리, 국가윤리를 구분하여 제시하는 것은 정체성의 여러 단계를 진술한 것으로, 다중 정체성의 관점에 입각한 것으로 생각될 수 있다. 그렇지만 국민교육헌장에 따르면 국민과 사회구성원, 개인으로서 가져야 할 속성은 기본적으로 동일하다. 국민교육헌장의 이념을 구현하는 교육에서 개인은 사회적 존재, 국가사회의 일원으로서만 존재한다. 당시 교육당국은 국민교육헌장에 들어가 있는 개인과 국가의 관계를 다음과 같이 설명한다.

> 인간은 정녕 사회적인 존재다. 우리의 사람됨은 사회의 공동생활 안에서 역사적으로 이룩되었다. 그러므로, 올바른 사회질서와 국가의식에 의해서만 우리의 건전한 인간성이 형성될 수 있다. 국가사회의 발전이 개인의 모든 이해관계와 뗄 수 없다는 것은 바로 이 때문이다. 따라서, 개인의 발전은 국가사회의 일원으로만 그 목적을 달성할 수 있다. 개인의 목적은 본래 국가의 목적을 떠나서는 존재할 수 없는 것이다.[11]

---

11 문교부, 『국민교육헌장독본』, 동아출판사, 1989, 55~56쪽.

국민교육헌장을 해설하는 각종 책이나 글에는, 교육의 지표를 창조의 힘과 개척의 정신, 협동정신, 국민정신의 세 영역으로 나누어 설명한다. 국민교육헌장의 내용은 온갖 '좋은' 말을 모두 모아놓은 느낌을 주기 때문에, 교육의 지표가 지향하는 정신이 무엇인지 한 마디로 규정하기는 어렵다. 국민정신을 내세우지만, 그 내용에 들어 있는 본질적 성격이 무엇인지 분명하지 않다. 근대의 합리적 이성을 강조하는가 하면 전통적 민족정신을 내세우기도 한다.[12] 국민교육헌장이 교육지표를 이처럼 나열하면서 포괄적으로 진술한 것은, 하나의 교육이념이나 교육정신을 이론적 기반으로 한 것이 아니라, 필요에 따라서 여러 사상이나 이념을 기반으로 하는 개념을 이용하였기 때문이다. 박정희 정부의 국가주의 교육이 역사전통을 선택적으로 정당화한 것[13]은 여기에서 비롯되었다.

그렇다고 국민교육헌장이 지향하는 교육이념이 없는 것은 아니다. 나열적이면서 포괄적으로 보이는 국민교육헌장의 국민지표 진술에서도 일정한 통일적 성격을 찾아볼 수 있다. 세 영역 중 학교교육을 통해 기르고자 하는 인간상은 국민정신에 가장 잘 나타난다. 국민교육헌장의 이념을 학교교육에서 실천한 사례들을 분석해보면, 다른 교육지표에 비해 상대적으로 국민정신과 관련된 실천활동에 정부의 정책이나 통치이념이 더 많이 반영되었음을 확인할 수 있다.[14] 국민교육헌장 중 국민정신을 규정한 내용은 다음과 같다.

> 우리의 창의와 협력을 바탕으로 나라가 발전하며, 나라의 융성이
> 나의 발전의 근본임을 깨달아, 자유와 권리에 따르는 책임과 의무를

---

12 황병주, 「국민교육헌장과 박정희 체제의 지배 담론」, 『역사문제연구』 15, 2005, 168쪽.
13 김한종, 『민주사회와 시민을 위한 역사교육』, 서울대학교출판문화원, 2017, 67~69쪽.
14 김한종, 「학교교육을 통한 국민교육헌장 이념의 보급」, 『역사문제연구』 15, 2005, 197쪽.

다하며, 스스로 국가건설에 참여하고 봉사하는 국민정신을 드높인다.

국민정신의 진술에는 박정희 정부가 추구하는 교육이념이 그대로 드러난다. 국민이 협력을 해야 하나가 발전하며, 나라의 발전이 '나'의 발전의 근본이다. 나의 발전과 나라의 발전이 하나이며, 그러기에 우리는 나라의 발전을 우선에 두어야 한다는 것이다. 개인의 발전을 국가 발전의 원동력으로 삼는 것은 근대 국민국가의 공통적인 현상이다. 근대 국민국가가 공교육 체제를 확립하고 학교교육을 확대한 목적도 여기에 있었다. 근대 국민국가는 전근대 국가와는 달리 대중의 힘을 인정했지만, 대중은 '국민'이라는 존재로 필요했다. 그렇지만 개인의 역량을 높임으로써 국가를 발전시킨다는 근대 국민국가의 논리와는 다르게, 박정희 정부의 교육이념은 국가 발전 자체에 교육의 목적을 둔다. 개인의 성장을 판단하는 것도 국가 발전에 얼마나 도움이 되는지를 기준으로 한다. 국가가 발전하면 자연히 국민 개개인의 발전도 이루어진다고 보는 것이다.[15] 이런 관점에서는 학생들도 국가의 자원으로 보게 된다. 국가 시책을 정당화하거나 정치적 의도가 내포되어 있는 가치교육은, 국민이 통치자가 유도하는 대로 가치관을 가지는 수동적 존재면 된다는 생각을 깔고 있는 것이었다.

국민교육헌장에서 말하는 국민정신은 국가윤리를 마음에 새기고 실천에 옮기는 정신이다. 국민교육헌장의 내용을 해석한 책에서는, 국민정신을 다음과 같이 설명한다.

일반적으로 국민정신이라고 하면, 국민 고유의 사상·도덕·역사·전설·풍속 등에 담긴 정신을 가리키는 것이지만, 여기에서는 국민의 공동 목표를 지향한 국민 협동체 의식과 거기에 따르는 국민의 국가 발

---

15 문교부, 『국민교육헌장독본』, 동아출판사, 1989, 57~58쪽.

전을 위한 적극적인 태도와 정신을 말한다. 오늘날 우리들의 국가에 대한 태도는 너무나도 소극적이며, 따라서 마치 국가는 나와는 무관한 존재인 양 착각하고 있는 국민이 적지 않다는 사실을 우리는 부끄럽게 생각하지 않으면 안된다.[16]

여기에서 알 수 있듯이, 국민교육헌장의 이념에서는 역사의 주체도 사회구성원 개인이 아니라 국민 전체이다. 이런 관점은 학교 역사교육에도 적용된다. 고등학교 국사과 교육과정은 '지도상의 유의점'에서 "국사의 주체가 항상 그 시대의 국민 전체임을 인식하고 정치, 경제, 사회, 문화를 종합적으로 파악하도록 한다."라고 하면서 이 점을 강조한다.

국민교육헌장의 정신을 해석하면서 국가를 강조하다 보니, 한국인의 속성을 개인주의적이고 이기적이라고 신랄하게 비판하기도 한다. 국민교육헌장의 국민정신을 설명한 『국민윤리』 교과서 서술을 보자.

간혹 우리 국민에게는 개인만이 존재할 뿐이며, 사회도 국가도 존재하지 않는다는 말을 듣는데, 이는 우리들이 모래알처럼 서로 흩어져서 오직 자기의 이익만을 생각하는 이기주의에 사로잡힌 국민이라는 것을 뜻하는 것이다. 그것은 우리에게는 아직도 근대국가의 국민윤리가 토착화하지 못했다는 사실의 소치라고 하겠다.[17]

1970년대 학교 역사교육에서는 외적의 침공을 물리친 전쟁을 중요한 역사적 사실로 비중 있게 다루는 것과 함께, 화백회의, 화랑도, 향약 등을 민족정신으로 강조했다. 협력과 양보, 상부상조의 정신이 들어있는 역사적 사실로 자리매김하여, 이런 전통과 민족정신을 본받아야 한다는

---

16 문교부, 『국민교육헌장독본』, 동아출판사, 1989, 143쪽.
17 문교부, 『(고등학교용) 국민윤리』, 대한교과서주식회사, 1971, 187쪽.

것이었다. 그런데 한편으로는 개인주의적이고 자기 이익을 추구하는 것을 우리 민족의 속성으로 비판한다. 민족을 강조하지만, 민족의 전통이나 민족정신의 본질이 무엇인지에 대한 명확한 인식이 없이 국가를 우선에 두는지 여부에 따라 민족 전통이나 정신을 비판하기도 하고 이어받아야 한다고 주장하기도 했다.

2. 민족정신을 기반으로 하는 창의적 인간의 육성

제3차 교육과정기 학교교육에서 강조되었던 것 중의 하나가 창의성이다. "우리의 창의와 협력을 바탕으로 나라가 발전하며"라는 국민교육헌장의 교육지표에서 보듯이, 국민의 창의성은 나라 발전의 요건이며, 국민교육헌장의 해설이나 실천 프로그램에서도 창의성을 핵심 요소로 내세우는 경우가 많다. 국가 교육과정에 제시된 교육의 기본 방향 중 '지식·기술 교육의 쇄신'에서는 다음과 같이 판단력과 창의력의 함양을 학교교육의 중요한 과제로 내세우고 있다.

〈판단력과 창의력의 함양〉
이미 이루어진 지식과 기술의 단순한 전달에 그치지 않고, 계속 미지의 세계를 탐구하고 문제를 해결할 수 있게 하기 위하여, 판단력과 창의력을 함양하도록 한다.

창의는 사물이나 현상을 수동적으로 받아들이거나 다른 사람의 생각과 행동을 그대로 모방하지 않으려는 마음가짐을 의미한다. 창의적 사고는 어떤 사물이나 현상을 기존과는 달리 새롭게 바라보거나, 확산적이고 대안적인 사고를 하거나, 여러 사람들의 관점에서 바라보는 다원적 사고를 전제로 한다. 창의적 사고의 이런 성격을 감안한다면, 학교교육을 통해 정부의 정책적 의지를 실천에 옮기고 사회에 확산시키고자 했던 제3차 교육과정기 학교교육에서 창의성이 강조된 것은 언뜻 보기에는 어색하다. 그렇지만 박정희 정부는 창의성이 기존의 의례적 사고나 행동에서 벗어나 새로운 관점에서 바라보는 것이라면, 전통을 선택적으로 계승하고 필요에 따라 의례적 사고나 관습 행위에서 벗어나는 것이 창의성을 가지는 행동이라는 논리로 이 문제를 극복하고자 했다. 즉, 창의성의 강조는 전통의 선택적 계승과 탈피라는 국가주의 교육의 선택적 정당화 원리에 따른 것이다.

제3차 교육과정기 학교교육에서 강조된 창의성이란 이런 마음가짐을 가지는데 그치는 것이 아니라, 이렇게 생각하고 실천적 행동으로 옮길 수 있는 능력을 말한다. 그런데 실천적 창의성의 근원도 민족문화와 민족정신에서 찾는다. 전통문화와 정신에는 실천성이 내포되어 있다고 본다. 창의성의 강조는 이유가 전통이나 관습을 벗어나자는 것이 아니라, 근대화를 한다고 해서 서구적 사고를 그대로 모방하지 말아야 한다는 논리와 맥을 같이 한다. 그러기에 창의성의 원천은 주체성에 있으며, 주체성은 곧 민족정신이고 실천성이었다. 박정희 정부는 제2차 교육과정에서 이미 민족의 전통에 뿌리를 둔 주체성을 강조했다. 역사를 통해 민족자주성을 함양함으로써, 현재 문제의 해결과 미래의 발전에 기여하는 주체적 인간의 육성이 역사교육의 목적이었다.[18] 민족의 전통은 그런 인간을 기르는 데 적합한 교육내용이 될 수 있었다.

제3차 교육과정이 지향하는 국민정신을 직접적이고 가장 잘 드러내는 『국민윤리』 교과서는 창의성을 다음과 같이 진술한다.

---

18 조건, 「제2차 교육과정기 민족주체성 교육의 시행과 국사교과서 근현대사 서술내용 분석」, 『역사와교육』 24, 2017, 148~150쪽.

그러나, 모방 아닌 창의는 이미 주체성을 전제로 한다. 주체성이
결여된 창의는 생각할 수 없다. 우리는 우리의 길을 우리의 힘으로
트고 닦기 위하여 최고의 창의성을 발휘해야 하며, 따라서 우리의 주
체성이 확립되어야 한다. 그런데, 주체성은 회고적인 자기 자랑이나
국수주의적 고집불통에서 찾아지는 것이 아니며, 새로운 창조와 더
불어 확립된다.[19]

새로운 창조를 위해서는 '국수주의적 고집불통'에서 벗어나야 한다고
말하지만 이는 의례적인 문구이며, 초점은 한국의 현실에 있다. 한국이
부딪히는 문제를 해결하는 데는 창의성이 필요하며, 창의성을 가지기 위
해서는 한국의 현실에 기반을 두고 전통 정신에 깃들여 있는 주체성을 확
립해야 한다고 본다. 이를 위해 국사교육을 통해 민족이 역경을 이기고
발전했으며, 민족문화가 서구문화 못지않게 우수하고 독창적이라는 인식
을 가져야 한다는 것이다.

이처럼 민족의 전통과 민족문화를 기반으로 하는 창의성을 내세운 것
은 서구의 자유민주주의를 비판하기 위한 논리이기도 하다. 경제성장을
위해서는 서구 자본주의과 발전론이 필요했지만, 정치권력을 독점하고
강화하는데 자유민주주의는 방해가 되는 논리였다. 그래서 한국의 실정
에 맞는 정치, 한국의 전통에서 장점을 찾는 정치로 '한국적 민주주의'를
내세웠다. 근래 일어난 근현대사 인식을 둘러싼 사회적 갈등이나 국정
역사교과서 파동에서, 자유민주주의는 이승만과 박정희 정부의 정책을
긍정적으로 평가하는 뉴라이트 진영의 주된 논리이지만, 1970년대에는
박정희의 독재정치를 비판하는 논리로 서구의 자유민주주의 이념이 활용
되었다. 박정희로 볼 때는 서구의 자유민주주의가 가지는 문제점을 부각

---

19 문교부, 『(고등학교용) 국민윤리』, 동아출판사, 1971, 169쪽.

대한민국 역사교육과정 2

시켜야 했고, 서구문화를 맹목적으로 받아들이지 말아야 한다는 논거의 하나로 창의성을 기르는 교육을 내세웠던 것이다.

IV. 교육이념의 내면화 추구

1. 교육이념의 사회화

국가와 사회, 국민을 하나로 묶는 교육이념은 전체주의 국가의 이데올로기라는 비판을 받을 우려가 있다. 박정희 정부도 이런 비판이 나올 수 있음을 의식했다. 그래서 이에 대한 사전 반박 논리로, 전체주의 국가와 민주국가의 차이는 애국심을 강요하느냐 스스로 깨달아 자진하여 국가 건설에 참여하느냐의 차이라고 설명했다.[20] 이런 인간을 기르기 위해서는 교육이념을 내면화해야 했다. 그래서 교육이념을 학생들에게 스스로 내면화하기 위한 방안을 강구하였다. 이런 교육의 내면화가 학교교육보다 오히려 더 적극적으로 시행된 것은 사회교육이었다.

교육적 인간상을 구현하는 통로는 학교교육에 한정되는 것이 아니라 국민 대중을 대상으로 한다. 박정희 정권의 안보위기론과 유신선포를 지지한 교육자들은 유신을 수행하는 '민족 주체'가 국가지상주의 사고와 태도를 철저히 받아들인 국민이라고 보았다. '민족 주체'의 태도는 '자신과 국가의 동일시', '국가와 민족의 우위성 긍정', '국가와 민족의 목표에 동화', '국가·민족 발전을 위해 부여된 임무의 자각과 완수'로 설명되었다.[21]

국민교육헌장은 애초부터 모든 국민을 대상으로 하는 교육헌장이었

---

20 문교부, 『(고등학교용) 국민윤리』, 동아출판사, 1971, 193쪽.
21 허은, 「유신시대 학교와 학생의 일상사」, 김성보 외, 『한국현대생활문화사: 1970년대』, 창비, 2016, 39쪽.

다. 국민교육헌장의 이념을 구현하기 위한 범국민적 운동을 전개함으로써 정부에 대한 신뢰를 높이고 국민을 통합해야 근대화와 경제성장이라는 목표를 이룰 수 있다는 논리였다.[22] 당시 문교부는 국민교육헌장의 이념을 구현하기 위한 시책으로 학교교육을 통한 구현 방안과 사회교육을 통한 구현 방안을 세웠다. 다만 국가의 교육이념을 사회에 관철시키는 통로로 유용한 것이 학교였으므로, 현실적으로 국민교육헌장 이념을 실천하는 행위가 가장 적극적으로 실행된 것은 학교교육이었다. 그렇지만 국민교육헌장 이념을 보급하는데 사회교육을 강조한 것은, 학교에서 헌장의 이념이 구현되는 과정을 전제로 하였다.[23] 즉, 학교교육과 사회생활의 일체화를 통해 교육이념을 자신의 생각과 삶이 되게 하려는 것이었다. 학교교육을 통해 양성된 인간상은 사회까지 이어지며, 끊임없는 사회교육을 통해 그 속성이 유지되고 재생산된다. 이처럼 학교교육과 맥락을 같이하면서 박정희 정부는 사회교육에 광범위한 관심을 가졌다. 이순신, 율곡과 신사임당은 학교교육뿐 아니라 사회교육에서도 널리 활용되는 인물이었으며, 대외항쟁과 국난극복의 전적지를 정비하여 사회교육의 체험장으로 삼았다. 여기에서 학교교육과 사회교육이 추구하는 인간상은 하나였다. 국민정신의 생활화는 교육이념이나 교육의 결과로 만들고자 하는 인간상을 이해하는 것이 아니라, 이를 자신의 생활 속으로 가져와서 실천하려는 의지와 능력을 가지는 것이었다. 머릿속으로 이해하고 생각하는 것이 아니라 생활 속으로 가져오는 것이었다. 사회교육의 강화는 이런 의미를 가지는 것이었다.

이를 위해 박정희 정부는 문화적 상징물들을 원하는 방향으로 국민정

---

22 이혜영 외, 『한국 근대 학교교육 100년사 연구(Ⅲ)』, 연구보고 RR 98-8, 한국교육개발원, 1998, 41쪽.
23 김한종, 「학교교육을 통한 국민교육헌장 이념의 보급」, 『역사문제연구』15, 2005, 179쪽.

신을 진작시키는 수단으로 활용했다. 여러 인물 중에서도 이순신과 세종대왕은 가장 대표적인 문화적 상징물이었다. 이순신의 이미지를 활용한 국민동원과 계몽전략은 동상을 세우고 '충무공 노래'를 만들었으며 100원 주화와 500원 지폐에 이순신 초상을 넣는 등 각종 상징물의 제작으로 이어졌다. 세종을 연구하고 높이는 각종 사업을 추진하였으며, 한글 전용을 시행하였다.[24]

박정희 정부의 이런 시책은 교육을 정치적 목적에 이용했다는 비판을 받는다. 예를 들어 황토현 전적지를 정비하고 우금치에 동학농민혁명군 위령탑을 세우는 등 동학농민전쟁을 지나간 일에서 현재 사회 속으로 불러냈지만, 이는 쿠데타에 의한 집권과 힘을 앞세운 국가 주도의 권력 행사를 합리화하는 수단이었다. 5·16군사정변과 10월유신을 통해 동학농민혁명에서 못다 이룬 꿈을 현대 한국에서 구현하겠다는 공주 우금치의 동학농민혁명군 위령탑의 문구는 이를 그대로 보여준다.[25] 농민전쟁의 실패 원인을 지도력의 부족에서 찾으면서, 이런 실패를 되풀이하지 않기 위해서는 강력한 지도자를 중심으로 총화단결을 해야 한다고 내세웠으며, 5·16쿠데타나 10월유신을 동학농민전쟁의 연장선상에 놓음으로써 민중의 자발적 혁명성보다는 체제 수호의 상징으로 이용하였다.[26]

---

24 최연식, 「박정희의 '민족' 창조와 동원된 국민통합」, 『한국정치외교사논총』 28(2), 2007, 63~64쪽.

25 이 위령탑에서는 문교부장관과 국사편찬위원장을 역임한 바 있는 이선근을 위원장으로 한 동학혁명군 위령탑 건립위원회의 요청을 박정희 대통령이 받아들여 만들었음을 밝히고 있다. 이선근이 글을 쓰고, 박정희가 위령탑의 이름을 題字하였다고 되어 있다. 위령탑의 글에서는 동학농민혁명과 박정희 정부의 관계를 다음과 같이 쓰고 있다.
"대망의 혁명과업이 여기에서 좌절당하고 계속되는 추격과 살육 속에서 그들의 爲國丹忱조차 알아줄 이 없었다. 그러나 님들이 가신 지 80년, 5·16혁명 이래의 신생 조국이 새삼 동학혁명의 순국정신을 오늘에 되살리면서 빛나는 유신 과업의 한 돌을 보내게 되는 만큼 우리 모두가 피어린 이 언덕에 잠든 그날들의 넋을 달래기 위하여 이 탑을 세우노라."

26 오제연, 「1960~70년대 박정희 정권과 대학생의 '동학농민전쟁' 인식」, 『역사문제연구』 33, 2015, 206~207쪽.

2. 체험을 통한 교육이념의 내면화

박정희 정부는 교육이념을 학생이나 대중에게 내면화하는 방법으로 사용한 것이 체험이었다. 박정희 정부는 교육목표의 실현 방법으로 생활화를 강조했다. 생활화를 교육이념을 내면화하는 가장 효과적인 방안이라고 여겼기 때문이었다.[27]

국민교육헌장 낭독을 국민의례 절차에 포함하여, 사람들의 마음속에 헌장의 정신을 체화시키고, 헌장 이념을 국정지표로 삼아 매스컴을 통해 해설하거나 좌담회를 개최했다.[28] 국기하강식 때 애국가를 들려주고, 애국가 연주에 맞춰 모든 사람이 걸음을 멈추고 국기에 대한 경례의 자세로 멈춰 서서 경의를 표해야 했다. 학교에는 이순신이나 세종대왕, 북한 무장간첩에게 희생된 이승복 동상을 세워, 학생들로 하여금 수시로 접촉하고 이들의 정신을 되새기게 했다. 이런 매개체를 통해 학생이나 대중으로 하여금 국가의 교육이념을 받아들이게 하려는 것이었다. 이 무렵 고등학교와 대학교에서 교련을 정식과목에 집어넣고 교육이라는 이름 아래 훈련을 한 것도, 실제로 국방력과 군사력을 높인다는 취지였지만, 그 못지않게 군사훈련을 통해 공산주의에 대한 경각심을 높이고 반공을 체험하게 한다는 목적도 포함되어 있다. 또한 군사교육을 통해 지도자의 명령에 복종하는 자세를 내면화하려는 의도도 들어가 있었다. 강화도 전적지를 비롯한 '국난극복'의 현장을 정비하여 국민교육의 장으로 삼았으며, 학생들의 전적지 순례 프로그램을 운영한 것도 같은 맥락이었다. 현장 방문을 통해 국난극복의 정신을 체화시킨다는 목적이었다.

---

27 허은, 「유신시대 학교와 학생의 일상사」, 김성보 외, 『한국현대생활문화사: 1970년대』, 창비, 2016, 39~40쪽.
28 김한종, 「학교교육을 통한 국민교육헌장 이념의 보급」, 『역사문제연구』 15, 2005, 178쪽.

기회가 닿는 대로 국민정체성을 가지는데 필요한 민족사나 민족문화를 경험하게 한 것도 그런 이유였다. 화랑도 교육에서 그런 대표적 사례를 찾아볼 수 있다. 박정희 정부는 1970년대 들어 화랑정신을 강조했다. 1973년 경주 남산 기슭에 '화랑의 집'을 만들었으며, 이듬해 이를 '화랑교육원'으로 개칭해서 화랑정신을 교육했다. 주요 대상은 중·고등학교 간학생 간부나 모범생이었지만, 교사, 대학생, 사관생도, 공무원도 이곳에서 연수를 받았다. 연수에서는 집단훈련, 현장학습, 분임토의 등을 했다.[29] 화랑정신을 지식으로만 이해하는 것이 아니라 마음으로 체득하게 하려는 것이었다.

이처럼 일상생활과 연수원을 통한 교육이념의 '내면화'는 1930년~40년대 전반 일본의 연성교육을 연상시키는 것이었다. 일제는 국민 각층의 지도자와 일반 국민을 대상으로 황국민 연성체제를 갖추었다. 지도자를 대상으로 하는 것은 '도장형' 연성이었고, 일반 국민을 대상으로 하는 것은 '생활형' 배양이었다.[30] 1970년대 학교와 사회에서 교육이념의 사회 보급 방식이 이를 직접 본뜬 것인지는 알 수 없지만, 연수원에서 지도자를 대상으로 국민정신의 이념을 집중적으로 교육하고, 일상생활 속에서 대중을 대상으로 정신교육을 한 것도 이와 비슷한 방식이었다.

한편 체험을 통한 교육이념의 내면화는 박정희 정부의 교육정책이나 이념의 브레인 역할을 하는 철학자들의 논리와도 맥을 같이 하는 것이었다. 예컨대 박정희 정부가 추진한 정책에 이념적 근거를 제공한 대표적 학자인 박종홍은 독일의 정신철학을 이론적 기반으로 하고 있다. 독일 철학자인 딜타이는 이해의 과정이 체험-표현-이해의 순환구조를 가진

---

29 박성현, 「박정희 정권의 '화랑도' 교육」, 『역사와 현실』 96, 2015, 56쪽.
30 가타기리 요시오·기무라 하지메 외 저, 이건상 역, 『일본 교육의 역사 −사회사적 시각에서−』, 논형, 2011, 218~219쪽.

다고 보았다. 이해는 겉으로 드러난 표현을 통해 삶이 파악되는 과정으로, 체험은 이해의 원초가 된다. 이 과정을 거쳐 인간은 이념을 내면화한다. 그러기에 독일의 정신철학은 국가의 정책을 국민에게 내면화하는 수단이 되었다.

그렇지만 박정희 정부의 이런 노력에도 교육이념은 일반 국민은 물론 학생들에게도 내면화되지 못한 것으로 평가를 받는다. 그 이유는 당시의 교육환경이나 사회구성원이 학교교육을 통해 기대하였던 것이 교육이념과 일치하지 않았기 때문이다. 한 연구에서는 1970년대 교육이념이 학생들에게 내면화되지 않은 이유가 강압에 의한 묵종이었기 때문이라고 보았다. 여기에 더해서 열악한 학교교육의 상황도 한 몫을 하였다고 분석하였다.[31] 한 반에 70명이 넘는 콩나물 교실이 이해와 체험을 기반으로 하는 교육을 불가능하게 하였으며, 이 때문에 교육이념이 학생들에게 내면화되지 않았다는 것이다. 이런 지적에 비추어 보면, 사고를 촉진시키려고 하지 않고 정답을 그대로 전달하는 주입식 교육이, 아이러니컬하게도 국가주의 교육이념을 주입시키는 것을 가로막은 셈이다.

V. 맺음말

제3차 교육과정기 교육이념은 국가의 발전을 최우선에 두고, 개인과 사회, 국가를 일체화하는 발전교육의 관점을 기반으로 했다. 교육은 인간을 발달시키는 것이지만, 이때 인간은 국가발전에 도움이 되는 인간이었다. 제3차 교육과정에서는 이런 발전의 원동력을 지식이나 지적 능력

---

31 허은, 「유신시대 학교와 학생의 일상사」, 김성보 외, 『한국현대생활문화사: 1970년대』, 창비, 2016, 54쪽.

이 아닌 국민정신에 두었으며, 경제성장의 논리와는 달리 교육적 기반을 전통문화와 정신에서 찾았다. '주체성'이나 '(한)국적'이라는 구호와 정치 논리가 가장 잘 반영된 것이 교육 분야였다.

교수학적으로 학문중심 교육과정을 기반으로 하고 있으면서도 사실 탐구 못지않게 가치탐구를 중시한 것에서도 제3차 교육과정기 교육의 이런 성격이 나타난다. 제3차 교육과정에서 가치탐구는 중요한 연구과제였다. 도덕교육뿐 아니라 지난날 일어난 일을 대상으로 하는 역사교육에서도 역사적 사실을 자료로 해서 어떻게 가치교육을 할 것인지가 논의되었다. 그러면서도 학교와 사회교육을 통해 교육이념이 추구하는 가치관을 학생은 물론 일반 대중에게도 내면화하고자 하였다. 그래서 학교교육뿐 아니라 대중을 대상으로 하는 사회교육을 강화함으로써 교육이념의 사회적 확산을 모색하였다. 국민정신교육을 일상생활화하고 국난극복의 현장이나 문화적 상징물들과의 접촉을 최대화하는 것은 그런 방편이었다.

그러나 당시 학생이나 대중에게 이런 교육이념이 내면화되었는지는 의문이다. 박정희 정부의 교육 시책은 권력 장악을 정당화하고 체제를 합리화하는 정치적 목적이었다는 비판을 받았다. 열악한 학교교육의 환경은 이를 가로막았으며, 주입식 교육은 학생들이 주체적으로 이를 받아들이지 못하게 하였다. 이는 학생들뿐 아니라 일반대중에게도 마찬가지였다. 교육이념의 일방적 전달과 주입이 오히려 정치적 목적에 순응하는 인간을 길러내려는 정권의 의도를 가로막는 역설을 가져왔다고 할 수 있다.

그렇지만 1970년대 박정희 정부의 교육이념과 인간상이 1960년대와 어떤 차이가 있었는지는 명확하지 않다. 박정희 정부의 이런 교육이념과 정책이 1974년의 제3차 교육과정에 새롭게 적용된 것은 아니었다. 국가 교육과정을 기준으로 분류한다면, 제3차 교육과정이 공포된 1973년과 1974년이 학교교육을 구분하는 시점이지만, 제3차 교육과정이 추구하는 학교교육의 방향이나 교육내용은 1960년대 후반부터 이미 계속되었다. 이런 교육이념은 박정희 집권 이후 계속되었으며, 1960년대 후반부터 학교교육 정책이 이런 성격을 두드러지게 띠고, 사회교육에서도 본격화되었다. 교육과정으로 보면 1969년 제2차 교육과정 개정도 이런 방향이었다. 글에서 '제3차 교육과정기', '박정희 정부', '1960, 70년대' 등과 같은 말이 혼재되고 있는 것도 이 때문이다. 이는 기본적으로 1960년대와 1970년대, 특히 1960년대 후반과 1970년대의 교육이념과 인간상이 별로 차이가 없는 데서 기인한다.

민족전통을 선택적으로 내세우고 민족주체성을 강조하기 시작한 것도 1960년대 후반이었다. 역사교육과 교과서 문제를 언급할 때 흔히 국정 국사교과서가 1974년에 발행되었다고 하지만, 이 때 발행된 국정 국사교과서는 인문계 고등학교와 중학교용 교과서였다. 실업계 고등학교용 국정 국사교과서는 1968년부터 발행되고 있었으며, 국민학교 5학년과 6학년용 국정『국사』교과서도 1971년에 나왔다. 박정희 정부가 추구했던 교육이념을 단적으로 보여주는『시련과 극복』,『승공통일의 길』,『자유수호의 길』등과 같은 국사와 도덕 부교재가 간행된 것은 1970년대 초였다. 국가교육과정 체제라고 해서 역사교육을 비롯한 학교교육의 시기구분을 단순히 교육과정이 공포되거나 고시된 때를 시점으로 하는 방식을 재검토할 필요가 있는 것이다.

02

제3차 국사과 교육과정의 성립과 국사교과서 개편

조성운

Ⅰ. 머리말

1895년 대한제국 학부관제와 소학교령(1895년 7월 19일)이 공포된 이래 관찬교과서와 검정교과서가 출판되어 우리나라에서도 근대교과서가 발행되기 시작하였다. 일제 강점 이후에도 조선총독부는 국정과 검인정을 병용하였고, 해방 이후에도 이러한 기조는 그대로 유지되었다. 1945년 미군정이 수립된 이래 검정체제로 운영되다가 1974년 국정으로 전환되어 제7차 교육과정 실시 이전까지 유지되었다. 제7차 교육과정이 실시되면서 10학년(고등학교 1학년), 즉 국민공통과정에 편성되었던 국사교과서는 여전히 국정으로 발행되었으나 고등학교 심화선택과목에 편제되었던 한국근·현대사 교과서는 검정으로 발행되었다. 그리고 국사교과서와 한국근·현대사교과서가 통합된 『한국사』가 2011년 탄생하면서 국사교과서는 완전히 검정으로 발행되었다. 그러나 2015년 11월 국정 한국사교과서 발행을 정부가 고시하면서 한국사교과서는 제도적으로는 다시 국정화되었으나 대통령 박근혜가 탄핵되고 문재인이 대통령에 취임하면서 국정 한 국사교과서는 사용되지 못한 채 폐기되고 말았다.

특히 제2차 교육과정기에 '민족주체성 강화'를 중심으로 개발되었던 국사교육의 논리는 1960년대 후반 왜곡되어 국가주의적 논리로 변질되었다. 이는 1972년 유신헌법의 공포를 통해 독재정치를 강화하였던 박정희정권의 한계를 그대로 보여주는 것이었다. 경제성장과 민족주의에 의지한 통치로는 더 이상 정권 연장이 불가능하였기 때문이었다. 이러한 상황에서 박정희정권은 국사교과서의 국정화를 핵심으로 한 제3차 국사과 교육과정을 마련하였다. 이를 통해 국가주의적 역사의식을 후속세대에게 전파하는 한편 이를 각종 시험에 반영하여 국민 속에 전파하려 하였던 것이라 할 수 있다.

따라서 제3차 국사과 교육과정에 대한 연구는 다수 제출되었다. 김한종은 국사교과서의 변천과정을 다루면서 언급[1]하였고, 이신철은 국사 교과서 정치도구화의 역사를 서술하면서 국정 국사교과서에 얽힌 여러 문제들을 언급[2]하였다. 차미희는 제3차 교육과정기(1974~1981) 중등 국사과가 독립되는 과정을 서술하면서 이 부분을 다루었다.[3] 더 나아가 자신의 박사학위 논문을 통해 이 시기 국사교과서를 비롯한 국사교육의 전반에 대해 고찰하였고,[4] 이를 보완, 정리하여 단행본으로 출판하였다.[5] 장영민은 박정희 정권의 핵심 지배 이데올로기인 국가주의가 학교 국사교육에

---

1 김한종, 「해방 이후 국사교과서의 변천과 지배이데올로기」, 『역사비평』 17, 1991.

2 이신철, 「국사 교과서 정치도구화의 역사」, 『역사교육』 97, 2006.

3 차미희, 「3차 교육과정기(1974~1981) 중등 국사과의 독립 배경과 국사교육 내용의 특성」, 『한국사학보』 25, 2006.

4 차미희, 『중등 국사교육의 내용 변천에 대한 연구: 국사과 독립 시기를 중심으로』, 고려대학교 박사학위논문, 2006.

5 차미희, 『한국 중·고등학교의 국사교육: 국사과 독립 시기(1974~1994)를 중심으로』, 교육과학사, 2011.

반영되는 과정을 서술하면서 이 부분을 다루었다.[6] 한편 윤종영은 국사교육강화정책과 국사교과서 발행제도를 다루면서 자료적 성격의 연구를 제출하였다.[7] 구경남은 제3차 교육과정기 국정 국사교과서에 나타난 애국심 교육의 실체를 국가주의라는 관점에서 파악하였다.[8]

본고는 기존 연구의 성과를 수용하면서 5·16군사정변 이후 박정희 정권이 민족 주체성을 강조하고 이를 교육과정에 반영하는 과정을 살피고, 이에 따른 국사교과서의 편찬에 대해 살펴볼 것을 목적으로 한다. 이를 위해 1972년 유신 선포를 전후한 시기의 국사교육강화위원회의 활동을 민족자주성 혹은 민족주체성의 확립을 강조한 제2차 교육과정기와의 연관성을 강조하면서 살핀 후 1974년 국정 국사교과서가 편찬되는 과정을 살피고자 한다.

II. 제3차 국사과 교육과정의 성립

미군정 하에서 '사회생활과'라는 이름으로 지리, 공민과 함께 통합된 교과과정 내에 있던 역사는 제2차 교육과정기(1963~1973)까지 계속 사회과에 통합되어 있었다.[9] 이 시기에는 국사와 세계사를 서로 밀접하게 연

---

6 장영민, 「박정희 정권의 국사교육 강화 정책에 관한 연구」, 『인문학연구』 제34권 제2호, 2007.

7 윤종영, 「국사교과서 발행제도에 대한 고찰」, 『문명연지』 1-2, 2000; 윤종영, 「국사교육 강화정책」, 『문명연지』 2-1, 2001; 윤종영은 1980년 문교부 역사 담당 편수관이 되어 3차례의 교육과정 개편과 3차례의 국사교과서 개편에 참여하였던 경험을 바탕으로 『국사교과서 파동』(혜안, 1999)을 저술하였다. 국사교과서가 국정화되는 과정에는 편수관이 아닌 고등학교 교사로 재직하였지만 1980년부터 편수관에 재직하면서 상당히 많은 문건들을 접했던 것으로 생각된다.

8 구경남, 「1970년대 국정 〈국사〉 교과서에 나타난 애국심 교육과 국가주의」, 『역사교육연구』 19, 2014.

9 차미희, 「3차 교육과정기(1974~1981) 중등 국사과의 독립 배경과 국사교육 내용의 특성」, 『한국사학보』 25, 2006, 397쪽.

관지어 학습하는 것이 효율적이라는 취지에서 중학교 역사교과에서 국사와 세계사를 통합하여 교육하였다. 이러한 교과서 편찬의 의도는 세계사적 시야에서 한국사를 바라보자는 것으로 폭넓은 역사성찰과 역사적 판단 능력의 향상에 도움이 될 것이라는 목적이었으나 세계사를 한국사의 전개순서에 맞추어 배열한 것에 불과하여 역사의 구조적 특징이나 각 사회의 성격을 비교하거나 체계적으로 이해하는 것에는 어려움이 있었다.[10] 또한 미군정기에 마련된 사회생활과의 흐름에서 벗어나지 못하고 있었다는 점도 지적하지 않을 수 없다.[11]

이러한 상황 속에서 1961년 5·16군사정변으로 정권을 장악한 박정희 정권은 제1차 교육과정의 운영을 중단시키고 『혁명과업완수를 위한 향토학교 교과과정 임시운영 요강(중학교)』과 『혁명과업완수를 위한 향토학교 교과과정 임시운영 요강(고등학교)』에 따라 중등교육을 임시로 운영하였고, 이를 바탕으로 1963년 2월 15일 제2차 교육과정을 공포하였다. 1963년 대통령에 당선된 박정희는 1964년 베트남 파병, 1965년 한일국교정상화, 1968년 1·21사태와 푸에블로호납치사건에 따른 국내외의 정세 변화에 대처하기 위하여 반공논리와 민족주의를 더욱 강화할 필요가 생겼다. 이를 위해 박정희정권은 사회적으로는 지문날인과 주민등록증의 강제 교부 등을 통해 주민 통제를 보다 강화하였다.

이 과정에서 1965년 한일국교정상화는 기존의 반공방일교육에 일대 변화를 가져왔다. 그러나 지금까지 한일국교정상화에 대한 전 사회적인 비판에 대해 정부가 어떻게 대응하였는가에 대해서는 그리 잘 알려지지

10　김한종, 「해방 이후 국사교과서의 변천과 지배이데올로기」, 『역사비평』 17, 1991, 72쪽.
11　역사과가 사회과에서 독립하는 것에 대해 현장의 사회과 교사들은 반대하는 경향이 높다. 그것은 사회과에 통합되어 있던 교과 시수에서 역사과를 독립시키면 사회과의 교과 시수가 감소하고 더 나아가 사회과의 교사수를 재조정해야 한다는 현실적인 이유 때문이다.

않았다. 교육이라는 측면에서는 정부는 『민족주체성 확립을 위한 교육과정 운영지침』(1966)을 발간하여 이 지침에 의해 교육과정을 운영하도록 하였다. 이 지침의 작성 배경은 다음과 같다.

> 1965년 12월 18일, 마침내 한일 양국은 오랫동안 끌어오던 국교 정상화의 공식 절차에 매듭을 짓게되었다.
> 오늘날의 국제 정세와 우리의 처지를 생각할 때, 두 나라의 수교가 극동의 안전에 기여하고, 양국간의 우호증진과 경제적 번영의 역사적 계기가 되리라고 확신한다. 그러나, 지난날의 굴욕적 사실에 비추어, 국민적 자각과 주체 의식을 굳게 하여 이 새로운 사태에 대처하여야 할 것이다.
> (중략)
> 수동적인 과거를 하루 속히 탈피, 청산하고, 자주독립정신을 바탕으로 하는 능동적인 자세 확립이 시급히 요청되고 있다. 다시는 일본국이 우리에게 침략정책을 쓰지 않으리라고 생각하지마는, 지난날 우리 민족이 겪은 쓰라린 역사적 경험에 비춰 양국 간의 진실한 우호관계의 발전을 위해서라도 우리는 경각심을 잊지 않고 우리의 민족주체성을 확고히 견지해 나가야 할 것이다.[12]

이 지침은 결국 1961년 5·16군사정변으로 권력을 장악한 군사정권의 핵심정책, 즉 경제개발과 반공주의의 모순을 극복하기 위한 것이었다고 볼 수 있다. 즉 박정희 정부는 민족주의의 고양을 통해 반공주의를 강화하려 하였다. 그러나 한일국교정상화는 민족주의에 모순되는 것이었다. 따라서 정부의 입장에서는 이 모순을 타개하기 위한 논리의 개발이 필요

---

12 문교부, 『민족주체성 확립을 위한 교육과정 운영지침』, 국정교과서주식회사, 1966, 3쪽. 이 문건은 머리말, 총론(1. 민족 주체성의 확립, 2. 주체성과 교육, 3. 과거의 반성, 4. 역사적 발전과 인간 형성, 5. 교육과정 운여의 기본방침, 6. 교육과정 운영상의 유의점), 각론(국어, 사회, 과학, 음악, 미술, 실업, 가정, 반공·도덕생활)로 구성되어 있다.

하였으며, 이 필요에 따라 『민족주체성 확립을 위한 교육과정 운영지침』
이 나온 것이라 판단된다.

그리고 1968년 12월 국민교육헌장을 제정, 공포하고 제2차 교육과정
을 큰 폭으로 개편하였다. 특히 국민교육헌장은 "모든 학교 교육에서 지
표"[13]가 되는 것이었다. 이에 따라 국민교육헌장의 이념을 반영하여 교
육과정을 1972년까지 연차적으로 개편하기로 하고, 1969년 교육과정을
부분 개정하고, 1970년 3월 1일부터 시행할 것을 결정하였다.[14] 그리하
여 국사교과는 "당면한 국가 과업의 하나인 공산주의 섬멸운동이 유래하
는 바를 여기에서 찾아야 하고 또 정신무장을 강화함도 국사교육의 중요
한 현실적 목적"[15]이라 하여 반공을 국사교육의 목적 중의 하나로 설정하
였다. 그리고 국민학교용 교과서는 1969년 9월, 중고등학교용 교과서는
1970년부터 전면 개정할 것을 결정하였다.[16] 특히 세계사와 국사가 통합
되어 있던 중학교 사회Ⅱ 교과서는 국사 위주로 개정하기로 하였다.[17]

한편 1972년 7·4남북공동성명이 발표되고, 10월 17일 대통령 박정희
는 이른바 '10월유신'을 선포하였다. 이듬해인 1973년 1월 22일 문교부는
다음을 발표하였다.

> ① 국민학교 4, 5, 6학년의 사회와 중고등학교의 반공 교과서는 이
> 미 전면적으로 개편되어 오는 3월 신학기부터 이 새 교과서로 공부
> 하고 ② 국사는 초등학교용(5, 6학년)은 신편이 끝나 새 학기부터, 중
> 고등학교용은 올해 안에 신편, 74학년도부터 실시하고 ③ 중고등학

---

13 「민족중흥 사명 생활화」, 『경향신문』, 1968년 12월 5일.
14 조성운, 「제2차 교육과정의 제정과 국사교과서의 편찬」, 『한국사학보』 66, 고려사학회,
   2017, 339쪽.
15 문교부, 『고등학교 교육과정 해설』, 1968, 147~148쪽.
16 「초중교 교과서 개편」, 『매일경제신문』, 1969년 4월 25일.
17 「초중교 교과서 개편 문교부 연내로 교육내용 개선을 위해」, 『경향신문』, 1969년 6월 4일.

교의 사회, 국어, 도덕 등 교과서는 새 학기에 우선 일부 수정해 가르
치고 내년부터는 전면 개편된 새 교과서로 교육시키게 된다고 밝혔
다. (중략) 국사교과서는 '국적있는 교육을 되찾는다'는 문교부의 장
학방침에 따라 학생들에게 자주의식을 고취할 수 있도록 조상들의
빛난 얼을 배우고 우리나라의 위치를 올바로 깨닫게 하는 내용을 담
고 있다.[18]

　결국 7·4남북공동성명에 따른 남북 관계의 변화와 유신이념의 반영
을 위해 국사를 비롯한 사회와 반공 교과서의 개편을 추진하였던 것이
다. 이와 같은 독재체제의 강화를 박정희정권은 한국적 민주주의, 한국
적 민족주의, 민족 주체성의 확립으로 포장하였다. 특히 한국적 민주주
의는 국사교육을 통해 이루어진다는 전제 아래 대통령 박정희는 1972년
5월 초 고등학교까지만 실시되고 있는 국사교육을 강화하고 교육기회를
확대할 것과 각종 채용고시(국가, 국영기업, 일반기업체)에서 제외되고 있는
국사과목의 부과를 의무화할 것을 지시하였다.[19]
　이러한 국사교육 강화의 흐름은 1972년 3월 7일 개최된 지방장관회
의에서 대통령 박정희가 '국적 없는 교육'의 국적회복을 지시하고,[20] 3월
24일 문교부 주최로 대구에서 개최되었던 제1회 총력안보를 위한 전국
교육자대회에서 "올바른 민족사관과 우리의 민족사적 정통성을 확고히
정립, 체득하고 그 위에 투철한 국가관과 자주성을 확립"[21]할 것을 주문
하면서 이른바 '국적 있는 교육'을 언급함으로써 공식화하였다. 그리고
1972년 4월 14일 오후 2시부터 6시까지 청와대 신관 301호 회의실에서

---

18 「초중고 사회, 반공, 국사 교과서 개편」, 『동아일보』, 1973년 1월 22일.
19 윤종영, 「국사교육강화정책」, 『문명연지』 2-1, 한국문명학회, 2001, 274~275쪽.
20 김한종, 『역사교육으로 읽는 한국현대사』, 책과함께, 2013, 194~195쪽.
21 문교부 중앙교육행정연수원, 『문교월보』 40, 1973, 9쪽.

주체적 민족사관을 주제로 사학자간담회(史學者懇談會)가 개최되었다.[22] 이 간담회에는 홍이섭(洪以燮), 한우근(韓㳓劤), 김철준(金哲埈), 이기백(李基白), 김영호(金泳鎬), 최창규(崔昌圭)가 참석하였다.[23] 이 간담회에서 나온 역사학자의 발언 요지는 다음과 같다.

1. 일본의 식민지정책 또는 우리의 의타적인 추세에 의하여 왜곡되어 온 사관을 속히 시정하여야 한다.
2. 이 점에서 주체적 민족사관의 정립은 무엇보다도 중요한 과제이다.
3. 표어에 그쳐서는 안되고 장기간의 착실한 노력으로 추상적 이론보다도 하나하나 구체적인 문제를 연구하여 실질적인 결과에 있어서 내용이 갖추어져야 한다.
4. 모든 지식인을 비롯하여 자기 민족에 대한 애착과 사명을 느끼도록 양식을 기르되 특히 전체적인 분위기 조성에 힘써야 한다.
5. 국민교육에 있어서는 국사교육이 가장 필요하다. 어떠한 사정보다도 민족의식이 강조되어야 한다. 서술된 사실의 득달보다도 민족의 긍지를 마음 속에 심어주는 것이 필요하다. 한 민족이 다른 민족과 구별되어 살 수 있는 활력소는 민족의식이다. □力으로 □活하겠다는 共□의식을 일깨울 수 있어야 한다.
6. 연구가 부족하여 우리의 장점을 모르기 때문에 단점만 들추는 경향이 있다. 유능한 사학자가 연구에 전념할 수 있게 되어야 하겠다.
7. 국민학교 교과서에서부터 애국심을 일깨워 주도록 개편하여 점차적으로 중고등학교 교과서도 개편, 보완해 나가야 한다.
8. 국민 각자의 개별적인 직분을 완수하는 것이 진정한 애국임을

---

22 「보고번호 제2호 사학자간담회보고」(국가기록원 소장).
23 이정빈, 「제3차 교육과정기 고등학교 『국사』의 한국고대사 서술과 특징」, 『제3차 교육과정과 국사교과서 서술』(2018년도 역사와교육학회·역사교과서연구소 정기 학술대회 발표집),

사실로써 밝혀 이러한 민족의 저력 위에 우리의 역사가 형성되어 왔음을 알려야 한다.

9. 우리 국민은 일반적으로 국사에 대한 지식수준이 낮다. 국민학교 국사과목을 사회생활과로부터 독립시켜 교과서도 따로 만들어야 한다.

10. 적어도 한국학만은 한국에서 하게 되어야 한다. 우리 학자가 외국에 가서 한국학을 공부하게 된다면 국가적으로 중대한 문제다. 원래 우리의 것을 남의 힘에 의하여 연구할 때 왜곡되기 쉽다. 우선 奎章閣藏書의 정리보관이나마 좀 더 □□□하고 휠름(필름-인용자)에 수록하여 두어야 한다.[24]

즉 사학자간담회에 참석한 역사학자들은 식민사관의 극복과 민족사관의 확립, 애국심 교육을 강조한 교과서로의 개편, 국사교과의 독립교과화, 역사자료의 정리와 보관을 위한 방안 강구 등을 주장하였다. 이 보고서 말미에는 간담회의 진행에 대해 보고서를 작성한 박종홍(朴鍾鴻) 특별보좌관의 다음과 같은 평가가 기록되어 있는 것으로 보아 회의가 매우 진지한 분위기 속에서 이루어졌음을 알 수 있다.

우리나라에서 現在 影響力이 많은 中堅 史學者들의 大體로 一致된 意見이요 妥當한 말이라고 생각됩니다.
時間이 갈수록 熱띤 論議가 展開되어 豫定時間보다 1時間이나 超過할 정도로 眞摯한 雰圍氣이었읍니다.[25]

한편 사학자간담회에서는 다음의 두 가지를 대통령 박정희에게 건의하였다.

---

24 「보고번호 제2호 사학자간담회보고」(국가기록원 소장).
25 「보고번호 제2호 사학자간담회보고」(국가기록원 소장).

1. 초등학교 국사과목을 사회생활과목으로부터 독립시키는 동시에 중고등학교를 통하여 국사교육강화에 관한 전면적인 검토가 필요할 것으로 생각되옵니다.
2. 고전의 국역보급과 국사편수사업도 중요하오나 규장각 도서 같은 귀중한 사료들의 수집, 정리, 보관 책부터 보다 적극적으로 강구되어야 할 것입니다.[26]

첫 번째 건의는 즉각 수용되어 제3차 교육과정에 반영되었다. 그리고 이 보고서에 첨부되어 있는 「국사교육개선을 위한 위원회 구성」이라는 문건에 따르면 한기욱 비서관을 문교부 국사교육개선위원회의 위원으로 위촉하였다. 뒤의 [표 1]에서 보듯이 한가욱(韓基旭)이 1972년 5월 구성된 것으로 보이는 국사교육강화위원회의 위원으로 위촉된 것으로 보아 국사교육개선위원회가 국사교육강화위원회로 개칭되는 것이라 생각된다. 이렇게 보면 국민교육헌장의 공포와 1972년 상반기의 '국적 있는 교육'의 주창이 사학자간담회를 거쳐 국사교육강화위원회로 귀결되는 것으로 판단된다.[27]

이러한 일련의 흐름 속에서 1972년 5월 10일 문교부 회의실에서 국사교육강화위원회 제1회 회의가 개최되었다. 이 회의에서는 [표 1]과 같이 이선근을 위원장, 강우철을 부위원장으로 선출하고 사업계획을 확정하였다.[28]

---

26 「보고번호 제2호 사학자간담회보고」(국가기록원 소장).
27 조성운, 「제2차 교육과정의 제정과 국사교과서의 편찬」, 『한국사학보』 66, 고려사학회, 2017, 343쪽.
28 국사교육강화위원회의 활동에 대해서는 윤종영(『문명연지』 2-1, 한국문명학회, 2001)과 장영민(「박정희정권의 국사교육 강화정책에 관한 연구」, 『인문학연구』 34-2, 충남대학교 인문과학연구소, 2007)을 참조 바람. 1972년 5월 10일의 국사교육강화위원회에서의 주요 발언은 윤종영(「국사교육강화정책」, 『문명연지』 2-1, 한국문명학회, 2001, 277~278쪽.)이 소개하였다.

[표 1] 국사교육강화위원회의 구성[29]

이름	직책/소위원회	소속 및 직책	전공분야	비고
박종홍		대통령 특별보좌관	철학	
장동환		대통령 비서관		
한기욱		대통령 비서관		
박승복		국무총리 비서관		
이선근	위원장/소위원회	영남대 총장	한국사(근대사)	
김성근		서울대 교육대학원장	서양사	
고병익		서울대 문리대학장	동양사	
강우철	부위원장/소위원회	이대 교육대학원장	역사교육	
이기백	소위원회	서강대 교수	고대사회	
이우성		성균관대 교수	고려시대	
김철준	소위원회	서울대 교수	고대사회, 고려시대	
한우근		서울대 교수	조선시대	
김용섭		서울대 교수	조선시대	
이원순	소위원회	서울대 교수	조선시대,역사교육	
이광린	소위원회	서강대 교수	개화기	
최창규	소위원회	서울대 교수	개화기,현대사	
이현종		국사편찬위원회 실장	조선시대,개화기	
김상기		서울대 교수	고대사회,고려시대	추가
이홍직		서울대 교수	고대사회	추가
변태섭		서울대 교수	고려시대	추가

그리고 이튿날인 1972년 5월 11일 대통령 비서관 한기욱(韓基旭)은 다음의 '국사교육강화방안건의'를 대통령에게 보고하였다.

결론 및 건의

1. 각급 학교의 국사교육 실태와 각종 채용고시에서의 국사시험
   부과 상황을 조사한 결과

---

29 차미희, 「3차 교육과정기(1974~1981) 중등 국사과의 독립 배경과 국사교육 내용의 특성」, 『한국사학보』 25, 2006, 405쪽. 이 표에서 추가된 3인의 경우 처음 위원회가 발족할 때는 구성원이 아니었으나 한기욱의 보고서 「국사교과서의 국정화방안 보고」에서 인문고 국사교과서 저자를 언급하는 과정에서 국사강화위 표기가 되어 있는 것으로 보아 추가로 위원회에 참여한 것으로 보인다.

· 국사교육은 고등학교까지만 실시하고 있으며,

· 각 기업체 채용시험은 물론 국가 시행 고시에 있어서도 극소수 (2%)의 시험만이 국사를 시험과목에 포함시키고 있는 실정입니다.

2. 이러한 실정에 비추어 민족주체성 확립을 위한 국사교육의 강화 및 국사교육 기회 확대의 일환으로

· 대학에서의 국사교육 및

· 각종 고시에서의 국사과목 부과문제를 연구, 실시하도록 별첨 지시 공문과 같이 관계부처에 지시 하실 것을 건의드립니다.

현황 및 문제점

1. 학교에서의 국사교육

대학에서 국사를 전공하는 학생을 제외하고는 대학에서 국사교육을 받을 기회가 없음.(예 : 별첨 I과 같이 서울대 교양과정부의 필수 과목 중 세계문화사[30]는 포함되어 있으나 국사과목은 없음)

2. 채용시험에서의 국사시험

가. 국가시험고시

(1) 3급 공무원 채용시험 95개 직종 중 3개 직종(학예연구, 편사연구, 외무)

(2) 4급 공무원 채용시험 95개 직종 중 2개 직종(학예연구, 편사연구)

(3) 5급 공무원 채용시험 77개 직종 중 5개 직종(학예연구, 편사연구, 검찰사무, 사서, 행정)

(4) 경찰직 3개급별 시험 중 1개(순경 채용 시험)

(5) 사법시험 예비고사

(6) 해외유학시험 등

13종의 시험만이 국사를 시험과목 중에 포함시키고 있음.(별첨 II 참조)

---

30 밑줄 친 세계문화사에 화살표 표시를 하여 "世界文化史를 알기 전에 제 나라 역사를 먼저 알아야 하지 않는가. 慨嘆. 慨嘆."이라 쓰여 있다. 아마도 대통령 박정희의 필적이라 생각된다.

나. 기업체 채용시험

국영기업체를 포함한 각 기업체, 언론기관 등의 신규사원 채용시험에서 국사를 시험과목으로 부과하는 것은 "국제관광공사의 안내원" 시험뿐임.(별첨 Ⅲ 참조)[31]

이 건의에 따라 문교부는 1973년도 대학입학예비고사부터 국사를 독립과목으로 출제하도록 하였고, 14개 국사관계학회를 통합하고 국사연구를 중심으로 한 한국학센터를 설치하고 국사연구에 대한 연구비를 대폭 늘릴 방침을 밝혔다.[32] 그런데 윤종영은 1972년 5월 초 현재 고등학교까지만 실시되고 있는 국사교육을 강화하고 교육기회를 확대할 것과 각종 채용고시(국가, 국영기업체, 일반 기업체)에서 제외되고 있는 국사과목의 부과를 의무화할 것이라는 대통령의 지시가 문교부에 하달되었다고 주장하였다.[33] 그러나 위에서 본 바와 같은 1972년 5월 11일 국사교육강화위원회의 건의를 대통령이 수용하여 이를 지시한 것으로 보는 것이 옳을 것이다.

그리고 5월 22일에는 위원장 강우철, 위원 한우근, 김철준, 이원순, 이광린, 최창규로 구성된 소위원회에서 역사의 주체를 민족으로 단일화시켰다. 이는 현실 문제를 해결할 민족적 철학 및 규범을 역사에서 찾고 통일 후에 생길 사관문제 등에 대비한 것이었다.[34] 이와 같은 보고가 나올 수 있었던 것은 국사교육강화위원회가 구성되기 전에 이미 대략의 방침이 서 있었기 때문이라 할 수 있다. 그리고 그 활동의 결과 1972년 7월 6일 국사교육강화위원회의 제1차 건의가 제출되었다. 이 건의에서는 국사교육을 강화해야 하는 취지를 다음과 같이 서술하였다.

---

31 「보고번호 제72-335호 국사교육강화방안보고」(국가기록원 소장).
32 「국사, 독립과목으로 출제 대학입시 문교부, 14개학회 통합, 한국학센터 설치」, 『동아일보』, 1973년 5월 11일.
33 윤종영, 「국사교육강화정책」, 『문명연지』 2-1, 한국문명학회, 2001, 274~275쪽.
34 「민족을 주체로 강화된 국사교육의 큰 목표 방향」, 『경향신문』, 1973년 5월 26일.

민족이라는 주제는 우리 국사에서 유구한 개념으로 되어 왔다. 따라서 그것은 오늘의 우리가 확보하여야 할 소중한 역사 추진력의 바탕이다. 이러한 역사의 추진력은 민족의 자기 본질에 대한 인식과 역사의식이라는 규범 체계 없이는 발현될 수 없으며 영속되기도 곤란하다. 여기서 우리의 국사교육 강화라는 당연한 국민적 주장을 내세우게 된다. 이와 같은 주장은 오늘의 우리가 서 있는 해방 후 1세대라는 민족사적 상황과 직결된다.

우리는 해방을 계기로 역사의 실천 주체의 회복과 함께 민족의 자주역량을 길러왔고 아울러 국사 서술의 주체의 회복으로 민족사관의 확립을 위한 노력을 계속하여 왔다. 그럼에도 불구하고 오늘날 국사교육의 강화라는 주장을 새삼 내세우지 않을 수 없게 된 것은 아직도 우리 민족사에 남겨진 왜곡된 해석과 타율적인 역사관이 청산되지 못하였고 아울러 국사학 자체가 민족국가의 근대화 방향을 충분히 제시하지 못하였다는 이유 때문이다. 국사에서의 주체성은 우리 민족을 독립된 역사주체로 확인시킬 수 있는 개별성과 함께 우리 민족을 역사의 실천자로 길이 부각시키는 영속성을 아울러 가질 때 확립 된다. 따라서 국사교육의 강화는 그 학문적 성과가 민족문화의 개성 발양을 폭넓게 확대시킴으로써 우리 민족을 세계사의 참된 한 단위로 참여시켜야 한다. 뿐만 아니라 역사의식의 재창조를 통하여 오늘의 우리들을 역사 계승의 당당한 주체로 확인시켜야 한다.

국사학은 과학적 인식만이 민족문화의 개성과 미래상을 바로 결정해줄 수 있다는 전제에서 국사의 과학적 체계화를 요구하고 있다. 그러므로 해방 이후 우리 사학계가 쌓아온 국사연구의 업적과 성과는 과학적으로 보다 체계화되어 오늘과 내일의 국사교육에 좀 더 공헌할 수 있어야 한다. 여기서 국사교육의 강화를 위한 교육적 요구는 민족 주체의식의 확립과 함께 자라나는 세대에 대한 자주적 민족사관 의 제시로 요약된다. 그것은 항상 역사의식을 통하여 계승되고 보다 어려운 상황 속에서 오히려 좀 더 발전될 수 있다고 믿기 때문이다. 따라서 우리 국사교육은 체계화된 국사학의 참된 지식을 근간으

로 하여 자기와 민족 사이에서 그리고 과거와 미래 사이에서 오늘의
국민생활을 승화시키며 새로운 역사를 창조할 수 있는 바탕을 이루
어 준다. 나아가 투철한 민족사관의 토대 위에 민족적 주체역량을 더
욱 함양하여 국가의 발전과 인류공영에 적극 참여하도록 한다.[35]

위의 인용문에서 확인 가능하듯이 국사교육 강화의 목적은 해방 이후
민족사적 상황, 즉 역사 왜곡과 타율사관의 청산, 그리고 근대화의 방향
을 제시하기 위한 것이었다. 이러한 목적을 달성하기 위해 민족주체의식
의 확립과 자주적 민족사관을 제시해야 한다는 것이다. 그리하여 국사교
육의 일반목표를 다음과 같이 제시하였다.

1. 굳건한 민족사관을 바탕으로 현재의 삶을 역사적으로 의식하고
   국가사회 발전에 주체의식을 가지고 참여하도록 한다.
2. 민족의 발전 과정과 각 시대의 특성을 이해하고 정치, 사회, 경
   제, 사상 등의 상호 기능관계를 파악한다.
3. 민족중흥의 이념을 구현하기 위하여 선조들의 노력과 그 업적
   을 이해하고 스스로 국가에 헌신하는 태도를 기른다.
4. 한국의 문화유산을 계승 발전시켜 온 민족적 역량을 이해하고
   외래문화 수용에 대한 바람직한 태도를 길러 민족문화 발전에
   기여하게 한다.
5. 개인의 가치관과 민족의 가치체계와의 조화를 이루고 자신과
   국가를 동일시하는 국민의 자세를 이룩하며 민족적 생활규범을
   심화시킨다.
6. 국사학습을 통하여 습득한 해석력과 판단력을 민족의 미래에
   대한 통찰력으로 발전시킨다.[36]

---

35 윤종영, 「국사교육강화정책」, 『문명연지』 2-1, 한국문명학회, 2001, 279~280쪽.
36 윤종영, 「국사교육강화정책」, 『문명연지』 2-1, 한국문명학회, 2001, 280~281쪽.

결국 국사교육을 통하여 민족주체성을 강화시키고 '자신과 국가를 동일시하는 국민의 자세'를 확립하는 것을 목표로 하였던 것이다. 여기에서 주목되는 것은 국사교육강화위원회가 건의한 '민족주체성의 확립' 또는 '자주적 민족사관'이 국사교육의 일반목표에서는 '자신과 국가를 동일시하는 국민의 자세'로 치환되있던 것이다. 즉 국가주의적 사관의 주입을 국사교육의 일반목표로 설정하였던 것이다. 이는 1974년 12월 31일 문교부령 제350호로 공포된 인문계 고등학교 교육과정의 기본방침에 그대로 반영되어 있다. 기본방침은 국민적 자질 함양, 인간 교육의 강화, 지식기술교육의 쇄신의 3항목으로 이루어졌는데, 그중 (가) 국민적 자질의 함양 항목 (3) 개인의 발전과 국가의 융성과의 조화에 "민주주의의 이상은 개인의 발전과 국가의 융성과의 조화 속에서 실현되며, 개인의 발전과 국가의 융성은 국민의 총화로서 이루어진다는 점을 깨닫게 한다."고 명시되어 있는 것이다.

그리고 교육과정의 구조를 다음과 같이 설정하였다.

○ 대학 및 교육대학 : 국사를 교양 필수과목으로 설정한다(이수단위는 3~4단위).
○ 고등학교 : 국사과를 설정한다(이수단위는 6단위)
○ 중학교 : 국사교과를 설정하고 2~3학년에 걸쳐 주당 2시간씩 부과한다.
○ 국민학교(초등) : 6학년에는 체계있는 국사를, 5학년에는 산업사, 생활사 내용을 부과하고, 4학년은 사회과의 1/3을 국사 내용으로 한다. 1, 2, 3학년은 사회과의 1/4을 국사내용으로 한다.[37]

이러한 국사교육강화위원회의 건의는 거의 수용되어 대학에서는 국

---

37 윤종영, 「국사교육강화정책」, 『문명연지』 2-1, 한국문명학회, 2001, 281쪽.

사는 교양필수과목이 되었고, 중고등학교에서는 국사과는 교과로서 독립하였으며, 초등학교에서도 전 학년을 통해 국사를 배우게 되었다. 이 국사교육강화위원회의 건의에 따라 각급 학교에서의 국사교육은 다음과 같이 이루어지게 되었다.

국민학교에서는 ① 국민의 기본교양으로서의 국사인식과 국가와 민족에 대한 애정을 갖게 하고 ② 국가의식과 역사인식의 점차적인 성장을 도모하며 ③ 생활사에 대한 인식을 깨우치게 하고 ④ 우리 역사의 전체 흐름의 파악과 민족사 발전에 이바지하는 태도를 기르도록 했다.

중학교의 경우는 ① 국사인식의 심화와 민족사에 대한 자부심을 기르고 ② 역사의식의 성장을 촉구하며 ③ 근대 이후의 민족사를 다각적으로 성찰하여 민족적 과제의 역사적 배경을 파악하고 ④ 세계사적 시야에서 민족사를 인식하게 하는데 중점을 두었다.

고등학교에서는 ① 문화사적 접근을 통한 민족문화의 발전과정에 대한 인식을 기르고 ② 역사적 해석력의 함양을 통해 미래로의 발전을 지향하며 ③ 비판적 정신으로 주체적인 민족사적 의의를 찾도록 했다.

대학교에서는 ① 주체적인 민족사관에 입각한 전통문화를 이해하고 ② 국사의 인식을 확대, 심화하고 ③ 민족적 위기를 극복할 수 있는 역량을 기르고 ④ 민족문화의 잠재 능력 개발과 민족 장래에 대한 신뢰와 희망을 갖도록 했다.[38]

Ⅲ. 국사교과서의 개편

국사교육강화위원회는 제1차 건의서 제출 이후 제2차 건의서를 또 제

---

38 「민족사관 주체의식 확립 중고교 사회과서 분리 대학 3~4학점 이수」, 『매일경제신문』, 1973년 7월 5일.

출하여 '국사교과서 내용 준거 제시의 관점'을 다음과 같이 제시하였다.

1. 본 준거는 국사의 전 내용을 망라하여 제시한 것이 아니라 중심 개념에 따라 중·고등학교별로 내용전개의 기본 관점만을 예시적으로 제시한 것이다.
2. 중·고등학교의 국사교육 내용 전개에 있어 그 차이점을 제시하는 데 중점을 두었으며, 중학교에서 취급되는 내용으로 고등학교에서 취급할 수 있는 것은 중복 표기하지 않았다.
3. 중학교에서는 정치사 중심으로 국민의 국사 교양을 보다 심화하고, 주체의식을 확립하고 자기 역사의식을 가지도록 하는 내용을 준거적으로 제시하는 데 힘썼다.
4. 고등학교에서는 문화사적 접근을 통하여 가능한 한 오늘날의 국사학계의 성과를 반영함으로써 자기 문화 의식을 투철히 하고 창조적 문화 능력을 배양하는 목적에서 내용을 준거적으로 제시하였다.[39]

이에 따르면 중학교에서는 정치사 중심, 고등학교에서는 문화사 중심으로 교과서의 내용을 구성할 것을 제안하였다. 이 건의가 1974년 발간된 중고등학교의 국사교과서 편찬에 실제 반영되었는가는 교과서 분석을 통하여 밝혀야 할 것이다.

한편 1973년과 1974년에 각각 공포된 제3차 교육과정에서는 이 건의와 10월유신의 이념을 반영하여 중고등학교 국사교육의 목표를 [표 2]와 같이 설정하였다.

---

39 장신, 「해제 『국사교육강화를 위한 건의내용(제2차)」」, 『역사문제연구』 37, 역사문제연구소, 2017, 586쪽.

[표 2] 제3차 교육과정기 중고등학교 국사과 교육목표

중학교 국사과 교육목표	고등학교 국사과 교육목표
(가) 우리 민족의 발전 과정을 주체적인 입장에서 파악시키고, 민족사의 정통성에 대한 인식을 깊게 하며, 문화 민족의 후예로서의 자랑을 깊이 하게 한다. (나) 우리 민족사의 각 시대의 특성을 종합적으로 파악시키고, 현재적 관점에서 이를 살필 수 있게 하여 민족사의 특색에 대한 인식을 깊이 하게 한다. (다) 우리 민족사를 세계사적 차원에서 인식하여, 우리 민족사의 특징을 찾도록 한다. (라) 우수한 민족 문화를 창조한 우리 민족의 역량을 이해시키고, 민족 문화의 계승, 발전에 힘쓰려는 태도를 기른다. (마) 역사적 사실을 실증적으로 탐구하고, 민족적 가치관에 입각하여 체계화하는 능력을 기른다.	(가) 국사 교육을 통하여 올바른 민족사관을 확립시키고 민족적 자부심을 키워서, 민족 중흥에 이바지하게 한다. (나) 각 시대의 특성을 그 시대의 규범 체제와 문화 현상을 통하여 종합적, 발전적으로 파악시킴으로써 현재를 바로 알고 미래를 내다보는 능력을 기른다. (다) 국사의 특수성과 세계사적 보편성을 인식시켜서, 민족사에 대한 긍지를 가지게 하고, 우리나라 발전에 기여하게 한다. (라) 전통 문화를 역사의식을 가지고 인식하게 하여서, 외래문화를 수용하는 바른 자세와 새 문화 창조에 이바지하는 태도를 가지게 한다. (마) 전통적 가치를 비판적으로 파악하게 하여서, 투철한 역사의식을 가지고 당면한 국가 문제 해결에 적극 참여하는 자세를 키운다.

[표 2]에 따르면 제3차 교육과정기 중학교와 고등학교의 국사과 교육목표는 연령에 따라 차이는 있으나 기본적인 골격은 민족사관의 강조, 보편성과 특수성의 조화, 민족문화를 바탕으로 한 외래문화의 수용 등 민족주체성의 강조라는 것으로 이해된다. 특히 고등학교 국사과 교육목표에서는 '민족중흥에 이바지'할 것을 규정하였다. 이는 박정희정권의 근대화정책에 국사교육이 기여해야 한다는 것을 명확히 한 것이며, 민족중흥은 민족사관의 확립에 근거하도록 하여 독재를 민족이라는 용어로 포장하려 하였다. 예를 들면 1974년판 고등학교 국사교과서 'Ⅴ. 현대사회'를 [표 3]과 같이 구성하였다.

[표 3] 1974년판 고등학교 국사교과서 'Ⅴ. 현대사회' 구성[40]

1. 대한민국의 정통성	(1) 대한민국의 성립 　8.15민족해방과 국토분단 　대한민국의 수립 (2) 6·25의 민족시련 　북한의 공산화 　6·25의 민족시련
2. 민족 중흥의 새 전기	(1) 민주주의의 성장 　4월학생의거 　5월혁명 (2) 대한민국의 발전 　경제성장 　새마을운동 　10월유신

　[표 3]에 따르면 현대사회는 대한민국의 성립과 6·25전쟁으로 나누어 설명하면서 식민지시기 독립운동과 제2차 세계대전의 연합국 승리, UN에 의한 합법정부 수립 등으로 남한이 우리 역사의 정통성을 계승하였음을 서술하였고, 북한에 대해서는 공산독재와 6·25 남침에 따른 민족 분단의 책임에 대해 서술하였다. 그리고 제2장에서는 민족중흥의 새 전기로 '민주주의의 성장'을 꼽으면서 5·16군사정변을 '5월혁명'이라는 용어를 사용하면서 다음과 같이 서술하였다.

　　박정희장군을 중심으로 하여 일어난 혁명군은 대한민국을 공산주의자들의 침략 위협으로부터 구출하고 국민을 부정부패와 불안에서 해방시켜 올바른 민주주의국가를 건설하기 위하여 1961년 5월 16일

---

40 국사교육강화위원회는 「학교교육을 중심으로 한 국사의 중심개념」(강우철, 『역사의 교육』, 교학사, 1974)에서 근대민족국가의 발전을 8·15 민족의 해방, 대한민국의 수립, 6·25사변과 민족의 시련, 4월의거와 민주주의의 성장, 5월혁명과 제3공화국으로 구성하였다. 이 국사교육강화위원회의 안이 1974년 국정 국사교과서에 반영된 것으로 보인다. 다만 국사교육강화위원회의 안에서는 '4월의거'라 표현하였으나 국사교과서에서는 '4월학생의거'라 표기함으로써 그 의미를 축소하는 한편 '5·16군사정변'은 '5월혁명'이라 그대로 사용하여 긍정적인 개념으로 의미부여하였다는 것을 알 수 있다.

혁명을 감행하여 정권을 장악하였다.[41]

5·16군사정변은 무능한 정권으로부터 국민을 해방시키고 북한으로부터의 위협을 제거하기 위한 구국의 영단이었다는 것이다. 이러한 제3차 교육과정기 국사교과서의 마지막은 '오늘의 역사적 사명'이라는 1쪽 분량의 결론에서 찾을 수 있다.

다른 한편 앞에서 언급하였듯이 1972년 국사교육강화위원회가 조직되어 국사교육강화 방안을 건의하였다. 그리고 1973년 6월 9일 문교부는 '국사교과서의 국정화 방안 보고'라는 보고서를 대통령에게 제출하였다. 그 보고의 내용은 다음과 같다.

> 1. 문교부는 민족주체성의 확립을 위한 국사교육강화방침에 따라 작년 5월 이후 교육과정의 개편을 통한 초중고등학교 국사과목의 독립, 강화 및 시간 배당의 조정, 각종 시험에서의 국사과목 부과, 기타 국사교육강화위원회의 연구 결과에 따른 교과서 개편 작업 등을 추진해오고 있었던 바,
> 2. 이번에 그 일환책으로 중고등학교 국사교과서를 국정화하는 방안을 수립, 보고하여 왔습니다.[42]

이에 따르면 국사교과서의 국정화는 민족주체성 확립이라는 정책의 연장선에서 교육과정 개정을 통해 국사과목을 독립시키고 시간 배당을 조정하는 한편 각종 시험에 국사과목을 부과하고 국사교육강화위원회의 건의를 수용하여 국정화 방안을 수립하였음을 알 수 있다. 그런데 앞에서 언급하였듯이 국사교육강화위원회는 국정화를 건의한 적은 없었으므

---

41 『국사』, 문교부, 1974, 229쪽.
42 문교부, 「국사교과서의 국정화 방안 보고」(국가기록원 소장).

로 국정화 방안은 정부의 의도가 전적으로 반영된 것으로 보인다. 그런데 이미 1972년 6월 문교부는 교과서 개편과 관련하여 초중고등학교 교과서에 새마을정신과 선열들의 구국정신을 반영하여 학생들의 정신교육을 강화하기로 하였고, 이를 위해 국검인정 교과서의 집필자 160명을 두 차례로 나누어 새마을사업 지역, 산업단지, 문화유적지 등 25개 지역을 시찰시키기로 하였던 것이다.[43] 이는 정부가 교과서의 집필 방향과 내용의 대강을 1972년에 이미 정하였던 것이라 보인다.

이 문건에서 지적하고 있는 국사교과서 국정화의 필요성, 문제점 및 대책은 다음과 같다.

> 국사교과서 국정화의 필요성
> 1. 일본의 식민지정책이나 우리의 의타성에 의하여 다분히 왜곡되고 타율적인 이제까지의 역사관은 시급히 청산되어야 하며,
> 2. 주체적인 민족의식에 투철하고 민족중흥의 의욕에 충만한 후세 국민을 길러낸다는 관점에서 볼 때 현행 국사교과서의 내용은 상당 부분의 개편이 필요한 바
> 3. 현재의 검정교과서(중·고교 각 11종) 저자들이 개별적으로 이러한 개편작업을 감당하는 것은 불가능한 일임.
> 4. 사학자들의 폭넓은 참여에 의한 국사교과서의 단일화로 복잡다기한 주관적 학설을 지양하여 해방 이후 사학계가 쌓아온 역사연구의 업적과 성과를 보다 체계화하고, 신빙도 높은 풍부한 사료에 입각한 민족사관의 통일과 객관화를 기함.
> 5. 새로운 가치관 확립을 위한 일관성 있는 교육을 위하여 현재 국정으로 되어 있는 도덕, 국어과목과 함께 가치관 교육의 중핵이 되는 국사과목도 국정화가 요청됨.
> 6. 교과서의 국정화로 내용의 충실화를 기하고 권위를 높임.

---

43 「학생정신교육 강화 새마을·구국운동, 교과서에 넣기로」, 『경향신문』, 1972년 6월 26일.

* 현행 11종의 국사교과서 발행자, 저자들도 지난 3월 유사한 이
  유로 문교부에 중학교 국사교과서의 단일본 발행을 건의하여 문
  교부가 동 건의를 수리함으로써 현재 공동집필의 단일교과서 발
  행을 위한 편찬 작업이 진행 중임.

문제점 및 대책

1. 문제점

가. 현행 검정교과서 저자 및 발행업자의 반발 예상(이유는 연간총
   계 750만원에 달하는 저자들의 저작인세 및 출판사의 수입 때
   문임).

나. 집필진의 선정 및 확보 문제

2. 대책

가. (가)의 문제점은 저자들에 대한 설득과 인세 상당액의 학술연
   구 조성비 지급으로 대처하며

나. (나)의 문제는 국사편찬위원회 및 국사교육강화위원회와 협의
   하여 결정할 것임.[44]

위의 인용문을 통해 보면 국사교과서의 국정화 필요성은 식민사관의
탈피와 민족사관의 형성에 근본적인 목적이 있으며, 이러한 목적을 검정
교과서를 통해 달성하기에 어려우므로 사학계의 성과를 체계화하고, 풍
부한 사료를 이용하여 새로운 가치관 확립을 위한 일관성 있는 교육을 위
하여 국사과목의 국정화가 필요하다는 것이다. 이러한 국정화 추진 과정
에서 정부는 연간 750만원에 달하는 인세와 출판사의 손실 때문에 검정
교과서의 저자와 발행업자들의 반발에 따른 집필진 선정에 문제가 있을
것으로 판단하였다. 따라서 이러한 문제점을 극복하기 위하여 학술연구
조성비를 지급하여 저자들의 반발을 무마하려 하였고, 집필진의 선정은

---

44 문교부, 「국사교과서의 국정화 방안 보고」(국가기록원 소장).

국사편찬위원회 및 국사교육강화위원회와 협의하여 결정할 것을 결정하였던 것이다.

국사교과서 국정화 추진 보고 이후 1973년 6월 23일 문교부는 다음의 이유로 국사교과서의 국정화를 발표하였다.

> 문교부는 이같이 국사교과서를 국가가 직접 편찬키로 한 것은 ① 일제 침략기에 이루어진 왜곡된 역사관을 청산하고 ② 광복 이후 우리 국사학계에서 쌓아온 업적을 체계화하며 ③ 학생들에게 객관적이고 일관성 있는 국사교육을 실시, 국적 있는 교육을 강력히 뒷받침하기 위한 것이라고 덧붙였다. 내년에 국정으로 편찬될 새로운 국사교과서는 국사편찬위원회와 문교부 편수국 관장 하에 있는 권위 있는 학자들을 위원으로 위촉, 각 학년별로 1권의 책으로 집필케 할 계획인데 새 교과서 내용에는 주체적 민족사관 정립, 새한국인 형성, 한국민주주의 토착화 등 문교부의 국사교육 방침을 반영시킬 방침이다.[45]

이러한 문교부의 방침은 '국사교과서의 국정화 방안 보고'의 내용과 큰 차이가 없는 것으로 이 보고서의 내용이 대부분 수용되었음을 의미하는 것이라 할 수 있다. 결국 국사교과서의 국정화는 민족사관의 확립을 표방하면서 국민교육헌장과 10월유신의 선포로 강화된 반공주의, 국가주의를 교과서에 반영시키는 것이었다고도 할 수 있을 것이다.

이와 같은 국사교과서의 국정화 방침은 1973년 1월 22일 대통령 박정희의 문교부에 대한 연두순시에서 김현옥 문교부장관은 "국민교육헌장 이념 구현과 한국적 가치관의 교육 강화"[46]를 보고하였던 것으로 보아 이 무렵에는 이미 결정되었던 것으로 판단된다. 그리고 1974년 1월 29일 연

---

45 「국사교과서 국정으로 검정제 폐지 국적있는 교육 강화」, 『경향신문』, 1973년 6월 23일.
46 「박대통령 "유신저해 요인 제거"」, 『매일경제신문』, 1973년 1월 22일.

대한민국 역사교육과정 2

두순시에서도 민관식 문교부장관은 "국적있는 교육신장, 교육체제의 교육력 강화, 경제성장을 촉진하는 교육으로 유신교육을 심화하기 위해 각급 학교 교과서를 개편"[47]하겠다는 보고를 하였다. 1975년에도 류기춘 문교부장관은 대통령 박정희의 초도순시(初度巡視)에서 1975년도 문교정책의 중점을 교육유신체제의 확립, 국민정신교육 강화, 교육의 내실화와 사회화, 장기적 체육진흥정책 수립, 해외교포교육 강화[48]에 두겠다고 밝히면서 교육유신체제의 확립을 위한 방안으로 다음을 보고하였다.

> ① 민주주의 교육 내용을 쇄신, 한국민주주의 발전과정에 대한 신념을 배양토록 37책의 교과서를 보완하고 ② 현재 59개 대학에 있는 기존 반공서클의 회원 2,242명을 3천명으로 확대하는 등 반공교육을 강화하고 ③ 올바른 시국관 확립을 위해 국가안보 교육을 강화하며 ④ 덕성교육 강화를 위해 도덕교과서를 개편[49]

이로 보아 '10월유신' 이후 '국적있는 교육'이라는 명목 하에 유신교육이 강화되었고, 이 과정에서 국사교과서의 국정화가 진행되었던 것이다. 그리하여 1974년 2월 22일 문교부는 민족사상 확립 위주로 개편된 초중고등학교 국사교과서를 1974년 신학기부터 사용하기로 했다고 발표하였다.

이 시기의 국사교과서 편찬은 준법제적 성격을 갖고 교과서 편찬의 근거가 되었던 「국사교육 내용의 통일」[50]과 1972년 국사교육강화위원회의 활동에 따라 편찬되었다고 판단된다. 이에 수반하여 1973년에는 『학교교육을 중심으로-국사의 중심개념』을 발간하였다. 이 문건은 한국사

---

47 「박대통령에 문교부 보고 기술인력 백만 양성 81년까지」, 『경향신문』, 1974년 1월 29일.
48 「대학생성적학습과제포함 교사들 교직관을 평정요소로 반영」, 『동아일보』, 1975년 2월 7일.
49 「'교육유신'을 강화」, 『매일경제신문』, 1975년 2월 7일.
50 윤종영, 『국사교과서파동』, 혜안, 1999, 105쪽.

를 고대, 고려시대, 조선시대, 근대, 근대 민족국가의 발전의 5시기로 나누어 설명하였다. 그리고 근대분야는 개화·척사운동, 동학농민혁명과 갑오개혁, 독립협회의 활동, 근대사회의 성장, 일제의 침략과 독립투쟁의 5절로 구성하였고, 근대 민족국가의 발전은 8·15 민족의 해방, 대한민국의 수립, 6·25사변과 민족의 시련, 4월의거와 민주주의의 성장, 5월혁명과 제3공화국으로 구성하였다.[51] 여기에서 주목되는 점은 제2차 교육과정기까지 주목하지 않았던 척사운동이 중단원의 명칭으로 들어가 국사교과서의 주요 요소로 처음으로 들어갔으며, 동학농민운동을 동학농민혁명, 갑오경장을 갑오개혁으로 사용하는 등 역사 용어의 변화가 있었다는 것이다. 그러나 1974년 국정 국사교과서에서 동학농민혁명은 동학혁명 혹은 동학운동, 갑오개혁은 갑오경장이라는 용어가 사용되어 이 문건에 따라 역사용어가 사용된 것만은 아니라는 점을 확인할 수 있다. 다만 이 문건에서 "독립협회의 활동에 의해 각성된 국민들은 애국정신을 개발하는 단체를 조직하고 실력을 배양하여 근대적 민족국가를 지향하는 운동을 전개"[52]하였다는 진술은 1974년 발행된 국정 국사교과서에서 다음과 같이 서술되어 그 취지가 반영되었음을 확인할 수 있다.

이 동안 독립협회의 활동을 통하여 계몽된 자주·민권·자강사상은 근대적이고 자주적인 국민의식을 형성하게 하여, 그 후 일제 침략기에 있어서 민족운동을 펼쳐 가는 사상적 배경이 되었다.[53]

즉 독립협회의 활동이 일제 강점기 민족운동의 사상적 배경이 되었다

---

51 「학교교육을 중심으로 한 국사의 중심개념」, 강우철, 『역사의 교육』, 교학사, 1974, 295~311쪽.
52 「학교교육을 중심으로 한 국사의 중심개념」, 강우철, 『역사의 교육』, 교학사, 1974, 308쪽.
53 문교부, 『국사』, 한국교과서주식회사, 1974, 184쪽.

는 것이다. 이는 한편으로는 정당한 지적이기도 하지만 독립협회운동과 다른 계열의 민족운동에 대해서는 정당하지 않은 평가이기도 하다. 예를 들면 동학농민운동에 대한 서술에서는 이 운동의 전개과정에 대한 서술만이 있을 뿐 이에 대한 평가나 의의에 대해서는 전혀 서술하고 있지 않고 청일전쟁과 '갑오경장'의 배경 정도로만 서술하였다. 이와 같이 독립협회의 활동을 높게 평가한 것은 이 시기 박정희정권이 내걸었던 경제개발 5개년 계획, 즉 근대화계획에 역사적 정당성을 부여하기 위한 것이 아닌가 생각된다.

또한 개편된 "인문계 고교의 국사교과서는 고고학적 새 사실의 반영, 백제의 국제적 역할 강조, 신라의 대당항쟁사 부각, 불교사상의 설명, 조선시대의 정치사상에 대한 새 평가, 항일사와 일제사의 상세한 설명 등에 역점을 두었으며, 중학교 교과서는 대체적으로 고교용에 동조하면서 새마을운동을 비롯한 시사성을 반영했다. 또한 초등학교 5학년용은 전쟁사에서 생활사 중시로 바꾸고, 실학을 부각시켰으며 6학년용은 역사의 발전적 선형을 강조하며 생활사, 전통문화의 계승 발전을 강조"[54]하였다. 이에 대해 역사교육연구회장 이원순은 "보편성과의 연관에서의 개별성의 창조 전개라는 역사 파악을 유도할 내용의 교재화를 연구"해야 한다고 주장하였다. 이는 민족주체성의 지나친 강조로 세계사의 보편성에 대한 교육이 이루어지지 못할 수 있다는 우려를 표시한 것이었다. 또한 국정교과서이므로 교과서에서 배제된 이설이 교과서 내에 수용되지 않아 국사교육이 왜곡될 수 있다는 점과 최근 10여 년을 지나치게 중시, 강조하였다는 점도 지적하였다. 이는 경제개발이나 새마을운동을 지나치게 강

---

[54] 「초중고교 국정 국사교과서의 문제점 생활사 중심의 주체의식 강조」, 『동아일보』, 1974년 2월 27일.

조하고 있다는 점을 비판한 것으로 보인다.[55]

　그런데 이러한 국정 국사교과서에서 사용한 동학혁명이라는 용어에 대한 논란이 의외로 발생하였다. 서울대학교 음악대학 교수 박시인(朴時仁)은 국사교과서 개편에 대해 대학신문에 기고한 글에서 "우리나라 왕정 말기에 외세가 집중 내습한 위기에 청나라 홍수전의 난리를 모방한 반란을 남도에서 일으켜서 일본군이 침입할 기회를 만들어 나라를 망하게 한 동학란을 동학혁명이라 찬양하는 것은 부당하며, 이러한 태도는 일제 때 어용학자들보다 심하다"고 주장하였던 것이다. 이에 대해 국사편찬위원회 조사실장 윤병석(尹炳奭)은 "박씨의 논리는 왕조말기의 부패한 지배계층과 일제 관학자들의 주장과 비슷하다"고 지적하고 "전근대 사회를 탈피하고 근대사회로 옮아가는데 중요한 역할을 한 동학농민봉기는 국민 속에서 대내적 모순 해결을 모색했다는 점과 아울러 농민이 참여한 최초의 항일운동으로 한국근대의식의 기점으로 높이 평가된다."고 반박하였다. 이외에도 김상기, 한우근, 이선근, 최창규교수 등도 같은 논리로 박시인의 주장을 비판하였다. 단군조선을 신화로만 서술한 내용에 대해서도 안호상, 이병도, 김상기, 이선근, 김옥길(金玉吉), 한경직(韓景職) 등 74명은 1974년 7월 25일 "올해 새로 나온 초중고 교과서에서 국조 단군을 완전히 신화로만 돌린 것은 일제 식민사관을 그대로 흉내 낸 것"이라는 성명을 발표하여 비판하였고,[56] 26일에는 재건국민운동 중앙본부에서 '국사교과서평가회'를 개최하여 단군조선을 완전히 신화로 규정한 것은 식민사관에 입각한 것이라고 비판하였다.[57] 이러한 서술은 국사교육에서 민족사

---

55 「초중고교 국정 국사교과서의 문제점 생활사 중심의 주체의식 강조」, 『동아일보』, 1974년 2월 27일.
56 「역사교과서 신화로 취급 단군조선을 부정」, 『경향신문』, 1974년 7월 26일.
57 「치열해진 단군개국 논쟁, 신화냐 사실이냐」, 『동아일보』, 1974년 7월 27일. 이 재건국민운동 중앙본부에서 개최한 '국사교과서평가회'에서 발표한 인물은 이병도, 김상기, 이

관을 강조하는 것과는 방향이 다르다는 것이었다. 이에 대해 정부는 앞에서 서술했듯이 1963년 학계의 의견을 종합하여 초중고 교과서에서 단군을 신화로만 취급하였다며 편찬의 근거를 밝혔다.[58]

또한 문교부는 112개의 학교를 선정하여 국정 국사교과서를 포함한 전 교과서에 대해 오탈자와 삽화의 잘못 등을 보고하라고 지시하였다.[59] 이는 국정 교과서의 내용과 체제, 그리고 편수과정에 상당한 문제가 있었다는 것을 의미한다. 그리하여 『경향신문』은 1974년 4월 15일 사설에서 "도대체 국정교과서가 어떻게 편찬되고 어떠한 감수를 거쳐서 발행되었기에 이토록 어수룩한 것이 되었는가"[60]라고 비판하였던 것이다. 그리고 『동아일보』도 같은 해 6월 18일 사설에서 첫째, 국정 국사교과서는 학계에서 일반적으로 정설(定說)로 받아들여지고 있는 범위 안에서 서술되어야 하며 정설이 아닌 어느 학자 개인이나 소수 학설을 자의로 발표하지 말아야 하며, 둘째, 중학교용 교과서와 고등학교용 교과서는 그 내용이 균형있게 연관적으로 서술되어야 하며, 셋째, 국정 국사교과서는 새 세대에 대한 국사 이해를 통일시킨다는 이점이 있으나 역사란 사관과 학자의 자세에 따라 해석과 서술이 다를 수 있으므로 관료적 규제로 획일화시키기보다 검인정으로 발행하는 것이 바람직하다고 주장하였다.[61]

이와 같은 논란 속에서나 국정 국사교과서는 1974년 신학기부터 사용되었으나 이 논란은 1975년 문교부가 수행한 「현행 인문계 고교 및 초중

선근이었다(「문화단신」, 『동아일보』, 1974년 7월 26일).

58 제2차 교육과정이 통과된 직후인 1963년 5월 조직된 국사교육통일심의위원회(위원장 신석호)에서 마련한 「국사교육내용의 통일」이라는 문건을 의미하는 것으로 보인다. 이 문건의 내용에 대해서는 조성운의 연구(「제2차 교육과정의 제정과 국사교과서의 편찬」, 『한국사학보』 66, 고려사학회, 2017, 354~357쪽)를 참조 바람.

59 「문교부 국정 교과서 전면 재검토」, 『경향신문』, 1974년 4월 13일.

60 「교과서와 교육현장의 갭」, 『경향신문』, 1974년 4월 15일.

61 (사설)「국사교과서의 문제점」, 『동아일보』, 1974년 6월 18일.

고교 국사교과서의 분석연구」에서 50개 항목이 일부 또는 전면 보완 및 수정이 불가피한 것으로 분석되었다. 특히 인문계 고등학교 국사교과서에서 319개, 중학교 국사교과서에서 229개소가 수정되어야 한다고 [표 4]와 같이 지적하였다.

[표 4]「현행 인문계 고교 및 초중고교 국사교과서의 분석연구」의 주요 내용[62]

내용 불일치	해석의 차이	초중고교간 불일관성
① 장군총의 높이, ② 민족의 기원, ③ 청동기 시대의 상한, ④ 삼한성립 과정에 대한 용어의 불일치(부족국가, 연맹체), ⑤ 초기 신라에 대한 설명 불일치, ⑥ 화랑도의 기원을 중학교에서는 귀족사회로 고등학교에서는 씨족공동사회로 설명, ⑦ 상수리제도의 인질을 중학교는 지방관리, 고등학교는 지방호족으로 표기, ⑧ 신라의 도참설은 중학교는 과학기술로, 고등학교는 인문지리학으로 설명, ⑨ 이조통치체제를 중고등학교는 재상중심, 국민학교는 국왕중심체제로 설명	① 고려 崔冲의 사학에 대해 초중학교는 긍정적이나 고등학교는 부정적으로 해석 ② 동학의 성격 규정 ③ 갑오경장과 대한제국 형성의 성격을 초중학교는 주체적으로 고등학교는 타율적으로 해석 ④ 3·1운동의 배경에 대해 중학교는 국제 정세 등 해외 요소를 강조한 반면 고등학교는 국내적 요소를 강조 ⑤ 해방에 대해서는 초중학교는 내적 요소를 강조한 반면 고등학교는 외적 요소를 강조 ⑥ 새마을운동에 대해서 국민학교와 고등학교는 농촌지역으로 한정했으나 중학교는 범국민적 운동으로 해석	① 중학교에서 크게 다룬 가야사회가 국민학교에는 전혀 없음 ② 조선시대의 신분제를 초중학교에서는 4신분제로 고등학교에서는 양반과 상놈의 2신분체제로 서술

특히 이 연구에서는 최충헌을 왕을 폐립한 반역자이며 백성의 요구를 짓밟은 국민의 반역자인데도 중학교 교과서에서는 정치적 능력이 뛰어난 장군이라며 영웅적으로 평가했고, 고등학교 국사교과서는 대원군을 지나치게 미화하여 쇄국정책, 천주교 탄압까지도 시대적 요청과 전통문화의 자부심에 의한 것이라 한 서술을 역시 해석의 차이를 보여주는 대표적인 사례로 들었다. 이에 대해『경향신문』은 사설로 비판하였으며,[63] 국무총

---

62 「문교부 조사 국사교과서 내용에 문제점 초중고마다 史實 달라」, 『경향신문』, 1975년 9월 8일.
63 (사설)「국정 국사교과서의 난맥」, 『경향신문』, 1975년 9월 9일.

리 기회조정실에서 수행한 초중고등학교의 국어, 국사, 사회, 도덕 등 4개 교과서를 분석한 「국적있는 교육의 충실화」라는 보고서에서 주체성의 강조가 지나쳐 역사적 사실에 대한 해석이 너무 주관적인 경우가 있으며 한 국민주주의에 대한 역사적 상황 묘사와 이론적 뒷받침이 다소 미흡하다는 것 등 4개 항목을 지적하였다.[64] 특히 국사교과서에 대해서는 왕조 흥망 등 개별 사건의 나열에 치중한 나머지 역사의 흐름을 서술하는데 등한히 했으며, 지나치게 전문적이고 내용이 세부적이어서 학생 부담이 과중하고 일부 역사적인 사실에 대해서는 주관적 해석이 들어 있고 '토요토미', '투쿠카와'와 같은 표기법에도 문제가 있다. 또 중학교 교과서의 경우 고려청자는 삽화가 선명하지 못해 식별하기조차 어렵다고 지적하였다.[65] 이와 같은 일련의 지적에 대해 1976년 문교부는 국사교과서를 '주체성에 입각한 민족사관을 심화시키는' 방향에서 부분 개편할 것을 검토하였다.[66]

또한 문교부는 1974년 12월 31일 문교부령 제350호로 공포하였던 인문계 고등학교 교육과정을 1977년 2월 28일 문교부령 제404호로 개정하였다. 이 개정의 목적은 "국민교육헌장의 이념 구현과 나아가서는 민족중흥을 이룩하기 위한 유신 과업의 수행을 목표로 우리의 실정에 맞는 국적 있는 교육을 실천함으로써 우리가 바라는 바 민족적 자각을 높여 국력을 배양하며 인류 공영의 이상을 실현하자는 터전을 닦아보자는 데 있"[67]었다. 이러한 목적을 수행하는 과정에서 국사과는 다음과 같이 민족주체성의 확립을 위해 가장 핵심적인 교과로 설정되었다.

---

64 「국적있는 교육에 충실」, 『경향신문』, 1975년 9월 11일.
65 「초중고 주요 교과서에 문제점 많다─평가교수단의 시정 건의」, 『동아일보』, 1975년 9월 12일.
66 「바른생활(국교) 민주생활(중학) 등 금년내에 교과서 개편」, 『동아일보』, 1976년 3월 29일.
67 교학도서주식회사편집부 편, 『초중고(인문, 실업) 새종합교육과정 및 해설』, 교학도서주식회사, 1977, 머리말.

현재 우리나라는 조국의 근대화를 조속히 성취하고 나날이 급변하는 국제 정세에 자주적으로 대처하며, 멸공 통일을 하루 속히 이룩하기 위해서 그 어느 때보다도 전국민의 총화단결을 절실히 요구하고 있다. 이러한 점에서 전국민의 총화단결을 위한 구심점을 우리 민족의 역사성 속에서 찾고 그 속에서 조상의 빛난 얼을 이어받아 주체적 자주 국민의 자질을 확립해야 함은 재언을 요치 않는다. 따라서 국사교과는 민족 주체성의 확립을 위한 가장 핵심적인 교과라 할 수 있다.[68]

즉 국사과는 조국의 근대화와 멸공통일을 위한 전국민의 총화단결의 구심점을 마련하고 이를 통해 주체적 자주 국민의 자질을 함양, 즉 한국 국민상을 형성하는 핵심적 교과로 설정되었던 것이다.[69] 그런데 "문교부는 내년(1978년-인용자)에 개편하려고 했던 중고교 교과서 내용을 1년 연기, 79년도에 개편할 계획"으로 변경하였다. 이는 1977년 '검인정 교과서 파동'에 따라 19명의 편수관 가운데 18명이 면직되어 9명이 충원되었으나 교과서를 개편하기에는 인원이 부족하였기 때문이다.[70]

이 교과서 분석의 기준은 [표 5]와 같았을 것으로 보인다.

---

68 교학도서주식회사편집부 편, 『초중고(인문, 실업) 새종합교육과정 및 해설』, 교학도서주식회사, 1977, 332쪽.
69 이를 위해 국사교육이 나아가야 할 기본 방향을 다음의 5가지로 제시하였다.
　1. 국사교육을 통하여 올바른 민족사관을 확립시키고, 민족적 자부심을 키워서 민족중흥에 이바지하게 한다.
　2. 각 시대의 특성을 그 시대의 규범체계와 문화 현상을 통하여 종합적, 발전적으로 파악시킴으로써 현재를 알고 미래를 내다보는 능력을 기른다.
　3. 국사의 특수성과 세계사적 보편성을 인식시켜 민족사에 대한 긍지를 가지게 하고 우리나라 발전에 기여하게 한다.
　4. 전통문화를 역사의식을 가지고 인식하게 하여서 외래문화를 수용하는 바른 자세와 새 문화 창조에 이바지하는 태도를 가지게 한다.
　5. 전통적 가치를 비판적으로 파악하게 하여서 투철한 역사의식을 가지고 당면한 국가 문제해결에 적극 참여하는 자세를 키운다.(교학도서주식회사편집부 편, 『초중고(인문, 실업) 새종합교육과정 및 해설』, 교학도서주식회사, 1977, 335쪽.)
70 「79년에 개편 계획 중고등교 교과서」, 『매일경제신문』, 1977년 6월 22일.

[표 5] 교과서 분석 기준[71]

1. 편찬의 기본 방침	1. 편찬의 기본 방침	5. 유신이념의 구현	1. 유신체제 2. 국민총화 3. 민족주체성 4. 민족적 긍지와 사명감 5. 애국심 6. 국가관 7. 민족사관 8. 민족사적 정통성 9. 한국민주주의 11. 비능률, 비생산성 제거
2. 조국의 근대화	1. 근대화 2. 국력배양 3. 국토개발 4. 경제발전 5. 생산기술의 연마 6. 중화학 공업 육성 7. 저축 8. 수출증대 9. 국민의 과학화 10. 생활합리화		
3. 새마을운동	1. 새마을운동 2. 근면 3. 자조 4. 협동 5. 소득증대 6. 생산증강 7. 향토애 8. 환경개선 9. 생활개선	6. 국민적 자질 함양	1. 전통계승 2. 경애·신의 3. 근검 절약 4. 책임완수(국민의 의무) 5. 창의성 6. 국토자원의 보전 7. 공익질서 8. 문화애호
4. 총력안보 체제의 확립	1. 안보태세 강화 2. 국방 3. 반공 4. 국토통일 5. 군경원효	7. 기타	1. 각 교과의 특성

※ 자료: 문교부 편수국, 「국가 중요 시책의 반영면에서 본 신구 교과서 내용 분석—국민학교·중학교분—」, 유인물, 1974.5; 문교부 편수국, 『편수업무현황』, '교육내용의 개선을 중심으로' 17쪽, 유인물, 1974.5.

[표 5]에서도 확인할 수 있듯이 이 시기 국사교과서를 포함한 교과서의 분석 기준은 박정희정권과 유신체제를 수호하고 홍보하는데 있었음을 알 수 있다. 이에 따라 국사교과서도 1979년에 전면 개편되어 새로이 편찬되었다. 1979년판 국사교과서의 집필 방향은 다음과 같다.

---

71 허강 외, 『한국편수사연구(1)』, 한국교과서연구재단, 2000, 459쪽 〈표 Ⅳ-36〉.

1) 교과서

국민교육의 목적에 따라 국사교육의 목적도 새 역사를 창조하는 진정한 국민의 육성에 필요불가결한 교육내용을 전제로 한다.

국사교육과 한국적 문화전통에 대한 이해 방법을 증진시키고 문화발전의 방향을 바로 제시하여 우리나라 국력이 확대되고 또 크게 변천하는 국제 관계와 치열한 국제적인 생존경쟁을 겪는 과정에서 민족의 자주성이 무엇이어야 하는가를 자각케 하려고 한다.

또한 개성이 없는 피상적인 모방문화로서는 식민지 문화체질의 미극복 상태를 그대로 연장시킬 뿐만 아니라 새로 일어나는 인식의 성장도 방해하고 나아가서 문화의 해체에서 오는 사회 혼란만을 조성한다는 사실을 재인식시키고 나아가 식민지사관을 충분히 극복하게 하여 우리들 사회에 잔존하고 있는 식민지 문화체질을 씻게 하려는 데 중점을 둔다.

그리하여 새 국사교과서에서는 이러한 한국 사학의 요구를 충분히 인지하여 민족사의 재정립을 시도하고 주체적인 한국인상의 수립을 제1의 목표로 삼는다.[72]

결국 국사교과서는 '민족의 자주성을 자각'하고, '식민지 문화체질'에서 벗어난 '주체적 한국인', 즉 '새 역사를 창조하는 진정한 국민의 육성'을 목적으로 한 것이었고, 이를 위해 집필자는 다음의 유의사항을 지켜야 하였다.

1) 교육법, 교육과정의 정신이 충분히 반영되어야 한다.
2) 세계사적 차원에서 민족문화의 우수성을 제시하여야 한다.
3) 시간 배당, 학생의 발달 단계와의 연계가 요구된다.
4) 내용 진술은 쉽고 구조화가 되어야 한다.

---

72 『79학년도부터 사용할 1종도서 집필 세부 계획서(인문계고등학교)』, 45~46쪽.

5) 시대별 분량 비중은 근대, 현대에 치중한다.

6) 내용의 느낌은 밝게 하도록 한다.

7) 학계의 이론을 집약시켜 보편화시킨다.[73]

교육법(법률 제3054호, 1977년 12월 31일 시행)에 따르면 교육은 "홍익인간의 이념아래 모든 국민으로 하여금 인격을 완성하고 자주적 생활능력과 공민으로서의 자질을 구유하게 하여 민주국가발전에 봉사하며 인류공영의 이념실현에 기여하게 함을 목적"(제1조)으로 하였다. 그리고 교육방침(제2조)으로서 다음을 규정하였다.

1. 신체의 건전한 발육과 유지에 필요한 지식과 습성을 기르며 아울러 견인불발의 기백을 가지게 한다.

2. 애국애족의 정신을 길러 국가의 자주독립을 유지, 발전하게 하고 나아가 인류 평화 건설에 기여하게 한다.

3. 민족의 고유문화를 계승, 앙양하며 세계문화의 창조, 발전에 공헌하게 한다.

4. 진리 탐구의 정신과 과학적 사고력을 배양하여 창의적 활동과 합리적 생활을 하게 한다.

5. 자유를 사랑하고 책임을 존중하며 신의와 협동과 애경의 정신으로 조화 있는 사회생활을 하게 한다.

6. 심미적 정서를 함양하여 숭고한 예술을 감상창작하고 자연의 미를 즐기며 여유의 시간을 유효히 사용하여 화해 명랑한 생활을 하게 한다.

7. 근검노작하고 무실역행하며 유능한 생산자요 현명한 소비자가 되어 건실한 경제생활을 하게 한다.

---

73 『79학년도부터 사용할 1종도서 집필 세부 계획서(인문계고등학교)』, 48쪽.

그런데 1979년 10월 26일 대통령 박정희가 서거한 직후인 12월 12일 문교부는 초중고 교과서 684책 중 유신이념이 반영된 초등학교 교과서 5책, 중학교 교과서 6책, 고등학교 교과서 7책 등 18책 23개 단원을 학생들에게 교수하지 말라는 지침을 내리고 교사용 지침서를 고쳐 학생들에게 교수하도록 하였다.[74] 국사교과서는 초중고등학교 모두에 해당하여 유신이념을 선전, 홍보하는 중요한 수단이었음이 다시 한 번 확인되었다. 이에 대해 고려대 교수 김정배는 다음과 같이 말하였다.

> 현실적으로 유신 내용을 담고 있는 교과서는 도덕, 사회, 국사, 국어, 한문, 국민윤리, 미술 등의 분야에까지 이르고 있다. 우리가 안타깝게 생각하고 깊은 우려를 나타내지 않을 수 없는 것은 순진한 이들 청소년들에게 진실이라고 외쳐댄 사실이 하루아침에 사라져 버렸다는 내용을 가르친 그 사실에 있다. 뿐만 아니라 이제 와서는 엄연히 교과서에 있는 내용을 가능한 한 피해야 할 교사의 입장과 알든 모르든 간에 이를 지켜보게 되는 초중고교생들의 처지를 비교할 때 우리는 교과서의 내용이 두 번 다시 이 같은 과오를 범하지 않도록 정책 입안자들이 반성할 것을 촉구하지 않을 수 없다.[75]

한편 1974년 12월 31일 인문계 고등학교 교육과정이 공포되었다. 제3차 교육과정은 앞에서 언급한 바와 같이 1960년대 후반 북한의 도발과 그에 대한 박정희정권의 대응, 그리고 10월유신으로 이어지는 과정에서 마련되었다. 그러나 문교부는 1973~74년에 걸쳐 개정된 중고등학교 교육과정에 의한 교과서의 검정을 공고하지 못하였을 뿐만 아니라 단일화본정책으로 인하여 명확한 교과서 정책을 수립하지 못하였다. 이러할 때

---

74 「초중고교 교과서 유신 내용 빼기로」, 『동아일보』, 1979년 12월 12일.
75 「교과서와 교육과…」, 『동아일보』, 1979년 12월 18일.

에 1977년 이른바 '검인정 교과서 파동'을 겪은 후 '교과용 도서 검인정 규정'을 폐지하고 1977년 8월 22일 대통령령 제8660호로 '교과용 도서에 관한 규정'을 제정, 공포하여 새로운 교과서 정책이 비로소 수립되었다. '교과용 도서에 관한 규정'의 주요 내용은 문교부가 저작권을 가진 도서는 1종교과서, 문교부장관의 검정을 받은 교과서는 2종교과서로 구분(제2조 3항)하여 국정교과서와 검정교과서라는 용어를 사용하지 않았다. 그리고 학교의 장은 1종도서가 있는 경우는 이를 사용하도록 하였고, 1종도서가 없을 경우 2종도서를 사용(제3조)하도록 하여 교과서의 선택의 자율성을 제한하였다. 그런데 이 규정의 제4조에 따르면 1종도서는 국민학교의 교과서 및 지도서, 중학교의 교과서 및 지도서, 실업계 고등학교의 교과서 및 지도서, 인문계 고등학교의 교과목 중 국어(독본), 국민윤리, 국사와 문교부 장관이 특히 필요하다고 인정하는 교과목의 교과서 및 지도서 등을 규정하여 국민학교, 중학교, 실업계 고등학교의 전 교과와 인문계 고등학교의 한국학 관련 교과서는 1종을 사용하도록 강제하였다. 따라서 국사교과서는 1종 즉 국정교과서를 사용할 수밖에 없었다. 그리고 문교부장관은 교과서의 발행을 목적으로 설립된 정부투자기관 또는 인쇄, 제본 및 발행능력이 있다고 인정되는 자에게 1종도서의 발행권을 부여하였다(제28조). 이 점이 1967년 '교과용 도서 저작·검인정령'과 1977년 제정된 '교과용 도서에 관한 규정'의 가장 큰 차이점이라 할 수 있다. 즉 '교과용 도서 저작·검인정령' 시기에는 문교부, 즉 국가가 직접 교과서를 제작하였으나 '교과용 도서에 관한 규정'시기에는 문교부는 교과서 제작의 기획·감독 기능만을 맡고 집필, 교정 등은 연구기관이나 대학 등에 위임하였던 것이다. 이에 따라 국사교과서는 국사편찬위원회 1종교과서개발위원회에 위임되었다.

IV. 맺음말

제3차 국사과 교육과정은 제2차 교육과정에서 비롯된 박정희정권의 역사교육의 결정판이었다고 할 수 있다. 5·16군사정변 이후 경제성장과 민족주의를 강조하면서 부족한 자기 정권의 정당성을 강화하던 박정희정 권은 1973년 제1차 석유파동으로 인한 경제성장의 위축과 아래로부터의 민주화 요구 등을 극복해야 하였다. 이러한 위기를 극복하기 위해 박정 희정권이 채택한 것은 국가주의적인 유신헌법의 공포였다.

유신헌법 공포 이후에는 학교 내에서도 유신헌법의 내용과 정신을 교 육해야 하였다. 국사교육은 유신헌법의 정신을 고취할 수 있는 유용한 수단이었다. 그리하여 박정희정권은 국사교과서를 단일종으로 한 국정 교과서의 발행을 계획하였다. 이 계획에 따라 중학교에서는 1973년부터, 고등학교에서는 1974년부터 국정교과서를 발행, 사용하게 되었다. 이 과 정은 5·16군사정변 이후 마련된 『혁명과업완수를 위한 향토학교 교과과 정 임시운영 요강(중학교)』과 『혁명과업완수를 위한 향토학교 교과과정 임 시운영 요강(고등학교)』에서 시작되었다. 1966년에는 1965년 한일국교정 상화에 따른 반일교육의 내용을 수정할 필요에 의해 마련된 『민족주체성 확립을 위한 교육과정 운영지침』, 그리고 1968년의 국민교육헌장의 제 정·공포, 1969년의 교육과정의 일부 개정, 1972년의 유신헌법의 공포, 1974년 3월 고등학교 국사교과서의 국정 발행과 사용, 1974년 12월의 제 3차 교육과정의 제정으로 이어지는 것이었다. 그러므로 제3차 국사과 교 육과정은 단순한 교육과정의 개정이 아니라 집권 이후 박정희정권의 지 배이데올로기의 결정판이라 할 수 있을 것이다. 뿐만 아니라 박정희정권 은 국사과목을 공무원 채용시험에 의무 과목으로 설정하였고 사기업의 채용시험에도 이를 장려하였다.

박정희정권이 국사교과서의 국정화 이유로 든 것은 '국적있는 교육', 즉 식민사관의 탈피와 민족사관의 형성—민족주체성의 확립—에 근본적인 목적이 있으며, 이러한 목적을 검정교과서를 통해 달성하기에 어려우므로 사학계의 성과를 체계화하고, 풍부한 사료를 이용하여 새로운 가치관 확립을 위한 일관성 있는 교육이 필요하다는 것이었다. 이는 문교부가 대통령 박정희에게 보고한 「국사교과서의 국정화 방안 보고」의 내용과 큰 차이가 없는 것이었다. 그리하여 국사과는 민족주체성 확립을 위한 핵심적인 교과로 설정되었다.

이렇게 편찬된 고등학교 국사교과서에서는 독립협회의 사상과 활동을 일제하 민족운동의 사상적 배경으로 높게 평가하였다. 이는 박정희정권이 내걸었던 근대화계획에 역사적 정당성을 부여하기 위한 것이었다고 판단된다. 따라서 경제개발이나 새마을운동의 대해 매우 강조하였다. 제3차 교육과정기 고등학교 국사교과서의 서술에서 주목되는 또 하나는 '동학혁명'이라는 용어의 사용과 단군조선을 신화로 서술한 것이다. 특히 단군조선의 서술문제에 대해 문교부는 1963년 5월 조직된 국사교육통일심의회에서 마련한 「국사교육내용의 통일」에 근거한 것이라는 답변을 하여 제3차 교육과정기의 국사교과서가 박정희정권 출범 이래의 교과서 정책의 연장선에 있는 것이며, 학계의 의견을 종합, 반영한 것이라는 점을 명백히 한 것으로 이해할 수 있다.

요컨대 제3차 교육과정기 국사교과서는 5·16군사정변 이후 박정희정권의 국사교육정책의 총화로서 대내외적인 정권의 위기상황을 극복하기 위한 교육정책으로 탄생하였으며, 그 요체는 반공주의와 국가주의의 강화라는 것을 알 수 있다.

03

제3차 교육과정기 고등학교 『국사』의 한국 고대사 서술과 특징

이정빈

I. 머리말

제3차 교육과정(1974~1981)이 시행되며 가장 큰 변화가 나타난 교과 중 하나가 한국사였다. 교과로서 독립했고, 교과서의 발행 방식이 검정에서 국정으로 전환되었으며, 관점과 서술에 정권의 통제와 간섭이 증가했다.[1] 정권은 권력 유지를 위한 수단으로 한국사 교육에 주목했다. 국

---

1 김한종, 「해방 이후 국사교과서의 변천과 지배이데올로기」, 『역사비평』 17, 1991; 『역사교육과정과 교과서연구』, 선인, 2006; 「국사교육 강화와 국가주의 역사교육」, 역사교육연구소 지음, 『우리 역사교육의 역사-고대부터 현대까지 한국 역사교육이 걸어온 길-』, 휴머니스트, 2016; 윤종영, 「국사교육강화정책」, 『문명연지』 2-1, 2001; 신주백, 「국민교육현장 이념의 구현과 국사 및 도덕과 교육과정의 개편(1968~1994)」, 『역사문제연구』 15, 2005; 李信澈, 「국사교과서 정치도구화의 역사-이승만·박정희 독재정권을 중심으로-」, 『역사교육』 97, 2006; 차미희, 「3차 교육과정기(1974~1981) 중등 국사과의 독립 배경과 국사교육 내용의 특성」, 『한국사학보』 25, 2006; 장영민, 「박정희 정권의 국사교육 강화 정책에 관한 연구」, 『인문학연구』 34-2, 충남대학교 인문과학연구소, 2007; 구경남, 「1970년대 국정 『국사』 교과서에 나타난 애국심 교육과 국가주의」, 『역사교육연구』 19, 2014; 하일식, 「고교 '국사'의 발행제 변천과 전근대 서술-권력의 의도와 교과서 서술-」, 『역사와 현실』 92, 2014; 조성운, 「반공주의적 한국사 교육의 성립과 강화-미군정기~제4차 교육과정기를 중심으로-」, 『한국민족운동사연구』 82, 2015; 이봉규, 「박정희정권기 역사교육학계의 민족주체성 인식과 국사교육 강화」, 『역사문제연구』 37, 2017.

정 인문계 고등학교 『국사』 교과서는 1974년부터 발행되었고[이하 『국사』 (1974)], 1979년 개정되었다[이하 『국사』(1979)].[2]

본고에서는 제3차 교육과정기 고등학교 『국사』 교과서의 한국고대사 서술을 검토해 보고자 한다.[3] 이에 관한 연구는 이미 1974년부터 꾸준하였다.[4] 그리고 최근 박근혜 정부에서 역사 교과서의 국정화가 시도되면서 제3차 교육과정기의 한국사 교과서와 그 편찬 배경이 재조명되었다. 특히 고조선 관련 서술이 주목되었다.[5] 이를 통해 이른바 '고대사파동'을 중심으로 사회 일각의 국수주의와 박정희 정부의 국가주의가 결합된 면모가 한층 자세히 밝혀졌고, 이는 박근혜 정부의 역사 교과서 국정화 시도와 '사이비역사학(似而非歷史學)' 내지 '유사역사(類似歷史)'의 관계를 탐구하는 데 유익한 시사점을 제공하였다.

다만 아직까지 제3차 교육과정기 교과서의 한국고대사 서술에 초점을 맞춘 연구는 찾아보기 어렵다. 따라서 그의 전반적인 구성과 세부적인

---

2 1977년 문교는 국정과 검인정 대신 1종과 2종으로 분류했는데, 『국사』(1979)는 1종이었다. 1종은 문교부에서 저작권을 갖고 연구기관(국사편찬위원회)에 위탁·개발한 것으로, 다단계의 검토를 통해 문교부가 교과서 편찬을 지도했고, 문교부의 독점 발행이었다는 점에서 국정과 다를 바 없었다(尹種榮, 「『國史』敎科書의 編纂方向」, 『歷史敎育』 48, 1990, 182~183쪽; 김한종, 「해방 이후 국사교과서의 변천과 지배이데올로기」, 『역사비평』 17, 1991, 77~78쪽; 김한종, 『역사교육과정과 교과서연구』, 선인, 2006, 45~47쪽).

3 한국고대사의 범위는 일반적인 이해처럼 국가형성기부터 통일신라와 발해까지로 한다. 다만 필요에 따라 原始 시대를 포함할 예정이다.

4 李元淳, 陳英一, 鄭善影, 「中·高等學校用 國定國史敎科書의 分析的 考察」, 『歷史敎育』 16, 1974; 金光洙, 「古朝鮮·辰國研究의 動向과 「국사」 敎科書의 敍述」, 『歷史敎育』 45, 1989; 徐毅植, 「古代·中世初 支配勢力研究의 動向과 「국사」 敎科書의 敍述」, 『歷史敎育』 45, 1989; 李景植, 「古代中世初 經濟制度研究의 動向과 『國史』 敎科書의 敍述」, 『歷史敎育』 45, 1989; 박찬흥, 「제3차~제7차 교육과정 고등학교 『국사』 교과서의 고대 국가 발달단계론에 대한 서술 검토」, 『역사와 담론』 54, 2009; 李富五, 「제1차~제7차 교육과정기 국사교과서에 나타난 고대 영토사 인식의 변화」, 『韓國古代史探究』 4, 2010; 임기환, 「백제 遼西진출설과 역대 교과서 서술 검토」, 『한국사학보』 63, 2016.

5 조인성, 「'고대사파동'과 고조선 역사지도」, 『한국사연구』 172, 2016; 기경량, 「사이비역사학과 역사파시즘」, 젊은역사학자모임, 『한국고대사와 사이비역사학』, 역사비평사, 2017; 임기환, 「3~7차 교육과정 국정 국사교과서의 고조선, 한사군 관련 서술의 변화」, 『사회과 교육』 56-1, 2017; 이정빈, 「국정 역사교과서의 한국고대사 서술과 유사역사 문제」, 『역사교육연구』 31, 2018.

서술이 폭넓고 깊이 있게 검토되지 못하였다. 본고에서는 선행 연구를 바탕으로 『국사』(1974)·『국사』(1979)의 한국고대사 구성과 서술을 검토하여 그 특징을 생각해 보고자 한다. 우선 제2차 교육과정기(1963~1973) 『국사』 교과서[6]와 비교한 구성·서술의 변화를 살펴보고자 한다.[7] 다음으로 『국사』(1974)와 『국사』(1979)를 비교·검토하고자 한다. 이로써 개정의 내용과 더불어 변화와 그 배경을 생각해 볼 수 있을 것으로 생각한다.

II. 『국사』(1974)의 단원 구성과 시대구분

『국사』(1974) 한국고대사 분야의 단원 구성은 제2차 교육과정과 비교해 어떠한 점이 달라졌을까. 1968년 검정 교과서 중 1973년 인세수입을 기준으로 한 상위 2개 교과서,[8] 그리고 국정 『실업계 고등학교 국사』[이하 『국사』(1972)]와 단원 구성과 분량을 비교했다.[9]

---

6 신선혜, 「제2차 교육과정기 한국 고대사 연구와 국사교과서의 서술 검토」, 『역사와 교육』 24, 2017 참조.

7 이와 관련하여 제2차 교육과정기 국정으로 전환된 실업계 고등학교 『국사』 교과서 (1968~1972)가 주의된다. 최근 연구에서는 이로부터 제3차 교육과정의 특징을 찾아볼 수 있다고 하였다(허은철, 「제2차 교육과정기 고등학교 국사교과서의 발행과 서술 변화」, 『역사와교육』 24, 2017, 44~45쪽). 그러므로 이 역시 염두에 두고자 한다.

8 1968년 1월 11일 검정을 통과한 제2차 교육과정 인문계 고등학교의 『국사』 교과서는 이원순(교학사), 신석호(광명출판사), 변태섭(법문사), 민영규·정형우(양문사), 윤세철·신형식(정음사), 김상기(장왕사), 한우근(을유문화사), 이홍직(동아출판사), 이현희(실학사), 이병도(일조각), 이상옥·차문섭(문호사) 11종이었다. 1973년 인세 연액 추정액은 총 2,710,000원으로 이병도(750,000원), 신석호(480,000원), 한우근(310,000원), 이홍직(280,000원), 이원순(260,000원) 등의 순이었다. 한기욱, 1973 「國史教科書의 國定化方案報告(文教部)」(06.09), 대통령비서실(대통령기록관 문서번호: LA00614174959296) 및 허은철, 앞의 논문, 2017, 24쪽 참조.

9 각 교과서마다 終章으로 나오는 "우리의 사명"은 총분량에는 포함했지만, 따로 분량을 헤아리진 않았다. 분량의 비율은 소수점 둘째자리에서 반올림해서 첫째자리까지 표시했다.

[표 1] 『국사』(1968)·『국사』(1972)·『국사』(1974)의 단원 구성 및 분량

구분	이병도(1968)	신석호(1968)
단원 구성	1. 역사의 시작 Ⅰ. 원시사회와 문화 Ⅱ. 원시시대의 사회생활 2. 부족 국가 시대의 생활 Ⅰ. 고조선의 변천과 그 문화 Ⅱ. 철기 문화의 보급과 그 영향 Ⅲ. 남북방 부족 사회와 문화 3. 고대 국가의 성립과 그 문화 Ⅰ. 삼국의 성장과 변천 Ⅱ. 삼국의 사회와 경제 Ⅲ. 삼국의 문화 4. 통일 신라 시대의 생활 Ⅰ. 신라의 삼국 통일 Ⅱ. 통일 신라의 정치와 사회 Ⅲ. 신라 사회의 붕괴 Ⅳ. 통일 신라의 문화	Ⅰ. 역사의 시작 1. 우리 민족의 내력과 국토 2. 원시 시대의 생활 Ⅱ. 부족 국가 시대의 생활 1. 고조선과 그 문화 2. 한 군현과 그 문화의 영향 3. 남북 여러 부족의 형성과 그 문화 Ⅲ. 삼국 시대의 생활 1. 삼국의 성립과 변천 2. 삼국의 대외관계 3. 삼국의 사회와 경제 4. 삼국의 문화 Ⅳ. 통일 신라 시대의 생활 1. 신라의 삼국 통일과 민족 통합 정책 2. 통일 신라의 정치·사회·경제 3. 통일 신라의 문화 4. 발해의 흥망과 그 문화
고대	74쪽/253쪽(29.2%)	78쪽/250쪽(31.2%)
고려	46쪽/253쪽(18.2%)	50쪽/250쪽(20%)
조선	76쪽/253쪽(30%)	60쪽/250쪽(24%)
근대	48쪽/253쪽(19.0%)	40쪽/250쪽(16%)
현대	7/253쪽(2.8%)	20쪽/250쪽(8%)
	국정(1972)	국정(1974)
단원 구성	Ⅰ. 우리 역사의 시작과 부족 국가 시대 1. 우리 나라의 원시 사회 2. 우리 민족의 건국과 발전 3. 부족 국가 시대의 생활 Ⅱ. 삼국 및 통일 신라 시대의 생활 1. 삼국의 형성과 통일 국가의 출현 2. 삼국 시대의 사회와 문화 3. 통일 신라 시대의 사회와 문화 4. 삼국과 통일 신라의 경제 5. 발해	Ⅰ. 고대사회 1. 선사시대의 문화 2. 부족국가의 성장 3. 삼국 시대의 발전 4. 삼국 시대의 사회와 문화 5. 통일 신라와 발해의 발전 6. 통일 신라의 문화
고대	59쪽/197쪽(30%)	56쪽/232쪽(24.1%)
고려	22쪽/197쪽(11.2%)	46쪽/232쪽(19.8%)
조선	51쪽/197쪽(25.9%)	65쪽/232쪽(28.0%)
근대	32쪽/197쪽(16.2%)	54쪽/232쪽(23.3%)
현대	33쪽/197쪽(16.8%)	10쪽232쪽(4.3%)

위 표와 같이 국정(1974)에서는 단원이 간소화되었고, 한국고대사 분야의 분량이 소폭 감소되었다. 대단원이 "Ⅰ. 고대사회" 하나로 묶였고, 그 안에 중단원 "1. 선시시대의 문화"부터 "6. 통일 신라의 문화"까지 담았다. 이와 같은 구성은 대단원을 「고대사회-고려사회-조선사회-근대사회-현대사회」로 구분한 데서 비롯되었다. 근대와 현대를 각각 하나의 대단원으로 구성해 비중을 높인 것이다.

이는 제3차 교육과정 「지도상의 유의점」에서 "근대사와 현대사에 치중"한다는 방침과 관련된다고 생각된다.[10] 이미 제2차 교육과정기부터 근·현대사 교육이 중시되었는데,[11] 이와 같은 기조가 이어진 것이다. 실제 이병도(1968)와 신석호(1968)와 비교해 보면 국정(1974)의 근·현대사 분량은 소폭 증가했다. 한국고대사 분야의 분량이 소폭 감소한 사실도 그와 무관치 않다고 판단된다. 다만 변화의 폭이 크지 않으므로 분량에 큰 의미를 부여하기는 어렵다.[12] 그보다 「고대-(중세)-근대-현대」의 시대구분이 적용된 점이 주목된다.

『국사』(1974)에서 「고대-(중세)-근대-현대」로 시대를 구분해 이를 대단원으로 설정한 점은 한층 구조적인 이해를 추구한 것으로 평가된다.[13] 제4차 교육과정(고대-중세-근세-근대-현대)과 제5~7차 교육과정(선사-고대-중세-근세-근대-현대)의 시대구분과 이에 기초한 단원 설정은 『국사』(1974)에서부터 출발하였다.

이와 관련하여 1969년 작성된 『중·고등학교 국사교육개선을 위한 기

---

10 金興洙, 『韓國歷史敎育史』, 大韓敎科書株式會社, 1992, 273쪽. 이하 제3차 교육과정의 「목표」, 「지도내용」, 「지도상의 유의점」은 金興洙, 『韓國歷史敎育史』, 大韓敎科書株式會社, 1992, 270~274쪽 및 국가교육과정정보센터 http://ncic.go.kr에서 참조했다.

11 조건, 「제2차 교육과정기 민족주체성 교육의 시행과 국사교과서 근현대사 서술내용 분석」, 『역사와교육』 24, 2017, 151~153쪽.

12 金興洙, 『韓國歷史敎育史』, 大韓敎科書株式會社, 1992, 273쪽.

13 윤종영, 「국사교육강화정책」, 『문명연지』 2-1, 2001, 291쪽.

본방향』(김용섭·이기백·이우성·한우근)이 참고된다(이하 『기본방향』).[14] 그 중 「시 안작성의 기본원칙」은 크게 다섯 가지였는데, 이 중에서 두 번째와 세 번 째가 "2. 민족사의 각시대의 성격을 세계사적 시야에서 제시한다. 3. 민족 사의 전 과정을 내재적 발전방향으로 파악한다."였다. 세계사적 보편성에 입각한 시대구분의 필요성을 역설한 것이다.

이우성은 『기본방향』을 두고, "시대구분, 시대의 성격 부여에 많은 힘 을 기울였다."고 했는데,[15] 실제 역할 분담과 「교육과정 시안」을 보면, 「원 시-고대-중세-근대」로 각 시대를 구분한 가운데 각 시대의 형성·변동· 해체를 체계적으로 설정하고자 했다. 더 구체적인 설명은 보설(補說)에 나 온다. 원시사회를 공동체사회로 정의하고 점차적 해체의 과정 속에서 고 대사회가 성립된다고 했으며, 고대국가와 중세국가를 각각 귀족국가와 귀족관료국가로 구분해 각 사회의 차이점에 유의했다.

이와 같은 제언은 1972년 5월 발족한 국사교육강화위원회(國史教育 強化委員會, 이하 위원회)의 연구보고서(제2차 건의, 「국사교육을 위한 건의내용」, 1973.05.)에서 재차 강조되었다.[16] 위원회는 "내용 선정의 기본 관점"에서 "시대사적 특성"을 제시해야 한다고 하였고, 이와 별도로 「고대-고려시 대-조선시대-근대-현대」의 시대구분과 주제별 중심개념을 담은 연구보 고서(「학교교육을 중심으로-국사의 중심개념-」)를 제출하였다. 위원회의 위원 20명[17] 중 『기본방향』의 필자 4명(김용섭·이기백·이우성·한우근)이 모두 포함

---

14 장신, 「해제-『中·高等學校 國史教育改善을 爲한 基本方向』」, 『역사문제연구』 36, 2016 참조.

15 李佑成, 「1969~1970年度 韓國史學界의 回顧와 展望: 國史-總說」, 『歷史學報』 49, 1971, 2~3쪽.

16 윤종영, 「국사교육강화정책」, 『문명연지』 2-1, 2001, 282~289쪽 참조.

17 위원 명단은 李信澈, 「국사교과서 정치도구화의 역사-이승만·박정희 독재정권을 중심 으로-」, 『역사교육』 97, 2006, 199쪽에서 보완되었다. 종래 17명으로 알려졌지만(윤종 영, 「국사교육강화정책」, 『문명연지』 2-1, 2001, 275쪽), 정부 보고서를 참고해 20명이 었다고 했다.

된 만큼 연구보고서는『기본방향』의 연장선상에 있었다고 할 수 있다.

『기본방향』과 위원회의 연구보고서는 당시까지 축적된, 그리고 새롭게 구명된 역사학계의 연구 성과를 바탕으로 한 제언이었다.[18] 그런데 이때까지 역사학계의 대부분은 정권의 교과서 국정화를 예상하지 못했고, 위원회 위원을 비롯한 다수의 역사학자는 교과서 집필을 거부했다.[19] 위원회의 한국고대사 전공자 중에서는 김철준만 집필에 참여했다.[20] 그러므로『국사』(1974)가『기본방향』및 위원회 연구보고서와 직결된다고 보기는 어렵다.

『국사』(1974)에서는「원시−고대」를 "고대사회"에 묶었다. 이는 위원회의 연구보고서와 같다. 그러나 단원 구성의 의미는 달랐다. 위원회의 보고서에서는 청동기 시대를 원시 시대에서 구분했고, 청동기문화를 바탕으로 성립한 고조선(부족연맹)을 고대사회 속에서 설명했다.『기본방향』도 이와 유사하다. 고대국가의 발전과정을「부족국가−부족연맹−귀족국가」로 세분하고 부족국가부터 고대사회로 파악했다. 하지만『국사』(1974)에서는 청동기 시대를 "1. 선시시대의 문화"에 포함했다. 고대국가의 형성과정을「부족국가−고대국가」로 양분했고,[21] 삼국 초기까지 부족국가로 설명했으며, 이때까지를 원시사회로 분류했다(지도내용 참조).[22]

---

18 이와 관련하여 다음의 연구가 참고된다. 姜晉哲,「韓國史의 時代區分問題에 대하여」,『歷史學報』31, 1966; 金哲埈,「韓國古代社會의 性格과 羅末麗初의 轉換期」,『韓國古代社會研究』, 知識産業社, 1975; 李基白,「韓國史의 時代區分 문제」, 韓國史研究會 編,『韓國史研究入門』, 知識産業社, 1981.

19 李信澈,「국사교과서 정치도구화의 역사−이승만·박정희 독재정권을 중심으로−」,『역사교육』97, 2006, 199~200쪽.

20 한기욱,「國史教科書의 國定化方案報告(文教部)」(06.09), 대통령비서실, 1973; 윤종영,「국사교육강화정책」,『문명연지』2-1, 2001, 293쪽; 李信澈,「국사교과서 정치도구화의 역사−이승만·박정희 독재정권을 중심으로−」,『역사교육』97, 2006, 204쪽.

21 다만 서술에서는 부족연맹체를 표현을 사용했는데, 그 의미가 명확하지는 않았다(徐毅植,「古代·中世初 支配勢力研究의 動向과『국사』教科書의 敍述」,『歷史教育』45, 1989, 90~91쪽).

22 이와 같은 서술의 경향과 문제점은 박찬흥,「제3차~제7차 교육과정 고등학교『국사』교과서의 고대 국가 발달단계론에 대한 서술 검토」,『역사와 담론』54, 2009에서 상세히 검토하였다.

이와 같은 차이는 어디서 비롯되었을까. 집필자의 차이가 고려된다. 『기본방향』 한국고대사 분야는 이기백이 담당했다. 위원회 연구보고서 작성에도 이기백이 참여했다. 이와 비교해 『국정』(1974)의 한국고대사 분야 집필자는 김철준이었다. 『韓國史新論(初版)』(李基白, 1967, 一潮閣)과 『韓國古代國家發達史』(金哲俊, 1964, 『韓國文化史大系Ⅰ』, 高麗大學校 民族文化研究所 수록; 1975, 한국일보社 재간행)이 참고된다. 이를 보면 둘 다 「부족국가─부족연맹─고대국가」로 고대국가의 형성과정을 파악하고 있었지만, 이기백은 원시사회가 해체되고 부족국가가 형성되었다고 했고, 김철준은 부족연맹 단계까지 원시사회의 씨족공동체적 관계가 유지되었다고 했다.[23] 『국사』 (1974) 한국고대사의 분야 단원 구성은 김철준의 견해가 반영된 것으로 생각된다.

이상과 같이 『국사』(1974) 한국고대사 분야의 대단원 구성은 시대구분에 입각했다는 점에서 주목된다. 연구 성과의 축적을 바탕으로 제2차 교육과정기부터 여러 역사학자가 논의·제안한 결과였다. 다만 국정화가 추진되면서 역사학계의 논의가 충분히 검토·종합되지 못하였고, 주로 집필자의 견해가 반영되었다. 이 때문에 중학교 『국사』의 시대구분·단원 구성·용어에 차이가 있었고, 발행 직후부터 유기적이지 못하다고 비판받기도 했다.[24]

---

23 다만 김철준은 혈연 중심의 사회관계가 지역 중심의 사회관계보다 후진적(원시적)이라고 이해하지 않았다(金哲埈, 『韓國古代國家發達史』, 한국일보社, 1975, 57~58쪽.). 그럼에도 고대국가를 국왕 중심의 중앙집권국가로 정의하고, 그로의 변화를 발전으로 간주하였으며, 후진사회에서 선진사회로의 발전을 전망하였다.

24 金貞培, 「特輯『國史』敎科書의 諸問題: 上古史에 대한 檢討」, 『創作과 批評』9-2, 1974, 425쪽.

III. 『국사』(1974)의 서술 특징과 민족사관

『국사』(1974) 서술 변화와 그 장·단점은 교과서 발행 직후부터 지적되었다.[25] 구석기·청동기 유적·유물 등 새로운 고고자료의 발견과 그에 따른 최신 연구 성과를 반영한 서술이 장점으로 꼽혔고, 학계의 이설이 있음에도 교과서에 채용된 몇 가지의 서술이 단점으로 거론되었다. 그리고 고대국가의 성격을 정의한 점이 주목되었다. 『국사』(1974)의 관련 서술은 다음과 같다.

> **부족국가의 성격.** 철기 문화가 급속히 보급되자, 그 때까지 남아 있던 씨족 공동체 관계는 완전히 해체되고 친족 공동체가 성립되는 변동이 일어났다. 친족 공동체장 중에서 가장 강한 자가 부족장이 되어 재래의 부족 단위의 집단을 보다 강력히 지배하는 부족 국가를 성립시켰다. 이러한 부족 국가는 청동기 문화기에는 고조선·부여·진 등 몇 나라만이 성립되어 있었으나, 고조선이 망한 이후 유이민의 파동이 생기면서부터 철기 문화에 기반을 둔 새로운 부족 국가들이 건설되었으니, 북쪽에는 부여·고구려·동예 및 옥저가 성립되었으며, 남쪽에도 많은 나라가 일어났다. [『국사(1974), 11~12쪽]
>
> **고대국가의 성격.** 고대 국가는 삼국 시대 초기에 들어와서 전반적으로 발전한 철기 문화의 기반 위에서 각 지방의 부족장 세력들을 통합하면서 성립되었다. 고대 국가는 첫째, 부족 국가 시대부터 주동 세력이었던 친족 공동체의 장이 우세한 경제적 지위를 가지고 노비와 일반 민중을 확실히 지배할 수 있게 되었다. 둘째, 그러한 각 지방의 지배 세력들이 왕권에 복속하는 대신, 지배자의 신분을 계속 유지하기 위하여 전 지배 계급이 결속할 수 있는 정치 제도를 마련하였다. 셋째, 중앙의 관리나 군대가 지방에 파견되어 지방 지배를 확실

---

25 金貞培, 「特輯『國史』教科書의 諸問題: 上古史에 대한 檢討」, 『創作과 批評』9-2, 1974.

히 하게 되었다. [『국사』(1974), 17쪽]

　　『국사』(1974)에서는 씨족공동체의 해체와 친족공동체의 성립으로 부족
국가가 탄생했다고 했고, 친족공동체·부족국가의 통합으로 고대국가가
성립했다고 하였다. 구체적으로 2세기 초반 고구려의 태조왕, 백제의 고
이왕(234~286), 신라의 내물마립간(356~402) 재위기간에 고대국가가 성립
되기 시작했다고 하였다(17~20쪽).

　　이와 같은 고대국가의 성립 시점은 일찍이 이병도가 제시한 것으로,[26] 이
미 이병도의『국사』(1968, 20쪽, 27쪽~32쪽)·신석호의『국사』(1968, 26~27쪽)·
『국사』(1970, 16~18쪽)에서도 그와 같이 서술하였다. 다만 이병도의『국사』
(1968)에서는 고대국가를 국왕 중심의 중앙집권국가로 정의하였고(27쪽),
부족·부족국가·고대국가의 사회 성격은 자세히 설명하지 않았다. 씨족
사회의 통합과 발전에서 출발해 보다 큰 사회를 이루었다고 서술했을 뿐
이었다(10쪽).

　　이처럼 종래의 교과서와 비교해『국사』(1974)는 부족국가·고대국가 성
립의 배경이 된 사회의 성격을 설명했다는 점에서 특징적이다. 김철준의
연구가 반영된 것으로 판단된다. 김철준은 일찍이 인류학 성과를 원용해
신라의 이부(二部)를 친족집단으로 해석했는데,[27] 친족집단은 생산기술의
발전을 바탕으로 씨족공동체사회 내에서 출현한 가부장가족에 기원하며,
씨족공동체사회를 바탕으로 가부장가족이 마련한 정치기구가 부족국가
였다고 하였다.[28]

26　李丙燾,「古代南堂考」,『서울大學校論文集』1, 1954(『韓國古代史研究』, 博英社, 1976,
　　629~630쪽; 李丙燾·金載元,『韓國史-古代篇-』, 乙酉文化社, 1959, 236~238쪽, 349쪽,
　　375쪽.
27　金哲埈,「新羅 上代社會의 Dual Organization(上·下)」,『歷史學報』1·2, 1952;『韓國古
　　代社會研究』, 서울대학교출판부, 1990.
28　金哲埈,『韓國古代國家發達史』, 한국일보社, 1975, 49쪽.

김철준은 가부장가족·친족집단(7世代 同一親族, lineage group)이 지배층의 중요한 구성단위였다고 파악했다.[29] 따라서 친족집단을 중심으로 신라 골품제 사회를 탐구했으며,[30] 친족집단·친족공동체와 그 사회관계를 고대사회의 특징으로 중시하였다.[31] 이와 관련하여 『국사』(1974)의 다음과 같은 기술이 주목된다.

> **삼국 시대 사회의 성격.** 신분 제도가 엄할 뿐만 아니라 각 친족의 유대 관계가 강하였으므로, 개인의 신분은 개인의 능력에 의해서만 결정되는 것이 아니라, 그 개인이 속한 친족의 사회적 위치에 따라 결정되었다. 그러므로 삼국 시대의 인명에는 반드시 그 개인이 속하여 있는 친족명과 지방명이 붙어 다녔다. [『국사』(1974), 27쪽]
>
> **신라 사회.** 신라는 각 지방의 족장 세력을 통합, 편제하는 방법으로 골품 제도를 마련하였는데, 먼저 각 지방의 작은 족장에게 4두품, 5두품의 신분을 주고, 한 등급 위에 있는 대족장에게는 6두품의 신분을 주었으며, 중앙의 귀족은 진골, 왕족은 성골이라 하였다. (중략) 이와 같은 두품은 개인의 신분뿐만 아니라 그 친족의 등급도 표시하는 것이 되었다. [『국사』(1974), 29~30쪽]

『국사』(1974)에서는 삼국의 사회에 친족의 유대가 강고하였고, 신라 골품과 같은 신분은 친족집단의 사회적 지위를 표시한 것으로 설명했다. 이병도의 『국사』(1968, 38쪽), 신석호의 『국사』(1968, 39쪽)에서 골품제를 막연히 족장 내지 그 가계(家系)의 지위를 표시(家格: 門閥)한 것으로 설명한

---

29 金哲埈, 「新羅의 親族集團」, 『韓國史研究』 1, 1968; 『韓國古代社會研究』, 知識産業社, 1975, 162~165쪽.

30 金哲埈, 「新羅의 親族集團」, 『韓國史研究』 1, 1968; 『韓國古代社會研究』, 知識産業社, 1975.

31 金哲埈, 「韓國古代社會의 性格과 羅末麗初의 轉換期」, 『韓國古代社會研究』, 知識産業社, 1975.

사실과 비교해 친족집단의 중요성을 강조했다.[32] 김철준의 고대사회 연구
는 역사학계에서 높은 평가를 받았지만, 이론과 실증 양면에서 비판 또
한 강력했다.[33] 따라서 그의 연구를 한국사 교과서에 반영한 것은 논란의
소지가 있었다. 그러면 친족집단·친족공동체의 형성, 다시 말해 고대국
가 성립의 계기는 어찌 설명했을까.

『국사』(1974)에서 부족국가(고조선·부여·진·고구려·동예·옥저 등)는 청동기
시대에 출현해 철기 시대까지 이어졌다고 했는데, 그 계기는 다음과 같
이 설명했다.

> 우리 나라에서는 고대 국가의 성립이 매우 늦었다. 그 원인은 지금
> 의 대동강 유역에서 고대 국가로 성장하던 고조선이 한족의 침입으
> 로 붕괴되었고, 그 뒤에도 한군현이 분열 정책으로 각 부족의 침입으
> 로 붕괴되었고, 그 뒤에도 한군현이 분열 정책으로 각 부족을 조종하
> 여 통일 세력의 성립을 방해하여 왔기 때문이다. 그리하여, 한의 분
> 열 정책과 그 침입 세력에 대한 투쟁 과정은 저절로 한국 고대 국가
> 의 성립 과정이 되었다.[『국사』(1974), 17쪽]

한사군을 고대 국가 성립의 저해 요인으로 보고, 그에 맞서 투쟁하며
고대국가 성립으로 나아갔다고 했다. 이와 같은 설명 방식은 종래 검정
교과서와 다른 점이었다.

> 한군현 중에서도 낙랑은 서해안의 요충지인 대동강 유역에 있었으
> 므로, 그 풍부한 산물과 본국과의 편의를 독점하여 가장 번영하였고,
> 또 동방 한군현의 중심적 역할을 하였을 뿐 아니라, 토착 사회와 한

---

32 『국사』(1970) 역시 특별한 설명은 없다.
33 李泳鎬, 「一溪 金哲埈–해방 후 한국고대사학의 개척자–」, 『한국고대사연구』 53, 2009, 62~63쪽, 67~68쪽 참조.

과의 중개 역할을 하였다. 이러는 동안에 한 문화가 이 곳에 이식(利殖)되어, 크게 발달된 낙랑 문화를 이룩하였다. (중략) 이러한 고도의 낙랑 문화의 발달은 우리 토착 사회에 금속 문화를 보급해 주어, 커다란 변동기를 초래하였다. (중략) 한편, 철기 문화는 정치적으로 낙랑군 외의 토착 사회의 족장(族長)들에게 권력을 집중시키는 방법을 알게 하였다. 그리하여, 한군현의 지배를 받지 않는 지방에는 많은 부족국가가 발생하게 되었다. [이병도, 『국사』(1968), 16~17쪽]

낙랑군은 중국 문화사상 크게 발전한 전한(前漢)·후한·삼국 시대에 걸쳐, 약 400년 동안 평양에 자리잡고 있었으며, 중국 본토로부터 관리와 상인이 자주 내왕하여, 한의 진보된 문화가 그대로 낙랑군에 들어와 낙랑 문화는 대단히 찬란하였다. (중략) 한 군현이 설치되어 진보한 중국 문화가 반도 안에 이식(利殖)되자, 아직 금석 병용의 원시생활을 면치 못하고 있던 남북 각지의 우리 민족은 자연히 그 문화를 섭취하게 되었다. 또한 그들로부터 철제 농기구를 수입하여 농업을 발전시켰고, 필연적으로 민족 의식과 정치적 자각도 발생하였다. 그리하여 직접 한 군현의 지배를 받지 않고 있었던 지방에서 고구려·옥저·동예·삼한 등 새로운 부족 국가를 형성하고 한의 군현과 투쟁하였다. 이상과 같은 낙랑 문화는 우리 부족 사회에 흘러 들어와, 우리의 고유 문화와 융합하여, 뒷날 삼국의 찬란한 민족 문화를 형성하는 원동력이 되었거니와, 특히 그들로부터 배운 한자(漢字)는 오늘날에 이르기까지 우리 나라에서 사용되고 있다.[신석호, 『국사』(1968), 17~18쪽]

이병도와 신석호의 『국사』(1968) 모두 낙랑군을 비롯한 한사군을 고대국가 성립의 동력으로 파악했다. 『국사』(1974)와 정반대이다. 『국사』(1968)가 고대국가 발전의 동력이 한사군이란 외부에 있었다고 했다면, 『국사』(1974)는 내부에서 발생했다고 설명한 것이다. "역사발전의 외적 인자를

반대"하고 내적 성장을 중시한 김철준의 시각이기도 했지만,[34] 그와 같은
변화는 『국사』(1970)에서부터 찾아볼 수 있다. 『국사』(1970)에서는 "한의 침
략과 착취는 도리어 우리 민족의 줄기찬 반항 운동"을 촉발했고, 그와 투
쟁함으로써 집권력이 강화되어 "새로운 역사가 전개"(9쪽)되었다고 하였
다. 이와 관련하여 『기본방향』이 주목된다.

> ⑨ 고조선의 부족연맹으로 발전과 주변의 제부족국가에 대한 지배
> 력의 확대는 중국민족의 침략과 분열정책을 배제하는 데서 이
> 루어졌음을 강조한다.
> ⑩ 한사군의 변천은 간략히 다룰 것이며, 이 세력을 축출하는 데서
> 우리 사회가 성장하였음을 강조한다.(「試案內容 補說」; 장신, 앞
> 의 논문, 2016, 451쪽)

『국사』(1974)의 한사군 및 고대국가 성립 서술은 『기본방향』과 같았던
것이다. 그 「시안작성의 기본원칙」 5개 중에서 첫째와 셋째가 "1. 국사의
전기간을 통하여 민족의 주체성을 살린다. 3. 민족의 전과정을 내재적 발
전방향으로 파악한다."였다. 『국사』(1974)의 한사군 및 고대국가 성립 서
술의 변화는 '민족주체성'과 '내재적 발전'이 모두 적용된 결과였다고 이
해된다.

민족주체성과 내재적 발전은 식민주의 역사학의 타율성론·정체성론
에 대한 반명제 내지 안티테제였다. 1960년대 이후 역사학계에서는 타율
성론을 비판하기 위해 민족주체성이, 정체성론을 비판하기 위해 내재적
발전이 연구와 교육의 방향으로 설정되었던 것이다. 반식민주의·민족주
의 역사학이 역사학계의 대세를 형성하였다.[35] 1972년 청와대 특별보좌

---

34 申瀅植, 「韓國古代史硏究의 成果와 推移」, 『韓國古代史의 新硏究』, 一潮閣, 1984, 16쪽.
35 다음과 같은 尹炳奭의 언급이 참고된다. 그는 "앞으로의 韓國史나 歷史意識은 최소한

관 박종홍이 작성한「史學者懇談會報告」(04.21.)를 보면 간담회의 주제부터「主體的 民族史觀의 定立」이었고, 요지 역시 마찬가지였다.[36]

내재적 발전은 주로 1920년대 이후 마르크스주의 역사학의 성과에 기초하였는데, 해방 이후 한국고대사 연구에서는 고대국가의 형성과정·성격 및 시대구분 문제를 통해 논의되었다.[37] 하지만 남북분단의 현실 속에서 마르크스주의 역사학은 민족주의 역사학과 대립된다고 평가되었고, 따라서 비판적인 인식이 지배적이었다.[38] 내재적 발전이 한국사 교육의 전면에 등장하기 어려웠다고 짐작된다.[39] 상대적으로 민족주체성이 중시되었다. 민족주체성은 이미 제2차 교육과정기부터 전면에서 강조되고 있었는데, 1960년대 박종홍이 부각시킨 개념이었다.[40] 박종홍은 국사교육

民族의 存立이나 繁榮의 틀이 확실히 잡힐 때까지만이라도 史觀은 民族史觀을 떠나서는 생각할 수 없"다고 하였다(「韓國史와 歷史意識」,『歷史敎育』24, 1978, 162쪽).

36 朴鍾鴻,「史學者懇談會報告」(04.21), 대통령비서실, 1972(대통령기록관, 문서번호: LA00614174959281), 역사학자 중에서는 홍이섭, 한우근, 김철준, 이기백이 참석했고, 경제사 전공의 金泳鎬와 정치사 전공의 崔昌圭가 참석했다.

37 이에 관한 연구사는 金瑛河,「고대국가의 형성과 사회성격」, 한국역사연구회 엮음,『한국역사연구입문①-원시·고대편-』1, 풀빛, 1995, 115~116쪽; 여호규,「고대의 국가형성」,『역사와 현실』19, 1996, 221~233쪽 참조.

38 金哲埈,「韓國古代史 硏究의 回顧와 展望」,『東方學志』6, 1963, 79쪽;「韓國古代史學의 方向」,『韓國古代社會硏究』, 知識産業社, 1975, 11쪽; 李基白,「社會經濟史學과 實證史學의 問題」,『文學과 智性』봄호, 1971 ;『民族과 歷史』, 一潮閣, 1971, 34~36쪽; 尹炳奭,「韓國史와 歷史意識」,『歷史敎育』24, 1978, 160~161쪽.

39 김정인,「내재적 발전론과 민족주의」,『역사와 현실』77, 2010, 195~197쪽 참조. 제4차 교육과정의 고등학교 국사 세 가지 교과목표 중 첫 번째("한국사 발전의 내재적 본질을 구조적으로 이해하며, 민족사의 특성을 인식하고 각 시대의 성격을 체계적으로 파악하게 한다.")로 나타났다(金興洙,『韓國歷史敎育史』, 大韓敎科書株式會社, 1992, 310쪽). 그러나 한국고대의 사회경제사 서술은 국정(제3·4차 교육과정기)이 이전의 검인정보다 소략해 후퇴한 것으로 평가된다(李景植,「古代中世初 經濟制度硏究의 動向과 國史 敎科書의 敍述」,『歷史敎育』45, 1989, 141~143쪽).

40 황병주,「박정희 체제 근대화 담론의 식민성」, 비교역사문화연구소 기획,『근대 한국, '제국'과 '민족'의 교차로』, 책과 함께, 2011, 268~269쪽. 박종홍의 민족주체성에 관해서는 이상록,「전통의 현대화 담론과 민족주체성의 강조-박종홍의 탈식민 주체화 전략과 식민주의적 (무)의식-」,『사학연구』116, 2014 참조. 역사학계와 박종홍의 민족주체성은 공통점도 있지만, 차이점이 적지 않다고 여겨진다. 차후 보다 면밀한 검토가 요청된다고 생각한다.

강화위원회 위원 중 하나였다.[41]

1973년 문교부에서 작성한 「國史教科書의 國定化方案報告」(06.09.)에서도 민족주체성 확립과 이를 위한 타율성론 청산이 최우선적인 과제로 한국사 교과서 국정화의 명분이었다.[42] 이와 관련하여 『국사』(1974)에서 백제의 '요서진출설'이 채택된 사실이 주의된다.

> 4세기 중엽 진이 약화되었을 때에, 백제는 부여족이 살고 있던 랴오시 지역을 점령하였다. 이 당시 백제는 기마 민족 세력이 일찍부터 진출하여 식민지 세력을 세워 놓은 일본 지역, 그리고 랴오시 지방, 산둥 반도 등지를 본국과 연결할 수 있는 고대 상업 세력을 가지고 있었다.[『국사』(1974), 19쪽]
> 백제는 이와 같이 한반도 안에서 고구려와 신라에게 협격을 받게 되자 일본 지역에 구축하였던 세력도 상실하게 되었으며, 뒤이어 산둥 성 지역의 진출도 불가능하게 되었다.[『국사』(1974), 22쪽]

백제의 요서진출설이 교과서에 처음으로 등장한 것이다. 백제의 요서 진출은 『송서』·『양서』를 비롯한 중국정사와 『자치통감』 등에서 찾아볼 수 있는데, 일찍부터 이를 긍정한 이해가 꾸준하였다(신채호, 정인보, 손진태 外).[43] 그리고 1960년대 후반부터 국내외 학계에서 한층 실증적인 연구가 제시되면서 긍정적인 이해가 확산되고 있었다.[44] 유력한 학설로 부상한

---

41 윤종영, 「국사교육강화정책」, 『문명연지』 2-1, 2001, 275쪽.

42 한기욱, 「國史教科書의 國定化方案報告(文教部)」(06.09), 1973.

43 연구사와 그 내용 소개는 이도학, 「백제의 요서경략과 중·고등학교 한국사 교과서의 기술」, 『한국전통문화연구』 15, 2015, 194~202쪽에 자세하다.

44 김세익, 「중국 료서지방에 있었던 백제의 군에 대하여」, 『력사과학』 1967-1; 金庠基, 「百濟의 遼西經略에 對하여」, 『白山學報』 3, 1967; 方善柱, 「百濟軍의 華北 進出과 그 背景」, 『白山學報』 11, 1973; 井上秀雄, 『古代朝鮮』 日本放送出版協會, 1972(이상 인용은 이도학, 「백제의 요서경략과 중·고등학교 한국사 교과서의 기술」, 『한국전통문화연구』 15, 2015 참조).

것이다.[45] 김철준 역시 긍정적인 견해를 밝혔다.[46]

> 百濟는 그 地理的 條件으로 말미암아 極東의 古代貿易基地이었던
> 樂浪의 機能을 대신하는 성격을 가졌었다. 北中國에 남아 있던 貊族
> 과 연결을 가짐에서 中國과 무역하고 東晋 이후에 北中國地域에 進出
> 하였으며, 또 그 古代貿易 세력을 背景으로 하여 騎馬民族이 日本地域
> 에 進出하여 樹立한 植民國家들을 統率할 수 있었으나, 이 때에 와서
> 麗羅의 挾擊을 받아 本國이 危機에 빠짐에 따라 저절로 海外에 있어
> 서의 勢力基盤도 상실하게 된 것이었다고 생각한다.(金哲埈,「百濟社
> 會와 그 文化」,『韓國古代社會硏究』, 知識産業社, 1975, 53~54쪽)

김철준은 백제의 요서진출설을 긍정했을 뿐만 아니라 기마민족이 "일
본지역에 진출해 수립한 식민국가를 통솔"했다고 했다. 그리고 이를 통
해 동아시아 고대무역을 주도하였고, 이와 같은 해외 세력기반은 6세기
중반 한강 유역 쟁탈전 때까지 지속되었다고 하였다. 그리고 보면『국사』
(1974)의 서술은 김철준의 견해와 동일하다. 자설을 정리해『국사』(1974)에
서술했다고 생각된다.[47] 이와 관련하여 다음의 서술 역시 주목된다.

> 우리나라 사람들은 일찍부터 일본에 건너가 각처에서 식민지를 개
> 척하였을 뿐 아니라, 그 뒤에도 고구려계, 백제계, 신라계 사람들
> 이 가지고 간 새로운 문화가 그 곳 토착 사회를 자극하여 일본의 고
> 대 국가를 설립시키게 되었다. [『국사』(1974), 36쪽]

---

45 교양서로 저술된 李萬烈,「百濟의 遼西經略說」,『講座 三國時代史』, 知識産業社, 1976,
   82~87쪽에서도 긍정적으로 소개·평가하였다.
46 金哲埈,「百濟 社會와 그 文化」,『武寧王陵發掘調査報告書』, 文化財管理局, 1973;『韓國
   古代社會硏究』, 知識産業社, 1975, 51~54쪽.
47 임기환,「백제 遼西진출설과 역대 교과서 서술 검토」,『한국사학보』63, 2016, 133~134쪽.

위 서술과 지도 모두 『국사』(1974)에 처음 등장한 것이다.[48] 여기서 '일찍이 일본에 식민지를 건설한 우리나라 사람'이란 위의 인용문(金哲埈, 「百濟社會와 그 文化」, 『韓國古代社會研究』, 知識産業社, 1975, 54쪽)에서 언급한 '기마민족'으로 생각된다. 『국사』(1974)에서는 한민족이 퉁구스족의 한 갈래(8쪽)라고 했고, 철기의 수용과 함께 기마 민족문화의 영향으로 목축이 성행하였다고 했다(12쪽). 부여가 반농반목의 경제였다(12쪽)고 했으며, 고구려가 일찍이 기마민족의 문화를 받아들였다(13쪽)고 하였다. 그리고 다음과 같은 지도를 배치해 민족의 이동로 가운데 하나로 「내륙아시아에서ㅡ부여ㅡ옥저」의 이동로를 제시하였다.

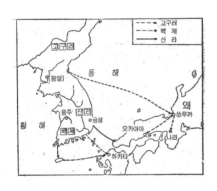

[그림 1] 삼국인의 일본 진출도(36쪽)

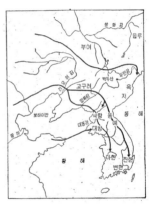

[그림 2] 민족 이동로와 부족 국가의 지도(11쪽)

이와 같이 볼 때 김철준의 '일본 식민지 건설' 이해는 에가미 나미오(江上波夫)의 '기마민족 일본열도정복설'(講談社, 『騎馬民族國家』, 1973)을 일부

---

48 임기환, 「3~7차 교육과정 국정 국사교과서의 고조선, 한사군 관련 서술의 변화」, 『사회과 교육』 56-1, 2017, 24쪽; 조인성, 「고대사파동'과 식민주의 사학의 망령」, 『역사비평』 118, 2017, 34~45쪽.

수용한 것으로 생각된다.[49] 그리고 김석형(『초기조일관계사』, 사회과학출판사, 1966)의 삼한분국설(三韓分國說)을 수용해 삼국의 일본 진출을 설명했다고 파악된다.[50] 김철준은 백제를 비롯한 한국사 속 고대국가의 해외진출에 관한 제설(諸說)을 긍정했고, 이를 『국사』(1974)에 반영하였던 것이다.

백제의 요서진출설을 비롯한 각종 해외진출설은 식민주의 역사학의 임나일본부설을 변형·반전(反轉)한 것으로,[51] 반식민주의·민족주의 역사학에 부합했다. 그러므로 1960년대 이후 민족주의 역사학이 역사학계의 대세를 형성하며 백제의 요서진출설 등 여러 해외진출설이 유력한 학설로 부상했고, 마침내 교과서에까지 반영되었다고 이해된다. 백제의 요서진출설·삼국의 일본진출설은 국정 한국사 교과서 서술에 반복되며 통설처럼 서술되었다.[52]

그런데 지금은 물론이고 1974년의 시점에서도 백제의 요서진출설이 역사학계의 통설은 아니었다. 부정적인 견해 역시 일찍부터 상당하였고 (한진서, 안정복, 이홍직),[53] 통설로 내세우기에는 미흡하다는 입장이 우세하

---

49 金哲埈, 「韓國古代史 硏究의 回顧와 展望」, 『東方學志』6, 1963, 81쪽에서 江上波夫의 說을 소개하고 주목한 바 있다. 金哲埈, 「韓國古代史學의 方向」, 『韓國古代社會硏究』, 知識産業社, 1975, 14~15쪽에서는 약간의 비판이 더해졌지만, 비판은 任那日本府說에 한정되었다. '기마민족 일본열도정복설'의 주요 내용은 李基東, 「騎馬民族說에서의 韓·倭연합왕국론 비판」, 『韓國史 市民講座』11, 1992 참조.

50 金哲埈은 江上波夫의 說보다 김석형의 說이 "오히려 합리적인 해석"이라고 평가하였다 (「韓國古代史學의 方向」, 『韓國古代社會硏究』, 知識産業社, 1975, 15쪽).

51 千寬宇, 『加耶史硏究』, 一潮閣, 1991, 201쪽, 204쪽; 李基東, 「騎馬民族說에서의 韓·倭연합왕국론 비판」, 『韓國史 市民講座』11, 1992, 90쪽; 조인성, 「'고대사파동'과 식민주의 사학의 망령」, 『역사비평』118, 2017, 27~32쪽.

52 임기환, 「백제 遼西진출설과 역대 교과서 서술 검토」, 『한국사학보』63, 2016, 133~134쪽; 조인성, 「'고대사파동'과 식민주의 사학의 망령」, 『역사비평』118, 2017, 34~35쪽.

53 韓鎭書, 『海東繹史』권8, 地理考8, 百濟篇; 安鼎福, 『東史綱目』第2下, 東城王 11年; 李弘稙, 「梁職貢圖論考-특히 百濟國 使臣 圖經을 중심으로-」, 『高麗大60周年紀念論文集-人文科學篇-』, 1965; 『韓國古代史의 硏究』, 新丘文化社, 1975(이상 인용은 이도학, 「백제의 요서경략과 중·고등학교 한국사 교과서의 기술」, 『한국전통문화연구』15, 2015 참조).

였다.[54] 기마민족 일본열도정복설은 물론이고 삼국의 일본진출설 역시 부정적인 견해가 다수였다.[55] 따라서 백제 요서진출설·각종 해외진출설이 『국사』(1974)에 등장한 것은 역사학계의 새로운 연구 성과가 반영된 결과였다고 말하기는 어렵다. 그보다 민족주의 역사학에 부합했으므로, 제3차 교육과정이 민족사관 정립을 표방한 데 부응했던 것으로 생각된다.[56]

이상과 같이 『국사』(1974) 한국고대사 분야의 서술은 고대국가의 사회 성격이 보다 구체적으로 기술된 점이 주목된다. 친족공동체를 중시한 집필자 김철준의 연구가 반영된 결과였다. 또한 『국사』(1968)와 비교해 고대국가 성립의 계기를 한사군과 같은 외부가 아니라 내부에서 찾고자 했다는 점에서 특징적인데, 이는 민족주체성과 내재적 발전을 통해 민족주의 역사학을 지향한 당시 역사학계의 공통된 인식이었다. 『국사』(1974)에서는 특히 민족주체성을 강조하기 위해 백제 요서진출설을 비롯한 각종 해외진출설을 수용했다. 그러나 각종 해외진출설이 역사학계의 통설은 아니었다. 민족사관 정립이라는 제3차 교육과정의 기조에 부응하기 위한 선택적 서술이었다고 평가된다.

54 閔賢九, 「1971~1972年度 韓國史學界의 回顧와 展望: 國史 古代」, 『歷史學報』 60, 1973, 23~24쪽; 金貞培, 앞의 논문, 1974, 428쪽. 1974년 이후의 글이지만, 다음도 참고된다. 李丙燾, 『國譯 三國史記』, 乙酉文化社, 1977, 399쪽 譯註5; 李基白·李基東, 『韓國史講座 1-古代篇-』, 一潮閣, 1982, 195~197쪽.

55 역사학계의 비판적인 반응은 李基東, 「騎馬民族說에서의 韓·倭 연합왕국론 비판」, 『韓國史 市民講座』 11, 1992, 80~82쪽 참조.

56 李富吾, 「제1차~제7차 교육과정기 국사교과서에 나타난 고대 영토사 인식의 변화」, 『韓國古代史探究』 4, 2010, 245쪽; 임기환, 「백제 遼西진출설과 역대 교과서 서술 검토」, 『한국사학보』 63, 2016, 131쪽.

IV. 『국사』(1979)의 서술 변화와 정신문화

『국사』(1979)의 대단원·중단원 구성에서 눈에 띄는 변화는 보이지 않는다. 다만 소단원에 「개요」와 「연구 과제」가 추가되었고, 소단원 구성과 서술이 다소 변화하였다. 주요 서술 변화를 [표 2]로 정리했다.

[표 2] 『국사』(1974)와 『국사』(1979)의 소단원 및 서술 비교

구분	『국사』(1974)		국사(1979)	
	소단원	서술	소단원	서술
1	구석기 발견	구석기 유물: 3만년 전	구석기 문화	구석기 유적: 50만년 전
2	신석기 문화	빗살무늬 토기: 기원전 3천년 전	신석기 문화의 발달	빗살무늬 토기: 기원전 4천년 전
3	민족의 형성	주체: 맥족, 한족	민족 형성	주류: 한족
4	한군현의 변천	내용: 위치, 축출 과정	한군현의 세력	위치 삭제
5	삼한		삼한	추가: 적석총·석관묘·옹관묘
6	삼한		삼한	추가: 반구대암각화 등 예술
7	가야 연맹		가야 연맹	추가: 일본 진출과 식민지 건설
8			백제의 중흥	추가: 웅진·사비 도읍기의 백제
9	도시의 발달		도시의 발달과 고대 무역	추가: 삼국의 국제 무역
10	[삼국] 미술		[삼국] 미술	추가: 고구려 불상, 백제 석촌동 고분
11	발해의 문화		발해의 문화	추가: 당 문화의 수용
12	발해와 신라와의 관계	한국사 체계: 한계 강조	발해사의 의의	한국사 체계: 의의 강조

역사학계의 연구 성과에 기초해 변화된 서술이 있었고, 제3차 교육과정의 관점과 관련하여 변화한 서술이 있었다. [표 2]-1·2·5·6·10은 고고학 성과에 기초했다. 특히 [표 2]-1 즉 구석기문화가 소단원으로 설정된 점이 주목된다. 1963년~1964년에 함경북도 웅기 굴포리 유적과 충청남도 공주 석장리 유적이 발굴된 이후 고고학계의 구석기 연구는 지속적

으로 축적되었다.[57] 이에 『기본방향』에서부터 구석기 시대의 독립이 요청
되었고,[58] 1974년 간행된 국사편찬위원회의 『한국사』에서 독립된 시대로
설정되었다.[59] 국사편찬위원회 『한국사』에서 한국의 구석기(굴포리·석장리)
는 전기·중기·후기로 구분되었고, 전기의 상한 연대는 50~60만 년 전
으로 서술되었다.[60] 『국사』(1979)는 이와 같은 고고학계의 성과를 반영한
것이다.[61]

　　[표 2]-8·9·11·12는 문헌사 연구의 성과를 반영한 것이다. [표 2]-
8, 즉 백제사의 경우 1971년 무령왕릉이 발굴되면서 학계의 관심이 높아
졌는데, 특히 웅진·사비 도읍기의 중흥이 주목되었다.[62] 그리고 1970년
대 후반부터 전문적인 연구가 연이어 발표되면서 한층 체계적인 이해가
가능해졌다.[63] 이에 교과서 서술에서도 비중이 높아졌다고 생각된다. [표

57　1970년대 중반까지의 성과는 鄭永和, 「回顧와 展望(考古·美術): 舊石器時代」, 『歷史學報』 72, 1976 참조.

58　"舊石器時代 및 靑銅器時代가 우리나라 歷史上 獨自의 時代로 設定되어야 할 것이 이제 當然한 것임에도 不拘하고 그것에 觀한 研究는 극히 최근의 몇 篇의 論文과 단편적 報告가 있을 뿐이어서 그 理解가 一般化되지 못하고 있으며"(장신, 「해제-『中·高等學校 國史教育改善을 爲한 基本方向』」, 『역사문제연구』 36, 2016, 440쪽).

59　孫寶基, 「舊石器文化」, 金元龍 外, 『韓國史』 1-韓國의 先史文化-, 國史編纂委員會, 1974. 이 책은 구석기 시대를 한국사의 시작으로 인식한 최초의 저술로 평가된다(裵基同, 「舊石器時代 研究史」, 『國史館論叢』 19, 國史編纂委員會, 1990, 20쪽).

60　孫寶基, 「舊石器文化」, 金元龍 外, 『韓國史』 1-韓國의 先史文化-, 國史編纂委員會, 1974, 11쪽. 이와 관련한 연구는 孫寶基, 「石壯里의 前期·中期 舊石器 文化層」, 『韓國史研究』 7, 1972 참조.

61　국사편찬위원회, 『고등학교 국사 교사용 지도서』, 국사편찬위원회, 1979, 58~59쪽(박용진 집필). 현재 고고학계에서는 그에 회의적인 시각이 적지 않다. 지금까지 1,000곳의 구석기 유적이 발견되었지만, 30만 년 전을 넘지는 못할 것으로 파악하고 있다(성춘택, 「역사 교과서의 선사시대 서술에 대한 비판적 검토-구석기·신석기시대를 중심으로-」, 『인문학연구』 31, 경희대학교 인문학연구원, 2016, 111쪽).

62　申瀅植, 앞의 책, 1984, 21쪽. 주38에서 지적하였듯 공주대학교 백제문화연구소(1965), 충남대학교 백제연구소(1968), 원광대학교 마한·백제문화연구소(1973)가 설립되어 활동한 점도 중요했다. 지역적 관심이 모아지면서 연구가 촉진된 면도 있었던 것이다.

63　崔柄憲, 「回顧와 展望(韓國史): 古代」, 『歷史學報』 84, 1979, 24~25쪽. 이 글에서는 盧重國, 「百濟王室의 南遷과 支配勢力의 變遷」, 『韓國史論』 4, 서울大學校 國史學科, 1978; 李鍾旭, 「百濟의 國家形成」, 『大丘史學』 11, 1976; 「百濟王國의 成長-統治體制의 強化와 專制王權의 成立-」, 『大丘史學』 12·13, 1977; 「百濟의 佐平-三國史記를 중심으

2]-9(삼국의 국제무역)과 [표 2]-11·12(발해사) 역시 마찬가지였다고 보인다. 발해사가 주목된다.

발해사는 이미 1960년대부터 꾸준히 관심을 모았다. 『기본방향』의 「시안내용 보설」-고대-⑲에서는 "(통일)신라와 고구려 故地의 大部分을 차지한 渤海와의 南北 王朝를 對等하게 說明"해야 한다고 하였고, [표 1]처럼 『국사』(1974)에서 발해는 통일신라의 발전과 같이 다루기 시작했다. 『국사』(1968)·『국사』(1970)까지 통일신라사의 부록과 같은 위치였다면, 이제 통일신라와 대등한 위치로 올라 선 것이다. 그러나 여전히 "渤海王國을 한국고대사에서 어떻게 취급할 것인가하는 문제"는 학계의 과제였다.[64] 그러던 중 『국사』(1979)에서 「발해사의 의의」가 소단원으로 독립되었고, 서술의 시각의 변화했다.

[표 3] 『국사』(1974)와 『국사』(1979)의 발해사 의의 비교

『국사』(1974)	『국사』(1979)
발해는 소수의 고구려인과 문화적 수준이 낮은 말갈족과의 연합국가였으므로 그 문화가 크게 향상되지 못하였다. 그리하여, 옛날의 고구려처럼 신라에 대하여 능동적으로 교섭할 수 없었고, 대립 관계만 그대로 계속되었다. 한편, 신라인들도 골품 제도에 얽매여 귀족들이 보수적인 경향으로 흘러가, 통일을 하려는 이상을 가질 수 없었다. 그리하여, 발해와 신라는 정치적으로나 경제적으로 대립하여 항상 당나라에 이용되는 상태에 머물러 있었고, 보다 큰 민족 통일이란 역사적 과제는 고려 시대에 와서야 추진될 수밖에 없었다.	발해는 220년 간 존속된 나라로서, 그 역사적 의의는 매우 크다. 고구려가 망한 후 만주 지역을 우리의 활동 무대로 유지시켰다는 점과, 이 나라의 지배 세력이 고구려 유민이었고 그 문화적 기반이 고구려의 것이었다는 점을 생각할 때 더욱 그러하다. 발해 시대는 비록 정치적으로 신라와 대립 관계에 있었으나, 만주 지역에 대한 우리 민족의 지배력을 계속 확보하고 있었고, 뒷날 거란의 침입으로 망할 때에도 그 상류층들은 고려의 민족 통일 운동에 포섭되었다.

『국사』(1974)에서는 발해를 고구려인과 말갈인의 연합정권으로 규정

로-」, 『震檀學報』 45, 1978 등의 논문이 주목되었다.
64 李基東, 「古代」, 『歷史學報』 72, 1976, 16쪽.

하고, 그 때문에 문화적으로 낙후되었으며,[65] 신라와 교섭하지 못했다고 하였다. 한국사 체계에 포함하였지만, 한계가 컸다고 본 것이다. 『국사』 (1979)에서도 발해는 고구려인과 말갈인의 연합정권으로 설명했다. 하지만 "안으로 말갈족을 통합하고", 문물을 정비해 "여러 부족을 이끌어 나갈 만한 기반을 닦았다"고 하였다.[66] 고구려 계통의 지배층을 중심으로 국가체제가 정비되고 문화가 발전한 면모를 부각시킨 것이다. 이에 지배층이 고려에 포섭됨으로써 민족 통일을 이루었고, 발해사는 한국사 체계에서 "역사적 의의가 크다"고 했다.

발해사 서술의 변화는 1970년대의 연구에 힘입은 것으로 보인다.[67] 발해의 주민구성 연구를 통해 지배층이 고구려 유민으로 구성된 사실이 재차 강조되었고,[68] 발해 지배층과 주민의 상당수가 고려에 합류한 사실이 주목되었다.[69] 그리고 남북국시대론이 본격적으로 제기되었다.[70] 발해를 한국사 체계에 포함시켜야 한다는 당위론이 발해사 연구의 축적으로 이어졌고 시각을 바꾸었으며, 그에 기초해 교과서 서술이 변화한 것이다.

제3차 교육과정의 관점과 관련하여서는 [표 2]-3·4·7이 주의된다.

---

65 이러한 시각이 갖는 문제점은 이성시 저, 이경희 역, 『만들어진 고대』, 삼인, 2001, 96~97쪽 ; 정다함, 「근대 한국의 역사 서술과 타자화된 여진족」, 비교역사문화연구소 기획, 『근대 한국, '제국'과 '민족'의 교차로』, 책과 함께, 2011, 131~132쪽 참조.

66 그럼에도 교사용 지도서(국사편찬위원회, 『고등학교 국사 교사용 지도서』, 1979, 64쪽, 김철준 집필)를 보면, "발해의 문화 그 수준에 있어서나 그 밀도에 있어서 신라 문화보다 뒤떨어져, 옛날 고구려 문화가 삼국 문화를 추진시키는 원동력이 되었던 것과는 달리 신라에 어떠한 영향도 줄 수가 없었다."고 하였다.

67 이 시기의 연구 성과는 李基東, 「古代」, 『歷史學報』 72, 1976, 16~17쪽 ; 崔柄憲, 「回顧와 展望(韓國史): 古代」, 『歷史學報』 84, 1979, 29~30쪽; 李萬烈, 「渤海」, 韓國史研究會 편, 『韓國史研究入門』, 知識産業社, 1981, 154~158쪽 참조.

68 李龍範, 「渤海王國의 形成과 高句麗遺族(上·下)」, 『東國大學校 論文集』 10·11, 1972·1973; 『古代의 滿洲關係』, 韓國日報社, 1976.

69 李龍範, 「高麗와 渤海」, 『韓國史』 4-高麗貴族社會의 成立-, 國史編纂委員會, 1974.

70 李佑成, 「三國史記 構成과 高麗王朝의 正統意識」, 『震檀學報』 38, 1974; 「南北時代와 崔致遠」, 『創作과 批評』 10-4, 1975.

먼저 [표 2]-7은 『국사』(1974)에서 살펴본 해외진출설이 보강된 결과로 풀이된다. 민족주체성이 약간 더 강조되었던 것이다. [표 2]-4에서 종래 꾸준히 서술되어 온 한사군의 위치를 제하였다는 점 역시 그와 무관치 않아 보인다. 한사군의 위치 문제는 1970년대 중·후반 '고대사파동'과 관련하여 한층 세심한 관심이 요청된다.

앞서 살펴본 것처럼 『국사』(1974)는 민족사관 정립을 표방했고 또한 그에 부응하고자 하였지만, 사회 일각에서는 그조차 식민주의 역사학에서 탈피하지 못하였다고 비난하였다. 안호상을 비롯한 일부 국수주의적 인사들의 공세가 시작되었던 것이다.[71] 이와 같은 일련의 움직임은 1980년대 중반까지 이어졌는데, 이를 '고대사파동'이라고 부를 수 있다.[72]

일부 국수주의적 인사들은 '國史찾기協議會'를 구성(1975.10.8.)해 다방면에서 활동하였다.[73] 1978년 10월에는 「국정 국사 교과서의 오류 시정 및 正史확인 건의서」를 제출하고, 「국사교과서의 국정교재 사용금지 및 正史편찬특별기구설치」를 요구하기도 했다. 주된 요구사항은 고조선의 국가형성 시점을 상향하고, 고조선이 보다 광역의 영역을 차지한 것으로 서술해야 한다는 것이다. 이와 관련하여 낙랑군을 비롯한 한사군도 지금의 중국 베이징(北京) 근처에 있었다고 주장하였다.[74] 그 영향으로 제4차 교육과정(1981~1987) 이후의 교과서에서는 한사군의 위치에 관한 서술이

---

71 1960년대 국수주의적 한국사 인식과 서술이 형성된 배경은 이문영, 「1960~1970년대 유사역사학의 식민사학 프레임 창조와 그 확산」, 『역사문제연구』 39, 2018, 221~232쪽 참조.

72 李基白, 「1976~1978年度 韓國史學界의 回顧와 展望: 總說」, 『歷史學報』 82, 1979; 『韓國史像의 再構成』, 一潮閣, 1991, 118~119쪽. 이와 관련한 내용은 윤종영, 『국사교과서 파동』, 혜안, 1999; 기경량, 「사이비 역사학과 역사파시즘」, 젊은역사학자모임, 『한국고대사와 사이비역사학』, 역사비평사, 2017, 16~20쪽; 조인성, 「고대사파동'과 고조선 역사지도」, 『한국사연구』 172, 2016, 5~9쪽 참조.

73 그 활동과 주장은 김대현, 「사이비역사학자들의 이상한 민족주의-上古史에 숨은 군부독재의 유산-」, 『學林』, 2018, 259~264쪽 참조.

74 조인성, 「고대사파동'과 고조선 역사지도」, 『한국사연구』 172, 2016, 5~6쪽.

나 지도가 축소·회피되었고,[75] 고조선의 세력범위를 확대해 간 것으로 이해된다.[76] 1980년대 정치권·언론의 호응에 힘입은 공격적인 활동이 영향력을 발휘하였던 것이다.[77]

1974~1979년 일부 국수주의적 인사들의 공세 역시 역사학계에 위기의식을 갖도록 할 만큼 위협적이었다.[78] 그러나 교과서 서술에 직접적인 영향력을 행사하지는 못하였다. 국사편찬위원회·문교부 등 관계 당국에서 국수주의적 인사들의 주장을 인정하지 않았고, 소송까지 제기했지만 사법부(1979.2.9., 서울민사지방법원)에서도 패소 판정을 내림으로써 교과서 서술에 대한 개입을 차단했다.[79] 그러므로 [표 2]-4가 '고대사파동'과 연관된다고 보기는 어렵다.

『기본방향』의「시안내용 보설」-고대-⑩처럼 한사군 서술을 축소하고, 발전의 동력을 내부에서 찾고자 한 것은 당시 역사학계가 추구한 방향이기도 하였다. 『국사』(1979)에서 한사군의 위치에 관한 서술을 제외한 것은 그에 보조를 맞춘 것으로, 이는 민족주체성의 강조와 민족사관 정립이란 제3차 교육과정의 목표와도 부합하였다고 생각된다.

『국사』(1979)의 서술 변화와 관련하여 1972년부터 1977년까지 사용된 중·고등학교 독본용 역사교과서 『시련과 극복』도 주의된다. 1977년 『국사』(1979)에 통합·반영되었다고 하는데,[80] 한국고대사 분야의 서술에서는

---

75 李富五, 「제1차~제7차 교육과정기 국사교과서에 나타난 고대 영토사 인식의 변화」, 『韓國古代史探究』 4, 2010, 247~249쪽; 임기환, 「3~7차 교육과정 국정 국사교과서의 고조선, 한사군 관련 서술의 변화」, 『사회과 교육』 56-1, 2017, 26쪽.

76 조인성, 『국사교과서 파동』, 혜안, 1999, 12~23쪽 참조.

77 전말은 윤종영, 『국사교과서 파동』, 혜안, 1999에 자세하다.

78 李基白, 「1976~1978年度 韓國史學界의 回顧와 展望: 總說」, 1979; 앞『韓國史像의 再構成』, 一潮閣, 1991, 118~119쪽.

79 윤종영, 『국사교과서 파동』, 혜안, 1999, 28쪽.

80 김한종, 「해방 이후 국사교과서의 변천과 지배이데올로기」, 『역사비평』 17, 1991, 78~79쪽; 김한종, 『역사교육과정과 교과서연구』, 선인, 2006, 47~48쪽; 『역사교육으로 읽는 한국

직접 반영된 내용은 찾아보기 어렵다.[81] 다만 「개요」가 주목된다. 「개요」
는 민족의 형성·발전을 중심으로 일종의 서사구조를 갖고 있는데, 관련
서술을 다음의 표로 정리하였다.

[표 4] 『국사』(1979) 중단원 개요의 민족 관련 서술

구분	단원	개요
1	선사 시대의 문화	기원전 10세기부터는 무늬 없는 토기 제작인들이 나타나 청동기 문화를 개발하면서 새로운 사회를 발전시켜 갔다. 우리 민족은 이 시기를 전후하여 한반도의 주인공으로 대두하였다.
2	부족 국가의 성장과 그 문화	청동기 문화가 성립하여 크게 발달한 부족들은, 아직 신석기 문화에 머무르고 있던 씨족 사회들을 통합하기 시작하였다. (중략) 여러 부족들이 다시 통합되면서 고대 국가로 발전하였는데, 처음에는 부족 연맹 형태를 가지다가, 점차 정비된 고대 국가의 정치 제도를 가지게 되었다.
3	삼국 시대의 발전	고구려는 만주와 한반도 북부를 통합하면서 외세의 침략을 막는 방파제 구실을 하였다. 백제는 남중국과 일본을 연결하는 고대 무역 국가로 발전하다가, 뒤늦게 발전한 신라에게 한강 유역을 상실하는 열세에 몰렸다. (중략) 신흥 신라는 당과 연결하여 백제와 고구려를 멸하고, 다시 여·제 유민과 연합하여 당을 우리 나라에서 내쫓고 삼국을 통일하였다.
4	삼국 시대의 사회와 문화	고대인의 정신이, 외세를 물리치고 고대 국가를 건설함에 있어서나, 고유 전통을 보다 세련시키고 확대된 문화 세계를 개척함에 있어서 비상한 힘을 발휘하였던 것이다.
5	통일 신라와 발해의 발전	삼국의 민족 통일은 안으로 삼국의 항쟁을 그치게 하였고, 밖으로는 강한 통일 세력으로써 외민족에게 대항할 수 있게 하였다. 그리고, 통일된 민족은 하나의 정부, 하나의 제도를 마련하였다.

위 표에서 살펴본 수 있는 것처럼 한민족은 기원전 10세기 청동기문
화와 함께 형성되었다고 하였고, 부족국가−부족연맹−고대국가로 국가
체제를 갖추며 발전하였다고 하였다. 그리고 외세와 항쟁하는 한편, 통

현대사』, 책과함께, 2013, 236~238쪽.
81 『시련과 극복』의 구성과 서술은 이난영, 「1970년대 박정희 집권기 국사교육의 특징−
중·고등학교 독본용 교과서 『시련과 극복』 분석을 중심으로−」, 『典農史論』 10, 2004에
서 자세히 검토하였다.

일을 지향하였는데, 이는 신라의 삼국통일로서 완수되었다고 하였다. 국가 중심의 민족 이해였다고 평가된다.

이 중 [표 4]-4가 주목된다. 이를 보면 고대국가 건설과 문화세계 개척에 고대인의 정신이 중요하였다고 하였다. 여기서 고대인의 정신의 내용은 다음과 같이 서술되었다.

> 삼국 시대는 새로운 문화를 창조하고자 하는 인간의 힘이 보다 넓은 세계를 추구하면서 정렬적으로 살았던 시대였다. 그리고, 세속 5계, 임신 서기석에서 나타난 바와 같이, 사회 윤리를 중시하고 명예를 위해서는 죽음을 두려워하지 않았던 시대였다. 이러한 고대인의 정신에서 삼국 사회가 조직되었고, 국가가 건설되었으며, 문화가 발전하였다. [『국사』(1979), 29쪽]

삼국의 고대인은 "넓은 세계"를 추구했다고 하였는데, 이는 영역확장이나 해외 식민지 건설을 가리킨다고 이해된다. 그들의 시대정신은 화랑도를 통해 설명되었다.

이병도, 『국사』(1965)에서 화랑도는 "씨족 사회의 공동 정신의 계승 기관이고 그 발전 기관"(39쪽)이었다고 하였다. 씨족사회의 공동규범을 교육하는 데서 유교와 불교를 수용해 발전한 것으로 설명하였다. 신석호, 『국사』(1968)도 씨족 공동 사회 시대에 공동 사회의 규율을 교육한 데서 발생했다(42쪽)고 하였고, 『국사』(1970)도 씨족 사회의 청년 집단에서 기원한다고 하였다(25쪽). 화랑도가 원시사회의 미성년 남성집회에서 유래했다고 한 미시나 쇼에이(三品彰英)의 연구[82]를 수용한 것이다.

---

82 三品彰英,「新羅の奇俗花郞制度に就いて-新羅社會史の硏究其一1-」,『歷史と地理』25 -1 外, 1930;『新羅花郞の硏究』, 平凡社, 1974; 李元浩 譯,『新羅花郞의 硏究』, 集文堂, 1995.

『국사』(1974)에서도 화랑도의 기원은 씨족 공동 사회의 청소년 집단에서 찾을 수 있다(31쪽)고 하였다. 다만『국사』(1979)의「개요」와 같은 설명은 화랑도가 삼국의 공통적인 정신이자 삼국의 발전을 추동했다고 본 점에서 기왕의 서술과 차이가 있다. 이와 같은 변화는 이미 이병도의『국사』(1968)에서 살필 수 있다.

이병도의『국사』(1968)에서 화랑도는 삼국의 국민정신으로 설명되었다. "공동체의 이익을 위한 자기 승화의 정신이 바로 공동체적 정신인데, 신라의 화랑 제도가 그 좋은 예이다. (중략) 삼국은 모두 이러한 공동체적 정신이 왕성할 때에 성하고, 이러한 정신이 쇠퇴할 때에 나라를 잃었던 것이다."(39~40쪽)고 하였다. 고유의 민족정신을 상정하고, 이를 공동체정신·국민정신으로 설명한 것이다.[83]

여기서 신채호의 낭가사상(郎家思想)이 상기된다.[84] 신채호는 신라 화랑도의 낭가사상이 민족 고유의 선교(仙敎)에서 비롯되었다고 하였다. 선교는 단군조선에서부터 시작해 화랑도와 고구려의 선배(仙人) 및 백제의 수도(蘇塗) 등으로 계승되었는데, 낭가사상의 성쇠가 민족의 흥망을 좌우한다고 하였다.[85] 삼국의 공통적인 정신으로 화랑도를 주목하고 발전의 계기로 본『국사』의「개요」의 설명은 그와 통한다.

낭가사상과 같은 고유의 민족정신은 신채호 민족주의 역사학의 핵심

---

83 교사용 지도서(국사편찬위원회, 1979 앞의 책, 150쪽)의 단원별 전개안(강우철 집필)에서는 "사회 윤리와 명예를 중시하는 정신적 바탕 위에서 삼국의 사회와 국가의 건설이 이루어졌"다고 하였다.

84 申采浩,「東國古代仙敎考」,『大韓每日申報』(03.11), 1910, 1면(https://www.bigkinds.or.kr).

85 낭가사상에 관해서는 이기백,「民族主義史學의 問題」,『思想界』2월호, 1963;「民族主義史學의 問題」,『民族과 歷史』, 一潮閣, 1971; 趙仁成,「申采浩의 郎家思想에 對한 一考察 - 「東國古代仙敎考」를 中心으로-」,『慶大史論』창간호, 1985; 박성현,「박정희 정권의 '花郎道' 교육」,『역사와 현실』96, 2015, 59~60쪽 참조.

이었다.[86] 신채호는 19세기 후반~20세기 전반의 여러 지식인처럼 국수(國粹)·국혼(國魂)(nationality) 즉 고유의 민족정신을 중시했다.[87] 고유의 민족정신을 통해 정체성을 확립하고 자강의 가능성을 발견하고자 한 것이다. 역사학은 이를 위한 학문이자 운동이었다.[88] 그런데 19세기 후반~20세기 전반 민족주의 역사학에서 추구한 자강은 서구와 일본의 국민국가·제국을 지향했고, 따라서 제국주의·식민주의의 현실인식과 궤를 같이 했다. 국수의 국(國)은 제국일본으로 수렴될 수 있었다. 실제 화랑도의 민족정신은 제국의 이념과 친일의 논리에 활용되었다. 이병도의 경우 제국일본의 학병을 권유하는 데 화랑의 충국(忠國)을 제시하였다.[89]

해방 이후 남한에서 화랑도는 국민국가의 이상으로 재현되었다. 이를 체계화한 것이 이선근이었다.[90] 그는 화랑도가 민족 고유의 종교에서 비롯되었다고 하였고, "삼국 전체에 걸쳐 훨씬 전부 터 우리 민족 생활 속에 자리잡아" 왔다고 하였으며, 강력한 "애국운동, 국민 운동으로 발전하고 향상"했다고 하였다.[91]

---

86 李基白, 「民族主義史學의 問題」, 『民族과 歷史』, 一潮閣, 1971, 16쪽.
87 申采浩, 「國粹保全說」, 『大韓每日申報』(09.12), 1908, 1면(https://www.bigkinds.or.kr).
88 이상 國粹에 관해서는 愼鏞廈, 「申采浩의 愛國啓蒙思想(上)」, 『韓國學報』 19, 一志社, 1980, 40~43쪽; 李智媛, 『日帝下 民族文化 認識의 展開와 民族文化運動-民族主義 系列을 중심으로-』, 서울大學校 博士學位論文, 2004, 29~30쪽, 35~43쪽; 앙드레 슈미드 지음, 정여울 옮김, 『제국 그 사이의 한국 1895~1919』, 2007, 휴머니스트, 329~342쪽.
89 李丙燾, 「出陣學徒에게 보내는 말」, 『每日新報』(11.26), 1943(정종현, 「국민국가와 화랑도-애국계몽기에서 대한민국 건국까지의 '화랑' 담론과 활용양상-」, 황종연 엮음, 『신라의 발견』, 동국대학교출판부, 2008, 224~238쪽 재인용).
90 李瑄根, 『花郎道研究』, 海東文化社發行, 1949; 『화랑도와 삼국 통일』, 세종대왕기념사업회, 1974. 이에 대해서는 정종현, 「국민국가와 화랑도-애국계몽기에서 대한민국 건국기까지의 '화랑' 담론과 활용양상-」, 황종연 엮음, 『신라의 발견』, 동국대학교출판부, 2008, 246~252쪽 참조. 이선근의 한국사 연구와 역사인식에 관해서는 박찬승, 「이선근의 한국사 연구와 역사관」, 김용덕·미야지마 히로시 편, 『근대교류사와 상호인식Ⅲ : 1945년 전후』, 아연출판부, 2008 참조.
91 리선근, 『화랑도와 삼국통일』, 세종대왕기념사업회, 1974, 60~61쪽, 67쪽; 『화랑도와 삼국통일(제2판)』, 세종대왕기념사업회, 1999, 72쪽, 78쪽

이처럼 이선근은 신채호의 민족주의 역사학에서 제시된 화랑도 이해
를 수용해 국민국가의 이상으로 제시했는데, 이승만 정부·박정희 정부
에서 지속적으로 활동하면서 그를 중등 교육에 반영하였다. 이미 연구된
것처럼 그의 저술은 『시련과 극복』(1977)에 반영되었다고 분석된다.[92] 이
선근은 1972년 국사교육강화위원회의 위원장이었다.[93] 이로 보아 『국사』
(1974)와 『국사』(1979) 「개요」의 화랑도 서술은 이선근과 무관치 않았다고
생각된다.

화랑도를 통한 민족정신의 강조는 박정희 정부의 정신문화 강조와 통
했다. 박정희 정부에서는 서구의 근대국가를 발전의 모델로 제시하고 근
대국가 발전의 당위성을 강조했는데, 이에 서구의 오리엔탈리즘을 내재
하였다. 서구 물질문화에 대한 열등감에 짝하여 정신문화가 강조되었다.
정신문화를 강조함으로써 서구의 물질문화와 대등한 지위를 확보하고,
서구의 물질문화를 획득하고자 한 것이다. 이는 비단 정권의 이념일 뿐
아니라 지식인 사회 일각에서 공유된 인식이기도 했다.[94]

그러나 역사학계의 보편적 이해는 아니었다. 예컨대 이기백은 "花郎
徒를 「花郎道」로 쓰고 이것을 民族의 자랑이니 榮光이니 偉大니 하는 表
現을 쓰는 것은 學問에서 삼가야 할 일일 것이다."고 했다.[95] 이기백은 민
족주의 역사학의 의의를 인정하면서도, 고유성을 강조한 데 문제점이 있
다고 했다.[96] 고유의 민족성론을 회의적으로 평가했다.[97] 이 지점에서 『국

92 박성현, 「박정희 정권의 '花郎道' 교육」, 『역사와 현실』 96, 2015, 53~56쪽.
93 윤종영, 「국사교육강화정책」, 『문명연지』 2-1, 2001, 275쪽.
94 황병주, 「1960년대 박정희 체제의 '탈후진 근대화' 담론」, 『한국민족운동사연구』 56, 2008, 265~271쪽.
95 李基白, 「古代」, 『歷史學報』 49, 1971, 13쪽 ; 1991, 「韓國 古代史 硏究의 回顧와 展望 Ⅱ」, 『增補版 韓國古代史論』, 一潮閣, 1995, 237쪽.
96 李基白, 「民族主義史學의 問題」, 1963; 『民族과 歷史』, 一潮閣, 1971, 20~22쪽
97 李基白, 「韓國民族性의 長短點 論議」, 『思想界』 45월호, 1963; 「民族性論 揷疑」, 『民族

사』(1974)와 『국사』(1979) 「개요」의 화랑도 서술은 당시 역사학계에서 추구한 민족주의 역사학과 분기된다. 화랑도를 통한 고유의 민족정신 강조는 박정희 정부의 정신문화 강조에 부합했고, 따라서 그에 부응한 것으로 생각된다.

이상과 같이 『국사』(1979)는 『국사』(1974)와 비교해 서술이 다소 변화하였고, 「개요」가 추가되었다. 서술의 변화는 1970년대 고고학·문헌사 연구의 성과를 반영한 것이 다수였다. 일부는 민족주체성 강화와 민족사관 정립이란 제3차 교육과정의 목표에 부합하는 것이지만, 민족주의 역사학을 지향한 역사학계 일반의 인식과 어긋나는 것은 아니었다. 하지만 「개요」에서 민족·국가 중심의 서사구조를 설정하고 고유의 민족정신을 강조한 점은 해방 이후 민족주의 역사학과의 분기점으로 주의된다. 고유의 민족정신은 박정희 정부의 정신문화에 호응한 것으로, 『국사』(1979)의 특징 중 하나로 생각된다.

V. 맺음말

1973년 문교부는 한국사 교과서의 국정화를 통해 "복잡다기한 주관적 학설을 지양"하고 "해방 이후 사학계가 쌓아온 성과를 보다 체계화"해야 한다고 하였다.[98] 그러나 국정으로 전환된 『국사』(1974)의 가장 큰 문제는 "學界의 전체적인 연구 업적 위에서 이루어진 것이기보다는 執筆者 개인의 學說을 中高等學生들에게 강요하는 성격의 편파적인 것"으로 지적되었다.[99]

과 歷史』, 一潮閣』, 1971.

98 한기욱, 「國史敎科書의 國定化方案報告(文敎部)」(06.09), 1973.

99 李基白, 「1973~1975年度 韓國史學界의 回顧와 展望: 韓國史 總說」, 『歷史學報』 72,

본문을 통해 살펴본 것처럼『국사』(1974) 한국고대사 분야의 단원 구
성과 서술은 1960~1970년대 역사학계의 성과와 지향을 공유했지만,
집필자 김철준의 연구와 학설이 중추를 구성했다. 단원 구성에 반영된
시대구분 문제와 고대국가 성격 서술이 대표적이다. 또한『국사』(1974)에
처음 등장한 백제 요서진출설을 비롯한 각종 해외진출설이 주목된다.
이는 당시 역사학계의 통설이 아니라 김철준을 비롯한 일부 역사학자의
소수설이었다.『국사』(1974)에 서술된 각종 해외진출설은 민족주체성의
확립이란 제3차 교육과정의 목표에 부응하기 위한 선택적 서술이었다고
이해된다.

　　『국사』(1979)의 서술은『국사』(1974)와 크게 달라지지 않았다. 변화된 서
술의 대부분은 고고학·문헌사 연구의 새로운 성과였다. 다만「개요」에서
민족·국가 중심의 서사구조를 설정했고, 고유의 민족정신을 강조하였다.
고유의 민족정신은 당시 역사학계 일반의 민족주의 역사학과 분기점으로
주의된다. 고유의 민족정신은 박정희 정부의 정신문화 강조에 호응한 것
으로 생각된다. 비록 단편적이지만 이 역시 제3차 교육과정기의 특징적
인 모습 중 하나로 지적할 수 있다.

1976, 3쪽. 李元淳·陳英一·鄭善影,「中·高等學校用 國定國史敎科書의 分析的 考
察」,『歷史敎育』16, 1974, 39쪽에서도 교육내용의 선정에 그와 같은 문제가 있었다고
지적했다.

04

제3차 교육과정 국정 고등국사의 편찬과 중세사 서술 비판

황인규

Ⅰ. 머리말

국사 교과서 발행체제가 자리 잡은 해방이후 검인정 체제와 국정 체제가 번복되는 상황이다.[1] 특히 국정 교과서 체제로의 시도는 한국 사학계는 물론이고 교육계 현장에 있어서 적지 않은 혼란이 야기되고 있어 검인정 국사 발행체제로 환원되어 가고 있다.

국사 교과서의 가장 이상적인 발행체제는 자유발행제이겠지만 현단계는 그것이 아직 시기 상조인 듯하여 유감스럽기 그지 없다. 한국역사의 연구나 한국 역사교육계와 교육현장의 현실은 모두가 바라는 이상적인 상황에 도달하지 못하고 있다.

---

[1] 교과서에 관련한 대표적인 단행본류를 소개하면 다음과 같다. 이종국, 『한국의 교과서』, 대한교과서주식회사, 1991; 이종국, 『대한교과서사 : 1948~1998』, 대한교과서주식회사, 1998; 허강 외, 『한국편수사연구(1, 2)』, 한국교과서연구재단, 2000; 이종국, 『한국의 교과서 출판 변천 연구』, 일진사, 2001; 허강 외, 『한국의 검인정교과서 변천에 관한 연구』, 한국교과서연구재단, 2002; 허강, 『한국의 검인정 교과서』, 일진사, 2004; 허강 외, 『한국 교과서의 어제, 오늘 그리고 내일』, 한국교육과정·교과서연구회, 2006.

1장·04 제3차 교육과정 국정 고등국사의 편찬과 중세사 서술 비판   121

필자는 한국 중세불교사를 중심으로 한국 중세사에 천착하면서 대학 현장에서 교육을 담당하고 있지만 역사와 교육 분야를 넘나들면서 역사를 어떻게 가르쳐야 할까 고민하기 앞서 역사를 어떻게 바라보아야 할 것인지, 이상적인 방도를 찾고 있다.[2] 역사교육과 역사연구는 분립되어 이루어지기 보다는 상호 소통이 되어야 하며 역사연구는 역사교육과 함께 이루어져야 할 것이다.[3] 역사교육이 역사연구의 내용을 제대로 반영하지 못하거나 않는다면 역사교육도 제대로 이루어질 수 없기 때문이다. 예컨대 파주 용미리 불상은 고려초에 제작한 것으로 교과서에 실려 교육되고 있지만[4] 최근의 연구에 의하면 조선초의 것으로 밝혀져 비역사적 사실을 교육하고 있다.[5]

본고에서 다루고자 하는 제3차 교육과정기는 1973.2.~1981.12.(전기 1973.2~1977.8, 후기 1977.8~1981.12)로 1970년대 초반에서 1980년대 초에 걸치는 8년의 기간으로 대부분 박정희 정권시기이다. 박정권기는 1960년대의 정권 전기의 제3공화국시대, 1970년대의 정권 후기의 제4공화국시대인 유신시대에 해당한다. 제3차 교육과정에 가장 큰 영향을 끼친 것은 민족 주체성에 기초한 국민교육헌장의 이념구현이었다. 제3차 국정 교과서

---

2 필자의 역사교육 관련 졸고를 소개하면 다음과 같다. 황인규, 「중등 국사교과서에 나타난 고려후기 불교사의 서술과 문제점」, 『역사와교육』 9, 2000; 황인규, 「중학교 『역사』(한국사) 교과서에 나타난 불교사 서술 체재와 내용 – 제 7차 교육과정에서 현행 교육과정까지」, 『전법학연구』 4, 2013; 황인규, 「중앙불교 전문학교의 개교와 학풍」, 『불교 근대화의 전개와 성격』, 조계종출판사, 2007; 황인규, 「하정 안계현과 한국불교사학」, 『동국사학』 41, 2006; 황인규, 「한국 근현대 한국불교사의 서술과 고승」, 『한국불교사연구』 1, 2012.

3 황인규, 「정체성과 역동성 공동체 정신 함양을 위한 한국사연구와 역사교육」, 『역사교육』 138, 역사교육연구회, 2016 참조.

4 도면회 외, 『고등학교 한국사』, 2014, 108쪽, '파주 용미리 마애불입상(경기 파주) 고려시대 지방의 불상 양식을 보여준다.

5 용미리 마애불상은 그동안 고려초기 또는 11세기에 조성된 불상으로 알려져 왔으나 불상의 향 우측 바위 위에 成化 七年 七月로 시작하는 발원문이 있어서, 1471년(성종 2)에 조성된 것을 알 수 있다. 이경화, 「파주 용미리 摩崖二佛竝立像의 조성시기와 배경–성화 7년 조성설을 제기하며」, 『불교미술사학』 2, 2005, 71~94쪽 참조

는 국가 주도의 국정 국사교과서 발행의 시작이며, 최근 국정 국사교과서 발행과 매우 유사한 과정을 담고 있다는 점에서 시사하는 바가 매우 크다.

본 연구는 해방 이후 국사교육의 강화와 국정화, 이에 대한 국사학계 및 재야 사학자의 대응을 간략히 살펴보고자 한다. 이는 역사 연구와 서술이 될 때 역사교육 또한 바르게 이루어질 것이며, 이것이 바로 역사학과 역사교육의 소통의 첩경이 될 것이기 때문이다. 그런 후 제3차 국사교과서의 중세 시기인 고려와 조선시대의 편찬 체재와 서술 내용의 비판에 대하여 되짚어 보고자 한다.[6]

II. 국사의 국정화와 국사학계의 대응

1. 국사교육의 강화와 국정화

우리나라의 교육과정은 해방 직후 미군정 및 교수 요목기(1945.8~1954.4) 이후 현재까지 국가수준 교육과정으로 중앙 집권형 교육과정 체제를 유지하고 있다. 국가기관인 교육부가 주체가 되어 운용된 완벽한 '교과서 중심 학교 교육 체제'였다. 교과서로 교육한 것이 아니라 교과서를 교육한 것으로 '교육과정'을 편성 운영한 것이 아니고 '교과서'를 사용, 전달한

---

6 제3차 교육과정에 교과서 서술 내용을 본격적으로 분석한 논문은 차미희 외에는 거의 없다. 차미희, 「3차 교육과정기(1974~1981) 중등 국사과의 독립 배경과 국사교육 내용의 특성」, 『한국사학보』 25, 2006. 본란에서는 1974년 편찬된 국정국사의 오류가 많다고 지적된 바 있으므로 새삼스럽게 일일이 서술 내용을 일일이 지적하는 것이 무의미하다고 생각되어 당시 지적된 내용을 중심으로 전개하는 것으로 그치고자 한다. 1975년 문교부가 수행한 「현행 인문계 고교 및 초·중·고교 국사 교과서의 분석연구」와 국무총리실 평가교수단의 보고서 「국적있는 교육의 충실화」의 내용은 전하지는 바 없으나 창작과 비평사에서 특집으로 제시했던 사항을 중심으로 현장 교사의 분석을 참조하여 국정 국사의 서술의 문제점에 대하여 시대별로 주요 논점을 비판 서술하였다.

것이다.[7]

해방 이후 국사 교과서의 발행체제는 교수 요목기를 거쳐 제1차, 제2차 교육과정기까지는 검인정 체제였다. 해방 이후 최초의 국사 교과서라 할 수 있는 『국사교본』은 상고와 중고사 부분은 김상기, 근세와 최근세 부분은 이병도가 집필하였다. 이 『국사교본』은 1912년 최초로 한국통사인 『조선통사』(일어판)를 쓰면서 당쟁 등을 부각했던 다이스케(林泰輔, 1854~1922)의 『조선사』의 체제를 그대로 모방하는 등 일제의 식민사관의 영향을 받았으며,[8] 김상기 역시 쓰다 소기치(津田 左右吉, 1873~1961)의 사학적 영향을 강하게 받았다.[9]

이병도를 위시하여 친일적 활동을 하였던 신석호의 교과서는 제2차 교육과정 검인정 교과서는 물론이고 해방 이후 간행된 수십 종의 국사 교과서 가운데 가장 영향력이 컸다.[10]

이병도는 1925년 12월 조선총독부에서 한국사의 왜곡과 원활한 식민통치 수행을 위해 만든 조선사편수회에 참여한 인물이다. 이병도와 함께 신석호는 조선사편수회의 수사관보(修史官補)나 수사관(修史官)으로 참여하였으며, 광복후 남한의 사학계를 장악하고 민족 사학자로 행세하며 일제가 만들어 놓은 식민사학을 그대로 이식시켜 놓았다.[11] 조선사편수회는 해방 이듬해인 1946년 국사판으로 계승된다.

---

7 함수곤, 『한국편수사』 1 참조.

8 김용선, 「일본·한국에 있어서의 한국사 서술」, 『역사학보』 31, 1966, 129쪽.

9 진단학회, 『역사가의 遺香』, 일조각, 1991, 265쪽.

10 당시 검정교과서들의 점유율을 정확히 파악할 수는 없지만, 보고서에 파악된 저자들의 인세 수입을 기준으로 점유율을 추정한 결과이다. 유홍렬의 국사 교과서도 유통 상황으로 보아 많이 사용된 듯하다. 유홍렬의 국사 교과서는 교수요목기의 『우리나라 역사』(1949, 중학교용), 『우리나라 역사』(1949, 중학교용), 『한국 문화사』(1950, 고등학교), 제1차 교육과정기의 『우리나라 역사』(1956, 중학교용), 『한국사』(1956, 고등학교용)이다.

11 金性玟, 「朝鮮史編修會의 組織과 運用」, 『한국민족운동사연구』 3, 1989, 121~164쪽.

자주독립과 아울러 우리의 빛나는 역사를 찾자는 전 국민적 요망
에 대응하여 문교부에서는 새로 國史館을 설치함으로서 완전히 우리
의 역사를 우리의 손으로 찾을 수 있게 하는 시설과 기구를 갖추게
하고 있다. 이 국사관은 우선 첫 번 예산 70여 만 원을 計上하여 景福
宮 안에 있는 殿閣을 이용하여 기왕에 편찬된 역사와 일인들이 왜곡
한 억지 內鮮一體를 근본적으로 부셔 새로운 사관에서 국사를 修史
하기로 되어 전임 편수위원과 아울러 학계의 권위들로 조직된 국사
편찬위원회를 두게 된다. 이리하여 기왕의 조선사편수회에서 수집한
사료와 자료 전부를 인계하고 새로이 수집·정리·분류·보존하여 정사
편찬의 국가적 사업에 기여하기로 되었다. 그리고 관장은 兪億兼 문
교부장이 겸임하였다.[12]

이 국사관이 현재 국사편찬위원회인데 신석호가 국사관 초대 관장이
되었다. 신석호와 이병도가 집필한 국사 교과서는 해방 이후 제3차 교육
과정 이전의 시기에 가장 많은 영향을 끼치게 된다.

이병도[13]와 신석호[14]의 교과서 목차 대단원만 보았을 때 당쟁의 격화
등 일부를 제외하고는 오늘날 교과서의 그것과 별다른 차이가 없는 보이
지만 검인정 교과서 마다 조금씩 다른 서술방식 표기법, 학설의 차이에
서 오는 상이점 등이 적지 않았으며 학설이 갈리고 있다. 대표적인 사례

---

12 『동아일보』, 1946년 5월 4일자: 국사편찬위원회, 『자료대한민국사』 2, 550쪽

13 이병도가 집필한 국사 교과서는 교수요목기의 공저『국사교본』(1946), 『새국사교본』
(1948, 중학교용), 『우리나라의 생활(역사)』(1949, 중학교용), 우리나라의 생활(역사)』
(1951, 중학교용), 이병도·김정학, 『(고등 사회생활과) 우리나라 문화의 발달』(1)(1953,
고등학교용), 제1차 교육과정기『중등 국사』(1956, 중학교용), 『국사』(1956, 고등학교
용), 제2차 교육과정기『국사』(1968, 고등학교용) 등이다.

14 신석호가 집필한 국사 교과서는 교수요목기의『중등국사』(1948, 중학교용), 『우리나라
의 생활(국사 부분)』(1952, 중학교용), 제1차 교육과정기의『국사』(1956, 중학교용), 제2
차 교육과정기의『국사(인문계)』(1968, 고등학교용), 제2차 교육과정기의 신석호·박성
수, 『세계사』(1968, 고등학교용), 신석호 외, 『역사부도』(1971, 고등학교용), 제3차교육과
정기 신석호·박성수, 『세계사』(1975, 고등학교용)이다.

를 든다면 다음과 같다. 즉, 단군,[15] 기자조선, 위만조선, 한사군, 삼한의 위치, 삼국의 건국 및 그 연대(고구려, 백제, 신라 순), 신라의 삼국 통일연대 (676년), 국내성과 환도성 동일, 신라의 불교공인 연대(법흥왕 14년), 위례성 의 위치(한강) 등이다. 표음도 秥蟬縣(염제현, 점선현) 임둔(감둔), 거란(걸안, 글안), 신돈(신둔), 안향(안유) 등 제 각기였다.[16]

박정권은 이러한 문제점을 해결하기 위해서 국가 주도의 국사교육을 강한다는 미명하에 1960년 초반부터 1972년 10월 유신을 선포한 이듬해 국정화를 단행하였다. 즉, 박정권이 들어선 제2차와 제3차 교육과정에서 는 더욱 부각되어 이른바 주체적 민족사관의 정립을 확립으로 민족중흥 이 강조되었다.[17] 박정희는 세종과 영·정조 시대를 문화적 르네상스라고 하여 자랑스럽게 여겼고 향약과 계, 충무공 이순신의 호국정신 실학사상 등은 전승되어야 할 유산이라고 인정하였다.[18] 하지만 우리에게 남아 있 는 것은 우리의 것은 한글(훈민정음) 밖에 다른 무엇이 뚜렷한가, 우리 민 족의 역사는 한 마디로 '퇴영과 조잡과 침체의 연쇄사(連鎖史)일 뿐이었 다.[19] 사대주의 사관, 타율성과 정체성으로 일관된 듯한 일제의 식민사관 의 영향을 짙게 받은 것이다.[20]

이러한 박정권의 국사교육의 강화와 국정화 과정을 간략히 살펴보면 다음과 같다. 즉, 문교는 국사교육 통일심의회[21]를 설치하여 1963년 8월

---

15 단군은 민족신화로만 취급하고 기자조선과 위만조선에 대한 사실은 고조선에 취급하였다.
16 「이설을 정리」, 『동아일보』, 1963년 8월 8일.
17 박정희의 『우리민족의 나갈길』, 1962, 『국가와 혁명과 나』, 1963, 『민족의 저력』, 1971, 『민족중흥의 길』, 1978이라는 저술을 통해 더욱 강조되었다.
18 박정희, 『우리민족의 나갈길: 사회 재건의 이념』, 동아출판사, 1962, 96~107쪽.
19 박정희, 「국가와 혁명과 나」, 지구촌, 1997, 252쪽.
20 최연식, 「박정희의 '민족' 창조와 동원된 국민통합」, 『한국정치외교사논총』 28(2), 2007, 47쪽.
21 중·고교 국사교사 6명, 문교부 관계관 2명, 각 대학교수 및 전문가 2명, 등 20명이 참 여케 하였으며, 전문위원 9인도 선출하였다.

8일 문교부의 국사교육 통일방안을 확정하였다.[22] 국사교육 통일안은 '민족 주체성의 강화와 자유 민주주의'라는 국시를 실현하기 위한 것이었다.[23] 이렇듯 국정화의 방향으로 경도되고 있었으며, 1969년 4월 교과과정 부분 개정과, 이에 준하는 교과서 수정 개편 작업이 시작되었다.[24] 특히 1972년 4월 14일 청와대 특별보좌관 박종홍 주재로 사학자들의 간담회가 청와대에서 열게 하여 주체적 민족사관의 정립이라는 주제에 대해서 논의케 하였다.[25] 그 다음 달인 5월 11일 국사교육 강화를 위해 국사교육 강화위원회가 구성되었으며, 산하 소위원회도 구성되어 같은 해 5월 17일 첫 모임을 갖고 국사교육 강화위원회의 시안을 작성하여 제시하였다.[26] 여기에 참여한 학자들은 한국 사학계의 이선근을 위시하여 이광린, 김철준과 역사교육학계의 강우철, 이원순 등 7인이었다. 같은 해 위원회는 7월 6일 문교부에 제1차 국사교육 강화 방안을 건의하였다. 건의안의 내용은 '국사교육 강화를 위한 건의 내용(제1차)−학교 교육을 중심으로 취지 및 교육과정 구조'였다. 총론격인 국사교육 강화의 취지와 국사교육의 일반 목표 6개항, 초등부터 대학까지 각급 학교의 교육과정 구조를 제시하였다.[27] 위원회는 국사교육의 일반목표를 '굳건한 민족사관을 바탕으로 현재의 삶을 역사적으로 의식하고 국가사회 발전에 주체의식을 가지고 참여하도록 한다'[28]고 하였다. 그 후 이듬해인 1973년 6월 문교부는 교과서의 국정화 시

---

22 「단군신화 검토 국사교과내용 통일」, 『동아일보』, 1963년 6월 15일.

23 『동아일보』, 1966년 10월 22일.

24 「초·중·고 교과서 개편 4」, 『경향신문』, 1969년 6월 4일.

25 기록물 : 사학자 간담회 보고 EA0005015: http://www.pa.go.kr/school

26 강우철, 『역사의 교육』, 교학사, 1974, 296~297쪽.

27 윤종영, 「국사교육의 변천과 과제−고등학교 교육과정을 중심으로−」, 『역사와실학』 2, 역사실학회, 1992, 279~280쪽.

28 윤종영, 「국사교육의 변천과 과제−고등학교 교육과정을 중심으로−」, 『역사와실학』 2, 역사실학회, 1992, 280~281쪽.

안 보고서를 펴내 식민지사관 등에 왜곡된 역사관은 청산되어야 하며, 주체적인 민족의식으로 민족중흥을 이루기 위하여 현행 국사 교과서의 내용은 상당 부분의 개편이 필요하다고 하였다.[29] 결국 1973년 6월 23일 기존의 검인정 교과서는 당시 '검정교과서의 경우 대부분 그 내용이 시대에 뒤떨어졌다고 하면서 국사교과서의 국정화를 발표하였다. 새롭게 추진되고 있는 국정 교과서는 집필진, 연구진, 심의진, 현장실험 교사 등 100여 명의 공동 참여와 작업으로 편찬되므로 교과서의 수준 높은 내용을 담보할 수 있으며, 보다 값이 싼 교과서를 공급할 수 있다고 강변하였다.[30] 그러한 가운데 1977년 2월 28일 제3차 교육과정 부분개정이 이루어졌다.[31]

그 후 1977년 3월 16일 검인정 교과서 보급을 둘러싼 비리 사건인 소위 '검인정 교과서 파동'이 발생하였다.[32] 이를 계기로 문교부는 1977년 7월 9일 '교과서제도 개선 원칙'을 발표하여 교과서의 질을 높이고 값을 낮추기 위하여 1977년 8월 22일 종래의 '교과용 도서 검인정 규정'을 폐지하고, '교과용 도서에 관한 규정'을 제정하였다. 2년 후인 1976년 국사 교과서를 '주체성에 입각한 민족사관을 심화시키는' 방향으로의 부분적으로 개편[33]하기로 결정된 후 1979년에 발행되어 국정 도서를 1종 도서(연구 개발형)로 개편되었다.[34]

---

29 윤종영, 「국사교육의 변천과 과제-고등학교 교육과정을 중심으로-」, 『역사와실학』 2, 역사실학회, 1992, 280~281쪽.

30 「피해야 할 교육의 획일화」, 『동아일보』, 1976년 8월 28일.

31 문교부는 1974년 12월 31일 문교부령 제350호로 공포하였던 인문계 고등학교 교육과정을 1977년 2월 28일 문교부령 제404호로 개정하였다. 교학도서주식회사 편집부 편, 『초·중·고(인문, 실업) 새 종합교육과정 및 해설』, 교학도서주식회사, 1977.

32 「논란 빚은 교과서 국정화」, 『동아일보』, 1976년. 8월. 28일.

33 「바른생활(국교) 민주생활(중학) 등 금년내에 교과서 개편」, 『동아일보』, 1976년 3월 29일.

34 이는 1967년 '교과용 도서 저작·검인정령' 시기에는 문교부, 즉 국가가 직접 교과서를 제작하였던 것과는 달리 교과서의 개발을 연구기관이나 대학 또는 학술단체에 위탁하는 방식이다. 한국교과서연구재단, 『한국 편수사 연구』 I, 2000, 455~499쪽.

이와 같이 국정화 발표까지 국사교육의 강화 과정을 간략히 살펴본 바와 같이 국사의 국정화는 제3차 교육과정에서 시작된 것이 아니라 박 정권의 초창기인 1960년대 초반인 1963년 국사교육통일심의회 설치 즈음부터 시작되어 1960년대 말인 1969년 교과과정의 부분 개정, 1972년 국사교육강화위원회의 활동에서 그 골격을 갖추어 그 이듬해인 1973년 6월 국정화 발표로 매듭되었다. 국사교육강화위원회에서 활동한 인물은 학계의 중진이었으며, 그 가운데 3차 교육과정 국사 교과서의 집필에 참여한 인물은 김철준(1974년과 1979년판 『고등국사』)와 이원순(1979년판 『중학국사』)이 그 대표적이다. 심지어 1979년판 국사 교과서의 연구진은 이병도와 신석호를 비롯해 국사교육강화위원에서 활동한 이선근, 강우철, 이광린과 고병익, 유홍렬, 이기백 등이었다.

2. 국사학계와 재야 사학자의 대응

앞서 살펴본 바와 같이 학계의 일부 학자들은 박정권의 국사교육 강화와 국정화에 참여하기도 하였지만, 대체적으로 한국 사학계와 역사교육학계는 나름대로 한국사학의 발전과 체계화를 위해 노력을 하였다. 1960년대 말에서 1970년 초의 학계의 대응을 살펴보면 다음과 같다. 예컨대 1969년 10월 29일 역사학회에서는 이기백, 차하순 등의 학자들이 한국연구원에서 '시대구분의 제문제'라는 주제로 학술대회를 개최하였다. 당시 주체적 사관의 확립 움직임과 함께 대두된 한국사 시대구분을 방법론적으로 검토하여 서양학계의 시사를 얻고자 함이었다.[35]

1969년 12월에도 역사교육연구회의 '역사교육의 제문제'와 1971년

---

35 『동아일보』, 1969년 10월 30일.

6월에 개최된 전국역사학대회 '역사교육의 과제와 방향'이 그 대표적인 사례이다. 또한 1970년 5월 올바른 사관과 민족적 주체적 입장에서 정사 한국사를 편찬하였다. 즉, 국사편찬위원회는 1973년까지 민족 정사집인『한국사』를 편찬하고자 하였다. 최영희 국사편찬위원장을 비롯하여 이현종 편사실장, 윤병석 전 조사 실장이 참여한 가운데 상임위원회를 구성하여 김철준(고대), 이기백(고대), 한우근(고려), 홍이섭(조선), 이광린(근대)으로 하는 상임위원회를 구성하였다. 일제의 조선사편수회의『조선사』36권 이후 가장 큰 규모이다.[36] 1960년대 전반기 진단학회의 이병도, 이상백, 김상기, 김재원, 이숭녕의『한국사대계』(6권), 1964년 이후 고려대 민족문화연구소의 분류사인『한국문화사대계』(7권)를 이은 것이다.[37] 이미 진단학회의『한국사』가 출간되자 북한은『조선통사』상(1956년 3월『조선통사』간행이후),『조선문화사』,『조선사』등을 서둘러 편찬하였다.[38]

국정 교과서가 탈고 될 무렵 활발한 한국사의 재편작업이 더욱 진행되었다. 천관우가 기획하여『신동아』지상 심포지엄 '쟁점을 분석하는 한국사의 거시적 재구성과 대중화를 위한 시리즈'가 연재되었다. 이어 '한국사의 조류'를 장기 연재하여 고대사 구성에 큰 진경(進境)을 이루기도 하였다.[39] 한국사의 대중화를 위하여 삼진사에서 펴낸『한국사대계』12권이 간행되었다. 천관우가 부록(연표, 학통)을 위시하여 한병삼, 임병태, 이만열 등 전공 25명의 학자가 참여하였다. 그리고 이선근의『대한국사』(12권)이 간행되기도 하였다.[40]

특히 1969년 12월에 이기백·이우성·한우근·김용섭 등 한국의 대표

---

36 8년만인 1978년 12월에 한국사 전 23권(구석기에서 8.15까지)이 완간되었다.
37 『동아일보』, 1970년 5월 14일.
38 「史實을 부정한 '정치의 시녀'」, 『경향신문』, 1978년 3월 4일.
39 『동아일보』, 1973년 12월 19일.
40 『동아일보』, 1973년 12월 19일.

적 사학자들은 위와 같은 한국사학 연구의 체계화 작업에서 나아가 실질적인 국사교육 개선을 위한 공동연구 보고서 「중·고등학교 국사교육 개선을 위한 기본방향」을 문교부에 제출하였다. 보고서 내용 가운데 3. 고등학교 국사 교과과정 시안, 4. 중학교 국사 교과과정 시안 등과 부록: 현행 중·고등학교 국사 교과서 분석자료 등으로 구성되어 있다. 공동연구팀은 교과과정의 시안을 작성하면서 다섯 가지의 기본원칙을 정하였다. 민족의 주체성을 바탕으로 세계사적이며 내재적인 발전 시각을 견지하며 인간 중심, 특히 민중의 활동을 부각시켜야 한다고 하였다. 이러한 원칙을 바탕으로 중·고등학교 국사 교과과정의 시안을 작성하였다.[41] 앞서 언급한 제2차 검인정 교과서와 목차를 비교했을 때 그다지 큰 차이를 보이지 않으며 제3차 국정교과서 시안과 별 다를 바 없다.

또한 국사학계 뿐만 아니라 1971년 9월 역사교육과 한국사, 동·서양사학회의 대표가 모여 역사교육개선협의회를 구성하였다. 즉, 한국사학회, 동양사학회, 서양사학회, 경제사학회, 역사교육연구회가 참여하였다. 협의회는 그 해 10월까지 세 차례 협의를 갖고 '역사교육의 문제에 대해 전문가로 하여금 연구 검토, 중요 자료수집, 문교부에 건의서 제출' 등을 다루었으며, 민족 주체성 확립이라는 교육목표를 역사교육에 적용하며 한국사와 세계사의 동반 교육을 추진하였다.[42]

이러한 학계의 노력에도 불구하고 국정화가 단행되어 국정교과서 편찬되자 학계의 소장학자를 중심으로 다음과 같이 매섭게 비판되었다.

지난 6월 창작과 비평에 강만길 김정배 이성무 송찬식 교수 등 젊

---

41 영남대학교 중앙도서관 고문헌실 소장본; 장신, 「해제 『중·고등학교 국사교육개선을 위한 기본방향』」, 『역사문제연구』 46, 2016.
42 김한종, 『역사교육으로 읽는 한국현대사:국민학교에서 역사파동까지』, 책과 함께, 2013 참조.

은 학자들이 극렬한 비판을 발표한데 이어 26일에는 이병도 학술원 회장과 민간 사학자들로 구성된 한국고대사학회가 주축이 된 국가교 과서 평가회가 새 국정교과서를 '식민지 사관을 흉내낸 천박한 식견' 이라고 비난하고 나서 사학계와 일선 교사를 당황케 하였다.[43]

위와 같은 국정교과서가 편수된 후 국사학계에서는 단군 개국을 심화로 규정함으로써 한국사의 상한을 대폭 위축시켰던 것은 '일제 식민지 사관을 흉내낸 천박한 식견'이라고 하였다.[44] 이에 대하여 고교 교과서를 집필했던 김철준은 '짧은 집필 기간과 빈약한 학문적 성과를 토대로 집필된 새 교과서는 수정할 부분이 있지만 단군 시비는 역사와 문화가 무엇인지도 알지 못하는 상식 이하의 주장'[45]이라고 하였다. 같은 대학의 한영우는 '해방 후 사학계 한 모퉁이에서는 일제의 식민사관 극복을 줄기차게 외쳤으나 일본의 문헌 고증학의 영향을 받은 식민주의 사학의 잔재를 청산하지 못해 국사 교과서는 당쟁과 사대주의로 점철되는 등 크게 바뀌지 못했다'[46]고 동조하였다. 일부 언론에서도 지적에 동조하였다.

지난 해 유월 초·중·고의 국사교과서 국정안이 발표되어 74년도 첫학기부터 교재로 사용되기 시작한 국사교과서는 그것이 처음 발간될 때부터 수차 논의와 비판을 받아 왔지만 그 토론의 대부분은 근세 조선의 정치 사회적 성격과 국사 용어 변경, 학급별 교과서간의 연관성과 몇 가지 기술의 착오에 대한 문제점이 있었으며 그럼에도 불구하고 그것이 한국사 이해 태도에 관한한 식민사관을 극복한 중요한 변화를 내포하고 있다.[47]

43 「진통 겪는 국사학계」, 『경향신문』, 1974년 7월 30일.
44 「국정 국사교과서의 난맥」, 『경향신문』, 1975년 9월 9일.
45 「진통겪는 국사학계」, 『경향신문』, 1974년 7월 30일.
46 「진통겪는 국사학계」, 『경향신문』, 1974년 7월 30일.
47 「치열해진 「단군개국」 논쟁 「신화」냐 「史實」이냐」, 『동아일보』, 1974년 7월 27일.

그 후 외국인조차 다음과 같이 개탄하였다.

> 교과서의 국정화는 필연적으로 중앙집권적인, 혹은 내용선택의
> 빈곤화를 수반한다. 이것은 처음에는 눈에 띄지 않는 실리적인 단계
> 에 불과하지만, 동심의 동산에서 지식의 세계에 이르는 다양한 길을
> 차단한다. 이를 부정하거나 무시하면 결국은 불행한 결과에 이르고
> 만다.[48]

학계 뿐만 아니라 재야학자들 사이에서도 국정화를 비판하였다. 민간
사학자인 재야 사학자들은 1975년 10월 8일 국사찾기 협의회를 결성하
고 한국사의 시폭(時幅)과 강역을 바로잡고 한국사의 사대사관과 식민사
관을 뿌리뽑겠다고 선언했다. 안호상(배달문화연구원), 유봉영(백산학회), 문
정창(한국고대사학회), 임승국(한국고전문우회), 이유욱(진단학회), 박창암(월간
자유사), 이대위(기독동우회), 박시인(알타이인문학회) 등이 같은 해 9월 28일
국립 중앙도서관에서 한국학 강좌를 열어 아카데미 사학을 공격하여 충
격을 주었다. 같은 해 10월 8일 발족된 국사찾기 협의회원 외에도 민간
사학자 윤치도(『민족정사』 저자), 신학균(충남대 『규원사화』 역자), 김재환(『인류시
원사』 저자) 등이 중국 문헌 기록을 바탕으로 한국 고대사의 강력한 활동을
역설하고 있다. 이들은 우리 역사를 바르게 정리하자고 외쳤다.[49]
그 후 1978년에 안호상이 국사 교과서의 고칠 점과 국사 교과서의 내
용 시정에 관한 건의서를 대통령 및 국무총리와 문교부 장관에게 제출하
면서 논쟁은 본격화되었다. 기존의 사학계와, 이를 비판한 학자들 간의
대표적인 쟁점은 다음과 같다. 즉, 고조선의 영역, 단군신화, 왕검성과

---

48 장 아담, 「교과서의 국정화」, 제20차 국제출판인총회, 일본 경도 1976. 5; 『동아일보』,
　1977. 4. 8 교과서 국정화는 바람직하다.
49 「사대 식민주의 사관 뿌리뽑자 원로들 국사찾기협의회 결성」, 『경향신문』, 1975년 11월 3일.

낙랑의 위치, 백제의 중국 통치, 신라 통일 후의 영역 등이었다.

재야 사학자들은 자신들의 주장을 굽히지 않고 국회 공청회 문제로 비화시켰다.[50] 국사찾기협의회 안호상이 국사 교과서 개정을 위한 소송 제기 및 건의서를 국회에 제출하여 공청회가 이루어졌다. 안호상은 재야 사학자 박시인, 임승국 등과 함께 단군과 기자의 실존설을 비롯해 고조선 영토문제 등 7개항의 이설을 제기하였다. 이에 최영희 국사편찬위원장, 김철준, 이기백, 김원룡, 이원순 등 학계 중진은 사관, 단군·기자조선, 한사군의 위치, 동학 등이 쟁점이었으나 이견을 좁히지 못하였다.[51]

이렇듯 학계와 재야사학자의 국사학 연구와 국사교과서 편찬의 개선을 위하여 나름대로 국사교육 강화와 국정화에 대응하였지만 정부의 국정화는 막지 못했으며, 결국 교과서의 부실을 초래하게 되었다.

Ⅲ. 국정 『고등국사』의 중세사 서술 비판

1975년 문교부가 수행한 「현행 인문계 고교 및 초·중·고교 국사교과서의 분석연구」와 국무총리실 평가교수단의 보고서 「국적있는 교육의 충실화」의 내용에서도 국정교과서의 미흡함을 자인되었다. 이 두 보고서는 현재 알려진 바 없으나 창작과 비평사에서 특집[52]으로 제시했던 국정 교과서의 미흡함은 현재도 전해지고 있다. 이를 중심으로 국정 『고등국사』의 내용을 바탕으로 하여 1974년과 1979년판 국정 『고등국사』의 서술 체재와 내용을 간략히 비교하고자 한다.

---

50 「국회로 번진국사논쟁」, 『경향신문』, 1981년 11월 26일.
51 「국회로 번진국사논쟁」, 『경향신문』, 1981년 11월 26일.
52 강만길 외, 「특집-국사 교과서의 문제점」, 『창작과 비평』 9-2. 1974.

1. 중세사 서술체재의 비판

1974년 국정교과서가 발행되자 다음과 같은 오류가 있음이 지적되었다.[53]

> 국사에 관한 중요한 내용과 해석이 교과서 마다 다르거나 상반되
> 는 국정교과서를 펴냈다는 잘못에 대한 책임은 면할 수 없을 것이다.
> 더구나 그것이 한 두가지도 아니고 인문계 고교 국사교과서에는 3백
> 19개소, 중학교는 2백29개소가 수정이 불가피하다면 국사교과서 편
> 수가 얼마나 무책임 날림이었는지 짐작할 수 있는 것이다.[54]

인문계 『국정국사』의 서술 내용 가운데 무려 3백19개소, 『중학국사』 2백
29개소가 수정이 불가피한 것으로 문교부 자체 조사되었다. 즉, 연구 결
과를 보고서 「현행 인문계 고교 및 초·중·고교 국사교과서의 분석연구」
에서 현행 인문계 고교 및 초·중·고교 국사교과서를 1백 개 항목별로 분
석하였는데, 「초·중·고별 교과서 내용체계」에서 50여 개 항목이 일부 또
는 전면 보완 및 수정이 불가피한 것으로 보고되었다.[55]

또한 서울대학교 교수 김종철을 중축으로 한 10명의 국무총리실 평가
교수단은 국사와 국어, 사회, 도덕 등 4개 교과서를 대상으로 수행한 공
동 연구보고서 「국적있는 교육의 충실화」를 냈다.[56] 여기에서 국사 교과
서의 경우 왕조 흥망 등 개별 사건의 나열에 치중한 나머지 역사의 흐름
을 서술하는데 등한히 했으며, 지나치게 전문적이고 내용이 세부적이다.
따라서 학생부담이 과중하고 일부 역사적인 사실에 대해서는 주관적인

---

53 「문교부조사 국사 교과서 내용에 문제점 초·중·고마다 史實라」, 『경향신문』, 1975년 9월 8일.
54 「국정 국사교과서의 난맥」, 『경향신문』, 1975년 9월 9일.
55 「문교부 조사 국사 교과서 내용에 문제점 초·중·고마다 史實 달라」, 『경향신문』, 1975년
9월 8일.
56 「국적 있는 교육에 충실」, 『경향신문』, 1975년 9월 11일.

해석이 들어가 있고 토요토미 토쿠가와 같은 표기법에도 문제점이 있음을 지적하였다.[57] 특히 교육현장에서 조차 국정 국사의 교육에서 적지 않은 혼란과 문제를 초래하고 있다고 호소하였다.[58]

이와 같이 제3차 교육과정 국정 국사의 편찬은 국사교육을 강화하고 국사교육의 효과를 정부가 의도한 방형으로 이끌고 종래 검인정 교과서의 문제점을 시정하여 체제와 구체적 사실에 대한 서술 내용 및 용어를 등을 통일을 꾀하고자 하였다.[59] 하지만 국정화 체제 통일 문제도 갖추어지지 않았으며, 중·고 교과서의 체제 통일면에서 완전히 실패하여, 한마디로 검인정 교과서보다 후퇴하였다는 느낌 마저 두고 있다는 평이었다. 심지어는 『중학국사』는 너무 저속하고 『고등국사』는 날조에 가까운 편견에 사로 잡혀 있다[60]는 극언도 있었으며, 교과서 편찬이 몇몇 인사에게 위임되어 단시일 내에 집필된 졸속주의, 예견되었던 대로 편견과 오류 투성이라는 것이다.[61]

뿐만 아니라 중·고 교과서 간에 사실의 중복이 너무 많아 중학교에서 이미 배워서 아는 것을 고등학교에서 다시 되풀이함으로써 학생들이 국

---

57 「초.중.고 주요 교과서에 문제점 많다-평가교수단의 시정 건의」, 『동아일보』, 1975년 9월 12일.
58 이원순·진영일·정선영, 「중 고등학교 국정 국사 교과서의 분석적 고찰」, 『역사교육』16, 1974. 참고로, 1977년 교과서 연구자 米昇右가 현행 초등학교 1학년부터 6학년까지의 국어 사회 자연 실과 국사 등 각 과목(예능제외) 35권을 대상으로 조사하였는 바, 현행 초등학교 각급 학년 교과서에서 한 책에 평균 20~50여개씩 틀린 곳이 있으며, 이러한 오류를 모두 합치면 9백 46개나 된다고 하였다. 그 가운데 역사적 사실의 오류는 6학년 국사 1백 28페이지에서 '우리 국토가 갈라진 지 벌써 30년 가까운 세월이 흘렀다.'고 설명하였고, 8.15이후 30년도 안된 것처럼 돼있는데, 이같은 경우는 수년 동안 책의 내용을 고치지 않은 채 인쇄해 온 때문에 생긴 것이라고 한다. 미씨는 그동안 문교부의 위촉을 받아서 조사한 내용과 개인적으로 조사한 내용 등 여러 권의 교과서 오류를 지적, 문교부에 두 차례나 자료를 제공했는데도 조금도 고쳐지지 않고 있다고 하였다. 「국민교 교과 틀린 곳이 많다 교과서연구가 米昇右씨 조사」, 『동아일보』, 1977년 5월 25일.
59 강만길 외, 「특집-국사 교과서의 문제점」, 『창작과 비평』 9-2. 1974.
60 송찬식, 「특집, 국사교과서의 문제점-조선후기」, 『창작과비평』 9-2, 1974.
61 송찬식, 「특집, 국사교과서의 문제점-조선후기」, 『창작과비평』 9-2, 1974.

사에 염증을 느끼게 되고 중학교 교과서와 고등학교의 것이 같은 사실을 두고 설명하는 것이 차이가 있는 등 학생들이 국사를 신뢰를 상실할 염려가 있다고 지적하였다.[62] 나아가 역사 교과서의 기본적인 틀이라고 할 단원 구분과 시대 구분 문제에 있어서도 기존의 검인정 교과서의 수준을 전혀 넘어서지 못하였다는 것이다. 즉, 『고등국사』는 종래의 고대, 고려, 조선, 근대, 현대로 나누어 시대구분을 시도하고 있지만 기존의 시각을 답습하였다. 그 내용도 정치사 중심이며, 특히 문호 개방 부터 잡고 있는데, 근대의 기점은 '근대적 문화의 새 기운'의 실학 부터인지, 종래 대로 개항 이후 부터인지 불분명하다.[63] 그 분량도 제대로 안배되지 못하였다. 즉, 총 232쪽에서 고대사회 56쪽(24.3%), 고려사회 46쪽(19.9%), 조선사회(조선왕조의 성립~대원군의 정치) 64쪽(27.7%), 근대사회(문호개방~일제말기) 54쪽(23.4%), 현대사회(8.15해방~현재) 11쪽(4.7%)이다. 이와 같이 국정 『고등국사』 서술체재의 미흡함 뿐만 아니라 다음 장에서 간략히 제시하는 것처럼 서술 내용에 있어서도 여러 문제점을 내포하고 있었다.

2. 중세사 서술내용의 비판

앞서 살펴 본 바와같이 국정 『고등국사』의 미흡함과 오류는 적지 않았다. 창작과 비평사에서 제시했던 사항을 중심으로 1974년 판과 1979년 판 국정 『고등국사』의 서술 내용의 문제점을 비교 서술하면 다음과 같다.

1974년판 『고등국사』에서 고려시대의 서술 부분에서 비판된 항목은 고려의 건국, 정치사상의 변동, 사회의 동요, 고려말의 정치세력의 성격

---

62 이우성, 「특집, 국사교과서의 문제점—고려시대」, 『창작과비평』 9-2, 1974.
63 『중학국사』의 경우, 시대구분 문제는 아예 염두에 두지 않은 듯하다. 특히 근대이후 부분이 심하다. 특히 실학의 발달에서부터 〈근대적 문화의 새 기운〉으로 보고 있다.

과 일반상황, 고려사회의 구성, 토지제도와 조세제도, 불교 등이다.

태조는 고대사회의 수취체제를 고쳐 조세를 가볍게 하고 사회의 진전 방향에 맞는 정치를 실시'하였는데 고대의 수취체제와 사회의 진전 방향이 과연 무엇인지 알 수 없다.[64] 『고려사』에 의하면 태조는 조세를 1/10로 경감하여 '취민유도(取民有度)'를 하였다고 볼 수 있다.[65] 이러한 내용이 1979년판에서는 삭제되었지만 양민으로서 억울하게 노비가 된 자들을 해방시켜 주었다고 하여 광종대 노비안검법을 연상시켜 혼란을 주고 있다.[66]

성종대의 유교정치 확산은 최승로의 시무 상소에 기인하는 바 크다. 성종 때에 '새로운 사회 질서'가 필요함을 느꼈다고 말하면서 '그 뒤부터 고려의 정치는 신라시대와는 크게 달라져서 유교정치 사상을 기준으로 내세우는 성격이 나타나기 시작하였다'[67] 유교정치 사상을 가지고 고려 정치가 신라와 크게 달라졌다고 한 것은 이해가 가지 않는다.[68]

태조대 지방 학교 교육을 실시하고 광종대 과거제의 실시로 인해 유학 교육이 이미 진전되었다. 1979년판 국사의 서술처럼 '고려 초기(태조~경종)의 사회는 국가적으로 새로운 질서를 수립하기 위하여 많은 진통을 겪은 시기'라고 볼 수 있지만, 그 뒤부터 고려의 정치는 신라 시대와는 크게 달라졌는지도 의문이 든다. 최승로 시무 상소 20조에 명시되어 있는 것처럼 유교는 불교와 더불어 '수신(修身)은 불교, 이국(理國)은 유교'[69]라는 사실을 염두에 두어야 할 듯하다.

---

64 이우성, 「특집, 국사교과서의 문제점―고려시대」, 『창작과비평』 9-2, 1974 참조.
65 『고려사』 권2, 태조세가 태조 17년 5월 6일(을사), '幸禮山鎭, 詔曰 …宜爾公卿將相食祿之人, 諒子愛民如子之意, 矜爾祿邑編戶之氓'.
66 김두진, 「고려 광종대의 전제왕권과 호족」, 『한국학보』 15, 1979 참조.
67 『고등국사』 1974년판 63~4쪽 〈정치 사상의 변동〉.
68 이우성, 「특집, 국사교과서의 문제점―고려시대」, 『창작과비평』 9-2, 1974 참조.
69 『고려사』 권93, 최승로열전, '行釋教者 修身之本 行儒教者 理國之源 修身是來生之資 理國乃今日之務'.

고려전기 문벌시대는 이자겸과 묘청의 난으로 흔들리더니 무신의 난으로 종말을 맞았다. 『고등국사』 1974년판에서는 〈사회의 동요〉라는 제목으로 서술되었으며, 『고등국사』가 『중학국사』보다 역사 인식 문제에 있어서 후퇴하였다고 비판받았다.[70]

『고등국사』에서는 '어느 당파에도 속하지 않은 승려 신돈'이라고 하여 당대 당파가 있었던 듯 기술한 것은 유의해야 할 것이다. 『고등국사』 1979년판에서는 아예 신돈을 서술치 않은 것은 부적절하다.

『고등국사』 1974년판 〈고려사회의 구성〉(71쪽)에서 '고려사회는 친족공동체가 성립되어 있었고 친족공동체는 다시 몇 개의 대가족으로 나뉘어 다시 있었다'고 하고 대가족장의 통솔하에 토지급여와 조세 역역 공물의 의무를 대가족 단위로 치우치게 되었다고 하면서, 8촌까지 포함하는 친족 공동체 등을 서술하였다. 하지만 8촌을 넘어선 동족들이 하나의 집단으로 존재의식을 지녔던 것이 아닐까 하며, 대가족설도 믿을 수 없다.[71] 부모가 사망하면 형제는 으레히 분가하였으며, 분가는 자손이 호적을 나누고 재산을 나누는 별적이재(別籍異財)[72]라고 하여 호적을 따로 내고 재산을 달리하는 것이다. 일반적으로 고려시대는 소가족 단위가 일반적인 거주형태였다.[73]

고려시대 경제의 기본을 이루고 있는 『고등국사』 1974년판 토지제도의 설명(67쪽)도 문제이다. 경작권이란 용어는 조선 초기의 병작반수의 설명에는 그런대로 의미가 있지만 고려시대의 상황에는 적용되기 힘들며, 조선 건국 직전의 과전법에서 전호가 경작권을 지니게 되기 때문이다.[74]

70 강만길, 「특집-국사 교과서의 문제점」, 『창작과 비평』 9-2. 1974 참조.
71 이우성, 「특집, 국사교과서의 문제점-고려시대」, 『창작과비평』 9-2. 1974 참조.
72 『고려사』 권84, 형법지, 호혼; 『신편한국사』 15, 「고려전기 사회와 대외관계-1. 사회구조」.
73 국사편찬위원회, 『신편한국사』 15, 「고려전기 사회와 대외관계-1. 사회구조」.
74 이우성, 「특집, 국사교과서의 문제점-고려시대」, 『창작과비평』 9-2. 1974 참조.

『고등국사』 1974년 판에서 토지의 소유에 따른 공전과 사전의 구별의 서술 내용도 문제다. 『고등국사』 1979년 판에서 수조권이 개인 관청 사원에 있는 것이 사전이고 국가에 있는 것이 공전이라고 서술했지만, 관청에서 수조하는 것은 공전이라고 알려져 있다.[75]

고려시대의 불교는 국가적 불교라고 부를 만큼 정치 경제 사회 문화제 분야에 걸쳐 주도적 역할을 하였다. 불교 서술 내용에서 지적을 받았던 부분은 불교 종파 부분이었다. 5교 양종설은 일제 강점기 『진단학보』에 실린 포광 김영수의 설에 따른 것으로[76] 바로 잡아야 할 사실이며, 의천의 속장경 서술 부분도 일제강점기 일인 학자의 설[77]에 따른 내용으로, 1975년 무렵에 한국 학자들에 의해 수정된 것이나 최근까지 반영되지 않은 부분이다. 즉, 속장경이 아니라 교장으로 수정되어야 하며 최근의 교과서에서야 비로서 제대로 실린 사항이다.

1974년판 『고등국사』에서 비판을 받은 부분은 조선 왕조의 건국, 성리학의 두 경향, 양반계급의 분열, 일본과 전쟁, 민본의식의 부활과 개혁, 자주적 대명 외교 등이다.

조선 왕조는 고려 후기에 등장한 신흥 사대부 세력과 신흥 무장세력의 제휴로 건국된 사회이다. 조선 왕조의 건국이념은 삼봉 정도전의 『조선경국전』의 "백성의 마음을 얻으면 백성은 복종하지만, 백성의 마음을 얻지 못하면 백성은 임금을 버린다(得其心則服之 不得其心則去之)."[78]에서 단적으로 제시되고 있다. 이와 같은 민본정치는 16세기의 양반정치 때문에 무너졌다가 18세기, 즉 영·정조 시대에 실학사상과 사회개혁의 의욕이 어느 정

---

75 이우성, 「특집, 국사교과서의 문제점−고려시대」, 『창작과비평』 9-2, 1974.
76 김영수, 「오교양종에 대하여」, 『진단학보』 8, 1937 참조.
77 小野玄妙「高麗祐世僧統義天の大藏經板雕造の事蹟」, 『東洋哲學』 18編2(明治44년 1월).
78 鄭道傳, 「正寶位」, 『朝鮮經國典』 上; 『三峯集』 卷7.

도 정치에 반영되어 부흥되는 것이라고 한 『고등국사』 1974년판의 서술은 분명 문제가 있어 보인다.[79] 15세기 양인국가를 민본정치의 이상으로 보았지만 조선시대는 양반에 의해 지배되었던 양반 관료국가로 보는 것이 정설이다.[80]

그리고 16·17세기의 사화와 당쟁과 19세기의 세도정치를 양반 귀족정치로 규정하거나 18세기의 실학과 한말 대원군의 개혁정치를 민본의식 민본정치의 부활로 보는 것은 일제 식민사관의 정체성 사관과 다를 바 없다.

조선 건국후 조선왕조 사업을 펼친 세력은 흔히 관학파로 불리고 있으며 성종대 본격적으로 등장하는 사림파가 조선전기 사회를 주도하였다. 『고등국사』 1974년판에서는 정도전과 권근을 대표로 하는 관학파(기호학파)를 긍정적으로 17세기 이후의 사림파(영남학파)를 부정적으로 보고 있다. 조선초기 관학파를 조선후기 실학에, 조선중기 사학파를 공리공담을 일삼는 후기 주자학자들로의 확대로 보았다.[81] 특히 국정교과서에 당쟁에 대한 부정적인 시각으로 서술되었다.

조선시대를 전·후기로 구분할 만큼 양란인 임진왜란과 병자호란에 대한 서술도 마찬가지다. 『고등국사』에서 '일본과의 7년전쟁', '청과의 전쟁'이라는 용어를 사용하였다.[82] 『고등국사』 1979년판에서도 왜란과 호란을 사림의 당쟁 등 내부적 요인만을 지나치게 강조한 것은 내재적 발전을 경시한 것이다. 실학 부분에서도 마찬가지 논조다. 즉, 실학을 '정도전 등 15세기 지배 사상의 부활'이라고 서술한 것은 그간의 한국 사학계

---

79 이러한 견해는 집필자가 최근에 발표한 연구업적을 그대로 도입한 것이다(한영우, 「조선초기 사회계층과 사회이동에 관한 시론」, 『동양학』 8, 1977). 아직 학계의 평가도 제대로 받지 않은 개인의 사론을 그대로 서술한 것으로 비판을 받았다.
80 이성무, 「특집, 국사교과서의 문제점-조선전기」, 『창작과비평』 9-2, 1974.
81 이성무, 「특집, 국사교과서의 문제점-조선전기」, 『창작과비평』 9-2, 1974 참조.
82 『중학국사』에서 '7년전쟁', '청과의 전쟁'이라는 표제를 실었는데 이 또한 문제가 있다.

의 '연구업적을 외면하고 그것을 모독한 이론'이라고 하였다.[83] 실학자들
은 중국적 화이관에서 일탈하고자 하였는데 조선전기 대명 외교에 대해
서도 지적되었다. 『고등국사』 1974년판의 서술에서 '대명 사대는 동아시
아의 보편적 국제관계로서 우리의 주권을 지키고 명의 문물을 수입하려
는 데 목적이 있었다. 따라서 사대와 자주는 모순되지 않는다'고 하였다.
하지만 소중화 의식은 중국문화에 대한 문화 모방의식에서 나온 것이며,
명에 대한 문화자존 의식과는 관계가 없으므로 외교적 사대는 공리적 측
면이 강했지만 대등 외교는 아니었음을 알아야 할 것이다.[84] 이와 같이
국정 『고등국사』 중세사 서술 내용의 미흡함과 단견, 오류의 발생은 단적
으로 국정 교과서 체제가 지니는 한계인 것이다.

Ⅳ. 맺음말

본고는 해방 이후 국사교육의 강화와, 국사학계의 노력과 재야 사학
자의 대응, 제3차 교육과정 국정 『고등국사』 중세사 서술 내용의 비판에
대하여 되짚어 보았다. 해방 이후 국가 주도 교육과정은 현재까지 계속
되고 있다. 검인정 체제이든 국정 체제인인 국가 체제하의 국사교육은
계속되고 있으며, 특히 제3차 교육과정의 국사 국정화와 최근의 국사 국
정화 시도는 분명 국사교육의 정상화에 역행 후퇴하는 처사이며, 이러한
바람직하지 못한 시책의 번복은 민주사회의 역군을 양성하는데 걸림돌이
되고 있다.

---

83 국정 교과서 1974년판에서 탕평책, 『속대전』, 『대전통편』 등 법전의 개편, 균역법의 실
   시, 군사제도의 개편 등이 민본정치라고 하고 있으나, 이는 민본정치와 거리가 멀거나
   역행하는 것이라는 지적도 받았다.
84 이성무, 「특집, 국사교과서의 문제점-조선전기」, 『창작과비평』 9-2, 1974 참조.

개항이후 근대적 국사교육이 시작되어 국사의 독립적 위상을 확보하였으나 해방과 더불어 시작된 미군정 체제하에서는 사회과목의 일부로 편성되어 개항 이후의 시기보다 후퇴한 느낌이 적지 않다. 뿐만 아니라 일제 강점기 식민사관의 주창에 참여한 인사들이 편찬한 국사 교과서가 현장 교육의 우세를 누리는 가운데 제1·2차 교육과정기 검인정 국사 교과서는 역사용어는 물론이고 역사인식에 있어서 적지 않은 혼란을 야기하였다. 이러한 문제점을 바로 잡기위해 문교 당국의 국사교육 통일방안이 마련되었으나 그 자체가 국가 주도적 위험성을 내포하고 있다. 학계도 한국사의 체계의 정립과 시대구분의 문제 등 나름대로 노력을 하였다. 그 대표적인 사례가 1969년에 작성된 「중·고등학교 국사교육 개선을 위한 기본방향」이라는 공동연구보고서이다.

하지만 유신정권은 주체적 민족사관의 정립이라는 명제하에 1972년 국사교육 강화를 위한 국사교육강화위원회를 구성하여 그 이듬해인 1973년에 「국사교육의 국정화 시안 보고서」를 내고 국정화를 단행하였다. 그 후 1977년 교과서 개선원칙을 발표하여 1979년 교과서가 개편 발행되었다. 이러한 국사교육의 강화와 국정화 조처에 학계의 반발은 매우 컸으며 언론에서도 대서 특필되었다. 무엇보다도 질 좋은 체계적이고 통일성이 있는 내용이 담보되기는 커녕 사실의 오류가 수 백건이나 되었다. 1974년 국정 국사 교과서의 오류는 『고등국사』 319건, 『중학국사』 229건이나 되었는데 1979년 일부 개편 교과서에서도 충실히 정정되지 않았다.

서술체제나 내용에 있어서도 문제가 적지 않았는데 단원 구분과 시대구분에 있어서도 기존의 검인정 교과서의 수준을 넘어서지 못하였다는 비판을 받았다. 중세사의 서술 내용에 있어서도 편견과 오류 투성이며, 논리의 일관성도 없으며 중·고 국정 국사의 서술 내용이 비슷할 뿐만 아니라 『중학국사』가 더 자세한 부분도 있다. 각급 학교간의 계열성도 일관성이 없을 뿐만 아니라 위계화도 고려되지 못하였던 것이다.

이렇듯 국사학계의 학술적 연구와 역사교육의 학술적·교육적 노력이 있었음에도 국가주도의 국사교육의 강화와, 나아가 국사의 국정화는 획일화의 위험을 배제하기 어려우며, 교과서의 전면 국정화는 교육적으로도 큰 감점 효과를 가져올 우려가 있음을 유의하여야 할 것이다. 따라서 사학계의 역사학계와 역사교육학계, 교육현장의 소통과 협의로 바람직한 교과서가 발행되어야 할 것이다.

05

제3차 교육과정기 고등학교 『국사』 국정교과서의 한국 근·현대사 서술과 그 특징

한철호

Ⅰ. 머리말

역사교과서가 역사교육의 절대적인 지침서는 아니지만, 역사교육에 커다란 영향력을 끼칠 수 있는 기본서라는 데 이의를 제기하기는 어렵다. 학교 현장에서 교육을 담당한 교사들이 투철한 역사의식을 가지고 수업교 재를 새롭게 만들기도 하지만, 어디까지나 교과서의 내용에 근거를 두지 않으면 안 되기 때문이다. 따라서 교과서는 교사와 상보관계를 이루면서 올바른 역사교육을 이끌어 갈 수 있는 중요한 역할을 담당한다.

교과서는 교육과정에 입각해서 집필되는데, 우리나라의 교육과정은 교육관의 변화보다는 6·25전쟁(한국전쟁)·10월 유신 등 정치적 사건 혹은 정권 교체를 계기로 개정되었으며, 그에 따라 역사교과서의 내용도 정권 의 성향과 논리가 크게 영향을 미쳤다. 이로 말미암아 교육과정—특히 역 사교육과정—을 결정하는 과정에서 장기적·합리적인 개선 방향을 논하기 보다는 이념공세의 터전으로 이용당하는 일이 반복되거나 역사교육의 자율성·중립성마저 훼손되는 경우가 적지 않았다. 그 대표적인 사례로 제3차 교육과정기의 『국사』 국정교과서를 꼽을 수 있다.

잘 알려져 있듯이, 제3차 교육과정은 박정희 정권이 영구집권의 초석을 마련한 10월 유신 직후 1974년 12월 조국의 근대화와 평화적 통일이라는 민족 중흥의 사명을 완수할 수 있도록 유신 사업을 추진하려는 목적으로 만들어졌다. 그 결과 '국사'는 도덕과 더불어 독립 교과가 되었지만, 국가가 교과서의 내용과 해석을 독점하는 국정교과서로 바뀜으로써 역사적 사고력·상상력·비판력을 배양한다는 역사교육의 본질이 크게 훼손되었다. 이는 곧 국사 교육의 파행을 의미하는 것이었다.

1974년과 1979년 두 차례에 걸쳐 발행된 제3차 교육과정기 고등학교 『국사』 국정교과서에 대해서는 수많은 연구가 축적되어 왔다. 특히 1974년 『국사』 교과서가 발행된 직후 그 문제점을 비판한 글이 즉각 발표된 사실은 주목할 만하다.[1] 그 후 지금까지 고등학교 『국사』의 한국 근현대사에 관련된 연구 성과를 중심으로 정리해보면, 역사교육과정 전체를 다루는 과정에서 혹은 단독으로 제3차 교육과정의 성립 배경·과정과 성격을 살펴보면서 『국사』의 서술체제와 성격을 고찰한 글이 많다.[2] 또 『국사』의 특

---

1 강만길, 「사관과 서술체제의 검토」, 『창작과 비평』 제32호, 1974 여름; 이원순·진영일·정선영, 「중·고등학교용 국정국사교과서의 분석적 고찰」, 『역사교육』 제16집, 1974.

2 교육과정·교과서연구회 편, 『한국 교과교육과정의 변천-고등학교-』, 대한교과서, 1990; 김한종, 「해방 이후 국사교과서의 변천과 지배 이데올로기」, 『역사비평』 제15집, 1991; 「학교교육을 통한 국민교육헌장 이념의 보급」, 『역사문제연구』 제15호, 2005; 『역사교육과정과 교과서연구』, 선인, 2006; 『역사교육으로 읽는 한국현대사』, 책과함께, 2013; 「국사교육 강화와 국가주의 역사교육」, 『우리 역사교육의 역사-고대부터 현대까지 한국 역사교육이 걸어온 길-』, 휴머니스트, 2015; 김흥수, 『한국역사교육사』, 대한교과서, 1992; 조동원, 「한말 의병에 대한 『국사』 교과서 서술내용의 분석」, 『건대사학』 제8집, 1993; 김종철, 「국사 교과과정의 변천과 그 문제점」, 『역사교육』 제61집, 1997; 신주백, 「국민교육헌장 이념의 구현과 국사 및 도덕과 교육과정의 개편(1968~1994)」, 『역사문제연구』 제15호, 2005; 임하영, 「한국근현대사 교육의 변천과 쟁점」, 『한국근현대사 교육론』, 선인, 2005; 이신철, 「국사 교과서 정치도구화의 역사-이승만·박정희 독재정권을 중심으로-」, 『역사교육』 제97집, 2006; 장영민, 「박정희 정권의 국사교육 강화정책에 관한 연구」, 『인문학연구』(충남대) 제34권 제2호, 2007; 박진동, 「해방 후 현대사 교육 내용 기준의 변천과 국사

정 역사적 사건이나 주제에 대해 학계의 성과를 바탕으로 사실의 오류를 지적하거나 내용과 관점을 그 전후 교육과정의 교과서들과 비교·분석한 글도 적지 않다.[3] 그 결과『국사』교과서의 편향적이고 친정권적 성격이 밝혀졌다.

그럼에도 기존 연구는 특정 역사적 사건이나 주제에 관해서 일제강점기와 현대에 집중된 반면 근대-특히 흥선 대원군 시대부터 일제의 한국 병탄 이전-는 상대적으로 적으며, 그나마 1974년판과 1979년판『국사』의 서술내용이나 중학교와 고등학교『국사』의 서술체제와 내용을 치밀하게 비교·분석하지 못한 한계를 지닌다. 특히『국사』가 학생의 관심과 흥미를 유발하고 역사인식과 이해력·판단력을 배양하는 체제를 갖추고 있는지 역사교육학적 관점에 초점을 맞춘 연구는 매우 빈약한 실정이다.[4]

따라서 본고에서는 기존의 연구 성과를 참고하되, 제3차 교육과정기

교과서 서술」,『역사학보』제205집, 2010; 차미희,『한국 중·고등학교의 국사교육-국사과 독립시기(1974~1994)를 중심으로-』, 교육과학사, 2011; 조성운,「반공주의적 한국사교육의 성립과 강화-미군정기~제4차 교육과정기를 중심으로-」,『한국민족운동사연구』82, 2015; 조건,「제2차 교육과정기 민족주체성 교육의 시행과 국사교과서 근현대사 서술 내용 분석」,『역사와교육』제21집, 2015; 허은철,「실업계 고등학교 국사 교육과정 및 국정교과서 검토」,『역사와교육』제21집, 2015; 이봉규,「박정희정권기 역사교육학계의 민족주체성 인식과 국사교육 강화」,『역사문제연구』제37호, 2017.

3 김정인,「해방 이후 국사 교과서의 '정통성' 인식-일제강점기 민족운동사 서술을 중심으로-」,『역사교육』제85집, 2003;「국정『국사』교과서와 검정『한국사』교과서의 현대사 체계와 내용 분석」,『역사와 현실』제92호, 2014; 최병택,「해방 후 역사 교과서의 3·1운동 관련 서술 경향」,『역사와 현실』제74호, 2009;「국정 '국사' 교과서 서술 방향의 문제점과 '민주주의' 교육 원칙의 왜곡」,『역사교육논집』제61집, 2016; 구경남,「1970년대 국정『국사』교과서에 나타난 애국심 교육과 국가주의」,『역사교육연구』제19호, 2014; 서인원,「동학농민운동의 한국사 교과서 서술 내용 분석-제1차~제7차 교육과정의 고등학교 교과서를 중심으로-」,『숭실사학』제32집, 2014; 김태웅,「해방 후 고등학교 '국사' 교과서에서 1894년 농민전쟁 서술의 변천」,『역사교육』제133호, 2015; 조성운,「해방 이후 고등학교 한국사 교과서의 신간회 서술 변천」,『역사와 실학』제57호, 2015;「해방 이후 한국사 교과서의 전주화약 서술의 변천」,『숭실사학』제37집, 2016.

4 이러한 관점에 입각한 연구는 1974년에 이미 이원순·진영일·정선영 등에 의해 시도되었음에도, 그 이후에는 찾아보기 힘들다. 이원순 등은 당시 현장 교사로서 중·고등학교『국사』의 시대별·영역별·주요사항별 비중을 비롯해 각종 학습보조자료에 대한 통계를 근거로 과연 교과서로 적합한지 여부를 분석하였다. 본고는 이글에서 시사를 얻은 바가 크다.

고등학교『국사』국정교과서 2종의 근·현대사 서술체제와 내용을 고찰하는 데 역점을 두고자 한다. 이를 위해 먼저 1974년판과 1979년판『국사』에서 근·현대사의 서술체제를 비교·분석함으로써 과연『국사』가 한국 근·현대사의 전개과정과 그 의의를 효과적이고 올바로 학생들에게 전달하기 위한 교과서의 기본요건에 적합했는가를 밝혀보도록 하겠다. 다음으로 1974년판과 1979년판『국사』에서 근대사의 중요 사건을 중심으로 서술내용을 살펴보고 그 특징을 알아볼 것이다. 단, 중학교와 고등학교『국사』의 서술체제와 내용을 비교하는 작업은 추후 과제로 삼고자 한다.

II.『국사』의 근·현대사 서술체제 변화와 그 특징

『국사』는 1974년에 초판이 간행된 후 1977년에 아주 미미한 부분 개정을 거쳐 1979년에 개정판이 나왔다. 여기에서는 주로 초판과 개정판을 중심으로 근현대사의 서술 체제가 어떻게 변화했는가를 살펴보되, 그 이전인 제2차 교육과정 혹은 교과서들과 비교하면서 그 특징을 부각하고자 한다.

첫째, 단원별 혹은 시대구분별 구성을 보면, 1974년판에서는 대단원에 처음으로 근대와 현대가 들어갔으며, 근대와 현대의 기점이 각각 개항과 1945년 8월 해방으로 역시 최초로 설정되었다. 대단원명은 '고대'·'근대'·'현대'와 '고려'·'조선'의 왕조명이 혼재되었기 때문에, 시대구분의 기준이 일관되게 적용되지 않았음을 알 수 있다. 그렇지만 교육과정에서 교수요목기의 근세(1864~1910)와 최근세(1910~1945), 제1차 교육과정기의 조선 후기(1864~1910)와 현대(1910년 이후), 제2차 교육과정기의 조선의 근대화 운동(1864~1910)과 민주 대한의 발달(1910년 이후) 등[5]과 달리,

---

5 김상훈,『해방 직후 국사교육 연구』, 경인문화사, 2018, 283~346쪽; 박지숙,「교수요목

근대(1876~1945)와 현대(1945년 이후)로 구분·명기된 점은 주목할 만하다.[6]

[표 1] 『국사』의 단원별 구성

1974년판	1977/1978년판	1979년판
Ⅲ. 조선 사회 5. 정치 기강의 문란과 개혁 운동 (2) 대원군의 개혁 정치와 쇄국 서양 열강의 도전. 대원군의 내정 개혁, 두 차례의 양요와 쇄국 정책 Ⅳ. 근대 사회 *중국 상하이에서 임시 정부가 발행한 독립신문(사진), 연표, 단원 개관 1. 민족적 각성과 근대 문화의 수용 (1) 개화·척사 운동 문호 개방, 개화 운동, 척사 운동 (2) 동학의 성장과 농민군의 봉기 열강의 침략, 동학의 성장과 농민군의 봉기. 근대적 제도의 마련	Ⅲ. 조선 사회 5. 정치 기강의 문란과 개혁 운동 (2) 대원군의 개혁 정치와 쇄국 서양 제국의 도전. 대원군의 내정 개혁, 두 차례의 양요와 쇄국 정책 Ⅳ. 근대 사회 *대한 민국 임시 정부가 중국 상하이에서 발행한 독립신문(사진), 연표, 단원 개관 1. 민족적 각성과 근대 문화의 수용 (1) 개화·척사 운동 문호 개방, 개화 운동, 척사 운동 (2) 동학의 성장과 동학 혁명 열강의 침략, 동학 혁명. 근대적 제도의 마련	Ⅳ. 근대 사회 *원구단(사진), 연표, 단원 개관 1. 민족적 각성과 근대 문화의 수용 *개요, 연구 과제 (1) 대원군의 개혁 정치와 쇄국 정책 대원군의 내정 개혁, 쇄국 정책과 양요, (서양 제국의 도전) (2) 개화·척사 운동 개항, 개화 운동, 척사 운동 (3) 동학 농민 혁명 운동 열강의 침략, 동학 농민 혁명 운동 (4) 근대 문물의 수용 제도의 개편, 근대 문물의 수용 (5) 독립 협회와 대한 제국 제국주의 열강의 각축, 독립 협회의 활동, 대한 제국의 성립

기 국사교육의 계열성과 그 의의」, 동국대 역사교육학과 석사학위논문, 2018, 55~62쪽;
이은령, 「제2차 교육과정기 인문계 고등학교 '국사' 교과서의 발행과 체제」, 미발표원고,
2014; 임하영, 「한국근현대사 교육의 변천과 쟁점」, 『한국근현대사 교육론』, 선인, 2005,
47~55쪽. 또한 제2차 교육과정기에서 김상기는 교육과정과 달리 독특하게 대단원을 선
사·고대, 중세, 근세, 근·현대로 나누었는데, 근·현대는 1864년부터 시작된다. 김상기,
『국사』, 장왕사, 1968.

6 이에 대해 "시대구분문제를 의식하고 있지만 종전의 견해를 그대로 답습하였을 뿐이며
새로운 進境을 보지 못하고 있다"는 평가는 일부 재고할 필요가 있다고 여겨진다. 이원
순·진영일·정선영, 「중·고등학교용 국정국사교과서의 분석적 고찰」, 『역사교육』 제16집,
1974, 12쪽.

1974년판	1977/1978년판	1979년판
(3) 민족의 각성 제국주의 열강의 각축, 독립 협회의 활동, 대한 제국의 성립 (4) 근대 문화의 성장 과학 문물의 수입, 새로운 사조와 언론 활동, 근대 교육의 발달, 국학의 연구와 문화의 새 경향, 새로운 종교 활동 (5) 민족 수난의 시작 대한 제국과 러일 전쟁, 대한 제국의 붕괴, 민족의 저항, 의병의 항전, 간도 개척 2. 민족의 독립 운동과 민족 문화의 계승 (1) 일제의 식민지 정책 무단 정치, 식민지 경제 (2) 3·1운동 독립 운동의 방향, 3·1운동 (3) 민족 운동의 성장 임시 정부의 수립과 독립군의 항전, 민족 운동의 성장, 일제의 민족 말살 정책, 민족 문화의 수호, 광복군의 항전	(3) 민족의 각성 제국주의 열강의 각축, 독립 협회의 활동, 대한 제국의 성립 (4) 근대 문화의 성장 과학 문물의 수입, 새로운 사조와 언론 활동, 근대 교육의 발달, 국학의 연구와 문화의 새 경향, 새로운 종교 활동 (5) 민족 수난의 시작 대한 제국과 러일 전쟁, 대한 제국의 붕괴, 민족의 저항, 의병의 항전, 간도 개척 2. 민족의 독립 운동과 민족 문화의 계승 (1) 일제의 **대한** 식민지 정책 **헌병 경찰 정치**, 식민지 경제 (2) 3·1운동 독립 운동의 방향, 3·1운동 (3) 민족 운동의 성장 임시 정부의 수립과 독립군의 항전, 민족 운동의 성장, 일제의 민족 말살 정책, 민족 문화의 수호, 광복군의 항전	(6) 민족 수난의 시작 **러·일의 대립, 일제의 침략**, 간도 개척 (7) **애국 계몽 운동과 의병의 항전** 민족의 저항, **애국 계몽 단체와 언론 활동**, 민족주의 교육의 발달, 학의 연구와 문화의 새 경향, 새로운 종교 활동, 의병의 항전 2. 민족의 독립 운동과 민족 문화의 수호 *개요, 연구 과제 (1) 일제의 식민지 정책 무단 정치, 식민지 경제, **식민지 교육** (2) **독립 운동의 방향**과 3·1운동 독립 운동의 방향, 3·1운동 (3) 민족 운동의 성장 **식민지 통치의 강화, 임시 정부의 활동**, 독립군의 항전, **국내에서의 민족 운동** (4) 일제의 민족성 말살 정책과 민족 문화의 수호 **민족성 말살 정책**, 민족 문화의 수호
V. 현대 사회 *유조선의 진수식(사진), 연표, 단원 개관 1. 대한 민국의 정통성 (1) 대한 민국의 성립 8·15 민족 해방과 국토 분단, 대한 민국의 수립 (2) 6·25의 민족 시련 북한의 공산화, 6·25의 민족 시련	V. 현대 사회 *유조선의 진수식(사진), 연표, 단원 개관 1. 대한 민국의 정통성 (1) 대한 민국의 성립 8·15 민족 해방과 국토 분단, 대한 민국의 수립 (2) 6·25의 민족 시련 북한의 공산화, 6·25의 민족 시련	V. 현대 사회 *농업의 기계화(사진), 연표, 단원 개관 1. 대한 민국의 정통성 *개요, 연구 과제 (1) 대한 민국의 성립 광복군의 항전, **민족 해방**, 대한 민국의 수립 (2) 6·25**사변**의 민족 시련 북한의 공산화, 민족 시련의 극복

1974년판	1977/1978년판	1979년판
2. 민족 중흥의 새 전기 (1) 민주주의의 성장 4월 학생 의거, 5월 혁명 (2) 대한 민국의 발전 경제 성장, 새마을 운동, 10월 유신 + 오늘의 역사적 사명(17줄 분량)	2. 민족 중흥의 새 전기 (1) 민주주의의 성장 4월 학생 의거, 5월 혁명 (2) 대한 민국의 발전 경제 성장, 새마을 운동, 10월 유신 3. 오늘의 역사적 사명	2. 민족 중흥의 새 전기 *개요, 연구 과제 (1) 민주주의의 성장 4월 의거, 5월 혁명 (2) 대한 민국의 발전 경제 성장, 새마을 운동, 10월 유신 3. 오늘의 역사적 사명

※ ___ : 순서가 바뀐 것, ( ): 삭제된 것, '볼드체': 용어나 내용 바뀌거나 추가된 것.

1979년판의 대단원은 1974년판과 동일하지만, 근대와 현대가 각각 흥선 대원군의 시대와 광복군의 항전으로 시작된 점은 다르다. 이는 그 이전의 교육과정으로 되돌아간 것이다. 그 이유는 확실치 않지만, 아마도 근대와 현대의 기점을 일본에 의한 개항이나 연합국의 승리에 의한 해방이 아니라 흥선 대원군의 개혁 정치와 광복군의 항전으로 설정함으로써 타율적·외인론적 요인보다 주체적·내재론적인 성격을 부각하려 했다고 여겨진다.

다음으로 1974년판보다 1979년판의 분량이 늘어남에 따라 중단원은 현대에서 '오늘의 역사적 사명' 하나만 추가되었을 뿐이지만, 소단원과 소주제는 특히 근대에서 증가하면서 구성과 제목도 많이 달라졌다. '오늘의 역사적 사명'이 중단원으로 격상된 것은 정권의 정당성·정통성을 학생들에게 주입·선전하려는 국정교과서의 색채가 더욱 짙어졌음을 보여준다는 점에서 주목할 만하다.[7] 또 근대 중 개화기의 소단원을 살펴보면, '동학의 성장과 농민군의 봉기'는 '동학 농민 혁명 운동'으로 바뀌었고, 그에 포함되었던 소주제 '근대적 제도의 마련'이 소단원 '근대 문물의 수용'

---

7 김정인, 「국정 『국사』 교과서와 검정 『한국사』 교과서의 현대사 체계와 내용 분석」, 『역사와 현실』 제92호, 2014, 79~80쪽. 그러나 '오늘의 역사적 사명'이 중단원으로 편제된 것은 1977년판에 이미 이루어졌다. 『국사』, 문교부, 1977, 230쪽.

으로 독립되면서 '갑오경장'이 상술되었다. '민족의 각성'은 '독립 협회와 대한 제국'으로 바뀌었으며, '근대 문화의 성장'은 삭제되는 대신 '민족 수난의 시작'에 있던 소주제 '민족의 저항'·'의병의 항전'과 합쳐지면서 '애국 계몽 운동과 의병의 항전'이 신설되었다. '민족 수난의 시작'에서는 소주제 '대한 제국과 러일 전쟁'과 '대한 제국의 붕괴'가 각각 '러·일의 대립'과 '일제의 침략'으로 바뀌었다.

일제강점기의 경우, '민족 운동의 성장'에 속했던 소주제 '일제의 민족 말살 정책, 민족 문화의 수호'가 소단원 '일제의 민족성 말살 정책과 민족 문화의 수호'로 신설됨으로써 일본의 침략적 성격이 부각되었음을 알 수 있다. 현대의 경우, 소단원에서는 '6·25의 민족 시련'이 '6·25사변의 민족 시련'으로 바뀌었다. 소주제는 앞에서 언급했듯이 소단원 '대한 민국의 성립'에 '광복군의 항전'이 추가되었다. 또, 소단원 '6·25사변의 민족 시련'에서 '6·25의 민족 시련'이 '민족 시련의 극복'으로, 소단원 '민주주의의 성장'에서 '4월 학생 의거'가 '4월 의거'로 각각 바뀌었다. 이처럼 1979년판은 1974년보다 목차에서 주체적·능동적·내재론적 성격이 강화되었음을 알 수 있다.

둘째, 대단원별 혹은 시대구분별 비율 면에서 1974년판과 1979년판 모두 대단원 가운데 현대의 비중이 상대적으로 낮으며, 근대와 현대는 대단원 5개 중 2개이지만 쪽수의 분량은 40%에 못 미치는 30% 전후에 불과하다. 우선 1974년판을 보면, 총 5단원 중 고대가 24.1%(56쪽)로 비교적 높은 비율을 차지한 반면, 현대는 5.2%(12쪽)로 매우 비중이 낮다. 근대는 흥선 대원군 시대를 제외하면 23.3%(54쪽)이고, 포함하면 25.4%로 조선 다음으로 비율이 높다. 또 근대를 개화(개항)기와 일제강점기로 나누면, 각각 15.1%(흥선 대원군 시대 포함 17.2%)와 8.2%로, 개화기가 일제강점기의 2배 가까이 된다. 근대와 현대를 합하면, 흥선 대원군 시대를

포함하더라도 30.6%이다.[8]

다음으로 1979년판을 보면, 전체 분량이 232쪽에서 302쪽으로 80쪽이나 늘어나면서 모든 대단원의 분량이 증가하였다. 그러나 흥선 대원군 시대가 제외되었음에도 조선이 무려 10.9%(46쪽)나 늘어나 36.4%(110쪽)라는 압도적인 비중을 차지하는 바람에, 다른 단원들의 비율은 상대적으로 낮거나 비슷해졌다. 근대는 흥선 대원군 시대가 포함되었지만 근대의 비율은 21.9%(개화기 13.9%, 일제강점기 8.0%)로 낮아졌다. 그 반면 현대의 비율이 조선을 제외한 대단원 중 유일하게 소폭이나마 높아져 5.3%를 차지한 점은 주목할 만하다. 이는 새로 소단원으로 추가된 '오늘의 역사적 사명' 분량이 2배 이상 증가한 데 기인하기도 한다. 그럼에도 근대와 현대를 합해도 27.2%에 불과하기 때문에 오히려 1974년판보다 그 비중이 낮아졌다. 이는 근대사와 현대사에 치중한다는 교육과정의 '지도상의 유의점'이 여전히 준수되지 않았음을 보여준다.[9]

[표 2] 『국사』의 대단원별 비율 변화

1974년판			1977/1978년판			1979년판		
차례	쪽수	비율	차례	쪽수	비율	차례	쪽수	비율
I. 고대 사회	56	24.1	I. 고대 사회	56	24.3	I. 고대 사회	62	20.5
II. 고려 사회	46	19.8	II. 고려 사회	44	19.1	II. 고려 사회	48	15.9
III. 조선 사회	59.2 (64)	25.5	III. 조선 사회	59.2 (64)	25.7	III. 조선 사회	110	36.4
III-5-(2) 대원군의 개혁 정치와 쇄국	4.8 (64)	2.1	(2) 대원군의 개혁 정치와 쇄국	4.8 (64)	2.1			

8 이원순·진영일·정선영, 「중·고등학교용 국정국사교과서의 분석적 고찰」, 『역사교육』 제16집, 1974, 12~13쪽. 단, 이원순의 비중율은 실제와 약간 달라 수정하였다.
9 『인문계 고등학교 교육과정』 문교부령 제350호(74.12.31), 18쪽.

1974년판			1977/1978년판			1979년판		
차례	쪽수	비율	차례	쪽수	비율	차례	쪽수	비율
Ⅳ. 근대 사회 1. 민주적 각성과 근대 문화의 수용	35 (54)	15.1	Ⅳ. 근대 사회 1. 민주적 각성과 근대 문화의 수용	35 (54)	15.2	Ⅳ. 근대 사회 1. 민주적 각성과 근대 문화의 수용 (1) 대원군의 개혁 정치와 쇄국 정책	42 (5)	13.9
2. 민족의 독립 운동과 민족 문화의 계승	19 (54)	8.2	2. 민족의 독립 운동과 민족 문화의 계승	19 (54)	8.3	2. 민족의 독립 운동과 민족 문화의 수호	24	8.0
Ⅴ. 현대 사회	12	5.2	Ⅴ. 현대 사회	12	5.3	Ⅴ. 현대 사회	16	5.3
	232	100		230	100		302	100

셋째, 대단원과 중단원의 구성 요소는 1974년판과 1979년판 모두 그 이전과 비교해서 새롭게 변화된 모습을 찾아볼 수 없다. 우선 각 단원의 시대적 배경, 핵심 사건이나 인물, 시·공간의 중요한 정보 등으로 구성되면서 수업의 길잡이 역할을 하는 도입부는 대단원과 중단원에만 있다. 대단원의 도입부는 1974년판과 1979년판 모두 사진·연표·단원 개관 등 3개로 구성되었다. 이러한 형태의 대단원 도입부는 그 이전 검정 발행체제 속에서 정착되어 온 대단원 도입부를 활용하는 방식을 취한 것이었다. 대단원 도입부가 일반화되면서 요소 역시 다양화되기 시작한 제2차 교육과정기 교과서는 사진·도입글(학습 개요, 학습 요점, 단원 개관)·연표·학습 목표(학습 지침)·지도 등으로 구성되었다. 그 중에는 사진·학습개요·학습목표·연표·지도 등 5개[10] 혹은 사진·학습지침·이 단원의 연표·개관 등 4개[11]로 구성된 것도 있다.[12]

또한 1979년판부터는 대단원에 이어 중단원에서도 '개요'와 '연구 과

---

10 이현희, 『국사』, 실학사, 1968.

11 한우근, 『국사』, 을유문화사, 1968.

12 송치중, 「고등학교『한국사』교과서 단원 도입부의 형태와 특징-해방 이후부터 2011 개정 교육과정까지-」, 『역사와 실학』제63집, 2017, 185~195, 197~198쪽.

대한민국 역사교육과정 2

제'로 구성된 도입부가 추가된 점은 눈에 띈다. 단, 제2차 교육과정기의 교과서들 중에는 대부분 중단원의 마지막에 '연구 문제'·'익힘 문제'·'학습 활동' 등이 제시되었으며, 대단원 마지막에 '연구 과제'가 주어진 것도 있었다.[13] 따라서 1979년판 중단원의 '연구 과제'는 전혀 새롭다고 볼 수 없지만, 교과서 전체를 통틀어 유일하게 과제를 그나마 의문의 형식으로 제시했다는 점에서 의미가 있다. 이는 교육과정에서 "각 시대의 특성을 그 시대의 규범 체제와 문화 현상을 통하여 종합적, 발전적으로 파악시킴으로써, 현재를 바로 알고 미래를 내다보는 능력을 기른다"는 목표와 "주제 중심적인 각도에서 지도하도록 한다"거나 "지나친 단편적 사실의 전달을 피하되 핵심적인 문제는 실례와 관련시켜 파악시키도록 한다"는 지도상의 유의점에 염두를 둔 듯하다.[14] 이러한 연구 과제의 등장으로 『국사』가 일종의 '역사서'에서 탈피해 미약하더라도 '교과서'의 성격으로 변모했다는 평가를 받기도 한다. 그렇지만 실제로 중단원의 연구 과제는 학습 목표와 같은 성격을 띤 데 지나지 않는다고 판단된다. 이처럼 역사적 사실을 학생들에게 인지·주입하는 데 초점을 맞춘 대단원과 중단원의 도입부 형식은 이후 제6차 교육과정까지 20여 년간 거의 변화되지 않은 채 유지되었다.[15]

넷째, 교과서의 본문 중 내용 글 이외에 학습의 효과를 높이는 보조자료의 종류와 분량도 그 이전에 비해 크게 달라지지 않았다. 학습보조자료의 종류는 사진이 압도적인 비중을 차지하고, 사료·지도·도표·연표는 매우 빈약하며, 그나마 전근대에 실렸던 삽화는 전혀 없다. 단, 1974년판

---

13 이은령, 「제2차 교육과정기 인문계 고등학교 '국사' 교과서의 발행과 체제」, 미발표원고, 2014, 10~11쪽.

14 『인문계 고등학교 교육과정』 문교부령 제350호(74.12.31), 17~18쪽.

15 송치중, 「고등학교 『한국사』교과서 단원 도입부의 형태와 특징-해방 이후부터 2011 개정 교육과정까지-」, 『역사와 실학』 제63집, 2017, 199~200쪽.

에 비해 1979년판에서 사진이 1/3 이상 줄어든 반면 사료가 2개에서 6개로 상대적으로 대폭 늘어난 점은 주목할 만하다.

[표 3-1] 『국사』의 학습보조자료 게재수

단원	사진		사료		지도		도표		연표		각주	
	1974	1979	1974	1979	1974	1979	1974	1979	1974	1979	1974	1979
III-5-(2)					1							
IV.	1	1							1	1		
IV-1	11	10	2	3	1	2					3	7
IV-2	16	7		2			2	2			9	2
V.	1	1							1	1		
V-1	5	2										
V-2	2			1								
V-3		1						1				
합계	36	22	2	6	2	2	2	3	2	2	12	9

먼저 사진을 살펴보면, 1979년판에는 1974년판에 비해 약간의 예외가 있지만, 대부분은 새로운 사진으로 대체되었으며, '성명회 선언문'과 '동양 척식 회사에 빼앗긴 우리나라의 농토' 2개에만 있었던 설명이 거의 모든 사진에 덧붙여졌다.

대단원에서는 근대의 '중국 상하이에서 임시 정부가 발행한 독립신문'이 '원구단'으로, 현대의 '유조선의 진수식'이 '농업의 기계화'로 각각 바뀌었다. '원구단'에는 칭제건원을 통해 "자주 독립국임을 내외에 선포"했다는, '농업의 기계화'에는 "새마을 운동의 일환으로 농업의 기계화가 이루어지고 있다. 그 결과, 농촌의 근대화와 능률적인 영농을 기할 수 있게 되었다"는 설명이 각각 들어 있다. 이는 아마 근대에서는 국가의 주체성을 강조하고 현대에서는 경제 발전보다 새마을 운동을 통한 농촌 근대화를 부각하려는 듯하다. 단, '원구단'은 정확히 말하면, '황궁우'이다.

1974년판과 1979년판 모두에 동일한 사진이 실린 것은 '지방에서 일어난 의병', '성명회 선언문', '자유를 찾아 험한 피난길에 오른 북한 동포' 등 3개뿐이다. 단, '성명회 선언문'은 서명자 부분이 삭제되었고, 나머지는 제목이 '항일전을 전개한 의병'과 '6·25사변 중 파괴된 대동강 철교'로 바뀌었다. 이중섭의 '소'는 제목은 같지만, 모습이 머리 부분에서 전체로 확대되었다. '대한 민국 수립 선포식'과 '4월 학생 의거 기념탑'은 동일한 대상이지만 다른 모습으로 대체되면서 제목도 '정부 수립 경축 행사'와 '4월 의거 기념탑'으로 달라졌다. 이들 사진에 "무기와 복장이 통일되지 않았으나, 유생, 군인, 농민, 상인 등 각계각층이 참여하여 구국 항전을 폈다"와 "부정 부패에 항거한 4월 의거의 기념탑이다"는 설명은 그 의도는 차치하더라도 본문의 내용과 짝하면서 역사적 사건의 명칭을 시정하고 그 의의와 평가를 제시했다는 점에서 바람직스럽다고 여겨진다.

사진 중에는 비슷한 성격을 지닌 것으로 대체되기도 하였다. '통신원과 그 직원'은 '한말의 남자 교환수'로, '서재필'과 '독립 협회 회보 표지'는 서재필의 사진이 노년이 아니라 중년의 것으로 대체되고 독립신문과 하나로 합쳐 '서재필과 독립신문'으로 '군대 해산 직전의 훈련원 정문의 일본 초병'은 '강화 진위대 장병'으로, '평화 회의와 각국 위원에게 보낸 호소문'과 '3밀사'는 '고종의 신임장'으로 바뀌었던 것이다. 이와 관련해 1979년판에서 유일하게 인물 사진으로 흥선 대원군이 추가되고, 서재필이 단독 사진에서 독립신문 옆에 작게 들어갔을 뿐, 김구와 이승만 등을 비롯한 인물 사진이 삭제된 점은 주목할 만하다. 그 이유가 인물 중심의 영웅사관에서 벗어나려는 데 있는지는 좀 더 세밀한 검토가 필요하다.

또 1974년판 사진 중에는 제목이 잘못 붙은 것도 있었다. 근대의 첫 사진인 '신식 군대의 훈련 광경'은 적어도 1894~1895년 이후 시위대 혹은 친위대 모습으로, 본문의 내용에 부합하는 별기군이 아니다. '옥에서 풀려 나온 독립 협회 회원'은 1904년경 이승만이 한성감옥서에서 함께 수감되었던 동지들과 찍은 것이다. '평양 입성을 환영하는 북한 동포'는 1977년판부터 '국군의 평양 입성을 환영하는 북한 동포'로 바뀌었다. 이들 사진은 1979년판에서 모두 게재되지 않았다.

그러나 사진은 학습보조자료 중 절대적인 비중을 차지했음에도 분량은 많지 않기 때문에, 1974년판에는 소단원 가운데 '대원군의 개혁 정치와 쇄국', '동학의 성장과 농민군의 봉기', 그리고 '오늘의 역사적 사명'에 하나도 실리지 않았다. 1979년은 1974년판보다 분량이 더 늘어났음에도, '개화·척사운동', '동학 농민 혁명 운동', '독립운동의 방향과 3·1', '대한 민국의 발전' 등 4개의 소단원에 사진이 들어가지 않았다. 단, '대한 민국의 발전'에 해당되는 새마을 운동에 관련된 사진은 대단원 표지에 실렸다. 특히 1974년판과 1979년판에 모두 동학 관련 사진이 없는 것은 이해하기 어렵다. 따라서 사진은 제목 외에 설명이 보완되었지만, 전반적으로 골고루 배치되지 못함으로써 학습 효과를 거둘 만큼 제대로 활용되지 않았다고 판단된다.

[표 3-2] 『국사』의 학습보조자료 중 사진·사료

단원	사진		사료	
	1974년판	1979년판	1974년판	1979판
Ⅲ-5-(2)				
Ⅳ. 근대 사회	중국 상하이에서 임시 정부가 발행한 독립신문	원구단		

단원	사진		사료	
	1974년판	1979년판	1974년판	1979판
Ⅳ-1	(1) 신식 군대의 훈련 광경, (3) 서재필, 독립 협회 회보 표지, 옥에서 풀려 나온 독립 협회 회원, (4) 통신원과 그 직원, 처음으로 운행된 서울의 전차, (5) 평화 회의와 각국 위원에게 보낸 호소문, 이상설 이준 이위종 3밀사, 군대 해산 직전의 훈련원 정문의 일본 초병, 지방에서 일어난 의병, 안중근의 글씨	(1) 흥선 대원군, 척화비, (4) 한말의 남자 교환수, 덕수궁 석조전, (5) 서재필과 독립 신문, (6) 강화 진위대 장병, (7) 고종의 신임장, 황성 신문, 대한 문전, 항일전을 전개한 의병	(2) 동학 농민군의 12개 항목의 폐정 개혁안, (3) 독립 협회의 건의 6조	(2) 개화당의 14개 조 개혁 요강, (5) 독립 협회의 헌의 6조, (7) 교육 입국 조서(일부)
Ⅳ-2	(1) 성명회 선언문, 동양 척식 회사에 빼앗긴 우리나라의 농토, (2) 이상설, 이시영, 신규식, 안창호, 파고다 공원, (3) 임시 헌장, 물산 장려 운동의 가두 행렬, 광주 학생 운동의 발발을 전한 기사, 신채호, 박은식, 한용운, 소, 김구, 광복군의 기념 사진	(1) 성명회 선언문(서명자 삭제), (3) 대한 민국 임시 정부 및 임시 의정원, 청산리 대첩 때 사용된 독립군의 무기, (4) 한국 통사, 창조(좌)와 백조(우)의 표지, 소		(3) 대한 민국 임시 헌장 선포문, 물산 장려회 궐기문
Ⅴ. 현대 사회	유조선의 진수식	농업의 기계화		
Ⅴ-1	(1) 해방의 기쁨, 대한 민국 수립 선포식, 이승만, (2) 평양 입성을 환영하는 북한 동포, 자유를 찾아 험한 피난 길에 오른 북한 동포	(1) 정부 수립 경축 행사, (2) 6·25사변 중 파괴된 대동강 철교		
Ⅴ-2	(1) 4월 학생 의거 기념탑, (2) 수출 상품을 싣고 있는 모습	(1) 4월 의거 기념탑		(1) 혁명 공약
Ⅴ-3		국민 교육 헌장 선포식		

※ ( )는 소단원

다음으로 사료는 고등학교 수준에서 역사에 대한 폭넓은 이해력과 비판력을 기르는 데 필요하지만, 상대적으로 매우 부족하다. 1974년판에는 사료가 '동학 농민군의 12개 항목의 폐정 개혁안'과 '독립 협회의 건의 6조' 등 2개만 실린 데 비해, 1979년판에는 '개화당의 14개조 개혁 요강', '독립 협회의 헌의 6조', '교육 입국 조서(일부)', '대한 민국 임시 헌장 선포문', '물산 장려회 궐기문', '혁명 공약' 등 6개로 늘어났다. 이들 중 1974년과 1979년판에서 유일하게 모두 실린 '독립 협회의 헌의 6조'는 '건의'를 '헌의'로 시정했고, '대한 민국 임시 헌장 선포문'과 '물산 장려회 궐기문'은 '임시 헌장'과 '물산 장려 운동의 가두 행렬' 등 유사한 사진으로 대체된 것이다. 무엇보다 주목할 만한 사료는 '혁명 공약'이다. 잘 알려져 있듯이 그 6항의 원문은 "이와 같은 우리의 과업이 성취되면 참신하고도 양심적인 정치인들에게 언제든지 정권을 이양하고 우리들은 본연의 임무에 복귀할 준비를 갖추겠습니다"이지만 "이와 같은 우리의 과업을 조속히 성취하고 새로운 민주 공화국의 굳건한 토대를 이룩하기 위하여, 우리는 몸과 마음을 바쳐 최선의 노력을 경주한다"로 왜곡·게재되었다.[16] 이는 박정희 정권이 『국사』를 국정교과서로 발행한 의도를 잘 보여준다.

또 학습보조자료 중 시각적 효과가 높은 지도와 통계 역시 절대적으로 양이 적다. 먼저 1974년판에는 '양요도'와 '간도 개척과 민족의 해외 이주도', 1979년판에는 '동학 농민군의 봉기'와 '간도 개척과 한민족의 해외 이주도' 등 각각 2개뿐이다. '간도 개척과 (한)민족의 해외 이주도'는 양쪽에 실렸다. 도표(통계표)는 1974년판에 '농촌의 실정'과 '산미 증산 계획 시행 당시의 미곡 생산고와 대일 수출량' 등 2개였는데, 1979년판에는 '수출의 증가'가 추가되어 3개로 늘어났다. 단, '농촌의 실정'은 설명이

---

16 『국사』(1979), 274쪽.

빠지면서 '소유주별 농가 홋수(1916)'로, '산미 증산 계획 시행 당시의 미곡 생산고와 대일 수출량'은 '미곡 생산량과 대일 수출량'으로 각각 제목이 달라졌다.

연표는 1974년판과 1979년판 모두 대단원 앞부분에 각각 1개씩, 총 2개씩 실렸다. 근대의 경우, '동학 혁명'이 '동학 혁명 운동'으로 바뀌고, '독립 협회 활동'과 '6·10만세 운동'이 추가되었다. 현대는 '4·19 학생 의거'가 '4·19 의거'로 달라졌을 뿐이다. 그런데 1974년판의 경우, 근대와 현대의 연표는 모두 그 아래의 '단원 개관'과 비교해보면, 역사적 사건의 명칭이 달리 표기되어 있다. 근대에서는 '동학 혁명'이 '동학 운동'으로, 또 본문에는 '동학 혁명 운동'으로 각각 적혔다. 현대에서는 '대한 민국 정부 수립'이 '대한 민국 수립'으로, '4·19 의거'가 '4월 의거'로 다르게 쓰여 있다. 이는 단순한 착오라기보다 역사적 사건의 평가가 아직 정립되지 못한 상황을 단적으로 보여주며, 학생들에게도 혼란을 불러일으킬 소지가 있다고 여겨진다.

마지막으로 현행 교과서의 날개단에 설명을 적는 형식과 비슷한 역할을 하는 각주는 1974년판과 1979년판 모두 현대 단원에는 없고, 근대 단원에만 들어 있다. 각주의 개수는 1974년판에서 중단원 1의 3개와 중단원 2의 9개 총 12개였다가 1979년판에서 중단원 1의 7개와 중단원 2의 2개 총 9개로 바뀐 점이 눈에 띈다. 그 가운데 중단원 1에서는 1974년판의 본문 내용이 1979년판의 각주로 들어간 것이 1개, 중단원 2에서는 1979년판의 각주 내용이 본문으로 들어간 것이 2개가 있다. 이렇게 두 중단원의 각주의 개수가 크게 증감하는 기준이 무엇인지는 분명치 않다.

이상과 같이 학습보조자료는 사진이 대폭 줄어들고 사료가 늘어나는 변화가 있었다. 그러나 그 기준이 무엇인가는 파악하기 어렵고, 학습보조자료가 본문과 짝을 이루면서 학습효과를 높이는 데 기여했다고 여겨지지도 않는다. 예컨대, 동학 농민 혁명에는 1974년판과 1979년판에 사료와 지도가 각각 1개밖에 실려 있지 않고, 3·1운동에도 1974년판과 1979년판에 사진 1개과 각주 1개만 각각 들어 있을 뿐이다. 이는 학습보조자료 배치의 형평성과 객관성이 결여된 대표적인 사례로 꼽을 수 있다. 따라서 "학습의 효과를 높이기 위하여 각종 학습 자료의 활용과 다양한 수업 형태의 개발에 힘쓰도록 한다"는 지도상의 유의점은 공염불에 지나지 않았다고 여겨진다.[17]

Ⅲ. 『국사』의 근대사 서술내용 변화와 그 의미

제3차 교육과정은 교육과정 총론의 교육과정 구성의 일반 목표 내 '기본 방침'에서 "우리는 조국 근대화를 조속히 성취하고 국토를 평화적으로 통일함으로써 민족 중흥의 사명을 완수하기 위하여 거족적으로 유신 과업을 추진하여야 할 역사적 시점에 서 있다"고 전제하고, "이러한 민족적 대업을 완수하기 위하여 우리는 긍정적으로 사고하고 능률적으로 행동하며 국민의 지혜와 역량을 한데 뭉치고 우리에게 알맞은 민주주의를 확립함으로써 주체적이며 강력한 국력을 배양하는 데 총력을 기울여야 한다"면서 교육과정을 구성하는 기본 방침으로 "국민 교육 헌장 이념의 구현을 기본 방향으로 삼고 국민적 자질의 함양, 인간 교육의 강화, 지식 기술 교육의 쇄신" 등을 내세웠다. 한마디로, 제3차 교육과정은 박정희 정권의 10월 유신을 정당화하면서 그에 걸맞은 교육을 실시하기 위해 마련된 것이었다.

여기에서 언급된 '국민적 자질의 함양'은 "민족사의 정통을 바탕으로

---

17 『인문계 고등학교 교육과정』 문교부령 제350호(74.12.31.), 18쪽.

한 민족적인 자각에 의하여 우리 민족이 당면한 과제를 주체적으로 판단하고 해결하려는 정신을 기른다"는 '민족 주체 의식의 고양', "줄기차게 이어 온 우리의 전통 문화를 바탕으로 하여 유용한 외래 문화를 섭취, 소화함으로써 새로운 민족 문화를 창조하고 나아가 민족의 전통과 문화적 유산을 올바르게 계승 발전시키는 데 이바지하게 한다"는 '전통을 바탕으로 한 민족 문화의 창조', "민주주의의 이상은 개인의 발전과 국가의 융성과의 조화 속에서 실현되며, 개인의 발전과 국가의 융성은 국민의 총화로서 이루어진다는 점을 깨닫게 한다"는 '개인의 발전과 국가의 융성과의 조화' 등이었다.[18]

이러한 기본 방침은 자아 실현, 국가 발전 및 민주적 가치의 강조 등 학교 교육의 일반 목표에서 좀 더 구체화되었다. 그 가운데 '국가 발전'에는 "민족 중흥을 위한 사명감을 투철하게 한다", "주체 의식을 뚜렷이 하고, 민족적 긍지를 지니게 한다", "올바른 국가관과 통일에 대비하는 자세를 확립하게 한다", "국민적 연대 의식을 공고히 하고, 협동 정신을 발휘하도록 한다", "국가 발전을 위하여 적극적으로 참여, 봉사하게 한다", "민족 문화에 대한 이해를 깊게 하고, 그 계승, 발전에 이바지 하게 한다" 등이 들어 있다. 또 '민주적 가치의 강조'에는 "공익과 질서를 존중하고, 법을 지키는 정신을 기른다", "우리 고유의 가정 생활 및 향토 생활의 아름다운 전통을 살려, 이를 새 시대에 알맞게 발전시키도록 한다", "합리적인 집단 사고를 통하여 의사를 결정하는 능력을 기른다", "민주 사회에서의 지도성의 중요함을 인식하고, 사회 성원으로서의 직분과 책임을 다하여, 단결된 힘을 발휘하도록 한다", "민주주의의 여러 가치를 우리 풍토에 알맞도록 인식하고 실천하게 한다", "한국 민주주의의 우수성을 인

---

18 『인문계 고등학교 교육과정』 문교부령 제350호(74.12.31.), 2쪽.

식하고, 반공 민주 신념에 투철하게 한다" 등이 포함되었다.[19]

위의 기본 방침에서 제시된 국민적 자질을 함양하기 위한 '민족 주체의식의 고양'·'전통을 바탕으로 한 민족 문화의 창조'·'개인의 발전과 국가의 융성과의 조화' 등 국가주의 교육론은 윤리와 함께 사회과에서 독립된 국사의 목표에 그대로 반영되어 있다. 즉, 국사의 목표 5개 가운데 "국사교육을 통하여 올바른 민족사관을 확립시키고 민족적 자부심을 키워서, 민족 중흥에 이바지하게 한다", "전통 문화를 역사 의식을 가지고 인식하게 하여서, 외래 문화를 수용하는 바른 자세와 새 문화 창조에 이바지하는 태도를 가지게 한다", "전통적 가치를 비판적으로 파악하게 하여서, 투철한 역사 의식을 가지고 당면한 국가 문제 해결에 적극 참여하는 자세를 키운다" 등 3개가 국민적 자질의 함양과 연관된 것이었다.[20] 이처럼 제3차 교육과정에는 기본 방침부터 국사의 목표에 이르기까지 전통에 바탕을 둔 민족 문화의 우수성을 인식하고 민족적 자부심을 키워 민족 중흥에 이바지함과 동시에 국가 문제 해결에 적극 참여하자는 국가주의 교육론이 일관되게 흐르고 있다. 이를 위해 국가 위기 시 조상들은 자신을 희생해 나라를 지켰다는 국난 극복의 정신이 특히 강조되기도 하였다.[21]

국사의 목표에 의거해 근대 사회는 "급변하는 외세와의 접촉 속에서 일찍이 경험하지 못했던 사상적 혼란을 겪어 가며 근대화를 서둘렀던 사정과 이와 같은 가운데에서 국권을 상실하게 된 과정을 세계사적 배경과 견주어 가며 파악하게 하고 민족사적 교훈을 성찰하게 한다"로, 현대 사회는 "민족사의 정통을 계승한 대한 민국의 성격과 그 사명을 인식하게 하고, 민족 중흥을 위한 줄기찬 노력에 적극 참여하려는 의욕을 가지게

---

19 『인문계 고등학교 교육과정』 문교부령 제350호(74.12.31.), 4쪽.
20 『인문계 고등학교 교육과정』 문교부령 제350호(74.12.31.), 17쪽.
21 김한종, 『역사교육으로 읽는 한국현대사』, 책과함께, 2013, 231~233쪽.

한다"로 그 내용이 규정되었다.[22]

요컨대, 근대 사회에서는 외세와 접촉하면서 역사상 유례없는 '사상적 혼란'을 빚었기 때문에 근대화가 실패하고 "국권을 상실하게 된 과정"을 서술하도록 규정됨으로써, 이러한 '혼란'이 되풀이 되면 국권 상실에 버금가는 결과를 낳을 수 있다는 해석이 포함되었던 것이다. 이와 연관해 현대 사회에서는 '혼란'을 지양하고 정부 주도의 "민족 중흥을 위한 줄기찬 노력에 적극 참여"함으로써 '민족 중흥'의 역사적 '사명'을 완수해야 한다는 논리도 내포되었다. 이를 근대 사회에 국한해보면, 개항을 계기로 정부와 개화파 청년들이 근대적 제도 개혁과 기술 수용을 추진했으나 보수 세력의 반대와 외세의 간섭으로 제대로 실행되지 못한 결과 일본의 식민지가 되었다는 것으로 정리된다.[23] 여기에서는 이러한 교육과정의 근현대사 목표와 내용이 고등학교 『국사』에 어떻게 반영되었는가를 지금까지 상대적으로 분석되지 않았던 근대 사회의 몇 개 주제에 관해 살펴보고자 한다.

1. 흥선 대원군의 대내외 정책

근대 사회는 1974년판과 1979년판 모두 '민족적 각성과 근대 문화의 수용'과 '민족의 독립 운동과 전통 문화의 계승' 등 2개의 중단원으로 구성되었지만, 1974년판에는 흥선 대원군 시대가 조선 사회에 포함되었다. 1974년판 조선 사회의 단원 개관에서는 "(18)60년대에 이르러 대원군이 등장하면서 부국강병을 위한 개혁이 시도되어 열강의 침투를 일시적으로

---

22 『인문계 고등학교 교육과정』 문교부령 제350호(74.12.31.), 18쪽.
23 최병택, 「국정 '국사' 교과서 서술 방향의 문제점과 '민주주의' 교육 원칙의 왜곡」, 『역사교육논집』 제61집, 2016, 93~98쪽.

저지하는 데 성공하였으나, 세도가의 책동과 보수 양반의 반발로 그는 집권 10년 만에 물러났다"고 서술되어 있다.[24] 흥선 대원군은 부국강병의 개혁정책을 시도해 열강의 침투를 일시 저지했지만, 세도가와 보수 양반의 반대로 실권했다고 긍정적으로 평가했던 것이다.

이러한 우호적인 평가는 무엇보다도 '정치 기강의 문란과 개혁 정치'라는 중단원 제목 아래 '대원군의 개혁 정치와 쇄국'이라는 소단원이 배치된 데 잘 드러난다. 일반적으로 19세기 접어들면서 세도정치로 인한 혼란으로 대내외의 위기를 맞이했다고 알려져 있다. 그렇지만 제3차 교육과정기에 이른바 정치 기강이 강화되는 분위기 속에서 '개혁 정치'를 추진하는 것이 곧 '민주주의'라고 인식되었던 점에 비추어, '정치 기강의 문란'이라는 표현은 당시 권위주의 독재 정부의 존재를 미화 혹은 합리화하려는 의도가 다분히 반영되어 있다고 판단된다.

또한 본문에서도 흥선 대원군이 당시의 시대적 과제를 해결하기 위해 개혁 정치를 펼쳤다는 논조가 견지되고 있다. 그는 "서민과 다름없는 몰락 왕족"으로 세도 정치로 '불우한 처지'였지만 '중농적 실학 사상의 영향'을 받았기 때문에, "안으로는 유교적 민본 정치의 부흥과 부국강병의 실현을 추구하고, 밖으로는 열강의 도전과 침략을 단호히 배격하는 쇄국 양이 정책을 강행"했다는 것이다. 우선 안동 김씨 일파의 축출과 당파 등을 가리지 않는 인재 등용, 서원의 대폭적인 정리, 토지 조사 사업·호포제·사창제 실시, 관제 개혁, 그리고 경복궁 중건 등 그의 내정 개혁은 "약간의 부작용은 있었으나, 전일에 비해서는 민생이 향상되고 국력이 강화된 것이 사실이었다"고 평가되었다.[25]

---

24 『국사』(1974), 104쪽.
25 『국사』(1974), 163~164쪽.

아울러 흥선 대원군은 천주교도의 증가와 서양 상품의 범람으로 서양에 대한 불신감과 위기 의식이 높아지는 시대적 상황에 대처하기 위해 '단호한 쇄국 정책'을 펼쳤다. 그의 항전 결심과 한성근·양헌수 부대의 분전으로 "서양 군대와의 첫 번째 충돌"인 병인양요는 "조선측의 승리로 끝났"으며, 신미양요에서도 "어재연과 강화 수비군의 완강한 저항에 부딪쳐 [미군이] 물러가고 말았다." 이러한 두 차례의 '방어전에 성공한' 그가 척화비를 세우고 천주교도에 대한 탄압을 한층 더 강화한 쇄국 정책은 당시 열강의 약탈적 행위가 서양 문화를 오랑캐의 문화로 간주하고 조선의 유교 문화의 전통을 존중하는 강한 문화적 자부심을 더욱 굳혀 주어서 "국민의 지지를 얻었"다고 서술되었다.[26]

그 결과 흥선 대원군에 대해서 종합적으로 "완강한 전단 정치와 내정 개혁도 많은 반발을 일으키기도 하였으나, 시대적 요청에 부합되는 것도 있었다. 그는 서양의 기술 문화에 대해서는 호의적인 반응을 보이고 이를 수용하여 자주적 근대화를 이루려고 노력하였다"는 평가가 내려졌다. 심지어 앞에서 전혀 거론되지도 않고 사실과도 어긋났던 서양의 기술 문화에 대한 호의적인 반응과 수용을 내세워 '자주적 근대화'의 노력으로 파악했던 것이다. 이는 그를 통해 대내외적 위기를 주체적·자주적으로 극복하고자 했던 역사상을 부각하려는 의도에서 비롯되었다고 여겨진다. 따라서 그가 고종의 왕비인 민씨 일족의 책동과 유생들의 국왕 친정 요구로 물러나면서 대신 시작된 민씨 일족의 세도 정치는 자연스럽게 부정적으로 묘사되었다.

이러한 흥선 대원군에 대한 긍정적 논조는 1979년판에서 바뀌었다. 무엇보다 흥선 대원군 시대의 위치가 조선시대 단원의 마지막에서 근대

---

26 『국사』(1974), 164~166쪽.

단원의 처음으로 옮겨졌음에도, 대단원의 단원 개관이나 새로 추가된 중단원의 개요에 그의 이름이나 대내외 정책이 전혀 서술되지 않았다. 단원 개관에는 "실학의 발전이 근대 문화의 성장으로 연결되지 못하고 있는 사이에, 조선 사회는 개항을 맞았다"로, 개요에는 "19세기 중엽에 들어서면서, 조선의 전통 사회를 위협하는 사태가 일어나기 시작하였다. 안으로는 삼정(三政)의 문란과 민란의 만연 속에서 동학(東學)이 일어났고, 또한 밖으로는 서세 동점의 열강이 조선의 문호 개방을 강요해 왔다"고만 기술되었을 뿐이다. 또한 연표를 보면, '(1864) 대원군 집정'이 1974년판과 마찬가지로 조선 사회에 들어 있는 반면 근대 사회에는 빠짐으로써 기본적인 형식 요건마저 갖추어져 있지 않다.[27]

본문에서도 흥선 대원군의 대내외 정책에 대해 '유교적 민본 정치'·'쇄국 양이 정책'이 '유교적 위본 정치'·'쇄국 정책'으로 바뀌는 등 문구나 문장의 수정이 있었으나 그 내용은 1974년판과 거의 비슷하게 나열되었다. 하지만 그에 관한 긍정적·우호적 평가는 모두 삭제되어 버린 점은 주목할 만하다. 그나마 마지막 부분에 간단하게 실린 종합적인 평가마저 "대원군의 완강한 독단 정치와 내정 개혁은 많은 반발을 일으켜 민비와 유림 세력이 마침내 대원군을 몰아내니, 외교 정책의 변화가 불가피하게 되었다"로 부정적인 것 일색으로 완전히 바뀌었다.[28] 그 이유는 그의 내정 개혁을 '왕권 강화 정책'으로 비판한 데서 실마리를 찾을 수 있을 듯하며,[29] 또 쇄국 정책이 '조국의 근대화'라는 시대적 흐름에 역행하거나 걸맞지 않는다는 판단에서 기인한 듯도 하다.

---

27 『국사』(1974), 104쪽; 1979, 222~223쪽.
28 『국사』(1979), 228~229쪽.
29 『국사』(1979), 223쪽.

2. 갑신정변

개화운동의 선구라고 할 수 있는 갑신정변은 의외로 부정적으로 평가되어 있다. 1974년판 단원 개관에는 개항 후 "대원군의 민비의 싸움이 벌어지는 가운데 당시의 지배자들은 자신도 모르게 청과 일본에 농락당하여, 마침내 임오군란, 갑신정변 등을 불러일으켰으며, 이로 인하여 나라의 자주성만 상하게 되었다"고 서술되었다.[30] 이를 액면 그대로 해석하면, 갑신정변은 지배자에 속한 개화파가 일본에 농락당해 국가의 자주성만 손상시킨 사건이었다. 따라서 갑신정변은 지배층의 분열과 사상적 혼란으로 근대화를 서둘러 추진하려다 실패했다는 국사 서술의 목표에 부합되는 대표적인 사례로 규정되었음을 알 수 있다.

본문을 보면, "1884년 우정국 설치 축하연을 이용하여 일어난 갑신정변은 청의 지나친 내정 간섭과 민씨 정권의 사대 경향에 반대하는 급진적인 개화당에 의해 주도"되었고, 개화당은 "일본의 세력을 이용하여 청의 간섭을 배제하고, 급진적으로 근대적인 개혁을 시도"하려고 정변을 일으켜 문벌 타파·사민 평등 등 근대적 개혁을 실시하려 했으나 "위안 스카이의 간섭으로 정변은 실패"해 "청의 입장만 보다 강화"되고 말았다고 서술되었다. 요컨대, "개화당의 표방은 근대적이었으나, 구태의연한 정변 방식으로도 정권의 장악이 가능하다고 생각할 만큼 비근대적인 정치 체질에서 벗어나지 못"했다는 것이다. 나아가 그 실패 원인으로 "그들의 정치적 식견의 부족"으로 청·일 침략 세력의 성격을 이해하지 못했고, 그들의 세력이 성립할 수 있는 근대적인 기반의 성격을 정확히 알지 못한 점을 꼽았다.[31] 갑신정변의 동기와 의도를 호의적으로 보면서도 청의 간

---

30 『국사』(1974), 162쪽.
31 『국사』(1974), 173~174쪽.

섭 외에 '구태의연한 정변 방식'과 정치적 식견 부족 등을 부정적으로 인식했던 것이다.

　무엇보다 눈에 띄는 것은 '구태의연한 정변 방식'을 '비근대적인 정치 체질'로 규정한 점이다. 정변이라는 구태의연한 방식으로 정권을 장악하는 것이 '비근대적인 정치'가 될 수 없기도 하지만, 만약 그렇다면 전제군주제 하에서 일어난 갑신정변보다 민주주의 하에서 일으킨 박정희의 쿠데타는 더욱 비판을 받아야 할 그야말로 '비근대적인 정치'가 되기 때문이다. 이 점을 『국사』 집필자가 인식하고 있었는지는 알 수 없지만, 혹 그렇다면 갑신정변에 대한 이러한 평가는 박정희 정권의 아킬레스건을 확실하게 지적한 '용감한' 서술이라는 평가를 받을 수도 있을 것이다. 혹 그렇지 않다면, 5·16은 갑신정변과 같은 쿠데타가 아니라고 강변하면서 '혁명'임을 의도적으로 부각하려는 '비굴한' 비역사적 왜곡이라는 비판을 면치 못할 것으로 생각된다.

　1979년판에서도 갑신정변에 대한 서술과 평가는 크게 달라지지 않았다. 단원 개관에서는 조선 사회가 개항 이후 "제국주의 세력에 능동적으로 대처하지 못"해 "19세기를 넘기면서 민족적 각성"이 이뤄진 것으로, 개요에서도 개항 후 "오랜 유교적 전통 사회에서 근대 사회로의 전환이 이루어져 갔"지만, "개화 사상과 위정 척사론, 그리고 동학 등이 서로 얽히면서 진통을 겪은 정계는 혼미하여 올바른 방향을 찾지 못하고 있었다"고 각각 서술되었다.[32]

　본문에서는 갑신정변은 우정국 설치 축하연을 '이용'해서가 아니라 '계기'로 일어났다고 봄으로써 역사적 사실에서 좀 더 벗어난 부분도 있지만, 개화당이 "급진적으로 근대적인 개혁"이 아니라 "급진적으로 근대

---

32 『국사』(1979), 222~223쪽.

적인 국민 국가에로의 개혁을 시도"했다거나 문벌 타파·사민 평등 등의 '근대적 개혁'이 아니라 "근대 국가의 건설을 지향하는 대개혁"을 실시하려고 했다고 개혁의 성격을 상대적으로 높이 평가한 부분도 있다. 이는 '개화당의 14개조 개혁 요강'을 사료로 제시한 것과도 무관하지 않다고 판단된다. 또 실패 원인으로 위안 스카이의 간섭 외에 "후원을 약속하였던 일본의 배신"을 추가하기도 하였다. 그 외에 "개화당의 표방은 근대적이었으나, 구태의연한 정변 방식"이라는 내용은 달라지지 않았다.[33]

3. 독립 협회

독립 협회에 대한 평가는 1974년판과 1979년판 모두 사뭇 긍정적이고 우호적이다. 1974년판 단원 개관에는 '동학 운동'과 '갑오경장'은 등장하지만, 일본이 "청일 전쟁 다음에는 다시 러·일 전쟁을 일으켰다"고 서술되었을 뿐 독립 협회는 거론되지 않았다. 그러나 본문에서는 을미사변과 아관 파천 이후 우리나라가 외국의 이권 쟁탈의 싸움터가 되고 정치가 일본이나 러시아 세력에 의해 좌우되었음에도 "정쟁에 여념이 없는 부패한 정계는 민족과 국가의 이익보다는 자기 일신과 자기 파의 당면 이익을 추구하는 외세 의존적인 이기주의가 팽만"한 상황 속에서 "정계 일부와 국민 사이에는 이러한 위기를 극복하여 부국 강병을 기약하는 자주 독립, 민권 신장, 개화 혁신 운동을 일으키어 민족적 각성에 크게 이바지하였다. 그 중에 대표적인 것이 독립 협회의 활동이었다"고 서술되었다.[34]

이러한 논조는 독립 협회가 서재필 등 "서구의 근대 사상과 개혁 사상을 지닌 인사들"에 의해 조직되었고, 독립문과 독립 공원의 건립과 독립

---

33 『국사』(1979), 231~233쪽.
34 『국사』(1974), 183쪽.

신문의 간행으로 "민족의 자주 의식을 높였"는데 이러한 활동은 "당시의 민족적 과업과 사회적 요청에 일치"되었으며, 이를 통해 "민중 속에 뿌리 박고, 자주 호국 선언을 하여 활발한 정치 활동을 펴 나갔다. 종래의 외세 의존적인 개화와 독립의 방책을 비판하고, 민족의 각성과 국민의 총화에 의한 자주 자강과 개혁 혁신을 추진하였다"로 이어진다.

또 관민 공동회가 헌의 6조를 결의한 사실을 잘못 기술했지만, "우리 나라 최초의 민중 대회가 되는 만민 공동회를 개최하여, 정부의 외세 의존적인 정치, 군사, 경제 정책을 규탄하고, 건의 6조를 결의하여 국가의 자주 노선을 요구하였다. 나아가 입헌 의회 민주주의를 주장하여 한국 사회에서 최초로 근대 의회 민주주의 사상을 제창하였다"는 우호적 서술은 변함이 없다. 따라서 독립 협회는 보수적 집권층과 일제의 견제에 의해 탄압되고 해산당하고 말았지만, "독립 협회의 활동을 통하여 계몽된 자주·민권·자강 사상은 근대적이고 자주적인 국민 의식을 형성하게 하여, 그 후 일제 침략기에 있어서 민족 운동을 펼쳐 가는 사상적 배경이 되었다"고 그 의의를 높이 평가하였다.[35]

요컨대, 독립 협회는 민족과 국가의 이익을 저버린 채 정쟁·부패와 외세 의존적인 이기주의로 일관한 정계의 상황으로 초래된 국가적 위기를 맞이해 한국 사회에서 최초로 근대 의회 민주주의 사상을 제창함으로써 중단원의 제목인 '민족적 각성'에 크게 이바지한 대표적인 운동이었다. 이러한 독립 협회의 배경과 전개과정 및 그 의의는 마치 당시 유신 정권의 상황을 연상시키는 인상을 강하게 풍기고 있다.

1979년판에서도 독립 협회에 대한 호의적 평가는 지속되었다. 이는 단원 개관에서 "19세기를 넘기면서 민족적 각성은 개화, 자강과 자주, 혁

---

35 『국사』(1974), 183~184쪽.

신의 근대 의식을 고조시키고 민족주의를 정립시켜 20세기 초의 항일 운동의 사상적 원천이 되었고, 이로써 식민지 지배하의 민족 독립 운동의 방향을 결정하였다"고 서술된 점에서 잘 드러난다. 즉, 독립 협회의 활동은 '민족적 각성'의 출발점으로 20세기 초 의병의 항전과 애국 계몽 운동 등 항일 운동의 사상적 원천이 되고 일제강점기 민족 독립 운동의 방향을 결정짓는 데 중요한 영향을 미쳤다는 것이다. 개요에서는 독립 협회가 거론되지 않았지만, 물밀 듯이 닥쳐오는 일본 등의 침략 세력에 대항하는 "민족적 각성과 근대 문화의 이해가 성장"하는 것으로 서술되었다.

본문에서도 '개화 혁신 운동'·'건의 6조' 등이 '개화 자강 운동'·'헌의 6조' 등으로 바뀌거나 종래의 외세 의존적인 개화와 독립의 방책을 비판하고, 민족의 각성과 국민의 총화에 의한 자주 자강과 개혁 혁신을 추진하였다"는 문장이 삭제되거나 "그 후 일제 침략기에 있어서 민족 운동을 펼쳐 갈 수 있는 사상적 기반을 만들어 놓았다"고 문구가 가다듬어졌을 뿐 그 내용은 1974년판과 거의 동일하다.[36] 이처럼 독립 협회를 '민족적 각성'의 출발점으로 높이 평가한 이유는, 그 타당성 여부에 대한 논의는 차치하고, 아마도 국내외의 위기 상황 속에서 민족의 자주 의식을 고양하고 자주 호국 활동을 펼쳐 당시의 민족적 과업을 수행한 독립 협회를 통해 5·16 혹은 유신 정권의 정당성을 간접적으로 부각하려는 데 있는 듯하다.

4. 의병의 항전

의병의 항전, 특히 1907년 이후 후기 의병에 대한 평가는 1974년판과

---

36 『국사』(1979), 233~246쪽.

1979년판 모두 국정교과서의 성격을 가장 보여주는 가장 대표적인 사례로 손꼽는다. 1974년판 단원 개관에는 의병이 전혀 언급되지 않았지만, 본문에서는 그 첫머리에 고종의 강제 퇴위와 군대 해산 이래 1910년 망국을 거쳐 국외 항일 독립군의 기반이 닦이는 1914년까지 8년 동안에 걸쳐 "피의 항쟁을 계속"했으며, 이는 "나라의 위기에 당면하여 최후의 구국 전선을 편 우리 민족의 자주성의 표현이었다"고 높이 평가되었다.[37]

이어 군대 해산 당일 대대장 박승환의 자결 항거를 도화선으로 시위대대가 일본군과 시가전을 전개한 끝에 많은 사상자를 내고 패퇴했지만, "해산된 군대의 나아갈 방향을 제시"했으며, 그들이 의병 부대와 합류해 일본군과 항전을 벌여 "전국 어디에서나 의병의 활동이 전개"되었다고 서술되었다. 일본의 통계에 근거해 1907~1910년간 전국 의병의 전투 횟수와 참전 인원을 제시했으며, 일본군에 의한 '의병 진압 작전'('초토화 작전')의 잔인성도 밝혀 두었다. 또 각지에서 활동하던 의병 부대가 전국적인 연합전선을 기도해 13도 창의군 편성하고 서울 진공 작전을 시도했으나 실패했음에도, 그 후 산간벽지를 근거로 하는 게릴라전의 양상을 띠면서 항쟁하다가 1910년을 계기로 점차 쇠퇴하면서 만주와 연해주로 대일항쟁의 무대를 옮겨 갔다는 내용도 들어 있다.[38]

1979년판에서는 단원 개관과 개요에 의병이 역시 거론되지 않았으나, 연구 과제로 "의병의 항전이 민족 주체 의식 형성에 기여한 점은 무엇인가?"가 제시되었다.[39] 다른 연구 과제가 사상이나 운동의 의의와 성격을 물은 것과 달리 의병의 항전이 민족 주체 의식을 형성하는 데 기여했다고 확실하게 전제한 점이 눈에 띈다.

---

37 『국사』(1974), 197쪽.
38 『국사』(1974), 197~199쪽.
39 『국사』(1979), 223쪽.

본문의 내용은 1974년판과 달리 서술되었다. 그 첫부분에서는 "개항 이후 무력을 앞세운 일본 침략에 대한 민족 저항으로 가장 중요한 줄기를 이룬 것은 의병의 항전이었다"고 규정하면서 그 발단은 을미의병이고 본격적 항일 항전은 러·일 전쟁과 을사 5조약의 체결을 전후해 전개되었다고 설명하였다. 중기 의병에 이어 후기 의병에 관해서는 "전국을 항일 전투장으로 확대시켜 의병 전쟁으로 발전시켜 의병 전쟁으로 발전시켰다"고 '의병 전쟁'이란 용어를 처음 제시하면서 "그들은 우월한 최신 무기와 근대 훈련을 받은 일본군과 대적하여 처절한 항쟁을 계속하였다"고 평가하였다.

그 외의 내용은 1974년과 비슷한데, 의병의 전투 횟수와 참전 인원에 대한 부분이 빠진 반면, 해산 군인의 합류로 의병 부대에 "유생과 군인, 농민, 어민, 포수, 광부, 상인 등 국민 각층이 포함"되었으며 성능 좋은 무기를 보유하고 전투적인 편제를 정비했으며 작전이 향상되었다는 내용이 추가되었다. 마지막에 "이 같은 의병과 의사들의 구국 항쟁은, 위기에 당면한 조국을 수호하고자 하는 민족의 자주성과, 우리의 역사적인 전통 속에 담겨져 있는 민족의 저력이 발휘된 것이다"고 그 의의를 높이 평가하였다.[40] 이는『국사』의 전 시기에 걸쳐 일관되게 흐르는 특징 중 하나인 국난 극복의 정신, 즉 외세의 침략이라는 국가의 위기를 맞이해 자신의 목숨을 기꺼이 바쳐 나라를 지키는 것이 우리 민족의 정신이라는 점을 강조한 것이었다.[41]

1979년판 '머리말'에는 "강대한 이웃 나라가 우리 민족의 통합을 방해하거나 침략하기 위하여 도전했을 때에는, 우리 민족 스스로의 강인한

---

40 『국사』(1974), 260~262쪽.
41 김한종, 『역사교육으로 읽는 한국현대사』, 책과함께, 2013, 238쪽.

저항 정신으로 슬기롭고도 용감하게 응전하여 대결함으로써 이를 격퇴하여, 끝끝내 내 나라의 강토와 자주 국권을 수호하였다"면서 "오늘에 이르는 우리 나라의 긴 역사는, 동방 문화 민족의 피땀어린 발자취이자, 창조와 저항의 눈부신 기록이요, 국토를 지키기 위하여 강포한 침략자들을 상대로 용감하게 싸우면서 건설해 온 불후의 유산이기도 하다"고 밝혀 놓았다.[42] 이러한 면에서 의병의 항전은 그 참된 성과와 의의에 무관하게 박정희 정권의 입맛에 맞는 역사적 소재가 되었던 것이다.

IV. 맺음말

한국 근·현대사의 전개과정은 현실의 상황과 직결되어 있는 만큼 각계각층의 이해관계가 맞물려 역사적 사실을 바라보는 관점이 다양하게 존재하고 있다. 더군다나 교과서의 한국 근·현대사는 정치권의 당리당략으로 말미암아 정치적 중립성을 보장받지 못한 채 편향되거나 왜곡되는 사태가 빈번하게 벌어졌다. 그 대표적인 사례가 바로 제3차 교육과정기의 국정『국사』교과서였다. 이에 본고는 이 시기 교육과정과 집필기준을 토대로 두 차례에 걸쳐 발행된『국사』의 근·현대사 서술체제와 내용을 비교·분석하고 그 성격을 살펴보았다.

우선『국사』는 서술체제면에서 그 이전의 교과서보다 짜임새가 없거나 매우 빈약하였다. 단원별 혹은 시대구분별 구성을 보면, 1974년판에서 이전의 교육과정과 달리 대단원에 처음으로 근대와 현대가 들어갔으며, 근대와 현대의 기점이 각각 개항과 1945년 8월 해방으로 역시 최초로 설정되었다. 대단원명은 '고대'·'근대'·'현대'와 '고려'·'조선'의 왕조명

---

42 『국사』(1979), 머리말, 2쪽.

이 혼재됨으로써 시대구분의 기준이 일관되게 적용되지 않았다. 1979년 판의 대단원은 1974년판과 동일하지만, 근대와 현대가 각각 흥선 대원군의 시대와 광복군의 항전으로 시작된 점은 다르다. 그 이유는 아마도 근대와 현대의 기점을 일본에 의한 개항이나 연합국의 승리에 의한 해방이 아니라 흥선 대원군의 개혁 정치와 광복군의 항전으로 설정함으로써 타율적·외인론적 요인보다 주체적·내재론적인 성격을 부각하려 했다고 여겨진다. 또 1979년판에서 '오늘의 역사적 사명'이 중단원으로 격상된 것은 정권의 정당성·정통성을 학생들에게 주입·선전하려는 국정교과서의 색채가 더욱 짙어졌음을 보여준다.

대단원별 혹은 시대구분별 비율 면에서 대단원 가운데 현대의 비중이 상대적으로 낮으며, 근대와 현대는 대단원 5개 중 2개이지만 쪽수의 분량은 30% 전후에 불과하다. 1974년판은 총 5단원 중 근대는 흥선 대원군 시대를 제외하면 23.3%이고, 포함하면 25.4%로 조선 다음으로 비율이 높다. 현대는 5.2%로 매우 비중이 낮다. 근대와 현대를 합하면, 흥선 대원군 시대를 포함하더라도 30.6%밖에 되지 않는다. 1979년판에서도 근대는 흥선 대원군 시대가 포함되었지만 21.9%로 낮아졌고, 현대는 소단원으로 추가된 '오늘의 역사적 사명' 분량이 늘어나면 5.3%를 차지하였다. 이는 근대사와 현대사에 치중한다는 교육과정의 '지도상의 유의점'이 여전히 준수되지 않았음을 보여준다.

대단원과 중단원의 구성 요소는 1974년판과 1979년판 모두 그 이전과 비교해서 새롭게 변화된 모습을 찾아볼 수 없다. 대단원의 도입부는 사진·연표·단원 개관 등 3개로 구성되는데, 1979년판부터 중단원에서도 '개요'와 '연구 과제'로 구성된 도입부가 추가되었다. 그러나 역사적 사실을 학생들에게 인지·주입하는 데 초점을 맞춘 대단원과 중단원의 도입부 형식은 실제로 학습 목표와 같은 성격을 띤 데 지나지 않으며, 이후 제6

차 교육과정까지 20여 년간 거의 변화되지 않은 채 유지되었다.

교과서의 본문 중 내용 글 이외에 학습의 효과를 높이는 보조자료의 종류와 분량도 그 이전에 비해 크게 달라지지 않았다. 학습보조자료의 종류는 사진이 압도적인 비중을 차지하며, 사료·지도·도표·연표는 매우 빈약하며, 그나마 전근대에 실렸던 삽화는 전혀 없다. 더욱이 학습보조자료는 배치의 형평성과 객관성이 결여되었을 뿐 아니라 본문과 짝하면서 학생들의 관심과 흥미를 유발하거나 역사적 상상력을 배양하는 데 도움을 주었다고 판단되지도 않는다. 심지어 사료 중 5·16 '혁명 공약'의 6항이 왜곡·게재된 사실은 박정희 정권이 『국사』를 국정교과서로 발행한 의도를 잘 보여준다. 이러한 의미에서 『국사』 국정교과서는 자격 미달이라고 생각된다.

다음으로 제3차 교육과정은 박정희 정권의 10월 유신을 정당화하면서 그에 걸맞은 교육을 실시하기 위해 마련된 것인 만큼, 『국사』는 서술 내용면에서도 정권의 정당성·정통성을 학생들에게 주입·선전하려는 국정교과서의 색채가 짙었다. 근대 사회는 역사상 유례없는 사상적 혼란으로 근대화가 실패하고 국권을 상실하게 된 과정을 서술하도록 규정되었다. 이러한 '혼란'이 되풀이 될 경우 국권 상실에 버금가는 결과를 낳을 수 있다는 해석이 포함되었던 것이다. 이와 연관해 현대 사회는 혼란을 지양하고 정부 주도의 민족 중흥을 위한 줄기찬 노력에 적극 참여함으로써 그 역사적 사명을 완수해야 한다는 논리도 내포되었다.

이에 따라 『국사』에서 흥선 대원군의 대내외 정책은 우호적으로 평가되었는데, '정치 기강의 문란과 개혁 정치'라는 중단원 제목 아래 '대원군의 개혁 정치와 쇄국'이라는 소단원이 배치된 점이 눈에 띈다. 제3차 교육과정기에 정치 기강이 강화되는 분위기 속에서 개혁 정치를 추진하는 것이 민주주의로 인식되었던 점에 비추어, '정치 기강의 문란'이라는 표현은 당시 권주주의 독재 정부의 존재를 미화 혹은 합리화하려는 의도가 다분히 반영되었음을 알 수 있다. 흥선 대원군을 통해 대내외적 위기를 주체적·자주적으로 극복하고자 했던 역사상을 부각하려 했던 것이다. 그러나 1979년판에서는 흥선 대원군에 대한 긍정적·우호적 평가는 '조국의 근대화'라는 시대적 흐름에 역행하거나 걸맞지 않는다는 판단 아래 부정적으로 완전히 바뀌었다.

반면 개화운동의 선구라고 할 수 있는 갑신정변은 지배층의 분열과 사상적 혼란으로 근대화를 서둘러 추진하려다 일본에 농락당해 국가의 자주성만 손상시킨 채 실패했다고 부정적으로 서술되었다. 갑신정변의 동기와 의도를 호의적으로 보면서도 청의 간섭 외에 '구태의연한 정변 방식'과 정치적 식견 부족 등을 부정적으로 인식했던 것이다. 눈에 띄는 것은 '구태의연한 정변 방식'을 '비근대적인 정치 체질'로 규정한 점이다. 정변이라는 구태의연한 방식으로 정권을 장악하는 것이 '비근대적인 정치'가 될 수 없기도 하지만, 만약 그렇다면 전제군주제 하에서 일어난 갑신정변보다 민주주의 하에서 일으킨 박정희의 쿠데타는 더욱 비판을 받아야 할 그야말로 '비근대적인 정치'가 되기 때문이다.

독립 협회에 대한 평가는 을미사변과 아관 파천 이후 민족과 국가의 이익을 저버린 채 정쟁·부패와 외세 의존적인 이기주의로 일관한 정계의 상황으로 초래된 국가적 위기를 맞이해 한국 사회에서 최초로 근대 의회 민주주의 사상을 제창함으로써 민족적 각성'에 크게 이바지한 대표적인 운동이라고 사뭇 우호적으로 서술되었다. 그 이유는 국내외의 위기 상황 속에서 민족의 자주 의식을 고양하고 자주 호국 활동을 펼쳐 당시의 민족적 과업을 수행한 독립 협회를 통해 5·16 혹은 유신 정권의 상황을 연상시킴으로써 그 정당성을 간접적으로 부각하려는 데 있는 듯하다.

의병의 항전에 대한 평가는 국정교과서의 성격을 가장 보여주는 가장 대표적인 사례로 손꼽힐 만하다. 고종의 강제 퇴위와 군대 해산 이래 국외 항일 독립군의 기반이 닦이는 1914년까지 8년 동안에 걸쳐 전개된 의병의 항쟁은 위기에 당면한 조국을 수호하려는 민족의 자주성과 우리의 역사적인 전통 속에 담겨져 있는 민족의 저력이 발휘된 것으로 높이 평가되었던 것이다. 의병에 대해 국난 극복의 정신, 즉 외세의 침략이라는 국가의 위기를 맞이해 자신의 목숨을 기꺼이 바쳐 나라를 지키는 것이 우리 민족의 정신이라는 점을 강조함으로써 박정희 정권의 입맛에 맞는 역사적 소재가 되었던 것이다.

교과서는 수업의 기본 교재인 만큼 역사적 사실을 객관적으로 서술하되 역사적 사실에 대한 다양한 해석과 평가 및 그 의의를 소개·제시함으로써 올바른 역사인식을 기를 수 있도록 집필되어야 한다. 그러나 『국사』는 역사교육의 정치적 중립성·자율성·객관성을 무시한 채 정권의 입맛에 맞춰 명백한 사실마저 왜곡했을 뿐 아니라 편파적이고 일방적인 해석과 의미를 부여함으로써 오히려 역사교육의 본질을 훼손했던 대표적인 사례라고 평가할 수 있다.

2장

4차 역사교육과정

01

제4차 교육과정기 고등학교 국사교과서의 고대사 서술 특징과 배경

신선혜

Ⅰ. 머리말

제4차 교육과정은 인간 교육을 중심으로 하는 인본주의 교육과정을 기치로 공포되었다. 1980년 광주 민주화운동의 탄압과 1981년 제5공화국의 수립 후, 같은 해 공포된 교육과정에서 전인교육과 민주주의의 토착화를 운운하였던 점은[1] 교육을 통해 집권의 정당성을 확보하고 이를 과장하고자 했던 당시 위정자들의 의도가 십분 반영된 대목이라 하겠다. 제3차 교육과정기의 교육이념이 박정희 정부의 정치사회적 의도가 교육과정 및 교과서에 적극 반영된 것으로 평가된다는 점에서 제4차 교육과정 역시 군사독재의 유지를 위한 이념교육의 강화라는 연장선상으로 해석할 수 있다. 그러나 이전과 달리 연구·개발형 교육과정이 표방되면서 역사학계 및 역사교육학계의 연구를 기반으로 교육과정 및 교과서의 개발

---

1 『고등학교 교육과정(문교부 고시 제442호)』, 1981.(국가교육과정정보센터: www.ncic. go.kr 참고).

이 이루어졌다는 점에는 일단의 의의를 부여할 수 있다. 즉 1980년 10월 13일자로 문교부는 한국교육개발원에 유치원~고등학교에 이르는 교육 과정 개정안을 연구·개발하도록 조치하여 여러 차례 개발안의 보고와 그에 대한 심의가 이루어진 끝에 1981년 12월 새로운 교육과정이 확정고시되었던 것이다.[2] 국정화 이후 학계의 연구 성과를 보다 적극적으로 수용하여 교육과정, 나아가 교과서 집필에 반영하고자 한 것이다. 그럼에도 그 내용은 이데올로기적 편향성에서 자유로울 수 없었던 점이 본고에서 진행할 구체적인 내용 분석을 통해 확인된다.

국사 교과서 국정화 후 교육내용의 특징은 대체로 근현대사를 중심으로 분석되었지만, 제4차 교육과정기의 경우 1970년대부터 등장한 유사역사학계의[3] 주장에 따라 근현대사 못지않게 고대사 서술의 변화가 있음이 주목된다. 1974년에 첫 국정 교과서가 간행되자 유사역사학자들은 한국 사학계가 식민사학에서 벗어나지 못하였다고 주장하며 교과서의 개편을 요구하였다. 그들의 주장은 민족사의 시공간 확장을 목표로 하는 것으로, 1980년대 들어 국회와 언론의 지원을 업고 사회 이슈화되면서 제4차 교육과정이 고시되기도 전에 국사 교과서 개편의 시행을 이루어내었다.[4] 이것이 이른바 1981년 '고대사 파동'의 전말이다. 이를 통해 교과서의 고대사 서술에 있어 어떤 형태로든 유사역사학계의 이러한 주장이 영향을 주었으리라는 것은 짐작 가능하다.

---

2 한국교육개발원, 『초·중등학교 교육과정 개선을 위한 기초 연구』, 1980.12; 『교육과정 개정안(총론)의 연구·개발–답신보고서』, 1981.3; 『고등학교 교육과정 개정안』, 1981.7; 『유치원·국민학교·중학교·고등학교 교육과정 개정에 관한 종합세미나 보고서』, 1981.12.

3 유사역사학은 pseudo history의 번역어로, '사이비 역사학', '의사 역사학'이라고도 번역된다. 역사학의 흉내를 내고 있을 뿐 실제로는 학문이 아닌 가짜 역사학, 엉터리 역사학을 지칭하기 위해 사용하는 용어이다(기경량, 「한국 유사역사학의 특성과 역사 왜곡의 방식」, 『강원사학』 30, 2018, 84쪽). '재야사학'과 동일한 개념이나, 최근 연구경향을 따라 유사역사학으로 칭하였다.

4 윤종영, 『국사교과서 파동』, 혜안, 1999, 18~19쪽.

한편 학술외적 차원에서 고대사가 사회적 관심과 쟁점이 된 배경으로 1982년 일본의 역사교과서 왜곡 역시 주목된다. 이는 6월 26일부터 『조일신문(朝日新聞)』을 비롯한 일본의 각 신문이 1983년 이후 사용되는 고등학교 사회과 교과서와 관련하여 '검정강화'하기로 한 것을 비판, 보도한 데서 비롯되었는데, 이러한 비판이 일본 내에서 시작되었다는 점이 흥미롭다. 같은 해 8월, 한국 정부가 일본 교과서의 개정을 일본에 공식 요구함으로써 교과서 문제는 외교문제로 발전했다. 한국 내에 엄청난 반발을 야기 시킨 교과서 문제는 민족교육의 반성과 주체적 민족주의 확립, 나아가 민족·자주 통일 지향으로 귀결되어[5] 한국의 국사교과서의 내용 수정은 불가피하였고, 그 중 고대사 부분은 한—일 교류 및 문화 전파의 시작점인 만큼 민족 자주성의 시각에서 재조명되었다.

이렇듯 제4차 교육과정과 교과서를 고대사 중심으로 분석하는 것은 1980년을 전후한 시기의 국내외적 상황에 대한 역사학계와 교육학계의 적극적 대응이라는 측면에서 중요하다고 할 수 있다. 기존 연구에서도 역시 이러한 배경들에 주목하여 고대사 서술의 특징을 논한 바 있지만, 제4차기가 특정되지 않은 채 교육과정 전 시기를 대상으로 하거나 현행 교과서를 분석함에 전사(前史)로 언급하는 정도에 그쳤다. 또한 제3차기의 연장선상에서 교과서 국정화와 관련시켜 살피기도 하였다. 고대사에 주목한 연구들 역시 고대사 전반을 다뤘다기보다는 특정 주제에 대한 서술 변화를 분석하는 데에 그치고 있다.[6]

---

5 일본의 역사교과서 왜곡과 관련한 전말에 대해 박기석, 「일본 역사 교과서의 한국사 왜곡」(한양대학교 석사학위논문, 1991)을 참고하였다.

6 김정인, 「해방 이후 국사교과서의 '정통성' 인식-일제 강점기 민족운동사 서술을 중심으로-」, 『역사교육』85, 2003; 신주백, 「한국근현대사에서 고구려와 발해에 관한 인식」, 『역사와 현실』55, 2005; 양정현, 「국사 교과서 고대사 서술에서 민족·국가 인식의 변천」, 『한국고대사연구』52, 2008; 최병택, 「해방 후 역사교과서의 3·1운동 관련 서술 경향」, 『역사와현실』74, 2009; 이부오, 「제1차~제7차 교육과정기 국사교과서에 나타난 고

이에 본고에서는 먼저 제4차 교육과정의 내용 및 교과서의 단원 구성 등 서술체계를 살펴보고자 한다. 이때 분석의 대상이 되는 교과서에는 제3차 교육과정기에 개편·집필된 고등학교『국사』(1979)와 제4차 교육과정기의『국사』(1982)뿐 만 아니라『국사』(1983)도 포함됨에 주의를 요한다.[7] 제4차 교육과정기가 시작된 후 사용된 1982년의『국사』교과서는 약 1년의 수정 작업을 거쳐 1983년, 또 한번 새롭게 발행되었기 때문이다. 이러한 변화도 역시 유사역사학계의 도전과 일본의 역사교과서 왜곡이 배경으로 작용하였는데, 특히 짧은 기간동안 집필되었음에도『국사』(1982)와『국사』(1983)의 서술에 비교적 큰 변화가 확인된다는 점은『국사』(1982) 서술의 미비점에 대한 수정 요구가 즉각적으로 반영될 만큼 국내외 정치·사회적 상황이 교육계에 지대한 영향을 미쳤음을 반증한다고 하겠다.

교과서 서술과 관련해서는 고조선 및 한사군 서술 변화의 경우 유사역사학계의 도전을 배경으로, 그리고 한-일 관계의 경우는 일본의 역사교과서 왜곡에 대한 대응으로 진행된 점에 주목하여 제4차 교육과정기 교과서 서술의 특징을 살펴보고자 한다. 그 외에 당시까지 축적된 국내 학계의 고대사 연구성과가 교과서 서술에 어떻게 반영되었는지를 살피는 것도 간과해서는 안 될 것이다. 유사역사학 및 일본의 역사왜곡에 대한

___

대 영토사 인식의 변화」,『한국고대사탐구』4, 2010; 박진동, 「해방 후 현대사 교육 내용 기준의 변천과 국사교과서 서술」,『역사학보』205, 2010; 이수정, 「해방 이후 국사교과서의 가야사 서술 변천과 대안」,『역사와교육』19, 2014; 서인원, 「동학농민운동의 한국사 교과서 서술 내용분석-제1차~제7차 교육과정의 고등학교 교과서를 중심으로-」,『숭실사학』32, 2014; 조성운, 「해방 이후 고등학교 한국사교과서의 신간회 서술 변천」,『역사와실학』57, 2015; 김태웅, 「해방 후 고등학교 '국사'교과서에서 1894년 농민전쟁 서술의 변천」,『역사교육』133, 2015; 조성운, 「해방 후 고등학교 한국사교과서의 근대교통사 서술의 변천」,『역사와교육』21, 2015; 조성운, 「해방 이후 고등학교 한국사교과서의 동학농민운동 서술의 변천」,『민족종교의 두 얼굴』, 선인, 2015.

7 제4차 교육과정기 교과서 분석의 기존 연구에서는『국사』(1982)와『국사』(1983)를 구분하여 분석하지 않았다. 박찬흥, 「제3차~제7차 교육과정 고등학교 국사 교과서의 고대 국가 발달단계론에 대한 서술 검토」,『역사와 담론』54, 2009; 차미희,『한국 중·고등학교의 국사교육』, 교육과학사, 2011 등이 있다.

역사학계의 고민과 대응은 현재진행형이다. 그런 만큼 본고를 통해 이러한 상황에 대한 학계 및 교육계의 대응이 과거에 어떠한 방식으로 이루어졌고, 그 한계는 무엇이었는지를 밝힘으로써 교과서 서술의 더 나은 방향을 모색하는 데에 도움이 될 수 있기를 기대한다.

II. 교육과정의 내용과 교과서 서술체제의 검토

제4차 교육과정이 이전과 달리 여러 차례의 연구 및 세미나를 통해 개정되었음은 앞서 밝힌 바 있다. 그 중 1981년 12월 새 교육과정의 공포에 앞서 한국교육개발원에서 1981년 7월에 개정안 연구·개발에 대한 결과보고서를 제출한 점이 주목되는데, 이에 대한 일련의 과정은 1981년 12월에 행해진 종합세미나에서 상세히 밝혀졌다.

> 문교부에서는 1980년 10월 13일자로 한국교육개발원에 유치원, 국민학교, 중학교, 고등학교 교육과정 개정안을 연구, 개발하여 1981년 7월말까지 보고하도록 조치하였습니다. 이에 본원에서는 1978년 후반기부터 수행하여온 교육과정에 관한 기초연구를 바탕으로 하여 교사와 학생의 요구조사를 실시하는 한편 교육학 및 교육과정 전공교수, 사회각계대표, 현장교사 및 학교행정가 등으로 구성되는 1,238명의 연구위원을 위촉하고, 교육과정부 연구원 전원(59명)이 본 사업에 종사하여 유치원, 초등학교, 중학교, 고등학교, 교육과정 총론 및 각론 안을 연구·개발하였습니다. 그렇게 개발된 안은 1981년 7월 31일 문교부에 보고되었고, 1,759명이나 되는 문교부 심의위원의 심의를 거쳐 수정, 보완된 안을 다시 문교부에 보고하였습니다.(홍웅선, 한국교육개발원장의 원장인사 중)
>
> (1981년) 7월말까지 작성된 각론시안을 8월 한달 동안 문교부 교

육과정심의회 각 교과별 심의위원회에서 심의를 완료했으며, 9월에
는 심의결과 및 문교부 검토결과에 의거하여 수정, 보완작업을 수행
하였습니다. 10월부터 11월까지 2개월에 걸쳐 수정안에 대해 최종
심의를 진행하고 있으며 이 심의가 끝나고 오늘 세미나에서 각계의
의견이 종합되면 12월에 최종 조사, 정리작업을 거쳐 12월말에 새
교육과정을 확정고시하게 될 것입니다.(정태범, 문교부 편수 총괄관
의 교육과정 개정의 정책방향 중)[8]

이러한 과정에 따라 보고 및 공포된 교육과정의 고대사 부분 내용을
제시하면 다음과 같다.

[표 1] 교육과정의 내용 변화(제3차 및 제4차)

제3차 교육과정	제4차 교육과정
가. 고대 사회	1) 고대 사회의 성립과 발전
우리 민족이 원시 사회로부터 *부족 국가*, *고대 국가*로 발전해 온 과정을 사회적, 경제적, 문화적 배경과 결부시켜 파악하게 한다. 그리고 고대 문화의 전성기를 이룬 통일 신라가 민족사의 하나의 정점을 이루게 된 연유를 고찰하여 보게 한다. 또한 발해가 우리 민족사의 일환을 형성하고 있었음을 파악하게 하여, 고대 우리 민족의 활동의 폭과 민족사의 독자성에 대하여 깊은 인식을 가질 수 있게 한다.	선사 시대에서 통일 신라 시대까지의 발전 과정을 살핌으로써 그 당시 사회의 성격을 이해하고, 역사 발전의 동인을 탐구하게 한다.
1) 원시 사회의 *부족 국가* 2) *고대 국가*의 성립과 사회적, 경제적 기반 3) 통일 신라의 문화 4) 발해의 민족사적 위치	(가) 선사 문화의 발전 (나) *부족 연맹체*의 형성과 발전 (다) *고대 국가*의 형성과 발전 (라) 고대 문화의 발달

한편 1981년 7월에 보고된 개정안의 고대사 부분 내용은 다음과 같다.

---

8 이상 한국교육개발원, 『유치원·국민학교·중학교·고등학교 교육과정 개정에 관한 종합세
　미나 보고서』, 1981.12, 1~2, 7~8쪽.

[표 2] 고등학교 교육과정 개정안(1981년 7월 문교부 보고)

고등학교 교육과정 개정안	
1) 원시 사회와 부족 사회	2) 고대 사회
구석기 시대로부터 철기의 보급에 이르기까지의 과정에서 나타난 우리 민족의 형성과 성장의 모습을 살피고, 씨족 사회와 부족 사회의 특성을 비교, 고찰함으로써 민족사의 기원에 대한 인식을 확고히 한다.	문화적, 사회 경제적 배경을 중심으로 하여 고대 사회의 발전 과정을 살핌으로써 고대 사회의 성격을 이해하고 삼국 통일의 민족사적 의의를 인식하도록 한다.
가) 석기 문화의 모습 나) 청동기 문화와 고조선의 성립 다) 철기 문화의 전래 라) 부족 국가의 발전	가) 고대 국가의 형성 나) 단일 민족 국가로의 발전 다) 고대의 사회 구조 라) 경제 활동의 확대 마) 불교와 유학 바) 조형 문화의 발달

[표 2]의 보고 시점은 [표 1]의 제3차와 제4차 교육과정기 사이라고 할 수 있는데, 세 시점의 교육과정 내용에서 가장 눈에 띄는 변화는 단원 구성 상 발해의 노출 여부와 국가발전단계의 설정에 관한 부분이다. 먼저 발해의 경우 제3차기의 단원 개요에서 통일신라 못지않게 민족사의 일환이라는 내용이 강조되었고 단원 구성에도 '발해의 민족사적 위치'가 노출되어 있지만, 1981년 7월의 보고서 제출을 기점으로 삼국통일(통일신라)의 의의가 부각될 뿐 발해에 대한 언급은 찾을 수 없게 된 것이다.

삼국통일론과 남북국시대론에 대한 논의는 이미 조선 후기 실학자들로부터 시작되었다. 신라를 정통으로 인식한 부류에서는 신라의 삼국 통일을 강조한 반면, 신라와 발해가 병존해 있던 시기에 주목한 부류에서는 남북국시대론을 주장한 것이다. 남북국시대라는 명칭은 제7차 교육과정에서야 등장하지만 개화기 이후부터 삼국통일론과 남북국시대론의 두 가지 인식은 교과서별로 각각 적용되었고, 일제강점기 민족주의 사학자들에 의해 민족의 정통성 문제와 함께 다시금 한국 고대사 연구의 쟁점이 되었다.[9] 이러한 병존 양상 속에서 제3차 교육과정기에 들어 민족사적 정통성이 강조된 교육 이념에 따라 신라뿐 만 아니라 발해의 민족사적 의미가 강조되는 방향으로 위치 지워졌던 것이다.[10] 이는 1970년대 이후 진행된 발해사 연구의 진척과 궤를 같이 하는 것으로, 발해를 한국사에 포함시켜야 한다는 인식 하에 교육내용에 포함되었던 것이다. 그러나 이는 제4차기에 일단의 변화를 보인다.

이러한 변화의 배경은 제4차 교육과정의 교육목표 속에서 추측해 볼 수 있다.

> 우리의 교육은 민주, 복지, 정의 사회의 건설에 적극적으로 이바지할 수 있는, 자주적이고 창의적인 국민을 길러 내는 것을 목적으로 한다.
>
> …
>
> 4. 민족 공동체 의식의 고양
>
> 가. 사회적 연대의식
>
> 나. 민주, 복지, 정의 사회 건설의 사명감
>
> 다. 투철한 국가의식
>
> 라. 민족 문화 창달 의욕
>
> 마. 인류 공영 의식
>
> …
>
> 한국사에 대한 종합적 이해를 통하여 올바른 민족 사관을 확립시키고, 우리 역사에 대한 긍지를 배양하며, 자주적인 태도로 민족 중흥에 이바지 하게 한다.

---

9 조선 후기 이래 한국 근현대의 역사교과서에서 통일신라론과 남북국시대론의 전개양상에 대해서는 신주백, 「한국근현대사에서 고구려와 발해에 관한 인식–역사교과서를 중심으로–」, 『역사와현실』 55, 2005를 참고할 것.

10 해당 교육과정기의 교육이념과 정치·사회적 상황에 따라 발해사에 대한 서술 비중과 시각의 차이를 보인다는 시각은 신선혜, 「제2차 교육과정기 한국 고대사 연구와 국사교과서의 서술 검토」, 『역사와교육』 24, 2017, 107~109쪽에서 검토한 바 있다.

제3차기에는 민족주체성이 강조된 반면,[11] 제4차기에는 자주성을 강조하였는데, 이는 기존 박정희 군사정권과의 차별성을 강조하고자 한 신군부 정권의 선택이라고 평가되기도 한다.[12] 실상 신라의 삼국통일에 대해 『국사』(1979)에서는 "이로써 신라는 삼국 통일의 위업을 이룩하였다"고 서술되었지만, 『국사』(1982)에서는 "이로써 신라는 외세의 간섭 없는 자주적인 통일의 위업을 이룩하였다"고 서술된 점을 통해서도 위의 평가에 동의할 수 있다. 다만 이와 함께 '민족 공동체 의식'이 강조되었던 점 역시 주목되어야 한다. 전두환 정권은 민족주체의 바탕위에 국민통합을 지향하였음을 정권 수립 후부터 줄곧 강조하였던 것이다.[13] 이에 역사상 삼국통일의 의의와 함께 단일 민족 국가의 성립이 부각되었고, 그런 만큼 교과과정 구성 상에서 발해의 비중이 적어진 것으로 파악할 수 있다. 제3차기에 비해 오히려 후퇴한 교과과정의 구성이라 생각된다. 이러한 제4차기의 민족 공동체 의식 강조 양상은 교과서의 단원 구성 변화 속에서도 발견된다.

---

11 제3차 교육과정기 민족주체성 교육에 대한 연구는 김한종, 「해방 이후 국사교과서의 변천과 지배이데올로기」, 『역사비평』 17, 1991; 『역사교육과정과 교과서연구』, 선인, 2006; 신주백, 「국민교육헌장 이념의 구현과 국사 및 도덕과 교육과정의 개편(1968~1994)」, 『역사문제연구』 15, 2005; 이신철, 「국사교과서 정치도구화의 역사-이승만·박정희 독재정권을 중심으로-」, 『역사교육』 97, 2006; 장영민, 「박정희 정권의 국사교육 강화 정책에 관한 연구」, 『인문학연구』 34-2, 2007; 구경남, 「1970년대 국정 『국사』 교과서에 나타난 애국심 교육과 국가주의」, 『역사교육연구』 19, 2014; 조성운, 「반공주의적 한국사 교육의 성립과 강화-미군정기~제4차 교육과정기를 중심으로-」, 『한국민족운동사연구』 82, 2015; 이봉규, 「박정희정권기 역사교육학계의 민족주체성 인식과 국사교육 강화」, 『역사문제연구』 37, 2017 등을 참고할 것.
12 박미선, 「교과서 속 삼국통일·남북국 서술과 통일교육」, 『사학연구』 133, 2019, 134쪽.
13 「특별좌담 전두환 장군의 사상을 말한다」, 『경향신문』, 1980년 8월 25일.

[표 3] 단원 구성의 변화

『국사』(1979)	『국사』(1982)	『국사』(1983)
I. 고대 사회 　1. 선사 시대의 문화 　　(1) 구석기 문화와 신석기 문화 　　(2) 한국 청동기 문화의 발달 　2. 부족 국가의 성장과 그 문화 　　(1) 고조선의 성장과 그 문화 　　(2) 철기 문화와 부족 국가의 성장 　3. 삼국 시대의 발전 　　(1) 고대 국가의 성립 　　(2) 삼국 간의 항쟁과 민족의 대외 투쟁 　4. 삼국 시대의 사회와 문화 　　(1) 삼국 시대의 사회 　　(2) 삼국 시대의 종교와 사상 　　(3) 삼국 시대의 예술 　5. 통일 신라와 발해의 발전 　　(1) 통일 신라의 발전 　　(2) 발해의 건국과 발전 　6. 통일 신라의 문화 　　(1) 학술의 발달과 불교 철학의 확립 　　(2) 통일 신라의 예술 　　(3) 신라 말의 사회 변동	I. 고대 사회의 발전 　1. 우리 역사의 시작 　　(1) 선사 시대의 사회와 문화 　　(2) 고조선의 성장 　　(3) 철기 문화와 부족 연맹체의 성장 　2. 삼국의 성립과 발전 　　(1) 고대 국가의 성립 　　(2) 삼국의 대외 관계와 민족 통일 　3. 삼국 시대의 사회와 문화 　　(1) 삼국 시대의 사회 　　(2) 삼국 시대의 문화 　4. 통일 신라와 발해의 발전 　　(1) 통일 신라의 발전 　　(2) 발해의 건국과 발전 　　(3) 신라의 학술과 불교 문화의 발달 　　(4) 신라의 예술 　　(5) 신라 말기의 사회 변동	I. 고대 사회의 발전 　1. 우리 역사의 시작 　　(1) 선사 시대의 사회와 문화 　　(2) 고조선의 건국과 발전 　　(3) 철기 문화와 사회의 발전 　2. 삼국의 성립과 발전 　　(1) 삼국의 성립 　　(2) 삼국의 대외 관계와 민족 통일 　3. 삼국 시대의 사회와 문화 　　(1) 삼국 시대의 사회 　　(2) 삼국 시대의 문화 　4. 통일 신라와 발해의 발전 　　(1) 통일 신라의 발전 　　(2) 발해의 건국과 발전 　　(3) 신라의 학술과 불교 문화의 발달 　　(4) 신라의 예술 　　(5) 신라 말기의 사회 변동

　민족 공동체 의식의 강조는 [표 3]의 삼국시대 부분에서 "삼국 간의 항쟁과 민족의 대외투쟁"[『국사』(1979)]이 "삼국의 대외 관계와 민족 통일"[『국사』(1982)]로 바뀐 양상에서도 확인할 수 있다. 교과서 서술 상의 큰 변화는 없지만, 단원명을 통해 삼국의 통일이 강조된 것이다.

　한편 [표 1]~[표 3]을 아울러 살핌에 국가 발전 단계 설정상의 차이점을 역시 발견할 수 있다. 이는 [표 3]을 통해 더욱 명확히 구별되는데, 고조선을 비롯하여 부여, 옥저, 동예 등을 각각 부족국가, 부족연맹체, 국가의 단계로 달리 설정한 것이다. 특히 제3차기까지는 부족국가가 선행하고 이후 부족연맹체와 고대국가로 발전한다는 발전 단계가 교과서에 통설로서 반영되었던 것에 비하면[14] 『국사』(1982)와 『국사』(1983)의 변화는 이와 관련하여 당시 학계의 논의가 그 어느 때보다도 치열했음을 보여준 다. 이에 1970년대 초반부터 국가가 강력한 힘을 발휘하고 있던 시대적 배경으로 인해 '국가란 무엇인가'라는 의문이 한국 고대사 연구에 투영되 면서 교육과정 및 교과서에도 이러한 연구성과가 반영되기 시작한 시점 으로서 제4차 교육과정기를 해석하기도 한다.[15] 다만 제4차기 내에서도 부족연맹체에서 국가로 변화를 보인 점에 주목해야 한다.

『국사』(1983)에서 고조선을 국가로 설정한 배경에는 꾸준하게 전개되 어 온 부족국가론에 대한 비판과[16] 1980년대 이후 Chiefdom론의 등장이 있다. 부족사회와 국가라는 단계가 병존할 수 있는 것인지에 대한 의문 에서부터 출발하여 인류학의 Chiefdom론을 한국 고대사에 적용하고 고 대 국가의 성립 시점을 예맥조선 시기로 소급시킨 연구성과에 힘입은 바 큰 것이다.[17] 다만 『국사』(1983)에 '국가 또는 나라―고대 왕국'의 발전단계 로 서술되어 이전의 개념에서 단순히 용어만 바꾸어서 서술한 것일 뿐 실 제 부족국가론에 의해 서술된 제3차기 교과서와 유사하다고 평가되기도

---

14 각 교육과정기별 혹은 교과서 집필자별로 부족국가와 부족연맹체의 선후관계 및 부족 연맹체의 유무 등에 대해서는 서술의 차이가 있었으나(신선혜, 「제2차 교육과정기 한 국 고대사 연구와 국사교과서의 서술 검토」, 『역사와교육』 24, 2017, 120~122쪽; 이정 빈, 「제3차 교육과정기 고등학교 『국사』의 한국고대사 서술과 특징」, 『역사와교육』 27, 2018, 92~93쪽), 제3차기에는 고대사 부분 집필자였던 김철준의 연구성과를 반영하는 방향으로 통일된 것으로 보인다.
15 박찬홍, 「고조선은 최초의 '국가'인가, 최초의 '고대국가'인가」, 『내일을 여는 역사』 24, 2006, 298쪽.
16 노태돈, 「국가의 성립과 발전」, 『한국사연구입문』, 지식산업사, 1981; 이종욱, 「한국의 초기국가 형성과 신라의 정치적 성장」, 『제2판 한국사연구입문』, 지식산업사, 1987; 주 보돈, 「한국 고대국가형성에 대한 연구사적 검토」, 『한국 고대국가의 형성』, 민음사, 1990; 최광식, 「남한학계의 고대국가 연구경향」, 『고대 한국의 국가와 제사』, 한길사, 1994.
17 김정배, 『한국고대의 국가기원과 형성』, 고려대학교출판부, 1986.

한다.[18] 그럼에도 앞서의 연구성과가 용어상으로라도 반영될 수 있었던 데에는 국사편찬위원회의 개편으로 인한 교과서 연구진 및 집필진의 변화도 한 몫을 담당했던 것으로 생각된다.

[표 4] 연구진 및 집필진의 변화

	『국사』(1979)		『국사』(1982)		『국사』(1983)	
연구진	최영희 이기백 강우철 이병도 고병익 이선근 김도연 이현종 김원룡 전해종 백낙준 조기준	신석호 최문형 신지현 최순우 유홍렬 최완기 이광린 한우근	최영희 강우철 고병익 김정배 김두헌 김흥수 김원룡 박용운 백낙준 신지현 유홍렬 유영익	이광린 이원순 이병도 이재룡 이선근 이현종 조기준 최문형 전해종 최완기 한우근	이현종 강우철 고병익 김흥수 김두헌 박성수 김원룡 박용운 김정배 유영익 김철준 윤종영	민석홍 이재룡 변태섭 최문형 손보기 최완기 유원동 이광린 전해종 천관우 최정호
	(총 20명)		(총 23명)		(총 23명)	
집필진	김철준(고대·고려편) 한영우(조선편) 윤병석(근대·현대편)		하현강(고대·고려편) 차문섭(조선편) 박용옥(근대편) 이현희(근대·현대편)		하현강(고대·고려편) 차문섭(조선편) 박용옥(근대편) 이현희(근대·현대편)	

이러한 개편에 대해 65세 이상의 학자가 재위촉에서 탈락된 대신에 해방 후 역사학을 전공한 학자로 전원 세대교체되어 젊어진 국편의 체질 개선과 활성화를 기대함과 동시에 고대사에 대한 백가쟁명식 주장이 해결될 수 있기를 바라는 당시의 목소리가 있었던 점에서[19] 새로 위촉된 고대사 연구자들의 성과가 교과서에 반영될 수 있는 토대가 형성되었던 것이다.

---

18 서의식, 「고대·중세초 지배세력연구의 동향과 「국사」 교과서의 서술」, 『역사교육』 45, 1989, 93~95쪽.
19 「한국사조명에 새 시각 등장」, 『경향신문』, 1982년 7월 8일.

Chiefdom론이 서양의 인류학을 한국사에 접목하는 시도였듯이, 제 4차기 서술체제는 한국사를 세계사적 보편성에 입각하여 설명하고자 고 대-중세-근대-현대라는 시대구분을 처음으로 적용한 시기이기도 하다. 이러한 시대구분법은 이미 제3차기에 적용된 바 있으나 중세의 시점에 대한 이견(異見)으로 인해 고대-고려-조선-근대-현대라는 불완전한 체 계로 구성되어 발행 직후부터 유기적이지 못하다는 비판이 있기도 하였 다.[20] 그런 만큼 제4차 교육과정 해설서에는 이 시기의 시대 구분에 대해 "시대별 성격을 분명히 하는 새로운 시기 구분이다"라고 평가되었다.[21]

이렇듯 제4차 교육과정과 교과서 서술체제를 이전 시기와 비교한 결 과 시대구분법 및 국가발달론이라는 큰 틀에 새로운 시각이 반영되었고, 발해 단원 설정의 변화 등의 특징을 발견할 수 있었다. 이는 교육과정 개 정을 위한 여러 차례의 연구, 세미나의 실시와 교과서 연구진 및 집필진 개편을 배경으로 하였고, 발해 인식의 경우 당시 정권의 교육 이념이 단 원 구성의 변화에 영향을 미쳤던 것으로 파악할 수 있었다.

III. 교과서 서술의 변화와 배경

1. 유사역사학계의 도전과 고조선 및 한사군 서술의 변화

유사역사학에 대한 사회적 관심과 우려는 최근까지도 계속되고 있다. 이미 1960년대 그 활동상이 확인될 만큼 역사학계와 대립의 역사가 오

---

20 金貞培, 「特輯 『國史』敎科書의 제문제: 上古史에 대한 검토」, 『창작과 비평』 9-2, 1974, 425쪽; 이우성, 「特輯 『國史』敎科書의 제문제: 고려시대」, 『창작과 비평』 9-2, 1974, 432쪽.
21 문교부, 『고등학교 새 교육과정 개요』, 연수자료, 1982, 55쪽; 차미희, 『한국 중·고등학 교의 국사교육』, 교육과학사, 2011, 139쪽 재인용.

래되었지만, 여전히 그들은 사료 비판이라는 과정을 거치지 않은 채 신앙적 확신에 의해 움직이고 있음에도 역사학계로서는 마냥 무시할 수만은 없는 세력이 되었다.[22] 이러한 대립의 과정 속에서 특히 1970~80년대는 그들이 정치세력과 언론을 등에 업고 교과서 문제 등 교육계까지 영향력을 미치기 시작한 시점이라는 점에서 제4차 교육과정기 교과서 검토에 중요한 배경으로서 유사역사학계의 주장이 주목된다.

그들의 주장 대부분은 고대사에 집중되어 있다. 이는 1981년 8월 31일에 국회에 제출한 「국사교과서 내용시정 요구에 관한 청원」을 통해 확인할 수 있는데, 이때의 청원 내용은 이미 1960년대 이래로 주장된 것과 대동소이하다.

[표 5] 국사교과서 주요내용 시정 청원 및 답변 요지[23]

	청원 내용	문교부 답변 요지
①	단군은 고조선의 건국자이다. 건국 연대는 서기전 2333년이다.	단순한 건국설화로만 취급하지 않고 역사적 사실이 담겨져 있는 건국설화로 수록하였음.
②	기자조선은 실재하였다.	대부분의 사학자들은 기자의 동래설은 사대주의의 결과로 이루어진 것이라고 기자조선을 부인하고 있음.
③	고조선과 진번, 임둔, 낙랑, 현도는 다 같이 연나라 동쪽, 즉 북경 부근에 있었다.	낙랑군의 위치가 대동강 유역임은 유물, 유적 및 문헌에 의해 입증되고 있음.
④	고구려가 대무신왕 20년(서기 37년) 낙랑을 멸하였다.	고구려의 낙랑군 퇴치는 미천왕 14년(313년)임. 대무신왕이 멸망시킨 것은 낙랑의 속국임.
⑤	백제가 3~7세기 동안 북경에서 상해까지 통치하였다.	백제의 요서지방, 산동지방에 대한 지배는 교과서에 서술하였으나 상해까지의 400년(3~7세기) 지배설은 학계의 연구성과를 좀 더 기다려야 함.
⑥	신라의 처음 강역이 동부 만주 전체고 통일신라의 국경이 한때 북경까지였다.	신라의 처음 강역은 경주 일원이고 통일 후 대동강까지 북상됨.

22 조인성, 「'고대사파동'과 식민주의 사학의 망령」, 『역사비평』 118, 2017; 기경량, 「사이비역사학과 역사파시즘」, 『한국고대사와 사이비역사학』 역사비평사, 2017.
23 「국회로 번진 국사논쟁」, 『경향신문』, 1981년 11월 26일. [표 5]는 조성운의 책(『대한민국 국사교과서』, 선인, 2019, 177쪽)에서 고대사 부분만을 인용하였다.

	청원 내용	문교부 답변 요지
⑦	고구려, 신라와 특히 백제에서 많은 사람이 일본에 가서 일본국과 일본문화의 기틀을 이루었다.	삼국 특히 백제의 문화가 일본문화의 기틀이 되었음은 중학교 교과서 45면, 고등학교 44면에 구체적으로 서술되어 있음.

이 중 고대사 서술과 관련해 가장 논란이 되는 ①~③의 내용을 살펴보고자 한다. 이는 기본적으로 한국 고대사의 시간적, 공간적 영역의 확장을 염두에 둔 주장으로, 이러한 주장에 사료적 근거가 존재하지 않음은 재론하지 않아도 될 만큼 기존에 다수의 논의가 진행되었다. 본고에서 주목하는 점은 이러한 주장이 교과서 서술에 어떤 영향을 미쳤는가라는 것이다. 이를 살피기 위해 세 주제에 대한 제3차 및 제4차기 교과서 서술을 살피면 다음과 같다.

[표 6] 고조선 및 한사군 서술의 변화

	『국사』(1979)	『국사』(1982)	『국사』(1983)
① 단군 관련	단군 신화 우리 나라에는 청동기 문화가 성립되면서부터 우세한 부족들이 대두하였다. 그들은 스스로를 하늘의 아들이라고 믿었다. 그리하여, 하느님의 아들인 환웅과 곰의 변신인 여인 사이에서 출생한 단군 왕검이 고조선을 건국하였다는 단군 신화를 가지기에 이르렀다.	단군과 고조선 청동기 문화가 성립되면서부터 우세한 부족들이 대두하였다. 그들은 스스로 하늘의 아들이라고 믿었다. 그리하여, 하느님의 아들인 환웅과 곰의 변신인 여인 사이에서 출생한 단군 왕검이 기원전 2333년에 고조선을 건국하였다는 단군 신화를 가지게 되었다.	단군의 건국과 고조선 삼국유사에는 하느님의 아들인 환웅과 곰의 변신인 여인 사이에서 출생한 단군 왕검이 기원전 2333년에 고조선을 건국하였다는 내용이 실려 있다. 주) 단군의 건국에 관한 기록은 삼국유사, 제왕운기, 응제시주, 세종 실록 지리지, 동국여지승람 등에 나타나고 있다. 이와 같은 건국에 관한 내용은 세계 여러 나라에서 흔히 볼 수 있는 건국 신화와 같은 유형이다. 천신의 아들이 내려와 건국하였다고 하는 단군 건국의 기록은, 우리 나라의 건국 과정의 역사적 사실과 홍익 인간의 건국 이념을 밝혀 주고 있으며, 고려, 조선, 근대를 거치면서 우리 민족의 전통과 문화의 정신적 지주가 되어 왔다.

	『국사』(1979)	『국사』(1982)	『국사』(1983)
② 기자 관련	내용 없음	내용 없음	주) 고조선의 발전과 관련하여 기자(箕子) 조선에 관한 기록이 있다. 중국의 사기(史記), 한서 지리지, 그리고 삼국유사에는 중국의 기자가 조선 왕에 책봉되어 동래(東來)하였다고 하였으나, 기자 동래설은 인정되지 않고 있다. 고조선의 발전 과정에서 사회 내부에서 등장한 새로운 지배 세력으로 보아 이를 한씨(韓氏) 조선이라는 견해와, 동이족의 이동 과정에서 기자로 상징되는 어떤 부족이 중심이 되어 정치 세력을 잡은 것으로 보는 견해가 있다. 제왕운기에는 기자 조선을 후(後)조선이라 하고, 준왕 때 망했다는 기록이 있다.
③ 고조선 및 한사군 영역	한 군현의 세력 한은 고조선을 넘어뜨린 후 낙랑, 진번, 임둔, 현도의 4군을 두어 식민지로 만들었다. 그러나, 임둔군과 진번군은 한의 군현을 축출하려는 토착 세력에 견디지 못하여 곧 없어지고, 통구(퉁코우)의 현도군도 요동 방면으로 쫓겨갔다. 다만, 낙랑군과 후한 말기에 옛 진번군 지역에 설치되었던 대방군만이 오래 계속되다가, 고구려와 백제에게 망하였다.	한편, 한은 고조선이 자기네들의 무역을 방해할 뿐만 아니라 요동 지역을 위협하였으므로, 대군을 이끌고 침입하였다. 고조선은 이에 대항하여 1년간이나 싸웠으나, 왕검성이 함락되면서 망하였다.(B.C. 108)	한은 고조선이 자기네들의 무역을 방해할 뿐만 아니라 요동 지역을 위협하였으므로, 대군을 이끌고 침입하였다. 고조선은 이에 대항하여 1년간이나 싸웠으나, 왕검성이 함락되면서 망하였다(B.C. 108). 한은 고조선의 일부 지역에 낙랑, 진번, 임둔, 현도의 4군을 두었다. 그러나, 우리 민족은 이에 대항하여 이들을 축출하면서 계속 발전하였다. 주) 한이 고조선 지역에 설치하였다는 4군현의 위치에 대해서는 만주와 한반도 북부설과, 요동·요서 지방설이 있다.

먼저 단군에 대한 서술은 소항목명을 통해서 제4차기 이후 신화적 개념이 탈각되었음이 눈에 띈다. 또한 『국사』(1982)에서부터 고조선의 건국자로서 단군이 상정되고 그 시기는 B.C. 2333년으로 확정되어 서술되었다.

이는 [표 5]의 ①에서 유사역사학자들이 주장한 바를 반영한 것으로 해석할 수 있고, 이에 대한 문교부의 답변에서도 역사적 사실화하여 서술하였음이 드러나 있다. 이러한 서술 변화에 대해 단군 연대 B.C. 2333년을 기록한 것은 오히려 '황국사관'에 따른 일본의 '국사' 교육을 떠올릴 만큼 잘못된 서술이라고 판단되었고,[24] 『국사』(1983)에 단군신화를 민족의 시조신화로 위상을 높여 민족문화의 정신적 지주로 서술한 점은 비역사적인 해석이라고도 평가된 바 있다.[25] 그런데 『국사』(1983)에는 단군에 대한 내용과 고조선 건국 연도 등이 『삼국유사』에 실려 있다고 출처를 밝힘으로써 오히려 서술의 객관성이 담보된 것은 아닌지 생각해 볼 일이다.

다음으로 기자(箕子)와 관련하여는 [표 5]의 ②에서 볼 수 있듯이 유사역사학자들에 의해 그 실재가 주장되었지만, 당시 학계에서 기자조선을 부인하고 있다고 답변한 바와 같이 『국사』(1982)에는 서술되지 않았다. 다만 이에 대한 보충설명이라도 하듯 『국사』(1983)에는 기자동래설이 인정되지 않음을 주)에서 서술하면서 문헌에 나타난 기자의 실체를 밝히기 위한 학계의 다양한 연구성과를 제시하였다. 이때 제시한 한씨조선설과 동이족의 이동과 관련하여 기자를 설명한 견해는 각각 이병도,[26] 천관우[27]에 의해 제기된 것으로, 『국사』(1983)의 집필에 천관우가 새롭게 합류한 점과도 관련시켜 이해할 수 있을 듯하다.

마지막으로 고조선 및 한사군의 영역에 대한 서술 변화는 고대사 서술 중 가장 다양한 변화를 보인다. 『국사』(1979)의 내용에 한군현의 위치

---

24 조인성, 「'고대사파동'과 식민주의 사학의 망령」, 『역사비평』118, 2017, 25쪽.
25 임기환, 「3~7차 교육과정 국정 국사교과서의 고조선, 한군현 관련 서술의 변화」, 『사회과교육』56, 2017, 40쪽.
26 李丙燾, 「기자조선의 정체와 所謂 箕子八條敎에 대한 新考察」, 『韓國古代史硏究』, 博英社, 1976.
27 천관우, 「箕子攷」, 『동방학지』15, 1974.

가 서술되지 않은 점은 이전 『국사』(1974)의 서술에 비해 한국사 발전의 동력을 내부에서 찾고자 한 역사학계의 연구방향에 부합되는 변화상이라 할 수 있다.[28] 유사역사학자들의 주장에도 불구하고 『국사』(1982)에는 서술이 더욱 소략해졌을 뿐만 아니라 한사군의 명칭도 서술되지 않았다. 그런데 『국사』(1983)에는 한사군의 명칭과 함께 위치에 대한 만주, 한반도 북부설 그리고 요동·요서지방설까지 서술되었다.[29] 이러한 변화는 고대사 파동의 결과로밖에 설명할 수 없으며, 유사역사학계의 도전이 역사학계를 위축시키고 소극적인 대응을 하게 만들었음을 짐작하게 하는 대목이다.[30]

사실 『국사』(1982)의 서술에 대해서는 민족사의 전진적인 발전이 우리 민족의 자생적이며 자주적인 노력에 의해 이루어졌음을 강조하는 내용을 많이 반영시켜 일제 식민사관이 못 박아놓은 한국사 정체성론의 허구를 밝혔다고 언급될 만큼[31] 식민사관의 탈피에 일차적 목표를 둔 것으로 평가받았다. 그런데 『국사』(1983)의 경우 단군과 고조선 영역 부분의 서술에 있어 다음과 같이 교과서 개편 막바지까지 진통을 겪었음을 참고한다면 이 주제에 대한 유사역사학계의 도전이 가장 거셌던 것으로 파악되고, 결국 그들의 주장이 일부 반영되었던 것이라 볼 수 있다.

> 현재 국편이 교과서 개편과정에서 가장 큰 진통을 거듭하고 있는
> 부분은 단군조선의 기술문제. 국편의 초안에 따르면 단군의 건국과

---

28 이정빈, 「제3차 교육과정기 고등학교 『국사』의 한국고대사 서술과 특징」, 『역사와교육』 27, 2018, 109~110쪽.

29 당시 제기된 연구성과였던 중심지 이동설이 언급되지 않은 이유가 궁금하다.

30 임기환, 「3~7차 교육과정 국정 국사교과서의 고조선, 한군현 관련 서술의 변화」, 『사회과교육』 56, 2017, 27~28쪽.

31 「민족을 역사발전의 주체로-국사교과서 개편의 배경과 의의」, 『경향신문』, 1982년 1월 19일.

고조선 항목이 청동기 시대(B.C. 10세기 이후로 시작됨)에 들어 있다. … 이에 대해 관계학자들은 건국연대설정의 문제점을 지적하고 있어 해결에 진통을 겪고 있는 것이다. 학계의 정설은 청동기 시대의 상한이 B.C. 10세기경으로 돼있고 개편될 교과서도 이를 따르면서 B.C. 2333년의 고조선 건국을 청동기 항목에 넣는다는 것은 모순이라는 지적이다. … 한편 국사학자들은 단군조선의 영역에 대해서도 이견을 보이고 있다. … 재야역사연구자들은 『만주원류고』 등을 이용, 국편의 초안과 비슷한 주장을 펴고 있고 이에 대해 한국사 교수들은 『만주원류고』의 사료로서의 신빙성을 의문시하고 고고학적 뒷받침이 없다고 설명하는 형편이다.[32]

이렇듯 유사역사학계의 도전은 고조선 및 한사군에 대한 주제를 중심으로 교과서 서술에 일단의 변화를 야기하였다. 특히 기존 연구와 달리 본고에서는 제4차 교육과정기가 시작된 후 사용된 『국사』(1982)와 함께 개편된 『국사』(1983)를 살펴 유사역사학계의 주장이 어떠한 단계를 거쳐 서술에 반영 혹은 폐기 및 변형되었는가에 주목해보았다. 이를 통해 『국사』(1983)로의 개편에 이르기까지 그들의 주장이 지속적으로 영향력을 미쳤음을 발견할 수 있었는데, 이전 시기까지의 교과서 서술이 새로운 연구 성과를 반영한 식민사관 잔재의 청산에 초점을 맞춰져 있었다면 제4차기 이후에는 (그것이 성공하였던, 실패하였던) 유사역사학계의 주장과 이념적 편향성을 극복하는 데에 집중되었다고 해도 틀리지 않을 것이다. 그럼에도 그들의 영향력이 제5차 교육과정기 이후에까지 영향을 주었음은 주지의 사실이다.

---

32 「학계 교과서 단군기술 놓고 진통」, 『동아일보』, 1982영 12월 15일.

2. 일본의 역사교과서 왜곡과 한–일 관계 서술의 변화

1982년 제4차 교육과정기가 시작되고 같은 해 6월에 일본 교과서의 검정이 강화되며 서술이 보수화되는 등의 변화가 감지되었다.[33] 이에 한국사연구협의회에서 관계학자 10여 명이 모여 대책을 의논하고, 국사교육협의회의 설치를 검토하는 등 한국에서는 일본의 역사왜곡에 대한 대책이 발빠르게 진행되었다.[34] 결국 12월, 중등 교과서의 서술을 수정하기에 이르러『국사』(1983)가 집필되었으니,[35] 제4차 교육과정기 교과서 중 한–일 관계 서술의 변화를 보이는 것은『국사』(1982)이 아닌, 『국사』(1983)일 것임이 짐작 가능하다.

수정의 대상이 된 부분은 일본 고등학교 교과서 16종을 분석한 결과에 의거한 것으로,[36] 일본측에 왜곡의 시정을 요구한 부분은 대체로 일본의 조선침략과 타율성론에 입각한 일제강점기 실상에 대한 서술이지만,[37] 국내에서 교과서 수정의 대상이 된 것에는 고대사가 상당 부분 포함되어 있었다.

일본의 역사왜곡으로 인해 서술의 변화가 확인되는 부분은 민족의 이동과 형성, 일본으로의 한반도 문화 전파, 임나일본부설과 가야에 대한 부분이다. 교과서별로 해당 부분의 서술을 정리하면 다음과 같다.

---

33 「일 교과서 검정 강화」, 『동아일보』, 1982년 6월 26일.
34 「한국사연구협의회에서 관계학자 10여명이 모여」, 『동아일보』, 1982년 7월 30일; 「국사교육협의회 설치 검토 문교부 방향 등 제시」, 『동아일보』, 1982년 9월 6일.
35 「국사편찬위 중고 역사교과서 84항목 수정」, 『경향신문』, 1982년 12월 6일.
36 「일 고교 교과서 16종 24항목 167곳 왜곡」, 『동아일보』, 1982년 8월 5일.
37 정구종, 「일본 교과서 역사왜곡의 실태」, 『관훈저널』 42, 1986.

[표 7] 민족 형성 및 한-일 관계 서술의 변화

	『국사』(1979)	『국사』(1982)	『국사』(1983)
① 민족 이동과 형성 관련	**민족의 형성** 산뚱 반도와 회수 유역에 있었던 동이족(東夷族)은 중국 춘추 시대와 전국 시대를 거치는 동안 살기 좋은 농경지를 찾아 점차 만주와 한반도로 이동하게 되었다. 동이족 중에 무늬 없는 토기 문화의 기반 위에서 청동기 문화를 성립시킨 한(韓)족은 언어학상으로는 알타이 어계에 속하는 퉁구스족의 한 갈래라 한다. 이들이 농경 문화의 경제력을 기반으로 하여 크게 발전하면서 우리 민족의 주류를 형성하였다.	**민족의 기원** 우리 민족의 원주지에 대해서 명확히 알 수는 없으나, 대체로 산뚱 반도와 화이허 유역에서 살고 있다가 점차 만주와 한반도로 이동해 온 것으로 생각된다. 우리 나라에 사람이 살기 시작한 것은 구석기 시대부터이지만, 오늘날 우리 민족의 조상은 신석기 시대에서 청동기 시대를 거치는 과정에서 이주해 온 사람들인 것으로 생각된다.	**민족의 기원** 우리 조상들은 대체로 요서, 만주, 한반도를 중심으로 한 동북 아시아에 넓게 분포되어 있었다. 우리 나라에 사람이 살기 시작한 것은 구석기 시대부터이며, 신석기 시대에서 청동기 시대를 거치는 과정에서 민족의 기틀이 이루어지게 되었다.
② 일본으로의 한반도 문화 전파[38]	**삼국 문화의 일본 전파** 우리 나라 사람들은 일찍부터 일본에 건너가 각처에서 그들을 교화시켰을 뿐만 아니라, 고구려계, 백제계, 신라계 사람들이 가지고 간 새로운 문화가 그 곳 토착 사회를 자극하여 일본의 고대 국가를 성립시켰다. 그 중에서도 백제 문화의 영향이 가장 컸다. 백제의 아직기와 왕인은 일본에 건너가서 학문을 가르쳤는데, 성왕 때에는 불교를 전해 주었고, 5경 박사, 의박사, 역박사 및 미술, 공예의 기술자를 보냈다. 한편, 고구려도 일본 문화에 많은 영향을 끼쳤다. 고구려의 승려 혜자는 일본 쇼오토쿠 태자의 스승이 되었고,	**삼국 문화의 일본 전파** 우리 나라 사람들은 일찍부터 일본에 건너가 각처에서 그들을 교화시켰을 뿐만 아니라, 고구려계, 백제계, 신라계 사람들이 가지고 간 새로운 문화가 그 곳 토착 사회를 자극하여 일본의 고대 국가를 성립시켰다. 그 중에서도 백제 문화의 영향이 가장 컸다. 백제의 아직기와 왕인은 일본에 건너가서 학문을 가르쳤는데, 성왕 때에는 불교를 전해 주었고, 5경 박사, 의박사, 역박사 및 미술, 공예의 기술자를 보냈다. 한편, 고구려도 일본 문화에 많은 영향을 끼쳤다. 고구려의 승려 혜자는 일본 쇼오토쿠 태자의 스승이 되었고,	**청동기 문화와 농경 생활** 한편, 신석기 시대 이래로 우리 나라의 선사 문화는 일본에 전해져, 그곳의 선사 문화 성립에 큰 영향을 끼쳤다. 주) 구석기 시대에는 육지로 연결되어 있었으므로, 우리의 문화가 그대로 일본으로 전해졌다. 신석기 시대에도 빗살 무늬 토기가 일본으로 건너가 죠몽 토기(繩文土器)와 연결되고 있으며, 야요이 문화(彌生文化)의 벼농사나 고분 문화의 금은 장식도 한국으로부터 영향을 받아 크게 발달하였다. 그 밖에도 유구 석부, 세문경을 받아들여 변형시켰으며, 고인돌이나 분묘도 우리의 것을 전수받아 만들었다.

38 일본으로의 불교 및 삼국 문화 전래에 대해서는 이전 시기와 서술의 변화가 없어, 추가 서술된 부분을 중심으로 정리하였다.

	『국사』(1979)	『국사』(1982)	『국사』(1983)
	담징은 유교의 5경과 그림을 가르쳤고, 지묵의 젯법까지 전해 주었다. 일본의 자랑거리인 호오류우 사의 벽화도 담징의 그림을 복사한 것이었다.	담징은 유교의 5경과 그림을 가르쳤고, 지묵의 젯법까지 전해 주었다. 일본의 자랑거리인 호오류우 사의 벽화도 담징의 그림을 복사한 것이었다.	**삼국 문화의 일본 전파** (『국사』(1979) 및 『국사』(1982)와 동일한 내용) 특히, 현재 일본 각지에 남아 있는 불상은 그 형태미나 특징으로 보아 거의가 삼국의 불상이 전해진 것이다.신라에서는 축제술과 조선술을 일본에 전하였으며, 특히 축제술이 전파되어 한인의 연못이라는 이름까지 생기게 하였다. 이밖에, 삼국의 음악도 전해져 고구려악, 백제악, 신라악 등의 이름까지 생기게 되었으며, 일본 음악의 주류를 이루게 되었다.
③ 임나일 본부설	내용 없음	내용 없음	**고구려의 전성** 주) 통구에 남아 있는 광개토 대왕릉비는 장수왕 때(414) 건립된 것으로, 그의 영토 확장 과정을 자세히 나타내고 있다. 영락 5년(395)의 비려 정복, 396년의 왜와 연결된 백제 정벌, 398년의 숙신 정복, 400년의 신라·가야의 정벌, 407년의 북방 정복, 410년의 동부여 정복 등이 기록되어 있다. 학계에서는, 19세기 말에 일본군이 이 비석의 중요한 비문 일부를 위작하여 일본의 이른바 임나 경영설의 근거로 삼고 있다는 주장이 있다.
④ 가야	**가야** 청동기 시대부터 크게 발달한 낙동강 하류 지방은 철기 시대에 와서도 신라 지역보다 앞서 발달하여 6가야 부족 연맹이 성립되었다.	**가야연맹체** 청동기 시대부터 크게 발달한 낙동강 하류 지방은 철기 시대에 와서도 신라 지역보다 앞서 발달하여 6가야 부족 연맹이 성립되었다.	**6가야** 일찍이 청동기 문화가 발달하였던 낙동강 하류 지방에는 철기 시대에 와서 6가야가 성립되었다.

먼저 민족의 이동과 형성에 대한 서술의 변화이다. 『국사』(1982)까지 우리 민족은 동이족의 만주 및 한반도로의 이동을 통해 형성되었고, 그 시기는 청동기 시대라고 서술되었을 뿐만 아니라 민족이동로가 지도로 제시될 만큼 민족이동설이 강조되었다. 그런데 『국사』(1983)에는 우리 조상들이 동북 아시아에 넓게 분포되어 있었고, 신석기 시대부터 민족의 기틀이 이루어졌다고 서술함과 동시에 이동경로가 빠진 초기 여러 나라의 분포 지도가 제시되고 있다.

민족 이동로와 부족 연맹체

[그림 1] 『국사』(1982)

초기의 여러 나라

[그림 2] 『국사』(1983)

이는 해방 이후 선사시대에 관한 연구를 통해 신석기 및 청동기 문화의 독자성을 입증한 성과에 힘입은 바 크다.[39] 다만 서술의 변화가 이러한 연구성과의 제출 후 비교적 시간이 경과한 『국사』(1983)에 반영된 배경에는 일본의 역사왜곡에 대응한다는 의도가 이 시기 강하게 작용하였던

---

39 김원룡, 「한국문화의 고고학적 연구」, 『한국문화사대계1』(고려대 민족문화연구소, 1964). 신석기시대의 시작시기가 『국사』(1982)에서 기원전 4천년 전에서 『국사』(1983)에 기원전 6천년 전으로 변화된 것도 이러한 연구성과가 반영된 양상이겠다. 한편 한강유역의 무문토기 유적을 정리한 연구도 진행되었는데, 소위 청동기시대와 초기철기시대를 토기 면에서 구별한 것으로 남한 무문토기 편년에 대한 큰 진전이기도 하였다(임병태, 「한강유역무문토기연대」, 『이홍직박사회갑기념 한국사논총』, 1969).

것으로 생각할 수 있다.

이러한 학계의 연구성과로 인해 한반도의 문화가 일본의 고대문화 형성에 끼친 영향이 논리적으로 해명될 수 있었다.[40] 이에 『국사』(1983)에서는 이전 시기 교과서에 서술되었던 삼국 문화의 일본 전래뿐만 아니라 선사문화의 전래에 대해 구체적으로 추가 서술하였다.[41] 이러한 시각은 현재 고고학계에서도 널리 통용되고 있지만,[42] 고대 한국 문화의 일방적인 일본 전파라는 시각이 한일 관계에 걸림돌이 될 것임을 일찍이 우려하기도 하였다.[43]

한편 한-일 관계 서술에 있어 가장 큰 변화는 임나일본부설과 가야에 대한 시기별 서술이다. 이는 현재까지도 칠지도 등의 연구성과와 더불어 한-일 고대사 연구자 간 이견을 보이는 주제이다. 물론 임나일본부설은 해방 후 일본인 연구자들 사이에서 이미 비판이 이루어져 부인되기는 하였으나 1982년 일본의 교과서 왜곡 내용에 다시금 포함되었음을 통해 볼 때 여전히 일본에서는 한국사를 타율성론에 입각하여 판단하려는 시각이 잔존하였던 것으로 볼 수 있다. 이에 『국사』(1983)에서는 광개토대왕릉비의 내용 소개와 이것이 임나 경영의 근거가 되고 있다는 서술을 비문변조설과 함께 주)로 넣음으로써 임나일본부설에 대한 관심을 환기시키는 계기를 마련하였다고 볼 수 있다. 비문변조설은 1973년 재일사학자 이진희

---

40 최덕수, 「중등학교 국사교과서에 있어서 일본관계서술」, 『역사교육』 37·38, 1985, 104~105쪽.

41 이미 『국사』(1974)에 "우리나라 사람들은 일찍부터 일본에 건너가 각처에서 식민지를 개척했다"고 서술된 바 있지만, 『국사』(1983)에서는 그 시기를 '신석기시대 이래'로 명기하고 죠몽 및 야요이 문화 형성에 끼친 우리나라의 선사 문화에 대해 구체적으로 서술하였다는 점에서 당시 일본의 역사왜곡에 대한 대응이라는 측면으로 서술변화의 배경을 이해할 수 있다.

42 최성락, 「고고학에서 본 고대 한일 문화교류의 쟁점」, 『동북아역사논총』 8, 2005.

43 이러한 우려는 이미 1920년대에 나타난 바 있다(조인성, 「이병도의 『조선사개강』-1920년대 초반 문화사학의 일례」, 『백산학보』 98, 2014, 54~55쪽.

에 의해 주장된 것으로, 이후에도 광개토왕릉비 연구의 쟁점으로 부각되어 통설화되는 듯 보이지만[44] 『국사』(1983)의 사용시기 당시에도 이 설 뿐만 아니라 이와 관련한 다른 설의 소개도 필요하다는 비판이 있기도 하였다.[45] 현재 비문변조설은 받아들여지지 않고 있지만[46] 일본의 역사왜곡에 직면하였던 당시에는 그에 대한 반박 근거로서 주목을 받기에 충분했다고 생각된다.

임나일본부설과 표리를 이루는 가야사에 대한 연구 역시 1970년대 이후 본격적으로 진행되었다. 아울러 1980년대 이후 확산된 『일본서기』 관련 기록의 비판적인 활용 등으로 가야사 연구가 활기를 띠었는데, 그를 반증하듯 『국사』(1983)에서는 기존 연맹체 단계로 규정되던 가야를 6가야로 개념화 한 변화가 확인된다.

앞서도 언급한 바 있듯이 가야의 발전단계에 대한 서술의 변화는 집필진의 변화와도 관련되는 것으로 보인다. 즉 제3차기의 경우 김철준에 의해 집필이 이루어진 만큼 그의 가야에 대한 시각이 반영되었다고 생각된다. 그는 낙동강 하류에서 성장한 금관가야와 중류의 대가야가 서로 대등하게 결속하여 '상·하 가야연맹'을 성립했지만, 아직 고대국가에 도달하지 못했다고 보았다.[47] 이러한 가야연맹체론은 1980년대 중반 이후 고고학 발굴성과를 토대로 가야사의 전개과정을 본격적으로 탐색하

---

44 李進熙, 『廣開土王陵碑の硏究』, 吉川弘文館, 1972; 李進熙 저 李基東 역, 「参謀本部에 의한 石灰塗付作戰」, 『廣開土王碑의 探究』, 일조각, 1982.

45 최덕수, 「중등학교 국사교과서에 있어서 일본관계서술」, 『역사교육』 37·38, 1985, 106쪽.

46 광개토왕릉비의 탁본에 대한 종합적 정리는 이정빈, 「광개토왕릉비 탁본 연구방법의 성과와 과제」, 『동북아역사논총』 49, 2015를 참고할 것.

47 김철준, 「한국고대국가발달사」, 『한국문화사대계1』, 고려대학교 민족문화연구소, 1964, 484~487쪽; 「부족연맹 세력의 대두」, 『한국사』 2, 국사편찬위원회, 1977, 138~140쪽. 더하여 이호영, 『한국고대사의 이해』, 형설출판사, 1979; 손진태, 『손진태선생전집』, 태학사, 1981; 이병도, 『한국고대사연구』, 박영사, 1981 참고.

여 '전·후기 가야연맹'으로 설정되는 성과를 이루었다.[48] 그런데 이와 함께 연맹의 개념에 대한 재검토가 이루어지며 가야연맹설에 대한 비판적인 견해 역시 대두되었다.[49] 이러한 비판을 염두에 두고 『국사』(1983)에서는 연맹의 개념을 삭제하고 가야가 '고대왕국'으로 발전하지 못하였다고 서술된 것으로 생각된다.[50] 『국사』(1983)에 사용된 고대왕국은 중앙집권적 왕권이 확립된 시기를 가리키므로, 가야가 그 단계에는 미치지 못하였으나 국가(state) 단계에 이른 것으로는 볼 수 있다는 시각이다. 연맹이란 동일한 용어와 개념의 천편일률적 사용 때문에 가야는 사회발전단계에 진전이 없었던 사회처럼 보인다는 비판에서 임나일본부설에 대한 대응의 일환으로 연맹의 개념이 삭제된 것으로 생각된다.[51]

이렇듯 한-일 관계에 대한 일본의 교과서 왜곡문제는 『국사』(1983)의 집필에 한반도에서 일본으로의 문화전파라는 시각이 강조되는 계기가 되

---

48 김태식, 「5세기 후반 대가야의 발전에 대한 연구」, 『한국사론』 13, 1985; 「6세기 후반 가야남부제국의 소멸과정 고찰」, 『한국고대사연구』 1, 1988; 「가야의 사회발전단계」, 『한국고대국가의 형성』, 민음사, 1990.

49 가야의 국가발전이 부족연맹의 단계가 아닌, 성읍국가의 단계로부터 소규모의 영토국가로까지 진전되었다고 보는 견해(천관우, 「삼한의 국가형성」, 『한국학보』 3, 1976 여름, 147쪽), 삼한사회의 國을 발전된 군장사회(김정배, 「소도의 정치사적 의미」, 『역사학보』 79, 1978, 1~27쪽), 혹은 읍락국가로 보는 견해(김정학, 「고대국가의 발달(가야)」, 『한국고고학보』 12, 1982, 5쪽) 등이 참고되었다(이영식, 「가야제국의 국가형성문제-'가야연맹설'의 재검토와 전쟁기사분석을 중심으로-」, 『백산학보』 32, 1985; 「구간사회와 가락국의 성립」, 『가야문화』 7, 1994).

50 『국사』(1983)의 연구진이었던 천관우가 임나일본부의 왜곡을 극복하고 가야사의 복원을 추구한 사실이 서술의 변화와도 관련된다고 생각한다. 그는 연구 초기에 가야사를 연구대상으로 삼고 싶었다고 한다. 그러자면 변한사 내지 삼한사, 나아가서는 고조선사까지 거슬러 올라가야 무언가 잡힐 것 같아, 기자 연구를 第一着으로 내놓았다고 밝히고 있다(천관우, 「나의 한국사 연구」, 『한국사시민강좌』 2, 일조각, 1988, 141~142쪽).

51 제5차 교육과정기부터 6가야라는 본문 서술은 사라졌는데, 이러한 변화의 배경을 6가야라는 표현이 가야 연맹 존립 당시의 것이 아니고 신라 말 고려 초의 관념이라는 학계의 비판을 받아들인 것으로 해석하기도 한다(이수정, 「해방 이후 국사 교과서의 가야사 서술 변천과 대안」, 『역사와 교육』 19, 2014, 180쪽). 나아가 제6차 교육과정의 교과서까지 여전히 6가야의 개념이 남아 있는 것을 한계로 지적하기도 한다(김태식, 「중등학교 교과서(국사 및 사회)의 가야사 서술과 문제점」, 『학교교육과 사회교육으로서의 가야사』, 2002, 42쪽).

어 선사시대 이래 고대 문화 전파의 서술이 증가하였고, 임나일본부설에 대한 서술을 추가함으로써 한−일 고대사 논쟁에 대한 관심을 환기시켰을 뿐만 아니라 그 대상국이었던 가야의 발전단계를 국가로 설정하는 등의 변화를 보였다.

3. 국내학계의 연구성과 반영[52]

앞서 살핀 큰 틀에서의 변화 이외에도 교과서 집필 당시까지 행해진 진척된 연구성과를 반영하였던 사례가 『국사』(1982), 『국사』(1983)에서 확인된다. 대표적으로 전곡리 유적에 대한 서술 추가와 백제의 지방제도, 신라의 골품제도 관련 서술의 변화가 그것이다. 해당 부분의 서술을 정리하면 다음과 같다.

[표 8] 새로운 연구성과의 반영

	소제목	『국사』(1982)	『국사』(1983)
①	구석기문화	우리나라에 사람이 살기 시작한 것은 약 50만년 전 구석기 시대부터였다. 연천의 전곡리, 상원의 검은모루, 공주의 석장리, 제천의 점말 동굴, 청원의 두루봉 동굴 등은 구석기 시대의 유적으로 밝혀졌다.	우리 나라의 구석기 문화는 약 50만년 이전부터 시작되었다. 웅기 굴포리, 공주 석장리, 상원 검은모루, 제원 점말 동굴, 청원 두루봉 동굴, 연천 전곡리 등은 구석기 시대의 유적으로 밝혀졌다. 이 밖에도, 여러 지방에서 구석기 시대의 유적이 계속 발굴되고 있다. 주) 종래 구석기 문화는 인도의 동쪽(동남 아시아, 동북 아시아)에서 발달한 찍개 문화와 그 서쪽(인도, 유럽, 아프리카, 중동)에서 발달한 주먹도끼 문화로 대별되고 있다. 전곡리의 유물에서도 주먹도끼 전통의 석기가 다수 출토되었다.

---

52 이 절에서 다루고 있는 소주제들에 대한 서술은 『국사』(1979)와 『국사』(1982) 간에는 큰 차이를 보이지 않으므로 『국사』(1982)와 『국사』(1983)만을 대상으로 분석하였다.

	소제목	『국사』(1982)	『국사』(1983)
②	백제 사회	지방도 5방으로 나누고 그 장관을 방령이라 하였다. 그리고, 방 아래에는 여러 군을 두었으며, 군에는 군장을 두어 그 지방을 다스리게 하였다.	지방도 5방으로 나누었는데, 방의 장관을 방령이라 하였다. 그리고, 방 아래에는 여러 군을 두었으며, 군에는 군장을 두어 그 지방을 다스리게 하였다. 한편, 이와는 달리 지방 중심지를 담로라 하여 전국에 22개의 담로를 두었다.
③	신라 사회	신라는 각 지방의 족장 세력을 통합, 편제하는 방법으로 골품 제도를 마련하였다. 먼저, 각 지방의 작은 촌의 촌장에게 4두품, 5두품의 신분을 주고, 한 등급 위에 있는 대족장에게는 6두품의 신분을 주었으며, 중앙의 귀족은 진골, 왕족은 성골이라 하였다.	신라는 각 지방의 족장 세력을 통합, 편제하는 방법으로 골품 제도를 마련하였다. 먼저, 각 지방의 작은 촌의 촌장에게 4두품, 5두품의 신분을 주고, 한 등급 위에 있는 대족장에게는 6두품의 신분을 주었으며, 진골, 성골은 왕족이었다.

먼저 구석기 문화 부분에서는 전곡리 유적에 대한 서술이 추가되었다. 이와 함께 전곡리에서 출토된 주먹도끼와 자르개 등 유물 사진 역시 추가되었다. 일본 사학자들의 한반도 구석기 시대 부재론을 극복하기 위해 1970년대 이후 구석기 시대에 대한 연구가 활발히 진행되었음은 앞서 언급한 바 있다. ①의 서술 변화도 이러한 연구성과가 반영된 양상이라 하겠는데, 1978년 전곡리에서 출토된 주먹도끼는 동아시아에서 최초로, 그리고 확실한 아슐리안형 주먹도끼의 기술적 전통을 가진 구석기 문화로 크게 주목을 받은 만큼 교과서에 반영될 충분한 가치가 있었다. 이후 정밀한 조사를 통해 1983년 종합보고서가 출간되었는데,[53] 1979년부터 발굴이 시작되어 그간 축적된 연구성과가 이 시기를 전후로 집약되었다고 할 수 있다. 이에 『국사』(1983)에 본격적으로 언급되었다고 판단된다.

---

53 文化財管理局 文化財研究所, 『全谷里 : 遺蹟發掘調査報告書』, 1983.

전곡리 출토 주먹도끼

전곡리 출토 자르개
[그림 3] 『국사』(1983)

한편 백제의 지방제도인 22담로에 대한 서술이 『국사』(1983)에 처음 보인다. 백제의 지방통치제도에 대한 연구는 이미 일본인 학자로부터 시작되었다.[54] 이에 대해 한국학계에서는 이병도,[55] 김철준[56] 등에 의해 연구가 이루어졌는데, 특히 김철준의 경우 백제의 지방통치제도를 논함에 담로제에 대한 언급이 전혀 없다는 한계를 안고 있었다.[57] 이러한 그의 연구경향은 제3차기 이후 『국사』(1982) 서술에까지 영향이 잔존하다가 이후 노중국 등의 연구성과에 힘입어 담로제에 대한 서술이 추가되기에 이르렀다고 생각된다. 노중국은 근초고왕 이전은 5부체제, 근초고왕대부터 웅진도읍기까지는 담로체제, 사비도읍기는 방(方)·군(郡)·성(城)체제가 본

54 今西龍, 「百濟五方五部考」, 『百濟史研究』, 近澤書店, 1934.
55 이병도, 『한국사』 고대편, 을유문화사, 1959.
56 김철준, 『한국고대사회연구』, 지식산업사, 1975.
57 李鎔彬, 「백제 지방통치제도 연구 현황과 과제」, 『명지사론』 14·15, 2004, 59쪽.

격적으로 시행되었다고 파악하였다.[58]

신라 사회에 대한 서술에서는 성골과 진골에 대한 서술의 변화를 확인할 수 있다. 이전 시기에 진골은 귀족, 성골은 왕족이었다는 이분법적 시각에서 서술된 것에 비하면, 성골과 진골이 모두 왕이 될 수 있다는 점을 강조한 『국사』(1983)의 서술은 골품제의 실체에 대한 1980년대의 다양한 연구성과를 반영한 것으로 생각할 수 있다. 앞서의 이분법적 인식은 최치원의 「성주사지낭혜화상탑비(聖住寺址郎慧和尙塔碑)」에 신라의 신분이 "왈성이왈진골왈득난(日聖而日眞骨日得難)"으로 기록되어 있어 이것이 순서대로 성골, 진골, 6두품을 가리킨다는 골품제에 대한 초기의 연구성과를 배경으로 한다. 아울러 1960년대 중반부터 진골들과 구분되는 성골이 창출된 배경을 추적하고자 하는 시도가 나타났는데, 이 중 6세기 전반에 신라왕 및 왕족의식이 발생하면서 골(骨)이 생겨났고 7세기 전반에는 문벌 귀족에 대한 왕통의 존엄성이 강조되면서 골제를 성골과 진골의 두 골로 나누어 귀족과 왕자(王者)의 신분 서열을 명확히 하였다고 파악한 견해가[59] 두 골의 이분법적 시각을 부추겼다고 할 수 있다. 그런데 1980년대를 전후하여 골족을 왕실 친족집단이라는 같은 혈족 내에서 분지화(分枝化)된 것으로 보는 연구들이 등장하면서,[60] 이분법적 구분이 지양되었고, 이것이 교과서에 두 골 모두 왕족으로 서술되었다고 파악할 수 있다. 이렇듯 제4차기 교과서, 특히 『국사』(1983)에서는 당시까지 축적된 고대사 연구성과가 반영되어 서술의 변화를 보인 부분 역시 발견된다.

---

58 盧重國, 「사비시대 지배체제의 변천」, 『韓㳓劤博士停年紀念史學論叢』, 1981; 「한성시대 백제의 지방통치-담로체제를 중심으로-」, 『邊太燮博士華甲紀念史學論叢』, 1985.

59 井上秀雄, 「新羅の骨品制度」, 『歷史學硏究』 304, 1965; 『新羅基礎硏究』, 東出版, 1974; 丁仲煥, 「新羅聖骨考」, 『李弘稙博士回甲紀念韓國史學論叢』, 1969.

60 이기동, 「신라 내물왕계의 혈연의식」, 『역사학보』 53·54, 1972; 『신라 골품제와 화랑도』, 일조각, 1984; 신동하, 「신라 골품제의 형성과정」, 『한국사론』 5, 서울대 국사학과, 1979; 이종욱, 「신라중고시대의 성골」, 『진단학보』 50, 1980.

IV. 맺음말

제4차 교육과정기는 민족 자주성과 공동체 의식을 강조하는 교육 목표 및 이념을 가지고 있었다는 점에서 민족주체성을 강조한 제3차 교육과정기와는 다소의 차이가 발견되었다. 아울러 교육과정의 개발이 한국교육개발원에 위탁되어 여러 차례 세미나 등의 자리가 만들어짐으로써 교육 내용에 대한 각계의 의견을 담아내려는 의지가 있었던 점 역시 제4차기의 특징으로 파악되었다. 물론 국사교과서의 경우 여전히 국정화 기조를 유지하였고, 신군부의 정치적 의도가 교육 내용에 포함되어 있다는 점에서는 이전 교육과정기의 연장선적 성격도 발견된다.

이러한 제4차 교육과정기 교육 내용의 특징을 살피기 위해 본고에서는 먼저 교육과정 및 교과서의 서술체제를 검토한 후 교과서의 구체적인 서술을 분석해 보았다. 이때 우선적으로 분석 대상이 된 교과서는 1979년에 개편된『국사』(1979)와 제4차기 교과서인『국사』(1982)이었다. 두 교과서의 비교를 통해 교육과정 개편에 따른 교과서 서술 및 체제의 변화를 파악할 수 있었다. 그런데 제4차기에는 또 한번의 교과서 내용 개편이 이루어져『국사』(1983)가 발행되었다. 교육과정 개편을 전후한 시기의 고대사에 대한 여러 논쟁들이『국사』(1983)의 단계에 반영된다는 점이 확인되었는데, 이를 통해『국사』(1982)와『국사』(1983)의 비교 분석의 중요성을 짐작할 수 있다.

한편 제4차기 교과서 서술 변화의 배경에는 학술외적 국내외 요인도 큰 영향을 미쳤음을 파악할 수 있었다. 먼저 1960년대 이래로 기존 역사학계가 식민사관의 영향을 벗어나지 못하고 있다는 판단 하에 교과서 서술에 그들의 주장을 반영시키고자 했던 유사역사학계의 도전을 들 수 있다. 이로 인해 고조선 및 한사군 부분에 대한 서술은 그 영향을 받을 수

밖에 없었음이 교과서 서술의 분석을 통해 밝혀졌다. 아울러 1982년에 다시금 주장된 일본의 역사교과서 왜곡으로 인해 『국사』(1983)에는 한-일 관계 서술이 변화되었다. 『국사』(1983)의 서술이 위의 두 배경에 대한 적절한 대응으로서의 의미를 가졌는지의 여부는 이미 수정 당시 제기된 학계 일각의 견해를 통해 짐작할 수 있다.

> "단군의 건국 사실을 객관화"한다는 점과 "일본의 교과서 왜곡에 따른 한일 관계 서술의 재검토"라는 부분에서 회의적인 시각을 드러내었다. 전자의 경우 특히 민족 분포권 내에 화이허(회하)를 포함시킨 점, 고조선의 건국을 B.C. 2333년으로 못박고 있는 점, 국가발전 단계 상 chiefdom단계를 설정한 점 등에 대해 재검토의 여지가 있다고 평가하였다.[61]

이렇듯 여러 논란은 지속되었지만, 1980년을 전후한 시기의 국내외적 상황에 대한 역사학계와 교육학계의 적극적 대응의 측면을 파악한다는 측면에서 제4차 교육과정과 교과서를 고대사 중심으로 분석하는 작업은 연구사적 의의를 가질 수 있을 것이다.

---

61 「신중해야 할 국사교과서 수정(이기백)」, 『동아일보』, 1983.1.14.

02

『중등국사』(1982년판) 고려시대사의 서술 내용과 의의

- 1979년판과 1982년판의 비교 검토를 중심으로 -

Ⅰ. 머리말

제4차 교육과정은 1981년 12월 31일에 유·초·중등 학교급 총론이 동시에 개정고시(문교부 고시 제442호)로 공표되었다.[1] 이전의 제3차 교육과정까지와는 달리 유치원에서 고등학교까지 교육과정 사상 처음으로 동일한 편제의 틀 속에서 체계적으로 구성되었다.[2] 뿐만 아니라 이전의 교육과정은 교육법을 준용하는 일반적 수준의 목표만이 제시되었지만, 교육목표를 종합목표와 영역별 목표를 구분하고, 각급 학교의 단계별 목표를 설정하는 등 교육과정의 목표를 더욱 세분화하고 구체화하였다. 아울러 각급 학교 단계에 부차적으로 설정된 국민학교·중학교·고등학교의 교육과정을 통합하여 일원화시켰다.[3]

---

1 각급 학교의 교육과정이 '문교부령'으로 공포되었다가 이때부터 '문교부 고시'로 바뀌었다.
2 함종규, 『한국교육과정 변천사 연구』, 교육과학사, 2004, 496쪽.
3 유봉호, 『한국교육과정사 연구』, 교학연구사, 1992, 385쪽.

본고는 제4차 교육과정(1982–1988·89)에 사용된 중등학교 국사 교과서의 서술 체제와 내용을 분석하고자 한다. 제3차 교육과정기에는 제2차 교육과정기까지의 검인정 국사 교과서를 국정화시켰으며, 제4차 교육과정기의 『중등국사』[4]도 1종의 검인정 교과서이지만 사실상 국정이나 다름없다.[5] 그동안 제4차 교육과정기 국사 교과서 검토는 1988년에 역사교육학회에서 각 분야별로 진행된 일련의 연구가 있으나 당시 한국사학계의 연구성과가 교과서 반영했는가에 치중되어 있으며,[6] 제4차 교육과정기의 『중등국사』 자체를 연구한 것은 한 편에 지나지 않는다.[7] 각 교육과정기별로 좀 더 정치한 연구가 이루어져야 할 것이다.[8] 이에 본고에서는 제3차

---

4 본고에서는 제3차 교육과정기의 『중등국사』 교과서를 『중등국사』(79년판)로, 제4차 『중등국사』 교과서를 『중등국사』(82년판)로 지칭하며 중학교 국사 교과서(국사편찬위원회 1종 도서연구개발위원회, 『중학교 국사』, 국정교과서주식회사, 1979)를 『중학국사』(79년판)로, 고등학교 국사 교과서(국사편찬위원회 1종 도서연구개발위원회, 『중학교 국사 (상)』, 국정교과서주식회사, 1982)를 『고교국사』(82년판)로, 중·고의 국사 교과서를 통칭시에는 『중등국사』로 지칭하기로 한다.

5 황인규, 「제3차 교육과정 국정 『고교국사』의 편찬과 중세사 서술」, 『역사와교육』 27, 2018, 128쪽.

6 제4차 교육과정 국사 교과서 검토는 1988년에 역사교육학회에서 주관하여 『역사교육』 44에 다음과 같이 게재되었다. 박용운, 「고려시기 중앙정치체제에 대한 연구동향과 「국사」 교과서의 서술」; 박종기, 「고려시기 군현제 연구성과와 「국사」 교과서의 서술」; 이병희, 「고려시기 경제제도 연구동향과 「국사」 교과서의 서술」; 김용곤, 「고려시기 사상사 연구동향과 「국사」교과서의 서술」; 김구진, 「고려시기 대외관계의 연구방향과 「국사」 교과서의 서술」.

7 제4차 교육과정 국사 교과서에 관련한 전반적인 연구는 다음의 논고가 유일하다. 차미희, 「4차 교육과정기(1982–89) 중등 국사과 교육과정의 성격」, 『교과교육학연구』 10(2), 2006; 차미희, 『한국 중·고등학교의 국사 교육–국사과 독립시기(1974–1994)를 중심으로』, 교육과학사, 2011.

8 참고로 필자의 역사교육 및 교과서 관련 졸고를 소개하면 다음과 같다. 황인규, 「중등 국사 교과서에 나타난 고려후기 불교사의 서술과 문제점」, 『역사와 교육』 9, 2000; 황인규, 「중학교 『역사』(한국사) 교과서에 나타난 불교사 서술 체재와 내용–제7차 교육과정에서 현행 교육과정까지」, 『전법학연구』 4, 2013; 황인규, 「중앙불교 전문학교의 개교와 학풍」, 『불교 근대화의 전개와 성격』, 조계종출판사, 2007; 황인규, 「하정 안계현과 한국불교사학」, 『동국사학』 41, 2006; 황인규, 「한국 근현대 한국불교사의 서술과 고승」, 『한국불교사연구』 1, 2012; 황인규, 「정체성과 역동성 공동체 정신 함양을 위한 한국사연구와 역사교육」, 『역사교육』 138, 역사교육연구회, 2016; 황인규, 「제3차 교육과정 국정 고등국사의 편찬과 중세사 서술」, 『역사와교육』 27, 2018; 황인규, 「제3차–7차 교육과정기 국정·1종 고등국사 고려시대 불교사 서술」, 『역사교육연구』 36, 한국역사교육학회, 2020.

교육과정기의 국정『중등국사』와 제4차 교육과정기『중등국사』를 비교하며, 그 체재와 내용을 검토하고자 한다.

II.『중등국사』의 서술 체재와 그 특징

이미 널리 알려 있듯이 1973년 6월 23일 기존의 검인정 교과서는 그 서술 내용이 시대에 뒤떨어졌다고 하면서 국사교과서의 국정화를 발표하였다. 그후 1977년 2월 28일 제3차 교육과정의 부분 개정이 이루어졌다.[9] 한 달여 후인 3월 16일 검인정 교과서 보급을 둘러싼 비리 사건인 소위 '검인정 교과서 파동'이 발생하였으며,[10] 이를 계기로 문교부는 1977년 7월 9일 '교과서제도 개선 원칙'을 발표하여 교과서의 질을 높이고 값을 낮추고자 하였다. 그리고 다음 달인 8월 22일 종래의 '교과용 도서 검인정 규정'을 폐지하고, '교과용 도서에 관한 규정'을 제정하였다. 국사 교과서를 '주체성에 입각한 민족사관을 심화시키는' 방향으로의 부분적으로 개편[11]하기로 결정한 후 1979년에 국정 도서를 1종 도서(연구 개발형)로 바꾸었다.[12]

이러한 가운데 1981년 5월 강우철 등 역사학자들은『초·중·고 국사 교과서 내용분석 및 체제연구』[13]라는 보고서에서 제3차 교육과정기의 국

---

9 문교부는 1974년 12월 31일 문교부령 제350호로 공포하여 인문계 고등학교 교육과정을 1977년 2월 28일 문교부령 제404호로 개정하였다. 교학도서주식회사 편집부 편,『초·중·고(인문, 실업) 새 종합교육과정 및 해설』, 교학도서주식회사, 1977.
10「논란 빚은 교과서 국정화」,『동아일보』1976년 8월 28일.
11「바른생활(국교) 민주생활(중학) 등 금년 내에 교과서 개편」,『동아일보』1976년 3월 29일.
12 이는 1967년 '교과용 도서 저작·검인정령' 시기에는 문교부, 즉 국가가 직접 교과서를 제작하였던 것과는 달리 교과서의 개발을 연구기관이나 대학 또는 학술단체에 위탁하는 방식이다. 한국교과서연구재단,『한국 편수사 연구』1, 2000, 455~499쪽.
13 강우철·구연무·이존희·최완기,『초·중·고 국사 교과서 내용분석 및 체제연구』, 1986,

사 교과서 편찬의 여러 문제점을 제기하였다. 여기서 지적한 『중등국사』 고려시대 내용선정 등이 지적되었다. 예컨대 '고려의 전시과 체제의 설명이 부족하며, 족벌(문벌)의 개념 설명이 빈약하다. 그리고 몽고의 침략과 지배에 대하여 지나치게 비중을 두어 서술하였다.'는 것이다.[14] 이러한 문제점을 개선하기 위하여 제4차 교육과정기 『중등국사』가 편찬되었는데 국사 교과 목표는 다음과 같다.

> 한국사의 발전 과정을 주체적인 입장에서 파악하여, 우리 역사의 정통성을 확인하며, 새로운 민족 문화의 발전에 기여하게 한다.(『중학국사』)[15]
>
> 한국사에 대한 종합적 이해를 통하여 민족 사관을 확립시키고, 우리 역사에 대한 긍지를 배양하며, 자주적인 태도로 민족 중흥에 이바지 하게 한다.(『고교국사』)[16]

앞서 언급한 바와 같이 제4차 교육과정에서도 이전 교육과정과 마찬가지로 국사 교육을 통해 한국사의 자주성 및 주체성을 강조하고, 민족 사관을 확립시키는데 중점을 두었음을 알 수 있다.[17] 『중등국사』의 집필진은 국사편찬위원회의 위원 인선과 마찬가지로 해방후 배출된 사학자들이 참여하였다. 『중학국사』(82년판)는 이현종, 이원순, 신영식, 박영석이, 『고교국사』(82년판)는 하현강, 차문섭, 박용옥, 이현희가 각기 집필하였다. 그들은 일제의 식민사관에서 탈피하고자 하였을 뿐만 아니라 민족

1986년도 문교부 정책과제 연구비에 의한 논문, 2쪽.

14 강우철·구연무·이존희·최완기, 『초·중·고 국사 교과서 내용분석 및 체제연구』, 1986, 40~41쪽.

15 www.kice.re.kr 〈한국교육과정평가원(KICE)〉.

16 www.kice.re.kr 〈한국교육과정평가원(KICE)〉.

17 「민족을 역사 발전 주체로 국사 교과서 개편의 배경과 의의」, 『경향신문』, 1982년 1월 19일.

의 자주적인 발전사관을 바탕으로 하면서 그 동안 축적된 학계의 정설을 과감히 채택하였다. 예컨대 춘천 중도와 수원의 초기 철기 고고학 발굴과 외국 학계의 연구 성과를 반영하여 우리나라의 철기문화의 전래를 기원전 2세기에서 기원전 4세기로 끌어 올렸으며, 백제와 고구려 유민들이 신라와 손잡고 한반도에서 당군을 몰아낸 매초성 싸움, 임란과 병자호란 등 수난기의 저항에 큰 비중을 두고 자주의식과 주체적 사관에 의하여 서술하였다.[18]

제3차 교육과정기의 『고교국사』에서는 시대 구분을 시도하면서도 고려 사회와 조선 사회라는 명칭을 그대로 사용하였다. 시대구분에 있어서도 고려 중세사회, 조선 근세 사회로 규정하여 5시기 구분의 체제를 갖추었다. 하지만 조선전기를 근세사회로 규정하는데 다소 문제가 있기 때문에 근대사회의 태동이라 하였는데 다른 단원명도 체제를 맞추어 발전, 성장이라는 이름을 붙였다. 『중등국사』 모두 상권은 조선전기인 16세기까지, 하권은 조선후기 제도의 개편과 실학의 성립에서부터 시작된다고 보았다. 근현대사의 내용을 강조하기 위하여 분량을 증대시켜 상·하권 두 책으로 구성하였다. 『중학국사』(82년판)는 상권 183쪽, 하권 188쪽으로 총 371쪽이었으며, 『고교국사』(82년판)는 상·하권 각각 178쪽으로 총 356쪽이었다.[19] 국민정신 교육과 관련된 내용을 시대별로 종합하여 구성하였으며, 전근대시기의 격변기나 시련기의 활동을 부각시켰다. 특히 근대 이후 민족의 자주적 모습인 개화, 근대화, 일제 강점기 독립운동과 문화 운동 등의 내

---

18 하지만 병자호란 후 현실론자와 명분론자들의 갈등 사실이나 『중등국사』(79년판)의 수정 시비의 요인이었던 훈구와 사림에 대한 구체적인 평가는 유보하고 객관적인 사실을 바탕으로 서술하였다. 「민족을 역사 발전 주체로 국사 교과서 개편의 배경과 의의」, 『경향신문』, 1982년 1월 19일.

19 79년판 국사 교과서의 경우 『중학국사』(79년판) 310쪽, 『고교국사』(79년판) 330쪽 분량이었다.

용을 크게 강조하였다. 삽화, 지도, 도표 등 학습 보조 자료도 이전의 교육과정기 보다 증대되었다.[20]

제4차 교육과정기의 『중등국사』(82년판)는 단원형으로 조직되었다. 『중학국사』(82년판)의 경우 중단원제로 정치 발전의 단계를 시대구분을 택하여 모두 9개 단원(상권 5단원, 하권 4단원)이다. 그 밑에 소단원(상권 20단원, 하권 20단원)을 두고 각기 항목을 다시 두었다. 『중학국사』(82년판)의 중단원은 『고교국사』의 중단원과 대동소이하며, 그것은 소단원명이나 심지어는 항목명도 마찬가지 비슷하다.[21] 『고교국사』(82년판)는 대단원제로서 고대, 중세, 근세, 근대, 현대 등의 시대구분을 대단원으로 하고(상권 3단원, 하권 3단원)이며, 그 밑에 소단원(상권 20단원, 하권 20단원) 그 밑에 소단원(상권 11단원, 하권 3단원) 그 밑에 소단원을 조직하고 다시 항목을 설정하였다.[22]

아울러 학계의 최신 연구 성과를 『중등국사』(82년판)에 가능한 많이 반영하고자 하였다. 예컨대 단군신화의 의미와 고조선 건국에 관한 내용 등을 실었다. 하지만 논란이 있는 한군현의 위치 비정이나 윤관의 9성의 위치 문제 등은 사실만 설명하였다. 그리고 고고학 연구 성과도 반영하였으며, 고고학의 용어를 한글식 발음으로 고쳐 현재까지 이르고 있다.[23]

하지만 사관이라는 측면에 있어서는 여전히 지배층 위주의 정치사와 제도사 중심이었다. 정치사 중심의 통사의 내용을 조직하도록 하여 대체로 정치, 대외 항쟁 등을 핵심으로 내용이 구성되었다. 중단원은 고려의 성립, 고려전기의 대외관계, 고려전기의 사회와 문화, 귀족사회의 동요,

20 김흥수, 『한국역사교육사』, 대한교과서주식회사, 1992, 318쪽.
21 변태섭 외 7인, 「국사교육 내용 전개의 준거안」, 1986년도 문교부 정책과제 연구비에 의한 논문, 1986, 8쪽.
22 변태섭 외 7인, 「국사교육 내용 전개의 준거안」, 1986년도 문교부 정책과제 연구비에 의한 논문, 1986, 8쪽.
23 김흥수, 『한국역사교육사』, 대한교과서주식회사, 1992, 321~322쪽.

고려후기의 대외항쟁, 고려후기의 사회문화 등으로 구성되었다. 5개 중
단원 중에서 4개가 정치 분야로 2/3의 비중을 차지하였다. 특히 기층민
인 민중의 생활상이나 입장이 거의 서술되지 않은 것은 매우 아쉽다. 특
히 조선 후기 민란의 경우 민중운동의 차원에서 사회의 구조적 모순은 외
면하고 일부 관리의 부정 부패를 주된 원인으로 서술한 것은 지양해야 할
것이다.[24]

　이렇듯 지배계층의 정치사 중심의 서술 뿐만 아니라 사회 문화사에 대
한 내용이 빈약하였다. 특히『고교국사』(82년판)의 경우, 고려 건국과 귀족
사회의 성립, 귀족사회의 발전과 변동, 고려후기의 사회와 문화 등 3개 중
단원에서 정치 분야가 1.3개, 사회 문화 분야가 1.6개로 구성되어 문화사
중심으로 구성하지 않았다. 뿐만 아니라 정치와 문화 영역으로 해당되는
고려의 건국, 왕권의 안정, 정치 군사조직, 사학과 관학, 홍건적과 왜구,
성리학의 수용 등의 소항목은『중등국사』(82년판) 모두 같다.[25] 후술하듯이
여전히『중등국사』(82년판)의 계열성을 중시하지 않았으며, 내용의 중복성
으로 인해 학습자의 흥미와 동기 유발을 가져오지 못하여『중등국사』가
지리한 암기과목이라는 오해를 받을 개연성이 많았다.

　게다가『중등국사』(82년판)의 단원의 소항목이 유사한 부분이 많은 것
도 바람직하지 않다. 그 대표적인 사례를 열거하면 다음과 같다(『중학국사』
와『고교국사』순). 즉, '태조의 정책-태조의 통일정책, 이자겸과 묘청-이자
겸의 난과 묘청의 난, 무신의 난-무신정변, 최씨정권-최씨 무신정권, 고
려와 몽고의 접촉-여·몽 관계, 몽고에 대한 항쟁-몽고의 침입, 공민왕
의 개혁-공민왕의 개혁정책, 조계종과 대장경-조계종의 발전과 대장의

24　김홍수,『한국역사교육사』, 대한교과서주식회사, 1992, 322쪽.
25　차미희,『한국 중·고등학교의 국사 교육-국사과 독립시기(1974-1994)를 중심으로』,
　　교육과학사, 2011, 173~175쪽.

조판' 등이다.[26] 이와 같이 제4차 교육과정기『중등국사』는 소항목이 일치하거나 유사한 경유가 많아서 내용은 중복될 수 밖에 없었던 것이다.[27]

앞서 언급했듯이 제4차 교육과정기『중등국사』(82년판) 모두 정치사 중심으로 이루어져 계열성을 찾기 힘들다.『고교국사』는 1979년에 개정된 『고교국사』와 분야별 비중은 큰 차이가 없었다. 이렇듯 그동안 논의되었던 계열화 문제는 뚜렷한 원칙이 확립되지 못하였다. 초등의 국사 서술은 생활사를 중심으로 하는 특징을 지니고 있지만『중등국사』의 경우 차이는 별로 없었다.『중학국사』는 시대사 입장에서 정치사를 중심으로, 『고교국사』는 문화사적 사상사적 내용을 중심으로 하는 원칙을 세웠으나 부분적으로는『중학국사』의 서술이『고교국사』보다 더 상세한 경우도 있었다.[28]

다음으로, 제3차 교육과정기『중등국사』의 지적 사항이 어떻게 개선되었는가 잠시 살피면 다음과 같다. 제3차 교육과정기 국정『중등국사』 서술의 문제점에 대해서는 1975년 문교부가 수행한「현행 인문계 고교 및 초·중·고교 국사 교과서의 분석연구」와 국무총리실 평가교수단의 보고서「국적 있는 교육의 충실화」의 내용에서 여실히 드러난 바 있다. 특히 창작과 비평사에서 특집[29]란에서 제3차 교육과정기 국정『중등국사』의 미흡이나 오류 서술을 지적한 바 있다.[30]『중등국사』(79년판)에서 개선되기는 했으나 여전히 여러 문제점이 있는 듯하다. 본고에서는 이러한 제3차

---

26 차미희,『한국 중·고등학교의 국사 교육-국사과 독립시기(1974-1994)를 중심으로』, 교육과학사, 2011, 175쪽.

27 이병희,「중.고등학교 국사교육 편제와 내용의 계열화」,『21세기 국사교육의 새로운 모색』, 국사편찬위원회, 2001, 183~184쪽.

28 김흥수,『한국역사교육사』, 대한교과서주식회사, 1992, 320쪽.

29 강만길 외,「특집-국사 교과서의 문제점」,『창작과 비평』9(2), 1974. 3.

30 황인규,「제3차 교육과정 국정 고등국사의 편찬과 중세사 서술」,『역사와교육』27, 2018, 140쪽.

교육과정기『중등국사』의 서술 내용을『중학국사』와『고교국사』순으로
비교 검토하기로 한다.

Ⅲ.『중학국사』의 서술 내용과 의의

본 장에서는 제3차와 제4차 교육과정기『중학국사』의 서술 내용을 비
교해 보기로 한다. 대단원의 목차는 다음과 같다.

『중학국사』(79년판)
Ⅳ. 고려 시대의 생활
  1. 민족의 재통일과 발전, 2.고려 전기의 사회와 문화, 3. 고려 중
기의 사회 동요와 무신 정권, 4. 몽고와의 항쟁과 시련, 5. 고려 후기
의 사회와 문화

『중학국사 (상)』(82년판)
Ⅳ. 고려 시대의 생활
  1. 고려의 성립, 2. 고려 전기의 대외 관계, 3. 고려 전기의 사회와
문화, 4. 귀족사회의 동요, 5. 고려 후기의 대외 항쟁, 6.고려 후기의
사회와 문화

위에서 보듯이 단원의 항목 자체가 같은 것도 있지만 '민족의 재통일
과 발전'은 '고려의 성립', '고려 중기의 사회의 동요와 무신정권'은 '귀족
사회의 동요', '몽고와의 항쟁과 시련'은 '고려 후기의 대외 항쟁'으로 바
꾸었다.『중학국사』(79년판)에서 고려 중기라는 표현을 사용한 것을 보면
고려시대를 초기, 중기, 후기로 나눈 듯 하지만 실제는 그렇지 않다.
'1. 고려의 성립'의 '학습 개요'도 서술 내용은 동일하며, 다만『중학국
사』(82년판)에서는 '초기의 발전 과정에서 고려의 사회, 경제, 문화는 귀족

화하는 현상을 빚게 되었다.'[31]고 한『중학국사』(79년판) 서술 내용은 삭제되었다. 이렇듯 '후삼국의 혼란'과 '고려의 건국과 후삼국 통일'을 '고려의 건국'으로 묶었으며, '토지제도의 정비'의 항목을 '전시과'로 '정치제도의 정비'를 '정치 군사 조직'으로 확대하였다. '교육과 과거 제도'를 '국자감과 과거'로 구체화하였으며, '거란과의 투쟁' 항목은 뒤의 단원으로 이동하였다. 『중학국사』(82년판) '고려의 건국'에서 통일 신라말기의 지방세력을 호족과 더불어 '지방세력들 중에는 여러 지방을 지배하여'[32]라는 부분을 추가하였다. 하지만 호족과 지방을 지배한 '지방세력'은 무엇을 지칭하는지 모호하다. 그리고 『중학국사』(82년판) 후백제에 관한 서술 부분에서 '견훤은 그의 아들 신검에게 쫓겨 고려 태조 왕건의 보호를 받게 되었다. 태조는 그를 후히 대접하는 한편 신검의 군대를 쳐서 후백제를 멸망시켰다'[33]는 서술 부분을 삭제하였다. 사실은 맞으나 단순화시킨 의도로 보인다.

왕건의 정책을 서술하면서 '많은 호족과 승려, 학자들과 손을 잡아 어지러운 세상을 바로 잡으려고 하였다'[34]고 추가하였다. 왕건을 도운 승려는 해동무외사(海東無畏士)와 화엄계 남악(南岳)의 승려 희랑, 훈요십조에 보이는 선각국사 도선을 지칭하는 듯하며,[35] 학자는 신라 3최 가운데 최

---

31 『중학국사』(79년판,) 69쪽.
32 『중학국사』(79년판), 74쪽.
33 『중학국사』(79년판), 71쪽.
34 『중학국사』(82년판), 74쪽.
35 태조 왕건의 측근에서 자문을 한 선승은 여엄과 경유, 형미, 이엄이며, 이들은 일찍이 海東四無畏大士로 일컬어졌다. 최언위, 「五龍寺法鏡大師碑」, 『조선금석총람』상, '慶猷迴微麗嚴利嚴 共海東謂之四無畏大士也'. 김두진, 「고려초 사무외사와 수미산문 개창」, 『한국학논총』 27, 국민대, 2005; 김두진, 「고려초 사무외사의 선종사상」, 28, 2006; 김두진, 『고려 전기 교종과 선종의 교섭사상사 연구』, 일조각, 2006, 201~202쪽. 그리고 왕건의 行軍法師였던 천태종의 能兢, 화엄종의 希朗, 선종계의 先覺國師 道詵과 如哲을 비롯하여 선승들도 적지 않았다. 行寂과 忠湛이 고려 건국 이전에 왕건과 연결되었고 고려 건국후 坦文, 璨幽, 玄暉, 兢讓, 慶甫, 開淸 등이 합세하였다. 김두진, 「왕건의 승려결합과 그 의도」, 『한국학논총』 4, 1981, 139~140쪽; 「신편 한국사」 16 고려 전기의 종교와 사상 (2) 왕건과 승려의 결합. 신라말 화엄종계는 희랑을 대표로 하는 北

224　　　　대한민국 역사교육과정 2

언위 등 유학자를 지칭하는 듯하다.

'왕권의 안정'에서는 다음과 같은 부분을 교체 수정하였다. 즉, 태조 왕건이 정치하는데 중요하게 참조하였던 『계백료서』와 『정계』, 후대의 왕들에게 지침이 되었던 훈요십조[36]에 대한 서술을 삭제하고 '태조의 많은 노력에도 불구하고 여러 호족이나 개국 공신들의 세력은 여전하였다. 더우기 정략적인 혼인 정책의 결과로 외척 세력이 등장하게 되어, 고려 초의 정세는 불안정하였다.'[37]라는 서술로 대체하였다. 고려초의 정세 불안의 원인을 강조하기 보다 태조의 정책을 강조하는 것이 바람직하다고 생각된다.

『중학국사』(82년판)에서 '이 왕규의 난은 곧 진압되었으나, 이런 일은 외척 세력의 등장으로 빚어진 결과였다'[38]와 광종대 과거제를 서술하면서 '과거제를 실시하여 호족들의 자제가 관리로서 출세하던 그 때까지의 특권을 제한하는 한편'[39]이라는 서술은 생략되었다. 태조대에 이어 혜종 정종대의 정치 불안 사실을 삭제하였으며, 광종대 과거제 실시에 호족의 자제가 응시하거나 관리가 되었다는 내용은 사실과 부합되지 않으며, 왕규를 단순히 외척이라는 관점 보다는 호족세력으로 간주해야 하므로 서술하지 않은 듯하다. 성종대의 시책을 서술하면서 '왕권의 안정으로 나라의 기초는 튼튼해져 성종 때부터는 문물 제도가 정비되기 시작하였다'[40]

岳系와 觀惠를 대표로 하는 南岳系가 분열되어 있었는데 희랑은 왕건을, 관혜는 견훤을 후원하였다. 이에 대해서는 최병헌, 「고려시대 화엄학의 변천」, 『한국사연구』 30, 1980, 65~66쪽; 김상현, 「신라 화엄학승의 계보와 그 활동」, 『신라문화』 1, 동국대, 1984 ; 『신라 화엄사상사연구』, 민족사, 1991, 257~261쪽; 허흥식, 『고려불교사연구』, 일조각, 1986, 185~186쪽 등이 참고된다.

36 『고려사』 권2, 태조세가 26년 4월.
37 『중학국사』(82년판), 76~77쪽.
38 『중학국사』(79년판), 77쪽.
39 『중학국사』(79년판), 73쪽.
40 『중학국사』(79년판), 73쪽.

라고 한 것을 최승로 상소문에서 유교정치와 지방관 파견 사실[41]을 강조하였다. 『중학국사』(82년판) 정치·군사조직에서는 지방제도와 군사조직을 설명하면서 '중요한 군, 현에만 파견하여 그 곳을 중심으로 행정 체계를 유지하였다'[42]고 하였다. 고려 지방제도의 중요 사실인 주속현제(主屬縣制)[43]와 군사제인 2군 6위제를 좀 더 구체적으로 강조할 필요가 있다.

『중학국사』(82년판)에서 전시과에 대한 서술에서 18등급을 명시하였으며,[44] 공음전시과의 수혜 범주를 5품 이상의 관리에게 지급하였다고 하였다. 그리고 '이와 같은 공음전은 조상의 덕으로 관리가 되는 음서 제도와 함께 고려 귀족 사회의 한 특징이었다.'라고 하면서 '음서의 길이 널리 이용되었다'[45]는 내용을 추가하였는데 바람직하다.

'2. 고려 전기의 사회와 문화' 학습개요에서 『중학국사』(79년판) '문화가 발달함에 따라 고려 청자가 나타나고, 송과의 문화적 경제적 교류도 활발하게 이루어졌다.'[46]는 부분을 『중학국사』(82년판)은 '귀족문화가 발달함에 따라서 고려 청자와 같은 민족 예술의 걸작품이 나오게 되었다.'[47]고 개정하여 고려청자의 민족사적 의의를 강조하였는데, 이는 『중학국사』(82년판) 서술의 일반적인 특징이다.

『중학국사』(82년판)의 '2. 고려의 대외 관계'는 『중학국사』(79년판)의 '거란과 송, 여진의 대외 관계' 부분을 모아 서술하였는데 『중학국사』(82년판)에서 이렇듯 부분적으로 단원 구성을 보다 바람직하게 한 사례로 간

---

41 『고려사』 권93, 최승로열전.
42 『중학국사』(82년판), 78쪽.
43 박종기, 「고려시기 군현제 연구성과와 「국사」 교과서의 서술」, 『역사교육』 44, 1988, 62쪽.
44 『고려사』 권78, 식화지 田制 田柴科.
45 『중학국사』(82년판), 80쪽.
46 『중학국사』(79년판), 79쪽.
47 『고등국사』(82년판), 87쪽.

주된다.

『중학국사』(82년판)에서는 거란의 정책에 대한 항목을 개정 신설하였다. 거란과의 대외 관계를 '투쟁'에서 '정책'으로 용어를 바꾸면서 '태조는 거란이 발해를 멸한 나라이고 문화적으로 야만의 나라'[48]라고 서술하면서 외교 단절을 강조하였지만 동북아 공영이라는 측면을 고려해야 할 것이다.[49]

'거란의 투쟁' 부분을 '강동 6주'와 '천리 장성'으로 나누어 추가 강조하였다. 이는 제3차 교육과정 국사 교과서에 이어 민족사적 입장에서 대외항쟁을 강조한 것이지만 사회, 경제, 문화의 교류라는 측면이 더 중요하다. 즉, '송과의 교류'는 '무역과 벽란도'로 용어만 바꾸었을 뿐이며, 그 내용은 동일하다. '여진 관계와 금의 등장'은 '동북 9성'이라 이름을 바꾸고 '국민은 이를 극복하여 자주성과 민족 수호의 확고한 자세를 버리지 않았다.'[50]고 한 것도 지나친 민족사적 서술이다.

특히 『중학국사』(82년판)에서 고려 전기 사회를 '문벌 사회'라고 규정짓고 다음과 같이 서술하였다.

문벌 사회

고려 사회를 흔히 귀족 사회라 한다. 고려 사회는 가문이나 문벌을 중시하였으므로, 개인의 능력보다는 출생 신분이 매우 중요했다. 따라서, 문벌이 좋은 집안에서 태어나면 자동적으로 귀족으로서의 관직, 토지와 함께 여러 가지 특권을 부여받았다.

---

48 『고등국사』(82년판), 82쪽; 『고려사』 권2, 태조세가 25년 10월, '王以契丹嘗與渤海 連和 忽生疑貳 背盟殄滅 此甚無道 不足遠結爲隣 遂絶交聘.'; 『고려사』 권2, 태조세가, 26년 4월, '契丹是禽獸之國 風俗不同 言語亦異 衣冠制度 慎勿效焉.'

49 천은수, 「오개념을 형성하는 '고려.거란 관계' 역사 교과서 분석」, 『역사교육연구』 14, 2011, 182~184쪽; 이미지, 오치훈, 「2009 개정 교육과정에 따른 고등학교 한국사 교과서(2014.3 적용) 〈고려귀족사회의 형성과 변천〉 영역 분석」, 『사학연구』 115, 2014, 170~171쪽.

50 『중학국사』(82년판), 85~86쪽.

귀족들은 문벌을 유지하기 위하여 다른 좋은 문벌과 혼인을 하거
나 왕실과 혼인을 하여 외척으로 권세를 부리기도 했다. 이러한 귀족
들은 음서와 공음전을 통해 정치적, 경제적인 특권을 보장받았다. 그
러나, 11세기에 전성을 맞았던 귀족 중심의 제도는 점차 모순이 나
타나더니, 무신의 난으로 무너지게 되었다(1170).[51]

고려전기 뿐만 아니라 고려시대를 대표하는 역사적인 사상(事象)으로
'문벌귀족'사회로 정착되다가 2015개정 교육과정기 국사 교과서에서 문
벌사회로 규정한 사실과 유사한 듯 하여 흥미롭다.[52] 널리 알려져 있듯이
고려시대 사회의 성격은 안확(安廓, 1886-1946)의 『조선문명사』이래 귀족
사회로 이해되다가, 문벌귀족사회로 간주되어 왔다. 문벌귀족사회론은
음서와 공음전시, 폐쇄적 통혼권 등 문벌귀족의 특권을 중시하였다는 점
을 강조하였으며, 1970년대 초반에 이르러 관료제사회론이 대두되기도
하였다.[53]

그 다음으로, '사회의 구성과 생활'을 '귀족과 천민'이라 고쳐 서술하
면서 고려 사회 신분을 '대체로 왕족을 비롯한 문무 양반, 그리고 중간계

---

51 『고등국사』(82년판), 88쪽.
52 2015개정 교육과정기 국사 서술에서는 최근의 학계의 성과를 수용하여 고려 사회의 성
격을 문벌 중심의 사회로 간주하여 서술하였다(한철호 외, 「문벌사회의 성립과 전개」,
『고등학교 한국사』, 미래엔, 2020, 41쪽). 하지만 큰 범주에서는 귀족사회에 포용되는
것이라고 하겠다.
53 박창희, 「고려시대 '관료제'에 대한 고찰」, 『역사학보』58, 1973; 박용운, 「고려 가산관료
제설과 귀족제설에 대한 고찰」, 『사총』21, 1977; 박용운, 『고려사회와 문벌귀족가문』,
경인문화사, 2003; 김의규 편, 『고려사회의 귀족제설과 관료제론』, 지식산업사, 1985.
최근에 이르러 신분적 혈통과 문벌을 중시된 문벌사회론이 대두되었다. 고려시대에는
법제적인 세습특권을 누리는 귀족이 존재하지 않았고 귀족제라 할 만한 제도도 찾기 어
렵다는 점을 들고 있다. 귀족사회론에서 음서제를 일종의 귀족제로 이해한 것은 귀족제
적 요소와 귀족제를 혼동한 데서 비롯된 것이다. 문벌사회는 개인의 능력보다 가문의
배경이 우선시되거나 적어도 그 못지않게 중시되어 상류층에 대한 우대책이 공공연하게
입안되고 실시될 수 있었던 사회라는 것이다. 유승원, 「고려 귀족사회론에 대한 본격적
비판 :고려사회를 귀족사회로 보아야 할 것인가」, 『역사비평』38, 1997 봄호; 한국중세
사사학회, 『21세기에 다시 보는 고려시대의 역사』, 혜안, 2018, 19~21쪽. 이러한 견해
가 2015 개정 교육과정 국사교과서에 반영된 것이다.

층이라 할 수 있는 궁중에서 일하는 남반, 하급 관리와 기술직 관리, 군인 등과, 그 아래에 농민 및 천민으로 나누어 자리잡혔다.'[54]고 하여 중간계층을 설정하였다. 현재도 고려시대의 신분제도도 논란이 있으므로 무난한 서술이라고 하겠다.[55]

『중학국사』(79년판)에 서술된 수취체제 관련 서술은 다음과 같다. '농민들은 공전을 경작하여 생산량의 4분의 1에 해당하는 세를 국가에 바쳐야 했으나, 사전을 경작한 경우에는 생산량의 2분의 1에 해당하는 조를 그 토지의 주인에게 바쳐야 했다.'[56]와 '농민과 노비들이 군인이 되기도 했으므로, 이들의 신분이 무반으로 오르는 경우가 있었다.'[57]는 서술내용은 『중학국사』(82년판)에서는 삭제되었다. 학설의 도식적인 이해와 중학생들의 수준이 감안된 듯하다. '상공업 활동과 화폐'는 '상공업과 화폐'라고 이름만 바꾸었을 뿐 서술 내용은 동일하다. '불교의 융성'은 '천태종'이라 바꾸면서 불교적 폐단 서술은 생략하였다. 고려시대 4대 종파는 천태종 외에 화엄종, 유가종(법상종), 조계종이 있었으므로 천태종이 대표한다고 할 수 없다. 따라서 이러한 단원명은 역사적 사실과 다르게 비추어질 수 있기 때문에 지양할 것이다. '연등회와 팔관회'라고 특징적 항목으로 바꾸었다. 그리고 '유학의 발달'은 '사학과 관학'으로 용어를 교체하면서 '당시 사학은 개경에만 12개소나 있었는데, 이를 12도라 하였다.'[58]는 서술 내용도 삭제하였는데 필히 서술 해야 할 것이다.

'문학과 역사학'은 용어도 같은데 『중학국사』(79년판)에 서술되었던 김

---

54 『중학국사』(82년판), 88쪽.
55 향리 군인 서리 등을 중간계층 혹은 중류로 규정하는 것은 곤란한 점이 많다는 사실에 유의해야 한다. 한국중세사학외 편, 앞의 책, 233쪽.
56 『중학국사』(79년판), 80쪽.
57 『중학국사』(79년판), 81쪽.
58 『중학국사』(79년판), 85쪽.

부식의 '진삼국사사표'[59]나 '고려 초기의 저술로서는 가락국기, 균여전, 대각국사 문집 등이 전해지고 있다.'[60]는 삭제하였다. 『중학국사』(79년판) 수준에서 '진삼국사기표(進三國史表)'[61]의 삭제는 이해되지만 주요 저술을 누락시킨 것은 선뜻 이해되지 않는다. 예술의 발전 항목도 용어도 같으나 『중학국사』(79년판)에서는 음악에 관련된 서술은 하지 않고 『중학국사』(82년판)에서 고려청자에 관련 서술을 지나치게 자세하게 서술하였다.

'3. 고려 중기의 사회의 동요와 무신 정권'에서는 '4. 귀족 사회의 동요'의 〈학습 개요〉에서 『중학국사』(79년판)에서 무신집권기 '신분상의 차별을 철폐하고 자유로운 사회 활동을 바라는 민중의 움직임'[62]의 서술 부분은 역사상과 맞지 않는 부분이 있으므로 생략한 듯하다.

『중학국사』(82년판) '4. 귀족 사회의 동요'의 〈학습개요〉에서 '무신의 난[63] 후, 정권은 무신들에 의해 좌우되었고, 이에 따라 천민 출신의 무신이 집권하는 경우도 있었다.'[64]고 구체화였다. 하지만 '신분상의 차별을 철폐하고 자유로운 사회 활동을 바라는 민중의 움직임이 전국적으로 나타났다.'[65]는 서술 내용은 당시의 역사상과 거리가 있어 보이므로 지양해야 한다.

『중학국사』(79년판) '3. 고려 중기의 사회의 동요와 무신 정권'은 82년판 『중학국사』에서 '4. 귀족 사회의 동요'으로 바꾸었다. '귀족 사회의 내분, 문무 대립과 무신의 난'은 '이자겸과 묘청'과 '무신의 난' 항목으로 나

---

59 김부식, 「進三國史記表」, 『동문선』 권44, 表箋.
60 『중학국사』(79년판), 86쪽.
61 『중학국사』(79년판), 86쪽.
62 『중학국사』(19년판), 89쪽.
63 '무신의 난'은 무신들의 집권이 문신을 대신하여 계속되었으므로 '무신정변'으로 표기하는 것이 바람직하다. 변태섭 외, 앞의 보고서, 17쪽.
64 『중학국사』(82년판), 97쪽.
65 『중학국사』(82년판), 97쪽.

누었을 뿐 서술 내용은 같으며, 사람 이름인 이자겸과 묘청으로 단원명으로 사용하는 것은 바람직하지 않다.

'민중의 저항'에서는 '이러한 무신의 난은 문벌 중심의 고려 사회를 근본적으로 흔들면서 귀족 사회를 붕괴시켰다. 특히, 정치 체제와 신분 질서가 바뀌어, 정치 질서는 무신 위주로 꾸며졌다.'[66]라는 부분을 추가하였다. 최씨 정권 부분은 서술 내용이 이전과 동일하다.

『중학국사』(79년판) '4. 몽고와의 항쟁과 시련'은 『중학국사』(82년판)에서 '5. 고려 후기의 대외 항쟁'으로 바꾸었다. 몽고에 대한 항쟁 부분도 그 서술 내용이 역시 같다. '자주성의 시련'은 '고려와 원'으로, '원 세력의 배척과 개혁 운동'은 '공민왕의 개혁'으로 항목을 바꾸었다. '고려와 원'이라는 단원명은 현행 교과서처럼 '원 간섭기'로 바꾸어 사용하는 것이 바람직하다.[67]

『중학국사』(82년판) '몽고의 침입'에서 테무친의 등장과 거란의 유족의 고려 침입 사실은 삭제되었지만 거란의 유족의 침입은 거란의 제4차 침입이라 부를 수 있을 만큼 중요 사실임을 알아야 한다.[68]

몽고에 대한 항쟁 부분은 그 서술 내용이 동일하며 '삼별초'에서는 일부 내용이 축소하여 서술하였다. '원의 세력 배척과 개혁 운동'은 '공민왕

---

66 『중학국사』(82년판), 99쪽.

67 한국사학계에서 '원 간섭기'라는 용어를 사용하기 시작한 것은 1970년대부터이다. 고려와 원의 관계를 '간섭'으로 표현한 것은 당시 고려가 국가를 유지하고 있던 점에 주목한 결과였다. 이익주, 「고려·몽골 관계사 연구 시각의 검토-고려·몽골 관계사에 대한 공시적·통시적 접근-」, 『한국중세사연구』 27, 2009, 6~10쪽. 제7차 『중등국사』 이래 현재도 사용하는 용어이다.

68 1216년 東遼를 세웠던 耶律留哥가 결국 칭기스 칸에게 항복했을 때, 이에 동의하지 않았던 거란족들이 야율유가를 축출하고 耶廝不 또는 耶斯不을 중심으로해서 현 랴오닝 성에 위치한 등주에서 건국했다. 이를 한국에서는 大遼收國으로 불리며, 중국에서는 後遼로도 불린다. 이들 가운데 1216년(고종 3) 8월부터 1219년(고종 6) 1월까지 고려를 침입한 契丹遺種, 즉, 패망한 大遼收國의 거란족 유민이다. 『고려사절요』 권14, 고종 3년(1216) 윤7월, '初 契丹遺種金山王子 金始王子 以其黨鵝兒乞奴二人爲將 脅河朔之民 自稱大遼收國王 建元天成 蒙古 大擧伐之 二王子 席卷而東.' 여기서 金山은 거란 遺民의 추장으로, 大遼收國을 세운 耶斯布 즉, 耶廝不의 아들로 추측된다.

의 개혁'이라는 명칭만 바꾸었으며 '홍건적과 왜구'는 명칭과 서술 내용이 같다.

'6. 고려 후기의 사회와 문화'는 『중학국사』(79년판)와 서술 내용도 동일하다. '귀족 사회의 변동과 새 세력의 등장'은 '권문세가', '성리학과 신진 관료'는 '성리학의 수용'으로 명칭만 바꾸었으며, 역시 내용은 같다. 권문세가는 현행 국사 교과서에서 사용하는 권문세족이라는 용어로 바꾸는 것이 좋을 듯하다.[69]

'불교계의 변화'는 '조계종과 대장경'으로 명칭을 바꾸었다. 불교계의 변화 관련 서술은 무난하며 민족항쟁이라는 측면을 부각시키고자 한 듯하지만 전등사에서 대장경판 조성을 하였다는 사실은 오류다.[70]

'문학과 역사'는 '문학과 역사학'으로 바꾸면서 청산별곡의 내용을 삭제하고 '이규보는 동명왕편을 지어 고구려의 전통을 강조하기도 하였다.'[71]는 내용을 더욱 부가 설명하면서 학습 자료에 『동명왕편』 일부[72]를 추가하며 민족사적 의의를 강조하였다. 『제왕운기』의 태조대 서술 부분[73]을 〈학습자료〉로 소개한 것도 역사 같은 맥락이다. 민족사 견지에서 부각한 것이겠지만 문화의 주체성을 강조하였다는 점에서는 바람직하다고 하겠다.

---

69 김광철, 「서론-권문 세족의 용례」, 『고려후기 세족층연구』, 부산, 동아대학교 출판부, 1991, 1~47쪽; 김광철, 「권문세족의 성립과 그 성격」, 『한국사 19 -고려 후기의 정치와 경제 -』, 국사편찬위원회, 1996.

70 대장경판은 대장도감의 간기가 표시되어 있거나 분사대장도감의 간기가 있는 판을 막론하고 남해의 분사대장도감에서 판각한 것이다. 그러므로 분사대장도감은 대장도감의 판각기능을 담당했던 곳임을 알 수 있다. 박상국, 「대장도감의 판각성격과 선원사문제-」, 『가산 이지관스님 화갑기념논총 한국불교문화사상사』 상, 1992; 『신편한국사』 21, 「나. 대장도감 설치와 판각장소」 참조.

71 『중학국사』(82년판), 115쪽.

72 이규보, 「東明王篇 幷序」, 『동국이상국집』 권3, 古律詩.

73 이승휴, 「列國記」, 『제왕운기』 권하.

'인쇄술의 발달'을 '금속활자'로 바꾸었으며 '목면과 화약'은 추가하였다. '건축과 예술'에서 『중학국사』(82년판)에서 무량수전의 엔타시스(배흘림) 양식을 서술하였으며 경천사 10층 석탑의 서술 가운데 '이 탑은 원의 영향을 받은 것으로, 그 양식은 조선 시대의 원각사지 10층 석탑으로 계승되었다.'[74]고 추가하였다. 그러면서도 『중학국사』(82년판)에서는 『중학국사』(79년판) 항목에 서술되었던 '기술의 향상'[75] 항목은 모두 삭제되었다. 아마도 정치사 중심의 서술이라는 측면이 반영된 듯하다. 고려말 조선 건국 부분은 조선편에 서술되었는데 항목과 그 내용은 동일하다.

Ⅳ. 『고교국사』의 서술 내용과 의의

다음은 『고교국사』의 제3차 교육과정기 79년판과 82년판의 서술 내용을 비교해 보기로 한다. 단원개관에서 'Ⅱ. 고려 사회'에서 'Ⅱ. 중세 사회의 발전'이라 시대사적 인식이 반영되었다. 나말여초를 세기사적 인식인 10세기로 표기하였으며, 고려문화의 역사적 의의를 강조하였으나 '보다 새롭고 활기찬 역사 발전을 이룩할 수 있었다.'[76]라고 하여 계몽적인 기술이므로 지양해야 한다. 고려말 성장한 세력을 중소 지주층과 더불어 '지식계급'[77]이나 '지식계층'[78]이라는 용어도 모호하다. 다음의 단원 개요(1. 고려의 건국과 귀족 사회의 성립)의 서술도 '사회 발전을 위한 진취적 기상'[79]이라고 하였는데 역시 민족사적이거나 계몽적인 서술이므로 지양해

---

74 『중학국사』(82년판), 119쪽.
75 『중학국사』(79년판), 109쪽.
76 『고교국사』(82년판), 66쪽.
77 『고교국사』(79년판), 64쪽.
78 『고교국사』(82년판), 66쪽.
79 『고교국사』(82년판), 67쪽.

야 할 것이다.

『고교국사』(79년판) '(1) 호족 연합 세력과 민족의 재통일'은 '(1) 고려의 성립'으로 바꾸었다. '고려의 건국'을 '후삼국의 혼란과 고려의 건국'으로 소항목을 나누고 '발해의 유민 포섭과 국제 관계의 변동'으로, '후삼국의 통일'과 '태조의 정책'을 '태조의 통일 정책'으로 단순화시켰다. '왕권의 안정' 항목은 소항목과 그 내용이 동일하다.

『고교국사』(82년판)의 '고려의 건국' 부분에서 '애민(愛民) 정책을 폈고, 적극적으로 호족 세력들을 회유, 포섭하였다. 태조 왕건이 이와 같은 정책을 펴자, 많은 호족들이 심복하게 되어, 궁예 때보다 세력이 더욱 커졌다.'[80]라는 내용만 추가하였을 뿐이다. 태조의 애민시책으로 '取民有度'를 폈다는 관점에서 서술해야 할 것이다.[81]

『고교국사』(82년판)의 '통일 정책' 부분에서 태조의 국가 정책 부분에서 『고교국사』(79년판)의 각주로 처리했던 기인제와 사심관제를 본문에서 기술하여 강조하였는데[82] 타당하다고 하겠다.

『고교국사』(79년판)의 '제도'를 '통치구조'로, '관제의 정비'를 '정치 조직과 군사 조직'으로 소항목을 바꾸었으며, '정치 사상의 변동'이나 '교육기관과 과거의 정비'에서 '변동'이나 '정비'를 삭제했을 뿐 내용은 대동소이하다. 다만 지방 통치 체제에서 '그래서, 지방관이 파견된 현을 주현(主縣)으로 하고, 그 밑에 몇 개의 현이 속해서 주현의 지방관이 이를 관할하였는데,'[83]라고 하여 고려시대 지방 통치체제의 핵심인 속현체제를 명확히 하였다.[84] 그리고 토지제도에서 『고교국사』(79년판)의 '그러나, 시대가

---

80 『고교국사』(82년판), 69쪽.
81 『고려사』 권78, 食貨志 '高麗太祖卽位 首正田制 取民有度 而憫憫於農桑.'
82 『고교국사』(82년판), 71쪽.
83 『고교국사』(82년판), 74쪽.
84 박종기, 「고려시기 군현제 연구성과와 「국사」 교과서의 서술」, 『역사교육』 44, 1988, 62쪽.

흐르면서 일부 귀족들은 수조권을 발판으로 토지를 사유화하여 갔는데, 이 같은 현상은 무신의 난 이후 농장의 확대로 전개되어 갔다.'[85]라는 내용은 생략하였으며 공물을 공납의 용어로 바꾸었다. 사실의 중요성에 비추어 볼 때 서술될 필요가 있다.

『고교국사』(79년판) '(3) 고려초기 국제관계'는 『고교국사』(82년판)에서 '(3) 고려 전기의 대외 관계'로 변경하였다. '고려와 송 거란과의 관계'를 친송 정책과 북진 정책'으로, '거란족의 침입'을 '격퇴'를 추가하였으나 내용은 대동소이하다. 다만 『고교국사』(79년판)의 (1) 윤관의 여진 정벌과 귀족사회의 동요의 윤관의 9성의 서술 부분을 (3) 고려 전기의 대외 관계에 서술하면서 여진족이 통일하면서 '간도 지방을 손에 넣었다.'는 부분과 윤관이 9성을 쌓아 '고려의 영토는 북쪽으로 크게 확대되었다.'라는 부분을 추가하였다.[86] 이는 제4차 『고교국사』에서 영토 의식의 확대라는 측면에서 강조한 것으로 이해된다.

다음 귀족사회 중단원의 개요를 비교하면 다음과 같다. 『고교국사』(79년판) 개요 '3. 고려 귀족 사회의 동요'에서 '고려 사회는 호족들이 연합하여 구성한 사회였고, 지방 사회의 자치권을 상당히 인정한 사회였다. 지방 호족들 중에서 능력 있는 자는 유공자로서 뽑히든지, 과거 제도를 통하여 중앙 관리로 진출할 수 있는 길을 열어 놓은 사회였다.'[87]고 하였다. 그런데 『고교국사』(82년판) 개요에서는 '이제는 지방 호족들도 그들의 사회를 운영하는 사상과 철학을 알게 되었다.'[88]고 하면서 '고려 문화는 신라 시대의 고대적 전통이 보다 넓은 생활 능력으로 전환되고 발전

---

85 『고교국사』(79년판), 74쪽.
86 『고교국사』(82년판), 79쪽.
87 『고교국사』(79년판), 78쪽.
88 『고교국사』(82년판), 80쪽.

된 것이었다. 광종, 성종 간에 새로운 문화 기반이 만들어지고, 그 기반 위에서 문종을 전후하여 귀족 사회가 크게 발달하였으며, 전시대에 비하여 보다 다양하고 세련된 고려 문화를 성립시켰다.[89]고 한 부분은 삭제하였다. 이러한 서술은『고교국사』(82년판) '2. 귀족 사회의 발전과 변동'에서 '고려는 통일 신라 시대의 문화적 전통을 계승하고, 송과의 활발한 문물 교류를 통하여 대륙의 문화 요소를 포용하면서 창의적인 문화 활동을 펴 나갔다.'[90]고 축약 서술하였다.

『고교국사』(82년판) '(1) 고려 전기의 사회'에서 '고려 사회의 구성'을 '사회 신분 제도'로, '법률 풍속'을 '법속'으로 단어만 바꾸었을 뿐이다. 법속 부분에서 '편안하기를 기원하는 의식'을 '복을 기원하는 의식'으로 표현을 달리 하였으며, '해외무역의 발달' 부분에서 '이처럼 활발한 외국과의 무역 활동은 고려의 사회, 문화 발전에 커다란 영향을 끼쳤다.'라는 내용을 추가하였다.

고려의 문화에 대한 서술은『고교국사』(82년판) '(2) 문화의 발전'에서 '불교'를 '불교의 발달'로, '민간 신앙'이 '도교와 풍수지리사상'의 항목으로 이름만 구체화하였으며, '고려 예술의 성격' 항목을 생략하였다. 그리고『고교국사』(79년판)의 '고려 예술의 성격'은 삭제하였는데『고교국사』에서 이러한 문화사적 서술, 특히 거창 둔마리 고분석인[91]에 관련 사실을 제거하고, 그 대신에『고교국사』(82년판)에서는 둔마리 고분벽화를 새롭게 강조하였다.[92]

---

89 『고교국사』(79년판), 78쪽.

90 『고교국사』(82년판), 80쪽.

91 문화공보부 문화재관리국,『居昌屯馬里 壁畫古墳 및 灰槨墓 發掘調査報告』, 문화공보부 문화재관리국, 1974, 11~12쪽.

92 『고교국사』(82년판) 85쪽. 1971년 11월에 발견된 경남 거창 둔마리에서 고려시대 벽화 고분과 2000년에 이르러 거창 인근의 밀양 고법리에서 또 다른 고려 벽화고분이 발굴 되면서 둔마리 벽화고분은 다시 주목을 받았다. 이들 벽화고분은 1991년 발굴된 파주

유학과 한문학 및 역사편찬 항목에서는 『고교국사』(79년판)에 각주로 처리되었던 내용 가운데 일부분인 '성종 때에 수서원과 비서성을 두어[93] 여러 서적을 출판, 수집하고 교육을 장려하였다.'[94]라는 내용을 추가한 것은 긍정적이다. 그리고 '균여대사가 향가 11수를 남겼고'라고 서술되었다. 『고교국사』(79년판) 6. 통일 신라의 문화편의 한학과 기술학 항목의 '고려 초의 균여가 지은 11수를 합하여 25수뿐이다.'와 고려시대 유학과 한문학의 발달편의 삽화와 함께 소개된 캡션 '균여전 : 고려 문종 때 엮어진 균여대사의 전기. 균여대사가 지은 향가가 실려 있다.'[95] 그리고 문학의 새 경향에서 '균여대사가 향가 11수를 남겼고,'라고 되어 있었다. 우리 고유의 문화적 요소를 강조한 것으로 고무적이라고 하겠다.

『고교국사』(79년판) 뒤의 항목 '문학의 새 경향'에 서술된 내용인 '한편, 균여대사가 향가 11수를 남겼고, 현종과 그 신하들이 현화사 낙성식에서 향가를 지은 일이 있다. 또, 예종은 도이장가이라는 노래를 지었다. 이와 같이, 신라 시대의 향가의 전통이 없어지지는 않았으나, 시대 정신이 달라지고 우세해진 한문학의 영향으로 국문학의 형식은 많이 달라졌다.'[96]라는 부분을 위치만 이동하여 서술하였다.

『고교국사』(82년판)에서는 고려자기의 서술 부분 가운데 그 시작을 10세

서곡리 벽화고분과 더불어 고려시대 유일의 벽화 고분으로 그 가치가 높다. 특히 고려시대 여성의 생활 모습을 담고 있다는 점에서 매우 중요하다(권순형, 「한국사 교과서 고려시대 여성 관련 서술에 대한 분석과 제안」, 『여성과 역사』 24, 2016, 48~49쪽). 일부 2009개정 교육과정기 『한국사』 교과서에서 다루어지기도 하였다(김종수 외, 『고등학교 한국사』, 금성출판사, 2014; 정재정 외, 『고등학교 한국사』 지학사, 2014). 조성 연대는 고려초기로 알려졌으나 2005년 개최된 거창 둔마리 벽화고분 발굴 33주년 기념 학술대회에서 고려후기로 밝혀졌다. 이화여자대학교 박물관, 『거창의 역사와 문화. 2, 둔마리 벽화고분』, 2005.

93 『고려사』 권3, 성종세가 9년 12월, '宜令所司 於西京開置修書院.'; 『고려사』 권6, 靖宗世家 11년 4월 23일(기유), '秘書省進新刊禮記正義七十本 毛詩正義四十本.'
94 『고교국사』(82년판), 86쪽.
95 『고교국사』(79년판), 85쪽.
96 『고교국사』(82년판), 87쪽.

기에서 9세기로 수정하였으며, 청자를 대접과 접시로 사용되었다는 내용을 추가하면서 청자의 사용이 '당시 귀족 생활이 얼마나 호화로웠는지를 보여 주는 것이다.'[97]라는 설명과 더불어 청자 막새기와 그림과 설명을 부기하였다. 『고교국사』(82년판)에서는 '이것은 당시의 귀족들의 세련도를 보여주는 것이다.'[98]라고 하여 관점을 달리하였는데 오히려 긍정적 서술이라고 하겠다.

『고교국사』(79년판) '서화와 음악'에서 사용하였던 '서도'라는 표현을 『고교국사』(82년판)에서는 '서예'로 용어를 바꾸었으나, 공민왕의 천산수렵도(天山大獵圖, 陰山大獵圖)[99]의 서술과 그림, 혜허의 양류관음상 불화 서술과 그림[100]은 포함하지 않았는데 필히 추가해야 할 것이다.[101] 『고교국사』가 문화사 서술이 주가 된다고 할 때, 이러한 내용이 삭제된 것은 매우 아쉽다.

그리고 음악 서술 항목에서도 '고려의 향악은 악기의 연주가 한창 무르익을 때 노래와 춤이 등장하는 것으로, 이러한 향악곡으로는 동동, 대동강, 한림별곡 등이 있었다.'라는 내용을 추가하였다. 『고교국사』(82년판)의 '건축과 석탑'에서 '그러나, 고려 전기의 건축물로 현존하는 것은 없

---

97 『고교국사』(82년판), 92쪽.

98 『고교국사』(82년판), 92쪽.

99 조선 숙종 때의 문인 頭陀 李夏坤(1677-1724)의 『頭陀草』(『한국문집총간』 191)에 의하면, 이 수렵도는 본래 조선 선조의 열 두째 아들인 朗善君 李俁의 소장품이었는데, 그가 죽자 애호가들이 나누어 가졌다고 한다. 李夏坤, 「恭愍王畫馬跋(上方又有申範華女俠圖 作障子)」, 『頭陀草』 册17, 雜著, '恭愍王畫世不多見 而朗善公子所藏陰山大獵圖橫卷尤神妙 洵爲奇寶 公子死 其家不甚珍惜 好事者爭割取以去.'

100 『고교국사』(79년판), 91쪽.

101 고려 佛畫는 고려인의 높은 미적으로 수준을 담고 있으며 세계에서 가장 아름다운 종교예술품으로 손꼽힌다. 그 가운데 일본 센소지[淺草寺]의 慧虛의 水月觀音圖와, 치온인[知恩院]의 阿彌陀如來圖는 고려불화의 백미라고 불릴 만큼 그 화려함과 더불어 역사적 가치, 문화재적 중요성이 크다. 최근에 1350년(충정왕 2)에 그려진 일본 신노인[親王院]에 소장되어 있는 彌勒下生經變相圖의 하단 부분에 씨를 뿌리는 모습, 소를 몰아 땅을 가는 모습 등 고려시대의 농사짓는 모습을 볼 수 있는데 최근의 『중등 국사』 교과서에 학습자료로 활용되고 있는 것은 매우 고무적이다.

다.'[102]라는 내용을 추가하였는데, 굳이 지면을 할애하여 서술될 필요는 없을 듯하다.

『고교국사』(79년판) '(1) 윤관의 여진 정벌과 귀족사회의 동요'는 『고교국사』(82년판)에서 '(3) 귀족 사회의 동요'로 바꾸었다. '금의 압력과 북진정책의 좌절'은 '여진 관계의 변화'라는 이름을 바꾸면서 '고려의 북진 정책은 사실상 좌절되었고, 귀족 사회 안의 내분만 격화되었다.'[103]라는 사실은 삭제하고 '평화 유지라는 현실 문제 때문에 끝내 금의 요구를 받아들이지 않을 수 없었다. 그리하여, 금과의 무력 충돌은 일어나지 않았으나, 금에 대한 감정은 좋지 않아 금을 정벌하자는 논의가 제기되기도 하였다.'[104]라고 대체 추가하였는데 감성적 서술은 지양해야 할 것이다.

'이자겸의 난과 묘청의 난'의 부분에서도 『고교국사』(79년판) '족벌 세력을 기반으로 하여 구성된 귀족 사회에서는, 왕실과 혼인 관계를 맺은 족벌들이 자연히 세력을 잡았다.'[105]를 『고교국사』(82년판)에서는 '고려 귀족 사회에서는, 왕실과 혼인 관계를 맺은 족벌들이 세력을 잡았다. 족벌 중 대표적인 집안이었던 경원 이씨'[106]라고 하여 대동소이하다. 족벌이라는 용어는 앞서 언급했듯이 '문벌'이라는 용어로 바꾸어 사용해야 할 것이다.

『고교국사』(79년판) '(2) 무신의 난과 최씨 무신 정권'은 『고교국사』(82년판)에서는 '(1) 무신 정권의 성립과 변천'으로 교체하였다. '무신의 난'을 『중학국사』와는 달리 '무신 정변'으로 용어를 바꾼 것은 바람직하다. 『고교국사』(79년판)의 무신의 지위와 무학재 등의 내용을, '최씨 무신 정권'에서는 이의민 부분을 삭제하였다. '정권을 잡은 최충헌은, 처음에 정치를

---

102 『고교국사』(82년판), 90쪽.
103 『고교국사』(79년판), 93쪽.
104 『고교국사』(82년판), 93쪽.
105 『고교국사』(79년판), 95쪽.
106 『고교국사』(82년판), 93~94쪽.

개혁하고자 왕에게 10조의 시무를 올렸다.'[107]라고 하면서 최충헌의 시무 10조[108]를 간략히 소개하였는데 앞서 훈요십조[109]의 내용을 소개하지 않은 것과 비교하면 이해하기 힘들다.

『고교국사』(82년판) '(2) 몽고의 침입과 항쟁'에서 '여·몽의 접촉'은 '여·몽의 관계'로, '몽고의 침입과 강화도 천도'는 '몽고의 침입'으로 바꾸었다. '자주성의 시련'은 '원의 내정 간섭'으로 용어를 개정하였다. 지극히 타당한 서술이다.

몽고의 침략의 영향으로 소실된 문화재 서술 내용이 『고교국사』(82년판)에서는 삭제되었으며, 원 간섭기 후 왕실의 존재의 몰락에 대한 서술도 『고교국사』(82년판)에서는 역시 삭제되었다. 당시 역사적 사실 가운데 중요사실이므로 서술 대상에 포함되어야 할 것이다.

고려 후기 문화 부분은 『고교국사』(82년판)에서는 (4) 항목으로 뒤로 이동되었다. '고려 후기의 불교'를 '조계종의 발전과 대장경의 조판'으로 바꾸었지만 고려후기 불교계는 조계종과 더불어 천태종이 주도하였으므로 이러한 사실도 추가해야 할 것이다.[110] '문학의 새경향'에서도 일부 내용이 축약 서술되었다.

『고교국사』(79년판) '(3) 고려말의 정치의 상황'은 『고교국사』(82년판)에서 '(3) 고려말 정치와 사회'로 용어를 바꾸면서 '위화도 회군'의 항목은 생략하고 '요동정벌'로 대체되고 홍건적과 왜구를 묶으면서 외침을 강조하였다. 『고교국사』(79년판)에 기술된 '여말의 정치 세력의 성격'은 『고교국

---

107 『고교국사』(82년판). 98쪽.
108 『고려사』 권129, 최충헌열전.
109 『고려사』 권2, 태조세가 26년 4월.
110 이에 대하여 다음의 필자의 졸고가 참조된다. 황인규, 「고려후기 백련사결사정신의 계승과 변질」, 『백련불교논집』 10, 2000; 황인규, 「고려후기 백련사 결사의 계승과 전개」, 『불교연구』 38, 2013; 황인규, 「고려후기 조선초 강진 백련사의 고승과 사세」, 『한국사상사학』 46, 2014.

사』(82년판)에서는 조선 편으로 이월하여 서술하였다. 그리고 『고교국사』(79년판)과 마찬가지로 조선 편의 '1. 조선 왕조의 성립과 발전 (1) 조선의 건국과 집권 체제의 강화. 신진 사대부와 무인세력, 조선 왕조의 개창'에서 서술하였는데, 역사적 배경을 강조하기 위한 것이므로 타당하다고 하겠다.

V. 맺음말

이상으로 제4차 교육과정기 『중등국사』에 서술된 고려시대 서술에 대하여 살펴보았다. 제4차 교육과정기 『중등국사』는 우리나라 교육과정상 처음으로 국정교과서로 편찬 발행된 국사 교과서인 제3차 교육과정기의 국정 『중등국사』(1974년판)와, 그것의 미흡과 오류를 수정 보완했다는 『중등국사』(1979년판)에 이은 검인정 1종 교과서로 국정 교과서와 다름이 없다.

『중학국사』(82년판)와 『고교국사』(82년판)의 서술 내용을 보게 되면, 『중등국사』(79년판)와 상당 부분이 대동소이하다. 교과서 집필자가 달라졌음에도 『중등국사』(79년판) 서술에서 단원의 목차도 거의 비슷하며 일부의 서술 내용을 생략했을 뿐이며, 새롭게 추가하여 서술한 것은 얼마 되지 않는다. 60년대 초반 이후부터 국가주도의 국사교육의 강화로 교과서 집필기준이 별로 달라지지 않았으며, 70년대 후반의 유신 잔재를 지우고자 하였으나 제4차 교육과정과 함께 하였던 군사정부의 체질이 지속된 결과가 아닐까 한다. 즉, 해방이후 서구의 학문 사조를 받아들인 경험중심의 교육이나 학문중심의 교육과는 달리 기초교육을 강조하였으나 제5공화국 군사정부도 박정희 군사정부의 '국가 주도의 국사교육 강화' 시책을 계승하였기 때문이다.

『중등국사』의 고려시대 서술은 재야 사학자가 중점적으로 다룬 상고사 문제나 일본의 한국사 왜곡의 주 대상인 근현대사 영역이 아니기 때문인지 79년판의『중등국사』서술 내용과 별반 다를 바가 없다.『중등국사』의 서술에서 여전히 가장 강조한 사실은 대외항쟁을 지나치게 부각하여 민족의 주체적 사관을 추종하였다.

『중등국사』서술에서 다소 미흡하거나 고무적인 사실을 들어 보면 다음과 같다.『중학국사』경우 신라말 등장한 지방세력을 호족과 지방세력이라고 하여 일반화시켜 그 역사성을 희소화시켰다. 하지만 후삼국 통일 과정에서 왕건과 결연한 세력을 호족과 승려, 학자로 다양하게 제시한 것은 고무적이다. 고려시대 문화를 대표한다고 볼 수 있는 고려청자를 민족 예술의 걸작품으로 서술한 것은 민족사를 강조한 일례이다. 그러한 차원에서 고려의 대외 관계를 독립적 단원으로 편성한 것이다. 향후 동북아 공영이라는 시각도 참조해야 할 것이다.

그런데 80년대 후반이후 고려시대를 주도한 세력을 '문벌귀족'이라고 지칭하였는데 '문벌사회'라는 단원명과 함께 서술되어 주목되고 있으며, 최신 고려시대사의 연구 성과를 반영한 2015개정 교육과정기의『중등국사』서술 내용과 유사하다. 무신집권기 '신분상의 차별을 철폐하고 자유로운 사회 활동을 바라는 민중의 움직임이 전국적으로 나타났다.'는 서술은 당시 시대상과는 거리가 멀다. 불교사 서술 부분에서 대장경판 조성을 전등사에서 하였다는 사실한 것은 당시 연구 성과를 반영한 것이겠지만 오류다.

『고교국사』서술은 앞서 언급한 바와 같이 단원명이 같은 항목이 적지 않으며 서술 분량도 정치사 서술도 적지 않다. 또한 교과서 서술 내용의 중복성으로 계열성 문제가 반영되지 않았다. 고려시대를 중세라 지칭하거나 '10세기'라고 하여 세기사적 용어의 사용은 매우 고무적이다.

하지만 이전의 교과서와 같이 '고려는 이와 같은 문화적 기반을 마련함으로써 보다 새롭고 활기찬 역사 발전을 이룩할 수 있었다.'거나 '고려는 사회 발전을 위한 진취적 기상과 정비된 체제가 바탕이 되어 거듭되는 거란의 침입을 물리칠 수 있었다.'는 계몽적 서술내용도 눈에 띈다. '고려 문화는 신라 시대의 고대적 전통이 보다 넓은 생활 능력으로 전환되고 발전된 것이었다.'라는 서술도 마찬가지로 지양해야 할 것이다.

『고교국사』가 문화사 중심으로 서술되는 것이 바람직하다고 할 때 고려 당시 유일한 고분벽화 관련 서술과 그림을 소개한 것은 매우 긍정적이다. 고려시대 여성과 민중의 생활상을 보여줄 수 있기 때문이다. 하지만 공민왕의 천산대렵도와 혜허의 양류관음상 불화에 관한 서술과 그림 등은 당연히 추가 서술해야 할 것이다. 『중학국사』에서 '문벌'이라는 역사 용어를 사용하여 '문벌사회'라고 서술했음에 비하여 『고교국사』에서 '족벌 세력을 기반으로 하여 구성된 귀족 사회'라고 서술한 것은 계열성에도 맞지 않는다. 원 간섭기 서술 부분에서 '자주성의 시련'에서 '원의 내정 간섭'으로 용어를 바꾼 것은 타당해 보인다. 학습자료에서 최씨무신정권에서 최충헌의 봉사십조를 소개하였으면서도 태조의 훈요십조를 소개하지 않은 것은 선뜻 납득이 가지 않는다. 이와같은 『중등국사』 서술의 문제점이 개선되어 향후 보다 바람직한 국사 교과서 서술이 이루어지기를 기대해 마지 않는다.

03

제4차 교육과정기 중·고등학교 국사교과서의 조선시대 서술 체제와 내용 분석

I. 머리말

국사교과서는 학생들을 대상으로 하다 보니 그 당시 국가에서 지향하는 방향성을 알 수 있는 중요한 책이다. 우리는 오랫동안 검정기와 국정기, 다시 검정기로 변화되는 동안 그 정도의 차이는 있었지만 민족을 발전적으로 보려는 경향이 강하였다. 교과서의 서술이 민족주의에서 발생되었다는 비판이 있었고, 이를 일부 수정, 수용, 변화하기는 하지만 그 기조는 유지되었다고 할 수 있다. 제3차 교육과정기부터 시행된 국정·단일화 정책은 국사교육 강화정책과 맞물려 많은 논란이 되었다. 1972년 만들어진 국사교육강화위원회의 '학교교육을 중심으로 한 국사의 중심개념'이라는 이라는 이름 아래 내용을 제시하였다는 데서 많은 반대를 불러일으키기도 하였다.[1]

---

1 김한종, 「해방 이후 국사교과서의 변천과 지배이데올로기」, 『역사비평』 17, 1991; 김한종, 「국사교과서의 연구 동향 1–1990년대 이전」, 『역사교육과정과 교과서 연구』, 선인, 2006.

2장·03 제4차 교육과정기 중·고등학교 국사교과서의 조선시대 서술 체제와 내용 분석　**245**

기존의 제4차 교육과정기 조선시대에 대한 연구 성과는 많지 않다. 제2~3차 교육과정에 대한 본격적으로 연구는 일부 다루어지고 있다.[2] 1982년부터 시행된 제4차 교육과정기에 연구 역시 본격적으로 이루어지지는 않았다. 교과서 제작을 위하여 초·중·고등학교 국사교과서의 내용 및 체제에 대하여 분석하여, 새로운 국사교과서의 계열성과 내용 선정, 조직에 대한 제언이 나오기도 하였다.[3] 기존의 제4차 교육과정기 국정화에 대하여서 김한종은 국사교과서의 변천과정을 언급하였고,[4] 차미희는 국사 교육 전반에 대해 고찰하였다.[5] 오경후는 해방이후 교육과정별 변천을 한국사 교과서 중 조선시대 부분을 집중적으로 다루었다.[6] 이후 교과서에 대한 분석 연구가 발전함에 따라 다양한 분석 방법이 나왔다. 교과서가 실제 수업 현장에서 사용된다는 점에서 인물 분석, 수록된 인물의 시대별, 계층별 분석이 나오기도 하였다. 이후 삽화, 사진, 통계자료 등 교과서의 학습 보조 자료에 대한 분석, 1982년 발생한 일본 역사교과서 파동이후 일본 역사교과서에 수록된 한국 관련 내용 분석, 나아가 한국 국사교과서에 서술된 외국 관련 내용을 분석하였다.[7]

본 고에서 다루고자 하는 주제는 제4차 교육과정기 중·고등학교 국

---

2 동국대학교 역사교과서연구소, 『역사와 교육-기획논문:제2차 교육과정기 역사교육과 역사교과서』 24, 2017; 역사와 교육학회·역사교과서연구소, 『제3차 교육과정과 국사 교과서 서술』, 2018년도 역사와교육학회·역사교과서연구 정기학술대회, 2018년 6월 23일.

3 강우철 외, 『초중고 국사교과서 내용분석 및 체제 연구』, 한국교육개발원, 1981.

4 김한종, 「해방이후 국사교과서의 변천과 지배이데올로기」, 『역사비평』 17, 1991.

5 차미희, 『중등 국사교육 내용 변천에 대한 연구: 국사과 독립 시기를 중심으로』, 고려대학교 박사학위논문, 2006; 『한국 중·고등학교의 국사 교육: 국사과 독립 시기(1974~1994)를 중심으로』, 교육과학사, 2011.

6 오경후, 「해방이후 한국사 교과서의 동아시아 관련 전근대사 서술의 변천-조선시대를 중심으로」, 『역사와교육』 23, 2016.

7 김한종, 「국사교과서의 연구 동향 1-1990년대 이전」, 『역사교육과정과 교과서 연구』, 선인, 2006, 490~495쪽; 윤정, 「국정 『국사』 교과서(2~6차) 수록 역사지도의 추이와 경향성」, 『역사와실학』 42, 2010.

사교과서 조선시대 서술체제와 내용을 분석하는 것이다.[8] 여기서 다루고
자 하는 중·고등학교 국사교과서는 국사편찬위원회에서 소개한 제4차
교육과정 중『중학교 국사(상·하)』,『고등학교 국사(상·하)』를 대상으로 하
였다.[9] 먼저 서술체제면에서 제4차 교육과정을 흐름을 이해하기 위하여
제3, 4, 5차 교육과정의 고등학교를 서술 비교하거나 중·고등학교 교과
서의 외형적인 구성 변화를 살펴보고자 한다. 또한 중·고등학교의 조선
시대 부분의 서술 방향의 차이점과 공통점을, 내용적인 면에서 중·고등
학교 국사교과서의 서술과 용어 정의 등의 계열성의 여부를 살펴보고자
한다.[10] 이를 통해 제4차 교육과정기 국사교과서 조선시대의 특징을 이해
하고자 한다.

II. 제3~5차 중·고등학교 국사교과서의 서술 기조와 구성

1. 서술의 기조 변화

제5공화국이 출범한 이후인 1981년 제4차 초·중·고등학교 교육과정
이 고시되었다. 제4차 교육과정에서는 이제까지와는 달리 특정 교육과정
이념이나 사조가 아닌 종합적·복합적 성격을 지향하는 교육과정을 표방
하였다. 인간중심 교육과정의 이념을 수용하되, 종전의 교과중심·경험중

---

8 1945년 해방이후 교육과정의 변화는 미군정·교수요목기~제2차 교육과정기는 제1차 검
   정기이다. 제3차~제6차 교육과정기는 국정기이다. 제7차~제2009개정 교육과정은 제2
   차 검정기이다. 특히 2009개정 교육과정은 다시 전근대와 근현대의 비율이 조정되기도
   하였다.
9 교사서의 인용은 국사편찬위원회 우리역사넷(http://contents.history.go.kr/)에서 제
   공하는 교과서속의〈우리역사-역대역사교과서〉을 이용하였다. 제4차 교육과정에서 연
   도별로 서술의 차이가 있을 수도 있지만 큰 틀에서의 변화의 차이는 적다고 할 수 있다.
10 김한종,「해방이후 국사교과서의 변천과 지배이데올로기」,『역사비평』17, 1991, 249~254쪽.

심·학문중심의 교육과정의 이념도 포함되었다. 초·중·고등학교 교육과정 사이의 연계성을 강조하였으며, 지식의 학문성뿐만 아니라 유용성을 강조하였다. 다음과 같은 특징이 있다.

첫째, 역사교육은 국사과와 사회과 속의 세계사 교육이라는 이원적인 체제를 유지하면서, 국사와 세계사의 연관성의 강조하였다.[11] 제3차 교육과정에서부터는 '세계 속의 한국'을 내세우면서 세계 문화에 대한 올바른 평가와 수용을 강조하였다. 하지만 중학교와 고등학교, 국사와 세계사의 연관성은 여전히 미흡하며, 유럽사·중국사 중심의 역사서술로부터 탈피는 형식에 지나지 않는다는 비판을 받았다.[12]

둘째, 국사교육 강화와 민족사관에 기초한 긍지 배양하고자 하였다. 제3차 교육과정(1974년 12월 공포)부터 중·고등학교 공히 '국적있는 교육'에 대한 주체성 확립이 '민족중흥'이라는 시대적 요청에 부응하는 국사 교육의 목표로 내세웠다.[13] 제4차 교육과정에서도 국사교육 강화가 강조되어 "한국사에 대한 종합적 이해를 통하여 민족사관을 확립시키고, 우리 역사에 대한 긍지를 배양하며, 자주적인 태도로 민족중흥에 이바지한다."라는 목표가 제시되었다.[14] 이것은 중·고등학교 공통적으로 민족의 형성과 민족 문화를 강조하는 결과를 가져왔다. 특히 중학교 과정의 조선시대 부분 〈1. 조선의 성립과 발전〉의 개요에서 "오늘날 우리들의 삶도 대

---

11 정선영 외, 『역사교육의 이해』, 三知院, 2004, 290~291쪽. 중학교 사회에서는 사회과 통합의 움직임이 강화되어 한 학년에 두 영역의 내용을 다루는 것으로 단원편성이 바뀌었다. 당시 교과서는 중학교는 기본적으로 1종이었으며, 고등학교의 경우 국사는 1종이었으나 세계사는 2종으로 바뀌어 사실상 검정교과서로 환원되었다. 하지만 검정 합격 숫자는 5종으로 제한되었으며, 교육과정과 엄격한 검정 규정으로 인해 교과서마다 내용상의 차이는 별로 찾아보기 힘들다는 평가이었다.

12 정선영 외, 『역사교육의 이해』, 三知院, 2004, 293~294쪽.

13 정선영 외, 『역사교육의 이해』, 三知院, 2004, 289쪽.

14 오경후, 「해방이후 한국사 교과서의 동아시아 관련 전근대사 서술의 변천-조선시대를 중심으로」, 『역사와교육』 23, 2016, 239쪽.

부분 이 시대의 역사적 유산 위에 전개되고 있다."라고 하였다. 이러한 전개된 조선 건국, 유교 정치와 왕권 강화, 민생 안정, 활발한 국가 활동 전개를 통하여 "조선은 정치적 발전과 안정을 바탕으로 하여 활발한 민족 문화 활동을 펴 민족 문화의 전성을 이루었다."고 하였다.[15]

셋째, 이데올로기적 편향성 비판과 지배층 위주의 사관을 강조하였다. 1980년대 중반에 접어들어 사회 전반에 민주화 분위기가 확산되면서 역사교육의 이데올로기적 편향성에 대한 비판이 전개되었다. 젊은 교사나 진보적인 역사학자들을 중심으로 제기된 비판은 대체로 역사교육이 봉건사회와 일제 식민지 유산의 계승, 미군정 이후 반공 이데올로기의 강화에 이용되었으며, 곳곳에 전체주의적 국가 이데올로기가 스며들어 있다는 것이다. 특히 국사교과서는 정권의 이데올로기를 정당화하고 그 홍보 역할을 충실히 해오고 있으며, 정권과 연결된 계층의 이데올로기를 대변하였다고 비판하였다. 하지만 역사교과서의 이데올로기적 편향성에 대한 비판은 이후 개정된 교과서에서 역사교육이 정치적 예속에서 벗어나야 한다는 점을 인식시키는 계기가 되었다. 민족사에 대한 새로운 관점과 한국근·현대사에 대한 새로운 인식을 불러일으키고, 정치사 외에 사회사나 생활사의 중요성을 부각시켰다.[16]

---

15 국사편찬위원회,『중학교 국사(상)』, 대한교과서주식회사, 1983, 123쪽.

16 정선영 외,『역사교육의 이해』, 三知院, 2004, 290~294쪽. 제5차 교육과정에서는 국사 교과서의 이데올로기적 편향성에 대한 비판은 어느 정도 받아들여졌다. 교과서의 서술에 학계의 진보적인 견해를 수용하여 역사의 주인공이 누구였는가 하는 입장에서 기층 사회의 움직임과 내재적 발전론에 주목하였다. 실제로 개정된 국사교과서에서는 조선후기 서술에서 민중의 동향을 보다 적극적으로 서술하고 있으며, 일제하 무장독립투쟁과 사회주의운동, 북한정권의 성립 등을 새로이 담고 있다. 하지만 이후에도 국사교과서의 1종(국정)제 유지와 맞물려 이를 둘러싼 논란은 계속되었다.

2. 구성 체제의 비교

교과서의 서술체제는 당시 시대상과 교과서의 특징을 보여준다고 할 것이다. 특히 목차에서 보이는 용어는 각 시대별 추구 방향을 알 수 있다. 또한 집필자, 시대별 분량, 학생들의 이해를 위한 보조자료는 많은 시사점을 준다고 하겠다. 먼저 제3~5차 교육과정 고등학교 국사교과서 목차를 비교하면 다음과 같다.

[표 1] 제3~5차 교육과정 고등학교 국사교과서 목차 비교

제3차 교육과정	제4차 교육과정	제5차 교육과정
Ⅰ. 고대 사회 Ⅱ. 고려 사회 Ⅲ. 조선 사회 Ⅳ. 근대 사회 Ⅴ. 현대 사회	Ⅰ. 고대 사회의 발전 Ⅱ. 중세 사회의 발전 Ⅲ. 근세 사회의 발전	Ⅰ. 선사 문화와 국가의 형성 Ⅱ. 고대 사회의 발전 Ⅲ. 중세 사회의 발전 Ⅳ. 근세 사회의 발전
	Ⅰ. 근대 사회의 태동 Ⅱ. 근대 사회의 성장 Ⅲ. 현대 사회의 발달	Ⅰ. 근대 사회의 태동 Ⅱ. 근대 사회의 발전 Ⅲ. 민족의 독립 운동 Ⅳ. 현대 사회의 전개

제3차 교육과정에서는 시대구분인 '고대', '근대', '현대'라는 용어와 왕조명인 '고려', '조선'이라는 용어를 동시에 사용하였다. 그러나 제4차 교육과정부터는 '고려', '조선'이라는 용어 대신에 '중세', '근세'라는 시대구분의 용어를 사용하였다. 특히 조선전기를 '근세 사회의 발전'으로, 조선후기를 '근대 사회의 태동'이라는 용어를 사용하여 18세기부터를 근대로 보려는 경향을 보인다. 이전 시대인 조선전기를 근대로 나가기 위한 전단계인 '근세 사회'라는 용어를 사용하고 있다.[17] 그 연장 선장에서 개항기와 일제강점기를 '근대 사회의 성장'이라고 규정하였다. 이것은 제5차 교육과

---

17 정구복, 「사학사에 있어서의 시대구분과 각 시대의 특성」, 『한국사의 시대구분에 관한 연구』, 한국정신문화연구원, 1995.

대한민국 역사교육과정 2

정에서는 '근대사회의 성장'이 '근대사회의 발전'으로 변화되고, '민족의 독립 운동'을 추가하였다.

이러한 구분은 그 동안 쌓여온 연구성과를 토대로 조선후기를 내재적 근대화론에 의거하여 근대사의 시작을 18세기로 보려는 관점을 받아들인 것이다. 제5차 교육과정에서는 중학교 단원은 왕조별로 구분하도록 하였다. 고등학교에서는 시대구분을 강화하여 각 대단원의 첫 번째 중단원을 『중세사회로의 이행』, 『근세사회로의 이행』, 『근대사회로의 지향』과 같은 이행 단원으로 하였다. 또한 근·현대사를 강화하여 『근대사회의 성장(개항 ~8·15해방)』 단원을 『근대사회의 발전(개화기·한말)』, 『민족의 독립운동(일제 통치기)』으로 구분함으로써 근대사를 세 단원으로 구성하였다.[18] 제6차 교육과정에서도 시대구분을 강조하여 중단원을 『중세사회로의 이행』, 『근세사회로의 이행』, 『근대사회로의 지향』과 같은 이행 단원으로 하였다.[19]

---

18 정선영 외, 『역사교육의 이해』, 三知院, 2004, 293~294쪽.
19 이러한 시대구분의 개념은 제6차 교육과정에서도 〈V. 근세 사회의 발달(상권)〉, 〈I. 근대 사회의 변동(하권)〉으로, 제7차 교육과정에서는 〈통치구조와 정치활동-3. 근세의 정치, 4. 근데 태동기의 정치〉로 그대로 이어지다가, 2009 개정 교육과정(고등학교 한국사(2011, ㈜미래엔)-2009개정 교육과정에서부터는 중소 목차에서 시대구분의 개념이 사라지고, 〈II. 고려와 조선의 성립과 발전, III. 조선 사회의 변화와 서양 열강의 침략적 접근〉이라는 왕조 중심으로 변화되었다. 그러나 소목차에서는 〈1. 서양에서 먼저 근대가 시작되다〉, 〈2. 조선에서도 근대의 기운이 움트다〉라는 것을 통하여 근대 개념을 사용하고 있다. 2014년 개정 교육과정(천재)에서는 중목차가 〈조선 유교사회의 성립과 변화〉라고 하여 시대구분을 완전히 없앴다. 다만 소목차에서 〈9. 사회 개혁론의 대두와 문화의 새 기운〉이라고 하여 조선 후기 사회변동과 근대로의 움직임을 조심스럽게 서술하고 있다.

[표 2] 제3~5차 교육과정 중학교 국사교과서 목차 비교

제3차 교육과정	제4차 교육과정	제5차 교육과정
Ⅰ. 우리 역사의 시작	Ⅰ. 우리 나라 역사의 여명	Ⅰ. 우리 나라 역사의 시작
Ⅱ. 삼국의 발전	Ⅱ. 삼국의 형성과 발전	Ⅱ. 삼국의 발전과 그 문화
Ⅲ. 통일 신라와 발해	Ⅲ. 통일 신라와 발해	Ⅲ. 통일 신라와 발해
Ⅳ. 고려 시대의 생활	Ⅳ. 고려시대의 생활	Ⅳ. 고려 사회의 발전
Ⅴ. 조선의 발전과 시련의 극복	Ⅴ. 조선의 발전	Ⅴ. 조선 사회의 발전
Ⅵ. 조선 사회의 새 움직임	Ⅰ. 조선 사회의 새 동향	Ⅰ. 조선 사회의 새로운 움직임
Ⅶ. 근대화의 시련과 자주 운동	Ⅱ. 근대화의 시련과 자주 운동	Ⅱ. 근대 사회의 성장
Ⅷ. 일제의 침략과 줄기찬 독립 투쟁	Ⅲ. 일제 침략과 독립 투쟁	Ⅲ. 민족 독립 운동의 전개
Ⅸ. 대한민국의 수립과 발전	Ⅳ. 대한민국의 성립과 발전	Ⅳ. 현대 사회의 전개

제3~5차 교육과정에서의 중학교 교과서 목차는 크게 변화되지 않았다. 고등학교와 달리 시대구분의 용어보다는 왕조별 용어를 그대로 사용하고 있다. 개항기 이후를 '근대'라고 하는 특징은 비슷하다. 약간의 변화는 '고려시대의 생활'이 '고려 사회의 발전'으로 변화되거나, 〈Ⅷ. 일제의 침략과 줄기찬 독립 투쟁〉이라는 장이 〈Ⅲ. 일제 침략과 독립 투쟁〉→〈Ⅲ. 민족 독립 운동의 전개〉로 민족독립운동이라는 용어를 사용한 경우, 〈Ⅸ. 대한민국의 수립과 발전〉→〈Ⅳ. 대한민국의 성립과 발전〉→〈Ⅳ. 현대 사회의 전개〉로 현대라는 시대구분의 용어를 사용하는 변화 정도이다. 제4차 교육과정에서는 〈Ⅳ. 고려시대의 생활, Ⅴ. 조선의 발전〉이라는 장이 제5차 교육과정에서는 〈Ⅳ. 고려 사회의 발전, Ⅴ. 조선 사회의 발전〉으로 목차가 좀 더 체계화되었다. 이것은 제3차와 제4차의 경우 집필자가 비슷하지만, 제5차의 경우 대대적인 변화를 준 것과 연관이 있을 것으로 보인다. 결국 중학교는 왕조별 용어를 그대로 사용한 반면 고등학교는 왕조명 용어 대신은 시대구분 용어를 사용 18세기부터는 근대로 보려는 관점을 적용한 것이 제4차 교육과정의 특징이라고 할 수 있다.

[표 3] 제3~5차 교육과정 고등학교 조선시대 목차 비교

제3차 교육과정	제4차 교육과정	제5차 교육과정
Ⅲ. 조선 사회 1. 조선 왕조의 성립과 발전 2. 민족 문화의 발달 3. 사림의 성장과 그 문화 4. 왜란과 호란 5. 조선 후기의 사회 변동 6. 문화의 새 기운	Ⅲ. 근세 사회의 발전(상권) 1. 조선 왕조의 성립과 발전 2. 민족 문화의 발달 3. 사회·문화의 변동 4. 왜란과 호란	Ⅳ. 근세 사회의 발전(상권) 1. 근세 사회로의 전환 2. 근세 정치와 그 변천 3. 근세의 사회와 경제 4. 근세 문화의 발달
	Ⅰ. 근대 사회의 태동(하권) 1. 조선 후기의 사회 변동과 대외 관계 2. 문화의 새 기운 3. 사회의 동요와 종교의 새 기운	Ⅰ. 근대 사회의 태동(하권) 1. 근대 사회로의 지향 2. 정치 체제의 변화 3. 경제 구조의 변화와 사회 변동 4. 문화의 새 기운

　조선시대 목차에서도 상당한 변화를 보인다. 제3차에서는《Ⅲ. 조선 사회》중단원 하에 소단원으로 〈1. 조선 왕조의 성립과 발전, 2. 민족 문화의 발달, 3. 사림의 성장과 그 문화, 4. 왜란과 호란, 5. 조선 후기의 사회 변동, 6. 문화의 새 기운〉의 6단원으로 구분하였다. 제4차 교육과정부터는 상·하권으로 하면서 상권에는 조선전기인《Ⅲ. 근세 사회의 발전(상권)》의 중단원 하에 소단원의 제목으로 〈1. 조선 왕조의 성립과 발전, 2. 민족 문화의 발달, 3. 사회·문화의 변동, 4. 왜란과 호란〉이라 하였다. 제3차 교육과정에서 〈3. 사림의 성장과 그 문화〉라는 장이 제4차에서는 〈3. 사회·문화의 변동—(1) 사회·경제 체제의 변질, (2) 사림의 성장과 관료 간의 대립, (3) 학문과 예술의 진전〉이라고 변화되었다.

　하권에는 조선후기인《Ⅰ. 근대 사회의 태동(하권)》중단원 하에 소단원 제목으로 〈1. 조선 후기의 사회 변동과 대외 관계, 2. 문화의 새 기운, 3. 사회의 동요와 종교의 새 기운〉로 변화되었다. 장의 제목은 '조선'에서 '근세'와 '근대'라는 용어를 통하여 조선 후기를 발전적으로 보고자하는 의도는 분명히 하였지만 그 이유는 명확하지 않다. 특히 제3차에서 〈6. 문화의 새 기운〉이라는 장이 제4차에서는 〈3. 사회의 동요와 종교의 새 기운—(1) 사회의 동요, (2) 종교의 새 기운〉이 장을 새로 만들어졌다. 이것은 조선후기, 즉 18세기를 근대 사회로 구분하려는 것으로 파악된다. 그러나 제5차 교육과정에서는 중단원을 제목을 '근세'라는 단어 각 장마다 추가하고, 이를 정치와 사회와 경제, 문화로 구분하여 체계화하였다. 그러나 조선후기에는 〈Ⅰ. 근대 사회의 태동(하권), 1. 근대 사회로의 지향〉에만 근대라는 용어를 사용하였다. 이후 조선후기를 일괄적으로 적용하지 않은 통일성의 문제가 되기도 한다. 특히 '민족문화의 발달'이라는 단원의 제목이 제5차 교육과정에서는 사라지고 소단원으로 전환되었다.

[표 4] 제3~5차 교육과정 중학교 조선시대 목차 비교

제3차 교육과정	제4차 교육과정	제5차 교육과정
Ⅴ. 조선의 발전과 시련의 극복 1. 조선의 성립과 발전 2. 피어나는 민족 문화 3. 양반 사회의 변천 4. 대외 관계와 외침의 극복	Ⅴ. 조선의 발전 1. 조선의 성립과 발전 2. 경제 활동 3. 민족 문화의 융성 4. 양반 사회의 변천 5. 외침의 극복	Ⅴ. 조선 사회의 발전 1. 양반 관료 사회의 성립 2. 조선 초기의 대외 관계 3. 경제 생활과 민생의 안정 4. 민족 문화의 창달 5. 양반 사회의 변천 6. 왜란, 호란의 극복
Ⅵ. 조선 사회의 새 움직임 1. 제도의 개혁과 실학 운동 2. 중흥 정치와 경제 활동의 성장 3. 문예 활동과 종교 활동의 새로운 동향 4. 격동하는 조선 사회	Ⅰ. 조선 사회의 새 동향 1. 조선의 중흥 2. 경제 성장과 사회 안정 3. 학문 활동의 새 기운 4. 문화 활동의 새 동향 5. 격동하는 조선 사회	Ⅰ. 조선 사회의 새로움 움직임 1. 제도의 개혁과 사회의 변화 2. 경제 성장과 사회의 변화 3. 실학의 발달 4. 문예 활동의 새 경향 5. 사회 동요와 종교의 새 기운

조선시대는 제3차와 제4차 교육과정의 집필자는 이원순으로 조선전기의 경우 제목이 크게 변화되지 않았으며, 〈2. 경제 활동〉이 추가된 정도이다. 조선후기는 제4차 교육과정부터는 정치, 경제와 사회, 학문과 문화, 변화하는 흐름으로 체계화되었다. 이러한 경향은 제5차 교육과정에서 적용되었다. 제5차 교육과정부터 집필자가 2명으로 늘어나면서 조선 사회를 특징짓는 '양반 관료 사회'라는 용어를 사용하였다. 조전 전

기 부분은 〈2. 조선 초기의 대외 관계〉를 분리한 정도라면, 조선후기 부분은 〈3. 실학의 발달〉이라는 장을 설명하여 독립된 장으로 구분하는 등 변화를 보여준다.

[표 5] 제3~5차 교육과정 중·고등학교 국사교과서의 집필진

교육과정(중고)		연구진 및 집필진
국사강화위원회 (1972.05.11.)		이선근, 강우철, 이광린, 최장규, 김철준, 이원순, 한우근
제3차	중학교	연구진 - 최영희 등 19명 집필진 - 이만열(숙명여대-고대·고려), 이원순(서울대-조선), 이현종(국사편찬위원회, 근대·현대)
	고등학교	연구진 - 최영희(국사편찬위원회) 외 19명 집필진 - 김철준(서울대-고대·고려), 한영우(서울대-조선), 윤병석(인하대-근대·현대)
제4차	중학교	연구진 - 이현종 외 22명 집필진 - 신형식(이화여대-고대·고려), 이원순(서울대-조선), 이현종(국사편찬위원회-근대), 박영석(건국대-근대·현대)
	고등학교	연구진 - 이현종(국사편찬위원회) 외 23명 집필진 - 하현강(연세대-고대·고려), 차문섭(단국대-조선), 박용옥(성신여대-근대), 이현희(성신여대-근대·현대)
제5차	중학교	연구진 - 박영석 외 12명 집필진 - 김정배(고려대-고대), 신형식(이화여대-고대), 이희덕(연세대-고려), 이존희(서울시립대-조선), 원유한(동국대-조선), 김흥수(춘천교대-근대), 김창수(동국대-근대·현대)
	고등학교	연구진 - 박영석(국사편찬위원회) 외 11명 집필진 - 최몽용(서울대-고대), 안승주(공주대-고대), 김두진(국민대-고대), 박한설(강원대-중세), 박천식(전북대-중세), 이수건(영남대-근세), 최완기(서울시립대-근대), 유영렬(숭실대-근대), 신재홍(국사편찬위원회-근대·현대)

고등학교의 경우 제3차 교육과정의 연구진은 총 20명이며 집필은 총 3명 중 조선시대는 한영우(서울대)가 담당하였다. 제4차 교육과정에서는 연구진으로 중학교는 23명, 고등학교는 24명이며, 집필은 중학교 4명 중 조선시대는 이원순, 고등학교는 총 4명으로 조선시대 집필은 차문섭(단국대)이 담당하여 집필자 수가 늘어났다. 제5차 교육과정의 경우 연구진

은 12명으로 줄어들었지만, 집필자 수는 총9명으로 대폭 증가하였다. 고대와 중세편의 집필은 늘어나고, 조선시대는 이수건(영남대)과 최완기(서울시립대)로 2명이다. 집필자가 1~2명으로 고정된다는 것은 집필의 원칙이 정해진 상태에서 큰 변화는 없겠지만 한 사람의 의도가 반영될 가능성은 있다고 볼 수 있다. 특히 1972년 5월 11일 구성된 국사교육 강화위원회의 산하 위원회 중 50대의 소장학자들이 대거 참여하였다는데 주목할 필요가 있다. 이원순이 빠졌다는 데 주목된다. 제5차부터는 집필진이 다수 늘어나는 경향을 보인다. 2009 개정 교육과정에서는 전문 연구자와 현직 중·고등학교 교사가 동시 참여하면서 현장을 반영하였다.[20] 이것은 중학교도 비슷하여, 제3차 집필자(조선-이원순)는 3명, 제4차 집필자(조선-이원순)는 4명에서 제5차 집필자(조선-이존희, 원유한)는 7명으로 대폭 늘어나면서 집필진이 대부분 교체되었다.

[표 6] 제3~5차 교육과정 중·고등학교 국사교과서의 분량 비교

〈단위: 쪽, %〉

교육과정		고대	고려	조선		근현대			부록
				전기	후기	개항기	일제시대	현대	
제3차 고등학교		62	48	64	46	42	24	16	27
		18.9	14.6	19.5	14.0	12.8	7.3	4.9	8.2
제4차	중학교	70	50	63	48	50	58	32	38
		17.1	12.2	15.4	11.7	12.2	14.2	7.8	9.3
	고등학교	64	46	68	58	62	34	24	50
		15.8	11.3	16.7	14.3	15.3	8.4	5.9	12.3
제5차 고등학교		82	48	66	68	58	42	34	52
		18.2	10.7	14.7	15.1	12.9	9.3	7.5	11.6

20 한철호 외(『고등학교 한국사』, ㈜미래엔 컬처그룹, 2011)에서는 한철호·김기승(이상 교수), 김인기·조왕호·권나리·박지숙(이상 교사) 등이 참여하였다. 한철호 외(『고등학교 한국사』, 미래엔컬처, 2014)에서는 강승호·임선일 등이 추가되어 교수보다는 현직교사를 중심으로 서술하고 있다.

교과서의 시대별 분량은 제3차 교육과정(329쪽)은 단권, 이후 제4차(중학교 409쪽, 고등학교 406쪽)와 제5차 교육과정(450쪽)은 상하의 2권으로 되었다. 그렇다 보니 분량면에서는 제4차와 제5차의 경우 약 80쪽과 121쪽 정도 증가하였다. 고대사의 경우 제3→4차의 경우 약 60쪽으로 비슷하지만 제5차 82쪽, 중학교 제4차 교육과정 70쪽으로 늘어났다. 상대적으로 부록(역대 왕조계보, 연표, 찾아보기 등)이 2번 수록되는 문제는 있지만 %면에서는 고대와 제3→4→5차의 경우 약 19→16(중학교 17)→18%로 약간 축소되었다. 고려는 전체 쪽수는 약 50쪽으로 큰 변화는 없지만 %면에서는 약 15→11(중학교 12)→10%로 조금 축소되었다. 조선시대는 전체적으로는 제3차의 110쪽에 비하여 제4차 126쪽, 제5차 134쪽, 중학교 제4차 111쪽으로 약간 증가하지만, %면에서는 약 34→31(중학교 27)→30%로 약간 축소된 상태이다. 조선전기는 약3~5% 정도 축소되었고, 조선후기는 비슷하지만 제4차 중학교 조선후기는 약 14%에서 약 12% 정도로 약간 축소되었다. 그러나 근·현대 부분은 제3차의 82쪽에서 제4차 120쪽, 제5차 134쪽으로 지속적으로 증가하였다. %면에서도 25→29.6→28.7로 약간 증가하는 모습을 보인다. 중학교 제4차 교육과정은 34.2%로 상당히 많이 증가하였다. 특히 개항기보다는 일제 강점기와 현대사 부분이 상대적으로 증가하는 양상을 보인다.

[표 6] 제3~5차 교육과정기 중·고등학교 조선시대 보조자료

〈단위 : 개〉

		사진(그림)	사료(서책)	지도	도표	연표	각주	합계
3차(고등)	전기	11	9	5	4	0	7	36
	후기	5	3	2	1	0	0	11
	합계	16	12	7	5	0	7	47

			사진(그림)	사료(서책)	지도	도표	연표	각주	합계
4차	고등	전기	23	18	6	2	0	1	50
		후기	18	10	4	1	0	4	37
		합계	41	28	10	3	0	5	87
	중학	전기	39	6	7	2	1	0	55
		후기	21	16	4	1	1	0	43
		합계	60	22	11	3	2	0	98
5차(고등)		전기	19	24	10	5	0	6	64
		후기	21	9	9	2	1	24	66
		합계	40	33	19	7	1	30	130

　　교과서의 보조 자료(사진, 사료, 지도, 도표, 연표, 각주 등)는 학생들이 내용의 이해를 돕기 위한 것으로 내용 선정이 중요하다. 이것은 교육 대상에 따라서 제공하는 자료는 달라져야 할 것이다. 고등학교 교과서를 서로 비교해 보면 제3차 교육과정은 총 47개, 제4차 교육과정은 87개로 약 2배 정도 늘었다. 제5차 교육과정에서는 130개로 대폭 늘어났음을 알 수 있다. 이것은 교과서의 내용이 너무 어렵다는 것과 재미가 없다는 지적에서 나온 것이다. 특히 제4차 교육과정 내에서도 중학교 98개, 고등학교 87개로 서로 비슷한 양상을 보인다. 다만 특이한 것은 사진(그림)과 사료(서적)의 숫자가 상대적으로 많다는 특징이 있다.

　　그런데 사료라는 것도 실제 책의 사료를 보여주기보다는 원문 그대로나 표지 사진 형태로 보여준다는 점에서는 사진보다 학생들의 이해에 도움이 되지 못하는 실정이다. 예를 들어 141쪽의 〈의방류취-이사철, 김순의 등이 세종의 왕명을 받아 완성한 의학 백과 사전이다.〉라는 부분을 설명하면서 표지 사진만을 보여주거나, 144쪽의 〈동문선-성종 때 서거정이 편찬, 역대 우리 나라의 시문을 선정하여 수록하였다.〉라는 부분도 『동문선』의 권1의 내용만을 보여주고 있다. 이것은 동문선을 설명한 형식을 좋으나 사료가 보여주는 장점은 감소된다. 오히려 제4차 교육과정 고등학교는 정치보다는 사회·문화사에 치중하다 보니 그림이 상대적으로 많다. 그러한 특징은 제4차 교육과정의 중학교에서 더 두드러진다. 사진(그림)의 숫자가 압도적으로 많은 양상을 보이는 것도 하나의 특징이라 하겠다. 다만 제5차 교육과정에서는 지도와 도표가 조금씩 증가하고 있으며, 제3차와 제4차 교육과정에서 각주보다는 내용에서 설명하는 형식을 취하였다면 제5차 교육과정에서는 각주가 30개로 대폭 증가하였다.

제4차 교육과정은 제3차 교육과정보다는 많은 자료를 사용하였지만, 여전히 자료의 수록에만 국한되고, 학생들을 이해시키는 면은 부족하다. 예를 들어 120쪽의 〈역로도-역과 역 사이의 거리 표시가 나타나 있다. 김정호가 제작한 대동여지도(부분)〉이라고 설명하였다. 이것은 자세히 교사가 역과 역 사이의 거리, 하루 일정 등을 설명하여야만 이해할 수 있는 내용이다. 그것보다는 전국 역로도를 도표로 설명하는 것을 좋을 듯하다. 내용의 설명에서도 "중앙집권체제가 강화됨에 따라서 교통과 통신, 그리고 운수조직이 정비되어……관민의 여행이 봐 신속하고 편리하게 된 것도 중요한 의의를 가진다."라고 하였다. 과연 역원이 조선후기에 상업이 발달한 상태에서는 가능할지는 모르지만, 민의 여행에 사용되었을까 하는 의문이 든다. 오히려 관의 편리성이 더 우선했을 것으로 보인다.[21]

대신, 사회문화사의 입장에서 147쪽의 〈백자 항아리-순백색의 자기 항아리로, 조선조의 독특한 정취가 담겨 있다.〉, 〈장롱-조선시대 옷장〉, 149쪽의 〈편종-아악기의 일종으로, 한 음씩 내는 종을 여러 개 엮어서 만든 것이다.〉 등의 설명은 대상을 이해하는 데 도움은 되지만, 148쪽 〈고사산수-강희안이 그림, 그는 시, 글씨, 그림에 모두 능하였으며, 그 시대의 대표적인 문인 화가이다.〉는 그림에 대한 설명이 본문에 있어 이해가

---

21 국사편찬위원회, 『고등학교 국사(상)』, 대한교과서주식회사, 1983, 120쪽.

되지만, 〈송하보월도-이상좌의 그림, 산수와 인물을 잘 그렸다.〉는 본문과 부연 설명으로 화원 출신이라는 것만으로 설명하는 것은 아쉬움이 있다.[22] 중학교의 경우 148쪽의 〈대장간도-김득신의 그림(18세기 말의 그림)〉역시 조선전기 상업과 수공업을 설명하면서 조선후기 그림을 삽입하는 것 역시 어색한 면이 있다.[23]

Ⅲ. 제4차 중·고등학교 국사교과서의 구성과 내용

1. 구성의 차이점과 공통점

1) 통사적 성격의 중학교와 사회·문화사 중심의 고등학교 서술

제4차 교육과정부터는 내용 구성도 상당한 변화가 있었는데, 중학교 국사는 시대사 중심의 통사적 내용이며, 19세기 이후 현재까지의 민족의 수난사와 투쟁사가 보강되었다. 고등학교 국사의 경우는 사회·문화사 중심으로 내용을 구성하였다. 고등학교의 국사는 시대별 성격을 반영하는 시대구분을 시도하여 고대, 중세, 근세, 근대, 현대로 구분하였으며, 근대사를 조선후기부터 개항까지와 개항부터 해방까지의 2개 단원으로 분리하여 강화하였다. 하지만 조선전기를 근세라고 시대 구분한 것, 근대의 시작을 18세기로 보고 있는 것 등은 이후 학자들에게 상당한 논란을

---

22 국사편찬위원회, 『고등학교 국사(상)』, 대한교과서주식회사, 1983, 146~148쪽.
23 국사편찬위원회, 『중학교 국사(상)』, 대한교과서주식회사, 1983, 147쪽의 〈옛날의 종로 거리(19세기 말의 모습)〉역시 어쩔 수 없는 상황이 있겠지만 조선전기의 상업과 수공업에 삽입하는 어색함이 있다. 또한 〈가족제도〉의 장에서 아직 연구성과가 나오지 않은 시기이기도 하겠지만 조선시대 전체를 가족제도와 도덕, 풍속 생활을 유교적이라고 하면서, 대가족제도, 유교적 효에 입각한 가부장 사회, 혈통과 가문을 중시하는 사회, 남존여비, 충효를 강조하는 사회라고 규정하기도 하였다(국사편찬위원회, 『중학교 국사(상)』, 대한교과서주식회사, 1983, 166~167쪽).

불러일으켰다.[24]

제4차 교육과정의 중학교와 고등학교의 목차에서 가장 큰 변화는 중학교는 〈Ⅴ. 조선의 성립(상권)〉라는 왕조명을 하였지만, 고등학교의 경우 《Ⅲ. 근세 사회의 발전(상권), Ⅰ. 근대 사회의 태동(하권)》이라는 시대구분의 용어를 사용하였다. 같은 조선시대 교과서에서 다른 용어를 사용하고 있는 모순을 보여준다. 중학교에서 〈1. 조선의 성립과 발전, 3. 민족 문화의 융성〉이라는 제목은 고등학교에서도 〈1. 조선 왕조의 성립과 발전, 2. 민족 문화의 발달〉이라고 동일하게 사용하였다. 특히 사회문화사 중심의 고등학교의 경우 2장(18쪽)과 3장(16쪽)으로, 중학교의 〈2. 경제생활(12장)〉, 〈3. 민족문화의 융성(12쪽)〉, 〈4. 양반사회의 변천(10장)〉으로 비슷하지만, 문화사의 경우 고등학교가 특히 많이 늘어났다. 그러나 중학교의 〈2. 경제 생활, 4. 양반사회의 변천〉은 고등학교에서 〈3. 사회·문화의 변동-(1) 사회·경제 체제의 변질, (2) 사림의 성장과 관료 간의 대립, (3) 학문과 예술의 진전〉이라고 통합되었다. 중학교의 〈5. 외침의 극복〉이라는 제목을 통하여 민족주의적인 색채를 띄는 용어를 사용하고 있지만, 고등학교의 경우 오히려 〈4. 왜란과 호란-(1) 왜란, (2) 호란〉이라는 사건 그 자체적인 용어를 그대로 사용하고 있다.

---

24 오경후, 「해방이후 한국사 교과서의 동아시아 관련 전근대사 서술의 변천-조선시대를 중심으로」, 『역사와교육』 23, 2016, 241쪽. 제3차 교육과정에서 6단원은 문화사 관련 내용으로 단원을 구성하려고 하였으나, 실제 내용은 정치사 중심이며, 정치·사회·문화 영역의 서술 비율은 크게 차이가 없다고 서술하였다. 제4차 교육과정 역시 학계의 연구 성과를 반영했다고 하지만, 여전히 지배층 위주의 정치사·제도사 서술이 중심이 되고 있다는 비판을 받았다. 이것은 제5차 교육과정에서 대단원은 시대구분으로, 중단원은 정치·경제·사회·문화의 분류사로 조직하였다. 이것은 "문화사 중심으로 시대사와 분류사를 절충하여 내용을 조직한다."라는 중·고등학교 국사 계열화를 반영한 것이다. 제4차 교육과정 이후는 부분은 그런 면에서 약간 개선되었다고 할 수 있다. 국사교과서의 민족사관 위주의 국사교육 강화와 국정제는 80년대 중반 이데올로기 편향성을 비판받으면서 변화되기 시작하였다. 이와같은 변화는 90년대 중앙집권형 교육과정 대신 지방분권형 교육과정으로 전환되었다. 생활사·문화사 위주의 국사교과서 계열화 방향은 제5차부터 변화되기 시작하여 6차 교육과정에서도 지속되었다.

이와 같은 경향은 조선 후기 부분도 비슷하다. 중학교의 경우《Ⅰ. 조선 사회의 새 동향(하권)》이라는 왕조명을 사용하면서 '새 동향'이라 하여 발전적인 면을 강조한 반면, 고등학교의 경우《Ⅰ. 근대 사회의 태동(하권)》를 사용하여 조선후기를 '근대 사회'로 규정하였다. 중학교에서는 정치사적인 〈1. 조선의 중흥〉이라는 정치사를 포함하였지만, 사회문화사 중심인 고등학교에서는 〈3. 조선 후기의 사회 변동과 대외 관계－(1) 정치·군사상의 변화, (2) 세제의 개혁〉이라는 장으로 간략하게 축소하였다. 중학교의 〈2. 경제 성장과 사회 안정〉 부분은 고등학교에서 〈3. 조선 후기의 사회 변동과 대외 관계－ (3) 산업의 발달〉로 정리되면서 대단원의 제목처럼 '산업의 발달'이라는 소단원을 사용함으로써 18세기를 근대를 보려는 점을 강조하였다. 그리고 〈(4) 대외 관계〉를 추가하여 대청, 일본 관계를 설명하였다. 중학교의 〈3. 학문 활동의 새 기운, 4. 문화 활동의 새 동향〉은 고등학교에서 〈2. 문화의 새 기운－(1) 실학의 발달, (2) 문학과 예술의 새 경향〉로 실학을 강조하면서 '새 기운, 새 동향'이라는 용어를 사용하여 18세기를 긍정적 측면에서 보려는 노력이 보인다. 고등학교에서는 〈(3) 유교 철학의 동향〉을 추가하여 성리학, 양명학〉을 추가하였다. 중학교의 〈5. 격동하는 조선 사회〉는 고등학교에서 〈3. 사회의 동요와 종교의 새 기운－(1) 사회의 동요, (2) 종교의 새 기운〉로 구분하였다. 그러나 고등학교 〈(3) 산업의 발달〉에서 과연 그 시대에 '산업'이라고 용어를 사용할 만큼 경제 발전이 되었는가는 라는 의문이 제시되었다. 이후 이 용어는 사라졌다.

실제로는《Ⅲ. 근세 사회의 발전(상권)》중단원 하의 소단원으로 〈1. 조선 왕조의 성립과 발전 －(1) 조선의 건국과 집권 체제의 강화 (2) 정치·사회 구조의 개편〉은 정치사 위주이며, 〈3. 사회·문화의 변동 －(2) 사림의 성장과 관료 간의 대립〉, 〈4. 왜란과 호란 －(1) 왜란 (2) 호란〉도 정치사 위주로 서술하였다. 조선후기의 경우도《Ⅰ. 근대 사회의 태동(하권) -1. 조선 후기의 사회 변동과 대외 관계- (1) 정치·군사상의 변화, (4) 대외 관계》도 정치사이다. 이것은 전체를 설명하기 위한 설정으로 보이지만 전기는 그 분량 서술이 너무 많다.[25] 다만 중학교에서 비하여 조선후기 부분은 사회·문화사 위주로 서술하려는 노력이 보인다. 하지만 서술이 너무 전문적이라 학생들의 이해하기가 쉽지 않다.

예를 들어 중학교의 하권 〈1. 중흥정치〉와 고등학교의 〈Ⅰ. 근대 사회의 태동(하권)- 1. 조선 후기의 사회 변동과 대외 관계- (1) 정치·군사상의 변화〉를 비교해 보면, 확연하게 차이가 나타난다.[26]

[표 8] 중학교 하권 〈1. 중흥정치〉와 고등학교의 〈(1) 정치·군사상의 변화〉 비교

Ⅰ. 조선 사회의 새 동향(하권)	Ⅰ. 근대 사회의 태동(하권)
1. 조선의 중흥 중흥정치, 훈련도감(5군영, 비변사), 대동법, 균역법, 탕평책, 규장각(정조)	1. 조선 후기의 사회 변동과 대외 관계 (1) 정치·군사상의 변화 비변사의 확대, 강화, 5군영과 속오군, 정치적 대립의 격화(광해군~숙종), 탕평책과 안정 정치(영조와 정조) (2) 세제의 개혁 전세의 개혁, 대동법 실시, 균역법의 시행.

분량면에서 중학교의 경우 7쪽(24줄)이지만 고등학교 10쪽(26줄)로 차이가 많이 난다. 전체적으로 고등학교가 정치사의 설명이 좀 더 구체적인데, 정치사에서 중학교는 양란이후 서술없이 바로 영조와 정조의 정치만(2쪽 1/3)이지만 서술하였지만, 고등학교(3쪽)는 동서분당, 광해군, 인조반정, 효종의 북벌, 현종의 예송논쟁, 숙종과 영조의 탕평, 정조의 왕권강화

---

25 오경후, 「해방이후 한국사 교과서의 동아시아 관련 전근대사 서술의 변천-조선시대를 중심으로」, 『역사와교육』 23, 2016, 241쪽.

26 국사편찬위원회, 『중학교 국사(상)』, 대한교과서주식회사, 1983, 4~10쪽; 국사편찬위원회, 『고등학교 국사(상)』, 대한교과서주식회사, 1983, 4~13쪽.

책을 구체적으로 서술하였다. 전체적인 과정을 설명하기 위한 것이라고는 하지만 중학교와 고등학교는 큰 차이가 없이 중복된 경우가 많다.

2) 중학교의 세계사 속의 우리 나라와 고등학교의 한국사 중심의 서술

제3차 교육과정에서는 '세계 속의 한국'을 내세우면서 세계 문화에 대한 올바른 평가와 수용을 강조하였다. 서양의 역사 못지않게 아시아의 역사에 대한 이해가 중요하다는 것이 교육과정에서 표방되었으며, 동서양이 역사적 특성과 독자적 성격이 중시되었다. 이러한 세계사 교육의 방향은 이후 교육과정의 개정 때마다 아시아사를 강조하는 방향으로 나타났다.[27]

조선전기의 경우 중학교는 전체 구조를 세계사 속의 우리 나라라는 개념으로, 서양에서는 르네상스 운동으로 봉건제도가 무너지고, 여러 국가들의 통일을 굳히는 절대 왕정의 성장을 강조하였다. 중국의 경우도 명·청 등 강력한 국가들이 활동하였음을 강조하면서 한문화의 전통을 살리려는 노력이 있었음을 서술하였다. 조선은 "민족 국가로의 발전"을 꾀하였고, 민족문화 발전을 추진하였다는 점은 서양과 동양 모두 같은 구조이다. 다만 16세기 후반 사화와 당쟁의 혼란에 빠져들었고, 이것은 양난으로 귀결되었으나 '우리 민족은 줄기찬 항쟁'을 전개하여 국난을 극복하였다고 서술하였다.[28] 고등학교의 경우 건국 주체인 신흥 사대부들은 국민 생활 안정과 사회 융합, 부국강병을 추진하여 국가 역량을 키우려는 점을 강조하면서 그것은 15세기 중앙집권체제 강화와 국력 신장, 산

---

27 정선영 외, 『역사교육의 이해』, 三知院, 2004, 289쪽
28 국사편찬위원회, 『중학교 국사(상)』, 대한교과서주식회사, 1983, 122쪽

업 발달, 실용 학문의 발전으로 '민족문화'가 피어났다고 한 것은 동일한 구조이다. 그러나 중학교에는 "16세기 후반 사화와 당쟁의 혼란"이라고 한 대신에 고등학교는 '향촌 사림이 성리학적 원칙을 내세우고 도덕 문화를 키웠다고 하면서, 이들은 현실 문제를 소홀히 하여 생각한 것'은 결국 준비 부족으로 양난이 일어났다고 하는 차이를 보인다.[29] 중학교의 경우 사화와 당쟁이라는 정치 상황을 원인으로 보는 대신에 고등학교는 사림들의 성리학적 성향이 문제가 되었다는 것이다.

조선 후기의 경우는 중학교의 경우 17세기 중엽의 민권 운동의 확산으로 영국의 입헌 왕정, 미국 독립 전쟁, 프랑스 혁명 등으로 근대사가 전개되었고, 18세기 산업혁명과 이후 식민지 경쟁으로 19세기 청까지 서양 세력이 침투하였음을 서술하였다. 조선에서도 이와 유사하게 양난을 겪었지만, 제도 개혁과 중흥정치로 실학운동이라는 긍정적인 부분을 강조하였다. 19세기 청과 유사하게 정치적 혼란—세도정치—로 서양이 침투하였다는 동일 구조로 서술하였다.[30] 고등학교의 경우 양난 이후의 '현실에 대한 반성과 새로운 자아의식'을 바탕으로 개혁을 추진하여 '새 사회로의 방향'을 찾게 되었음을 강조하여 제도 개혁과 중흥정치가 이루어졌음을 강조하였다. 다만 고등학교는 18세기 이후의 정치 안정(중흥정치)와 산업 복구와 유통경제를 통한 '새로운 사회 건설'이라는 이상으로 하는 실학'이라는 구조는 비슷하다. 그리고 근대로 나아가기 위한 방법으로 서민문화, 신분 변동, 서학 전래라는 부분을 강조하였다. 이후 19세기는 세도정치와 농민 파탄이라는 방식은 동일하다. 다만 이러한 혼란 속에서의 농민들 사이에 형성된 민족 종교인 동학을 강조하였다.[31]

---

29 국사편찬위원회, 『고등학교 국사(상)』, 대한교과서주식회사, 1983, 112쪽
30 국사편찬위원회, 『중학교 국사(상)』, 대한교과서주식회사, 1983, 2쪽.
31 국사편찬위원회, 『고등학교 국사(상)』, 대한교과서주식회사, 1983, 2쪽. 고등학교의 경

이와같은 기조는 제5차 교육과정(1988년 3월 고시)에서도 유지되어 국사과와 사회속의 세계사라는 이원적 체제를 그대로 유지하였다. 국사교육의 경우는 학교급별 계열성 강화를 꾀하여 초등학교에서는 주제 중심의 생활사, 중학교는 정치 중심의 시대사, 고등학교에서는 문화·사상사 중심의 통사로 하되 분야사적 주제별 접근을 하도록 하였다.[32]

3) 민족사관에 기초한 긍지 배양

제3차 교육과정(1974년 12월 공포)은 중·고등학교 공히 '국적있는 교육'에 더한 주체성 확립이 '민족중흥'이라는 시대적 요청에 부응하는 국사교육의 목표로 내세웠다. 이에 중·고등학교가 〈3. 민족 문화의 융성〉, 〈2. 민족 문화의 발달〉이라는 장을 두고 있다. 중·고등학교 모두 조선시대를 우리 민족문화가 근간이 된 것이라고 서술하고 있다. 중학교에서 조선시대를 "오늘날 우리들의 삶도 대부분 이 시대의 역사적 유산 위에 전개되고 있다."라고 민족국가의 형성을 강조하면서, 유교정치와 왕권안정, 민생안정, 활발한 국가 활동을 통하여 국제적 평화를 펴 '민족 문화의 전성'을 이루었다고 평가하였다.[33] 고등학교 역시 약간의 차이는 있지만, 유교 정치, 중앙 집권 체제, 민생 안정, 부국강병, 능동적 국제 관계 등을 바탕으로 "정치, 사회의 안정을 바탕으로 민족 문화가 크게 꽃피었

우 조선전기의 중앙집권체제 정비와 민생 안정, 부국 강병의 추구 안정된 민족문화가 꽃피웠다는 것은 중학교와 비슷하다. 조선후기의 경우 〈1. 조선 후기의 사회 변동과 대외관계〉에서 조선후기를 군사 정비와 국방 강화, 재정과 민생안정을 위한 세제 개혁을 강조하면서 당쟁을 극복하려는 노력으로 결국 산업이 크게 발달하였음을 강조하면서 "근대 사회로의 내재적 성장을 의미한다."라는 내재적 발전론적인 관점에서 조선후기를 서술하고 있다(3쪽).

32 정선영 외, 『역사교육의 이해』, 三知院, 2004, 293~294쪽.
33 국사편찬위원회, 『중학교 국사(상)』, 대한교과서주식회사, 1983, 123쪽.

다."라고 정의하였다.[34]

이러한 주장은 나아가 중학교의 경우 민족 문화의 발전은 고려 문화 유산을 정리하고 유교 정치의 이상을 달성하기 위한 활동 속에서 다방면에서 이루어졌다고 하였다. 세종은 민족문화를 크게 발전시키거나 "민족적 자각을 일깨우는 정신 문화와 국민 생활에 기여하는 기술 문화도 크게 진작시키는 등 민족 문화의 확고한 기반을 마련하였다."라고 강조하고 있다.[35]

특히 중·고등학교 공히 '훈민정음'의 창제를 강조하였는데, 중학교의 경우 문자의 독립을 이룩하고, 우리글이 겨레의 슬기를 펼 수 있는 장을 마련하였음을 강조하였다.[36] 성리학의 경우도 이황과 이이 때부터 우리나라 고유의 유학으로 발전, 사회 생활에 영향을 미쳤다고 하였다. 고등학교의 경우도 조선 초기의 '정치, 사회의 안정을 바탕으로 민족 문화가 크게 꽃피었다."고 하였다.[37] 특히 민족적 자각과 전통 문화에 대한 자부심은 '훈민정음'의 창제라는 민족 문화의 새로운 장을 열렸음을 강조하였다. 또한 역사서, 법전, 의례집 등 서적과 부국강병과 민생안정을 위한 실용 과학기술과 예술활동을 들고 있다.[38]

민족문화에 대한 서술은 조선후기에도 지속적으로 강조되어 중학교의 경우 〈1. 조선의 중흥〉이라는 장을 설정하여 "이에, 국가를 재건하고 민생을 안정시키기 위한 노력이 여러 각도에서 전개되었다. 세금을 가볍게 하고, 농촌 사회에 큰 부담을 주었던 공납과 군역의 제도를 개혁하여 민생을 돌보는 한편, 국방을 튼튼히 하고, 국가 재정 제도를 개혁하는 등 여러

---

34 국사편찬위원회, 『고등학교 국사(상)』, 대한교과서주식회사, 1983, 113쪽.
35 국사편찬위원회, 『중학교 국사(상)』, 대한교과서주식회사, 1983, 117쪽, 126쪽.
36 국사편찬위원회, 『중학교 국사(상)』, 대한교과서주식회사, 1983, 151쪽.
37 국사편찬위원회, 『고등학교 국사(상)』, 대한교과서주식회사, 1983, 113쪽.
38 국사편찬위원회, 『고등학교 국사(상)』, 대한교과서주식회사, 1983, 132쪽.

가지 정책을 추진해 나갔다."라고 하면서 그 시대는 영·정조 때라는 점을 강조하고, 이 당시에 '민족문화'를 다시 일으켰기 위한 노력이 진행되면서 중흥정치라고 보았다.[39] 이것은 조선전기의 세종, 성종대의 민족문화가 다시 꽃피었음을 강조하였다. 이러한 과정을 '재건'이는 단어를 사용하여 1970, 80년대 당시의 정치적 상황을 대입시켰다는 점이 보인다.

또한 17, 18세기 사회질서 회복과 산업 진흥으로 국민의 경제 생활이 넉넉해지면서 "민족 문화를 바로 이해하려는 새로운 학문 활동으로 실학 운동이 일어났다."라고 하거나, "오늘날 실학운동은 자주적이고, 발전적인 역사 전개로 평가되고 있다."라는 정의하였다.[40] 결국 영·정조대는 중흥정치시대로 당시 실학운동을 민족 문화라는 것으로 설명하였다. 〈학습문제〉에서도 "2. 실학자들의 학문적 성과에는 어떠한 것이 있고, 그것은 우리 역사에서 어떠한 위치를 차지하는 것일까?"라는 질문을 묻고 있는 것이다.

하지만 고등학교의 경우 민족문화라는 관점보다는 조선후기의 경우 〈1. 조선 후기의 사회 변동과 대외 관계〉에서 조선후기를 군사 정비와 국방 강화, 재정과 민생 안정을 위한 세제 개혁을 강조하면서 당쟁을 극복하려는 노력으로 결국 산업이 크게 발달하였음을 강조하면서 "근대 사회로의 내재적 성장을 의미한다."라고 하거나,[41] 실학에 대한 서술도 〈2. 문화의 새 기운〉이라는 장을 통하여 "실학이 유교주의적 기반에서 완전히 벗어날 수는 없었으나, 서서히 근대 사회로 지향하는 데 기여하였다."라고 하여[42] 고등학교의 경우 내재적 발전론적인 관점에서 조선후기를 서술하였다.

---

39 국사편찬위원회, 『중학교 국사(상)』, 대한교과서주식회사, 1983, 2~3쪽.
40 국사편찬위원회, 『중학교 국사(상)』, 대한교과서주식회사, 1983, 21쪽.
41 국사편찬위원회, 『고등학교 국사(상)』, 대한교과서주식회사, 1983, 2~3쪽.
42 국사편찬위원회, 『고등학교 국사(상)』, 대한교과서주식회사, 1983, 25쪽.

2. 내용의 차이점과 공통점

역사 서술 방향과 용어는 초등과정부터 중학교, 고등학교까지 국정이라는 체제 안에서 이루어진 형태는 동일한 용어와 내용을 서술하는 것이 원칙일 것이다. 그래야만 학생들이나 가르치는 교사 모두에게 혼란을 주지 않을 것이다. 이 장에서는 제4차 교육과정 중·고등학교 조선시대 서술 중 중요한 정치 변동 요소를 선정하고, 이 부분의 서술 내용과 용어가 계열상 일치하는지를 살펴보고자 한다. 즉, 용어 정의, 서술 형태와 특징 등의 공동점과 차이점을 비교하고자 한다. 중·고등학교 경우 동일한 용어를 사용하는 것이 옳을 것이다. 그러나 전체적으로 서술 내용은 비슷하지만 집필자에 따라 용어 정의, 서술 형태가 달라지는 경우가 있기 때문이다.[43]

1) 려말선초 집권 세력과 조선 건국 주체

고려말 상황을 중학교와 고등학교 모두 권문세족의 등장과 폭정, 대외적인 침략, 권문세족의 횡포—장원— 등으로 서술내용은 비슷하다.[44] 신진사대부에 대한 특징도 성리학, 과거라는 면은 동일하고, 다만 고등학교에서 출신 배경을 "신분상으로 중간층에 속하는 향리 출신"이 추가되었다. 그러나 두 세력에 대한 용어는 차이점을 보인다.

---

43 김한종, 『역사교육과정과 교과서 연구—역사교육 계열화를 위한 고등학교 국사교육 내용구성—』, 선인, 2006, 249~254쪽.

44 14세기 고려사회 성격 연구반, 『14세기 고려의 정치와 사회』, 민음사, 1994; 金光哲, 『高麗後期世族層研究』, 東亞大學校出版部, 1991; 鄭杜熙, 『朝鮮初期 政治支配勢力 研究』, 一潮閣, 1983; 崔承熙, 『朝鮮初期 政治史研究』, 지식산업사, 2002.

[표 9] 려말선초 집권 세력과 조선 건국 주체 용어 차이

중학교	한편, 안으로는 오랜 세월을 두고 권세를 잡아 온 구 귀족과, 새로이 과거에 급제하여 중앙 정계로 등장한 신진 세력 사이에 정치적 대립이 생겨 혼란을 빚었다. 신진 세력들은 대체로, 원으로부터 전해진 성리학을 공부하고 과거를 거쳐 벼슬길에 올라선 이른바 사대부들이었다.[45] 고려의 무신 정변 이후 신분질서가 무너지면서 등장한 무인 세력과…… 고려 후기의 권문세족으로 자리를 굳혀 행세하였다. 권문세족의 이와같은 행포를 비판하면서 등장한 새로운 사회 세력이 있었다. …… 정치적 실무에도 능한 사대부, 즉 학자적 관료들이었다.[46]
고등학교	공민왕이 개혁을 추진하는 과정에서 신진 사대부의 정계 진출이 확대되었다. 이들은 ① 대부분 지방의 향리 자제들로, ② 무신 집권기 이래 과거를 통하여 중앙 관리로 진출하였다. 이들 중 일부가 측근 세력으로 성장하여 권문세족이 되기도 하였으나, 대부분은 공민왕 때의 개혁 정치에 힘입어 지배 세력으로 성장하였다. 이들은 ③ 성리학을 수용하여 학문적 기반으로 삼고, 불교의 폐단을 시정하려 하였다.[47] 한편, 신진 사대부는 이러한 권문세족의 횡포를 비판하면서 등장한 새로운 관료층이었다. ……이들은 신분상 지방 향리 출신이 많았고, 경제적으로 중소지주가 대부분이었다.[48]

 려말선초의 정치권력인 권문세족에 대한 정의를 중학교에서는 '오랜 세월을 두고 권세를 잡아 온 구 귀족'이라고 한 대신에 고등학교에서는 '권문세족'이라고 하였다. 여기서 중학교의 '오랜 세월'이라는 모호한 단어와 '구귀족'이라는 상대되는 '신귀족'이 등장해야 할 것 같은 느낌이 들기도 한다. 반면 고등학교는 역사학계의 연구 성과를 나름대로 잘 수용하였다는 느낌이 든다. 또한 새롭게 등장하는 신진사대부에 대하여 중학교에서는 '신진 세력' 혹은 '신진 사대부'라는 용어를 혼용하여 사용하는 대신에 고등학교에서는 '사대부' 혹은 '신진 사대부'라고 차이를 보인다. 중학교는 그들의 특징을 성리학과 과거 출신이라고 한 반면, 고등학교의

---

45 국사편찬위원회, 『중학교 국사(상)』, 대한교과서주식회사, 1983, 124쪽.
46 국사편찬위원회, 『중학교 국사(상)』, 대한교과서주식회사, 1983, 114쪽.
47 국사편찬위원회, 『고등학교 국사』, ㈜ 두산, 2008, 75쪽. 여기서 권문세족의 정의를 "종래의 문벌귀족가문, 무신집권기에 새로 등장한 가문, 원과의 관계를 통하여 성장한 가문 등을 말한다."라고 정의하였다(같은 책, 74쪽).
48 한철호 외, 『고등학교 한국사』, ㈜미래엔 컬처그룹, 2011, 48쪽.

경우 정치적 실무에 능한 사대부, 즉 학자적 관료라고 상이한 서술을 하였다. 중학교에서는 출신 신분에 대한 설명은 없지만, 고등학교의 경우 "경제적으로나 신분상으로 중간층에 속하는 향리 출신"이며, 정치적 성향을 "진취적 성향이 강한 계층"이라고 정의하였다. 이후 신분상의 논란이 되기도 하였다. 제7차 교육과정에서는 약간의 논쟁이 있지만, 위와 같이 ①, ②, ③으로 정의하고 있다. 최근에도 합리적인 서술인 '신분상 지방 향리 출신이 많았고, 경제적으로 중소지주'라는 용어를 통하여 좀 더 구체화하고 있다. 이것은 연구진은 비슷하지만 집필자의 차이, 서술 방향 등이 정확하게 정해지지 않은 것 등이 원인으로 보인다. 이러한 것은 학생들의 혼란을 가져올 경향이 보인다.

이후 고등학교에서는 '온건파'와 '혁명파'라는 다소 상이한 용어를 통하여 사용하면서 혁명파들이 "신흥 무인 세력과 농민 군사들을 끌어들여 역성혁명 운동을 조직적으로 전개하였다. 특히, 이들은 막강한 군세력과 국민의 두터운 신망을 얻고 있던 이성계와 손을 잡음으로써 왕조 교체의 결정적인 힘을 얻었다."라고 하여 혁명파가 국민의 신임을 얻는 이성계로 인하여 왕조 교체가 되었다는 점을 강조하여 1970, 80년대의 정치 상황을 긍정적으로 보고자 하는 경향을 보인다.[49] 그러나 중학교의 경우는 "신진 사대부 세력은 새 국가 건설의 꿈을 이루기 위하여……"라고 하여 모호하게 처리하였다.

---

49 국사편찬위원회, 국사편찬위원회, 『고등학교 국사(상)』, 대한교과서주식회사, 1983, 1983, 115쪽. 제7차 교육과정에서도 '급진개혁파(혁명파)'라는 용어는 병용하여 사용하고 있지만, 설명은 사건 중심으로 서술하였다(국사편찬위원회, 『고등학교 국사』, ㈜ 두산, 2008, 76쪽).

2) 훈구와 사림, 사화와 당쟁

조선초기의 관학파의 연장선상에서 계유정란 이후 훈구파가 형성하였다.[50] 조선초기의 정도전 중심의 부국 강병과 중앙 집권체제를 강화하려는 세력은 이후 세종, 세조대 관학의 학풍을 이룩하였다. 관학의 학풍을 가진 훈구파들은 관학과 집현전 등을 통하여 15세기 문화를 강조하였다. 그러나 성리학 자체에 보다 충실하려는 세력은 후일 영남 중심의 사림파를 형성하였다. 사림파는 16세기 이후 사상계를 성리학 중심으로 이끌었다.[51] 훈구와 사림파에 대한 설명을 살펴보자.

[표 10] 훈구와 사림 서술

중학교	농장–조선초기부터 과거나 음서(문음)를 통하여 계속 관직을 독점하는 사림들이 생겨났다. 이들은 나라에 공을 세워 공신전, 별사전 등을 받아 넓은 농토를 세습해 가며 부귀를 누리던 훈구파였다.[52]

50　李秉休, 『朝鮮前期 畿湖士林派研究』, 一潮閣, 1984; 崔異敦, 『朝鮮中期 士林政治構造研究』, 一潮閣, 1997.

51　국사편찬위원회, 『고등학교 국사(상)』, 대한교과서주식회사, 1983, 133쪽.

52　국사편찬위원회, 『중학교 국사(상)』, 대한교과서주식회사, 1983, 169쪽. 중학교에서는 〈사림과 성리학〉에서는 태조대 정도전 등 학자들을 관학파라고 정의하고, 이들은 성리학을 연구하고 직접 정치에 실현하고자 하였다고 설명하였다. 그러나 이어서 훈구파에 대한 설명없이 상대 개념은 사림파를 "관학파 성리학자들과 달리, 정치를 멀리하고, 지방에 내려가 학문에 힘쓰고 제자를 키우는 일에 열심한 학자"라고 정의하였다(국사편찬위원회, 같은 책, 155쪽). 그런데 고등학교에서는 〈성리학의 흐름〉이라는 장에서 조선초기의 정도전 중심의 부국 강병과 중앙 집권체제를 강화하려는 세력은 이후 세종, 세조대 관학의 학풍을 이룩하였다. 관학의 학풍을 가진 훈구파들은 관학과 집현전 등을 통하여 15세기 문화를 강조하였다. 그러나 성리학 자체에 보다 충실하려는 세력은 후일 영남 중심의 사림파를 형성하였다. 사림파는 16세기 이후 사상계를 성리학 중심으로 이끌었다라고 하여 체계적으로 설명하고 있다. 이어서 성리학에 대한 이해 역시 중학교는 우리 민족의 생각이 담긴 학문으로 특색을 나타내게 된 것은 이황과 이이라고 정의한 반면, 고등학교는 성리학을 "사회가 진전됨에 따라 부국 강병과 물질적 공리주의 배격하고, 의리와 도덕을 지나치게 숭상하며, 향촌 자치와 중국 중심의 세계관에 기우는 성향"이라고 하면서, 이것은 "민족에 대한 자각이 강하고, 부국 강병을 열망하는 일반 대중의 심리에는 맞지 않는 점도 있었다."라고 부정적인 서술을 하고 있다(국사편찬위원회, 같은 책, 133~134쪽). 특히 고등학교의 경우 성리학에 대하여 부정적인 서술이 보인다.

조선 왕조 건국을 주도한 신진사대부와 무인 세력들은 문무양반을 형성하였다. 그러
나, 일부 양반 관료의 일부는 왕위계승이나 왕실의 안위에 대한 싸움에서 승리하여
조선 왕조 전기의 주도 세력의 자리를 지켰다. 그들은 제도를 정비하고 국방력 강화
에 노력하는 동시에, 실용적 학문을 바탕으로 하여 편찬 사업에 참여한 관학자들로,
이들을 훈구파라 불렀다.[53]
훈구세력-세조의 집권 이후에 공신으로서 정치적 실권을 장악하고 막대한 토지를 소
유한 대지층이었다. 이들은 조선초기에 관학파의 학풍을 계승하여 문물제도 정비에
크게 기여하였다.[54]

훈구파의 등장 시기를 중학교의 경우 '조선 초기부터' 혹은 '나라에 공
을 세워'라고하여 모호하게 처리하고 있다. 고등학교 역시 시기를 정확하
게 처리하지 않았지만 '왕위계승이나 왕실의 안위에 대한 싸움'이라고 하
여 제7차 교육과정처럼 '세조의 집권 이후'라고 한 것과 비슷하다.[55] 이들
의 특징은 권력을 통한 농장의 확대를 대표적으로 들고 있다. 훈구파의
정의는 중학교의 경우 관직 독점, 공신, 대토지 소유와 세습이라고 다소
부정적인 부분을 강조하였다면, 고등학교는 왕위 계승의 공신으로 주도
세력, 제도 정비, 국방 강화, 실용학문 바탕 편찬사업 참여한 관학파를
훈구파라고 정의하였다. 중학교보다는 고등학교가 좀 더 긍정적인 부분
과 부정적인 부분을 명확히 서술하고 있다. 이것은 제7차 교육과정의 고
등학교에서는 훈구세력을 정의하기를, 관학파의 계승, 문물제도 정비라
는 긍정적인 부분과 공신으로 실권 장악, 대토지 소유라는 부정적인 부
분을 동시에 서술하고 있는 것과 비슷하다.

사림에 대하여 살펴보면, 성종대부터 등장하는 훈구와 사림의 대결로

---

53 국사편찬위원회, 『고등학교 국사(상)』, 대한교과서주식회사, 1983, 152쪽.

54 국사편찬위원회, 『고등학교 국사』, 탐구당문화사, 2008, 86쪽.

55 제7차 교육과정의 고등학교 교과서에서 훈구세력을 "세조 집권 이후에 공신으로서 정치
적 실권을 장악하고, 막대한 토지를 소유한 대지주층이었다. 이들은 조선초기에 관학파
의 학풍을 계승하여 문물제도 정비에 크게 기여하였다."라고 서술하였다(국사편찬위원
회, 『고등학교 국사』, 탐구당문화사, 2008, 86쪽).

이어지는 4대사화는 정치적인 큰 변화이다.[56] 이어서 붕당(당쟁) 역시 사림이 집권하면서 분열되는 과정이다.

[표 11] 붕당(당쟁) 서술

중학교	한편, 이들 훈구파와는 달리, 국초부터 지방에서 학문에 힘쓰며 제자를 키우던 학자도 있었다. 이들 지방에서 성리학을 공부하는 양반들이 늘어나게 되자, 이들을 사림파라고 부르게 되었다. 이들 사림파 학자들도 성종 때부터 중앙으로 진출하여 관직에 나서게 되자, 차차 훈구파와 대립하게 되었다.[57]
고등학교	사림의 성장-조선 왕조의 문물 제도가 완성된 성종 때를 전후로하여 새로운 정치 세력이 등장하기 시작하였는데, 이들을 사림파라고 불렀다. 사림파의 연원은 고려 왕실에 절의를 지켰던 정몽주, 길재로 거슬러 올라간다.[58] 15세기 이후, 중소지주적 배경을 가지고 성리학에 투철한 지방 사족이 영남과 기호 지방을 중심으로 성장하였다. 이들을 사림이라 부른다.[59] 사림-고려 말 조선 건국에 반대하고 향촌으로 들어가 학문과 교육에 힘썼던 길재 등의 후예이다. 사림은 15세기 말 성종 때 김종직을 필두로 중앙 정치 무대에 본격적으로 진출하였으며, 주로 3사에서 언론과 학술을 담당하면서……[60]

중·고등학교 공통적으로 연원을 중학교의 '국초부터'라거나 고등학교의 경우 '사림의 연원은 고려 왕실에 절의를 지켰던 정몽주……'라고 하여 비슷하다. 둘 다 사림파에 대한 정확한 정의는 부족하다. 중학교의 경우 "지방에서 학문에 힘쓰며 제자를 키우던 학자도 있었다. 이들 지방에서 성리학을 공부하는 양반"이라고 하여 지방 성리학자를 사림파로, 고등학교의 경우 "성종 때를 전후로하여 새로운 정치 세력이 등장"이라고 하여 등장 시기만을 강조하였다. 이후 정몽주-길재-김종직으로 이어지는 학문 계승과 경학 중심의 학문 경향, 향촌 자치, 도덕과 의리를 강조

---

56 金敦, 『朝鮮前期 君臣權力關係 硏究』, 서울대학교출판부, 1997; 『역사비평』 편집위원회 엮음, 「훈구와 사림」, 『논쟁으로 읽는 한국사1-전근대』, 역사비평사, 2009.

57 국사편찬위원회, 『중학교 국사(상)』, 대한교과서주식회사, 1983, 169쪽.

58 국사편찬위원회, 『고등학교 국사(상)』, 대한교과서주식회사, 1983, 155쪽.

59 국사편찬위원회, 『고등학교 국사(상)』, 대한교과서주식회사, 1983, 86쪽.

60 한철호 외, 『고등학교 한국사』, ㈜미래엔 컬처그룹, 2011, 59쪽.

는 왕도정치의 추구를 설명하고 있다. 제7차 교육과정에서는 사림파를 "15세기 중반이후, 중소지주적인 생활 배경을 가지고 성리학에 투철한 지방사족이 영남 기호 지방을 중심으로 성장"[61]라고 좀 더 명확하게 정의하였다. 이어서 "훈구 세력이 중앙 집권 체제를 강조한 데 비해, 향촌 자치를 내세우며 도덕과 의리를 바탕으로 하는 왕도정치를 강조"하였다고 부연 설명하고 있다. 이후 훈구와 사림파의 대립과 사화, 이어서 동서분당이라는 구조로 전개하였다. 고등학교가 역시 좀 더 자세하게 서술한 정도의 차이가 있을 뿐이다.

사화에 대하여서도 중학교와 고등학교는 비슷하다. 네 차례에 걸친 사화라든지 중학교의 경우 이것은 '신구 관료 세력 사이에 벌어진 정권 싸움'이라고 정의하였고, 그 대상은 '소수의 관료 사이의 전개'라고 하면서 신진 관료가 화를 입었다고 하였다.[62] 고등학교의 훈구와 사림의 대립이라고 하면서 싸움의 이유를 '이는 학통과 출신 지방이 서로 달랐고, 학문적, 정치적 입장이 서로 달랐기 때문'[63]이라는 점을 강조하였다.

당쟁에 대하여 살펴보면,[64] 사림파의 형성이후 사화와 당쟁에 대하여서는 다음과 같이 서술하였다.

---

61 국사편찬위원회, 『고등학교 국사』, 탐구당문화사, 2008, 86쪽.
62 국사편찬위원회, 『중학교 국사(상)』, 대한교과서주식회사, 1983, 170쪽.
63 국사편찬위원회, 『고등학교 국사(상)』, 대한교과서주식회사, 1983, 156쪽.
64 李泰鎭 編, 『朝鮮時代 政治史의 再照明—士禍·黨爭篇』, 汎潮社, 1991; 李成茂·鄭萬祚 外著, 『朝鮮時代 黨爭의 綜合的 檢討』, 韓國精神文化研究院, 1992.

[표 12] 사화와 당쟁 서술

중학교	사화와 당쟁……선조 때에는 중앙에서 자리를 굳히고 정권을 잡게 되었다. 정권을 잡은 후에는 이를 사림 정치가들 사이에서 정권 다툼이 벌어지니, 이 다툼을 당쟁이라고 한다. ……선조 때의 동서분당 이후 당쟁이 오랫동안 계속되었던 것은, 각 당파의 인물들이 지방에 뿌리박고 있는 지방 세력과 연결되고, 농장이라는 경제적 배경을 가지고 있었기 때문이었다. 이러한 당쟁은 당시 양반 사회가 내포하고 있던 정치 제도와 사회 생활 및 경제 생활의 모순에서 빚어진 것으로, 국가와 사회에 미치는 영향이 컸다.[65]
고등학교	당쟁의 발생……더우기, 사림을 중심으로 한 양반들은 농상공 등 생업에는 종사하지 않고 평생 학업에 정진하여 과거에 합격하고, 관직에 나아가려고 하였다. 따라서, 경제상으로나 정치상으로 균형된 양반 사회를 유지한다는 것은 어려운 일이었다. 이러한 상황에서 양반들의 관직 추구열은 더욱 고조되었고, 마침내는 파당을 만들어 정쟁을 일삼게 되었다. 당쟁은 처음 선조 때 인사의 권한을 가졌던 이조 전낭(吏曹銓郎)의 자리 다툼으로 비롯되었다.[66]

중·고등학교 모두 제3차 교육과정과 동일하게 '당쟁'으로 부정적으로 서술하였다. 서로 정의에 대한 차이는 있지만, 중학교의 경우 '사림 정치가들 사이에서 정권 다툼'을 당쟁이라고 한 반면, 고등학교는 이조전랑 다툼이라는 구체적인 설명을 하였다. 그 배경으로 관직부족, 경제상, 정치상 등의 서술하였다. 중학교 역시 '당시 양반 사회가 내포하고 있던 정치 제도와 사회 생활 및 경제 생활의 모순에서 빚어진 것'이라는 것은 비슷하다. 사림파에 의해 전개되는 조선 중기 이후 정치사에서 붕당정치가 전개되는데, 조선 후기를 사화 당쟁의 역사로 정치사의 큰 오점이라고 한 것은 일제의 식민사관의 당파성론을 개진한 느낌이 든다.[67]

---

65 국사편찬위원회, 『중학교 국사(상)』, 대한교과서주식회사, 1983, 170쪽.

66 국사편찬위원회, 『고등학교 국사(상)』, 대한교과서주식회사, 1983, 159~160쪽.

67 황인규, 「제3차 교육과정 국정 고등국사의 편찬과 중세사 서술 비판」, 『역사와 교육』 27, 2018, 146~147쪽(황인규, 「제3차 교육과정 국정 고등국사의 편찬과 중세사 서술」, 『제3차 교육과정과 국사 교과서 서술』, 2018년도 역사와교육학회·역사교과서연구소 정기학술대회, 84~85쪽). 중학교 교과서(171쪽)의 학습정리에서도 "3. 한정된 수의 벼슬자리를 차지하고 하는 양반들의 경쟁이 지나쳐 대립과 투쟁이 생겨나게 되었다."라고 하는 식민사관의 당파성론을 개진한 느낌을 주고 있다.

3) 신분 정의와 논쟁

1970년대 이래 조선시대 신분제도에서 가장 큰 논쟁은 양천제와 반상제 논쟁이다.[68] 이 과정에서 양반, 중인 등의 신분에 대한 정의 역시 조금씩 입장이 달리하는 편이다.

[표 13] 신분 정의와 논쟁 서술

신분정의	중학교	조선은 양반 중심의 사회였다. 양반이란, 원래 문관 벼슬을 가리키는 동반과 무관 벼슬을 가리키는 서반을 함께 부르던 말로, 관직을 차지한 지배자들을 통틀어 부르는 말이었다. 이것이 조선시대에 들어와서는, 벼슬하는 사람만이 아니라 벼슬을 할 수 있는 신분을 가리키는 말로 그 뜻이 변했다.[69]
	고등학교	양반은 중앙에서 벼슬을 하고 있는 문무 관료를 합쳐 부르던 말인데, 점차 벼슬할 자격이 있는 신분을 가리키는 뜻으로 바뀌었다. …… 이와 같이, 양반계층이 강화되면서 상민의 지위는 그만큼 하락되었다.[70]
제설	중학교	양반은, 조선초기 만해도 천인에 대한 양인이라는 신분에 속하는 관직자를 가리켰던 것이나, 왕권이 확고해지고 관료 조직이 굳어져 가는 가운데 관직자들은 지배층으로의 사회적 지위가 높아졌으며, 마침내 향리나 농민과 뚜렷이 구별되는 신분으로서의 자리를 굳혔다.[71]
	고등학교	사회가 안정되면서 점차 초기의 신분 제도에 변화가 일어났다. 초기에는 크게 양인과 노비의 두 계층으로 나뉘어 있던 신분이 양반, 중인, 상민, 노비의 네 신분층으로 형성되어 갔다. 그러나, 중인은 그 수가 적고, 상민과 노비는 그 지위가 비슷해져서 구별이 뚜렷하지 않아, 크게 양반과 상민으로 갈라졌다.[72]

조선시대 양반, 중인 등의 신분에 대한 정의를 살펴보면, 양반에 대한 정의는 비슷하고 그 개념 역시 비슷하다. 그러나 조선초기 양천제설

---

68 韓永愚, 「조선전기의 사회계층과 사회이동에 관한 시론」, 『동양학』 8, 1978; 韓永愚, 『朝鮮時代 身分史研究』, 集文堂, 1997; 李成茂, 『朝鮮初期 兩班研究』, 一潮閣, 1992.

69 국사편찬위원회, 『중학교 국사(상)』, 대한교과서주식회사, 1983, 163~164쪽.

70 국사편찬위원회, 『고등학교 국사(상)』, 대한교과서주식회사, 1983, 154쪽. 고등학교의 경우 〈정치적 대립의 격화〉라는 장에서 당쟁을 "왜란 이전에 자체 내의 지연, 혈연, 학연을 중심으로 동인과 서인으로 분열되더니"라고 한 부분은 오해의 소지가 있다(6쪽).

71 국사편찬위원회, 『중학교 국사(상)』, 대한교과서주식회사, 1983, 164쪽.

72 국사편찬위원회, 『고등학교 국사(상)』, 대한교과서주식회사, 1983, 154쪽.

과 반상제설에 대하여 중학교의 경우는 조선초기를 양천제설에 입각하여 양인으로 규정하였으며, 이후 반상제에 대한 주장과 유사하게 양반은 다른 계층과 구별되는 존재로 굳혀졌다고 하였다. 고등학교의 경우 초기에는 동일하지만, 신분을 중학교의 경우 '천인'이라고 하였지만, 고등학교는 '노비'라고 다르게 사용하였다. 중간 계층를 중학교는 향리, 양인층을 농민이라하고 하여 대표적인 신분을 나열한 반면, 고등학교는 중인, 상민이라고 표현하였다.[73] 이후 신분제 변화를 네 신분층으로 구별된다고는 하지만 실제로는 양반과 상민으로 구별된다고 하여 마치 양반과 상민 중심으로 나누어졌다고 오해할 수 있다.

4) 외침의 극복(왜란과 호란)

조선 전기와 후기를 구분하는 중요한 사건이 양란이다. 이 사건은 조선의 정치, 사회, 경제 등 많은 부분이 변화되는 계기가 되었다는 점에서 중하게 다루어 지고 있다.[74] 양란의 원인과 발생 과정, 결과에 대하여 살펴보자.

[표 14] 외침의 극복(왜란과 호란) 서술

중학교	학습개요-조선은 국초부터 일본에 대하여 평화로운 통상의 길을 열어 주었다. 그런, 일본인들은 무역활동에 따른 제한에 불평을 품고, 해안지대에서 자주 소란을 피웠다. 일본은 장기간의 내란이 토요토미 히데요시에 의해 통일되자, 조선에 대한 무모한 침략전을 일으켰다.[75]

---

73 국사편찬위원회, 『고등학교 국사(상)』, 대한교과서주식회사, 1983, 166쪽. 천민은 천한 신분이었다. 천민에는 공노비와 사노비가 대부분이었으며, 대대로 그 신분을 벗어나기가 어려웠다. 이 밖에 광대, 사당, 무당, 창기, 백정 등도 있었다. 중학교는 본질적인 의미의 '천민'이라는 단어를 사용한 대신에 고등학교는 천민 중 다수에 해당되는 '노비'라는 용어만을 사용하여 학생들에게 혼란을 줄 수 있는 표현을 사용하였다.

74 국사편찬위원회, 『한국사 29-조선 중기의 외침과 대응』, 탐구당문화사, 1995.

75 국사편찬위원회, 『중학교 국사(상)』, 대한교과서주식회사, 1983, 172쪽.

양난이 일어나게 된 원인에 대하여 중학교는 〈외침의 극복〉이라는 긍정적인 단어를 사용하면서 일본의 침략성에 중점을 두고 있다. 이후 일본의 전국 통일과 침략을 서술하였다. 특히 "수군의 용전으로 마침내 외침을 극복"하였음을 강조하였다. 고등학교에서는 그 원인을 일본 내부의 토요토미의 전국 통일과 권력욕을 강조하면서도, 조선 내부의 사림 정치의 성리학적 이상 추구와 당쟁을 원인으로 삼고 있다. 또한 양반들의 안일한 대책, 조선의 장기간의 평화로 침략 준비 부족 등을 원인으로 보고 있다. 이와같은 것은 제3차 교육과정과 유사하다.[77] 이후 수군의 승리 등은 비슷하지만 양난이후 조선 사회에 대하여 중학교는 "남과 북으로부터의 외세의 침략으로 우리나라는 크나큰 피해를 입었다. 뿐만 아니라, 그 상처는 오랫동안 우리 사회에 남았다."고 하여 구체성이 없이 결과적인 면을 서술한 반면, 고등학교는 "두 차례의 난을 겪는 동안, 우리 민족은 자기 반성을 통해 새로운 사회에 대한 희망과 발전에 대한 의지를 가지게 되었다."라고 하여 긍정적으로 조선 후기를 서술하였다. 이러한 제목의 차이는 중·고등학교는 이이의 10만 양병설과 정발, 송상현 등의 항전을 강조하는 국난 극복이라는 점을 강조하였다. 중학교는 '민족의 항전'이라

---

76 국사편찬위원회, 『고등학교 국사(상)』, 대한교과서주식회사, 1983 166쪽.

77 제3차 교육과정에서부터 당쟁에 대한 부정적인 서술은 임진왜란과 병자호란에 대하여서도 비슷하다. 중학 국사에서는 '7년전쟁', '청과의 전쟁'이라는 표제를 실었으며, 고등국사에서는 '일본과의 7년전쟁', '청과의 전쟁'이라는 용어를 사용하였다. 고등학교 1974년판은 "적은 상륙한 지 18일 만에 서울을 점령하고 두 달만에 평양과 함경도 지방까지 유린하였다."고 하여 일제 식민지사학자의 서술을 그대로 모방하였다. 고등학교 1979년판에서도 왜란과 호란을 사림의 당쟁 등 내부적 요인만을 지나치게 강조한 것은 내재적 발전론을 경시한 것이다(황인규, 「제3차 교육과정 국정 고등국사의 편찬과 중세사 서술」, 『제3차 교육과정과 국사 교과서 서술』, 2018년도 역사와교육학회·역사교과서연구소 정기학술대회, 85쪽).

는 소단원 목차를 통하여 이순신과 수군의 활약, 유생과 승려들의 의병, 관군의 활약 등을 자세히 다루고 있다. 이러한 점은 고등학교 역시 비슷하다.[78] 이와같은 것은 제3차 교육과정에서부터 제시된 민족사의 주체성과 대한민국의 정통성 강조, 민족사관의 확립 등이라고 볼 수 있다.[79]

그 결과에 대하여서도 약간의 차이를 보인다. 중학교의 경우 7년간에 걸친 국난을 극복할 수 있었던 것은 이순신 등의 명장과 의병, 무명의 군졸과 농민들의 불타는 애국심, 그리고 싸움터에 직접 뛰어들었던 부녀자들 등의 온 국민의 총력전임을 강조하였다. 그 결과 민족의식의 강화를 가져왔다는 점을 강조하였다.[80] 이것은 고등학교 역시 비슷하다. 우리의 승리 원인을 "우리 민족이 지닌 잠재적 역량", "관군 차원에서의 국방 능력은 일본에 뒤졌지만, 전 국민적 차원에서의 국방 능력은 우리가 일본을 능가" 하였음을 강조하였다.[81] 대표적인 예로 무기와 전술(대포와 함선 제조 기술), 지배층의 정쟁으로 인한 혼란이 있었지만, 피지층의 단합과 문화적 우월감은 전쟁을 승리로 이끌 수 있었던 원동력으로 해석하였다.

상대적으로 호란에 대한 서술은 부족하다. 중학교는 후금의 건국, 광해군의 중립외교와 국방강화, 인조반정과 이괄의 난을 서술하였다. 정묘호란 시 정충신과 정봉수의 활약, 청 건국이후 침략과 남한산성에서의

---

78 국사편찬위원회, 『중학교 국사(상)』(대한교과서주식회사, 1983)은 173~179쪽, 『고등학교 국사(상)』은 167~174쪽으로 상당한 분량을 할당하였다.

79 오경후, 「해방이후 한국사 교과서의 동아시아 관련 전근대사 서술의 변천-조선시대를 중심으로」, 『역사와교육』 23, 2016, 243~244쪽. 중·고등학교 교육과정 모두 국난 극복의 정신을 강조하고, 민족문화에 대한 자부심과 민족중흥을 목표로 내세우고 있었다. 교육과정에서 강조, 민족사관의 확립 등을 교과서의 내용에 적극적으로 반영되었다. 제3차 교육과정 조선초기 대외관계에서 영토확장과 신축성있는 대외정책을 강조하면서 요동정벌을 고토회복이라는 점을 강조하고 명과의 사대관계나 조공 무역을 대신 여진족 토벌과 북방 이민정책을 서술하였다. 제4차 교육과정에서도 "왜란이 일어나게 된 내적 원인과 외적 요인은 무엇인가"라는 연구과제를 통하여 사건을 객관적으로 보려고 하였다. 왜란의 극복 요인과 국내에 미친 영향 등을 과제로 제시하여 단순한 내용 파악보다는 그 영향과 의미를 파악하려고 하였다.

80 국사편찬위원회, 『중학교 국사(상)』, 대한교과서주식회사, 1983, 177~178쪽.

81 국사편찬위원회, 『고등학교 국사(상)』, 대한교과서주식회사, 1983, 173쪽.

45일간의 항거전과 한계를 중심으로 서술하였다. 이후 북벌론의 대두와 효종의 나선정벌을 강조였다.[82] 고등학교에서는 광해군의 중립외교를 강조하면서, 서인들은 인조반정 이후 친명배금 외교정책을 전개하였음을 서술하였다. 결국 정묘호란의 발생과 정봉수의 활약, 청 건국이후 청의 조선에 대하여 군신관계의 요구는 "조야의 국민들을 모두 분노를 품게 되었다."고 하면서, 조정은 주전론과 주화론 중 "준비도 없는 가운데" 주전론으로 기울어 병자호란이 발생하였음을 강조하였다. 즉 중학교는 항전을 중심으로 서술하였다면, 고등학교는 인조반정이후의 명분정치를 더 자세히 서술하고 있다. 효종대 북벌론이 대두와 청의 요청으로 나선정벌에 두 차례 군대를 파견하였다. 이후 북벌론의 쇠퇴와 북학운동 등의 대두와 조선 후기 정치 사회 개혁을 추구하는 한편 새로운 학풍과 문화가 등장하였을 강조하였다.[83]

5) 실학과 세도정치

조선후기 등장한 실학에 대한 서술을 살펴보면,[84] 전술하였듯이 중학교의 경우 〈1. 조선의 중흥〉에서 국가 재건, 민생안정을 위한 노력의 일환으로 조세제도의 개편이 이루어져 민생을 안정시킨 시대가 영조와 정조 시대로 규정하고, 당시를 '민족문화'를 다시 일으켰기 위한 노력이 진

---

82 국사편찬위원회, 『중학교 국사(상)』, 대한교과서주식회사, 1983, 180~182쪽.

83 국사편찬위원회, 『고등학교 국사(상)』, 대한교과서주식회사, 1983, 175~178쪽.

84 실학에 대한 연구사 정리는 지두환(「조선 후기 실학 연구의 문제점과 방향」, 『태동고전연구』 3, 1987.)과 김현영(「실학 연구의 반성과 전망」, 『한국 중세사회 해체기의 제문제(상)』, 한울, 1987.)의 연구가 있다. 실학사상에 대하여 제3차 교육과정의 교과서 서술 평가는 해방이후 근대적 움직임으로 한국사학계가 역점을 둔 연구 성과를 낸 부분 중에 하나이다. 교과서는 '정도전 등 지배사상의 부활'이라고 서술한 것은 그 동안의 한국 사학계의 연구업적을 외면하고, 그것을 모독한 이론'이라고 하면서 실학자들이야말로 민중의 편에서 최초의 지식인 등이었다고 강조하였다. 실학자들은 중국적 화이관에서 일탈하고자 하였다(황인규, 『고등학교 국사(상)』, 대한교과서주식회사, 2018, 86쪽).

행되었음을 강조하였다.[85] 이것은 조선전기의 세종, 성종대의 민족문화가 다시 꽃피었음을 강조한 것이다. 영·정조 시대에 민족 문화를 바로 이해하려는 학문 활동으로 실학운동이 일어났음을 강조하였다. 그 평가는 "오늘날 실학운동은 자주적이고, 발전적인 역사 전개로 평가되고 있다." 라고 정의하였다.[86]

하지만 고등학교의 경우 실학을 민족 문화라는 관점보다는 조선후기를 군사 정비와 국방 강화, 재정과 민생안정을 위한 세제 개혁을 강조하면서 당쟁을 극복하려는 노력으로 결국 산업이 크게 발달하였음을 강조하면서 "근대 사회로의 내재적 성장을 의미한다."라고 하거나,[87] "실학이 유교주의적 기반에서 완전히 벗어날 수는 없었으나, 서서히 근대 사회로 지향하는 데 기여하였다."라고 하여[88] 내재적 발전론적인 관점에서 조선후기를 서술하고 있다.

먼저 실학에 대한 정의를 살펴보자.

[표 15] 실학과 세도정치 서술

중학교	조선 후기 사회의 성리학적 유교 사상과 양반 사회가 안고 있는 내부적 결점이 밖으로 나타나면서 생긴 사회적 모순을 바로 잡아 민생을 안정시킬 방도를 찾고, 또 우리 겨레와 우리 나라의 것을 알아야겠다는 사상이다.[89]
고등학교	일부 선각적인 유학자들은 성리학만 고집하는 문화의 한계성을 깨닫고, 정신 문화와 물질 문화를 균형있게 발전시켜 부국강병과 민생 안정을 달성함으로써, 안으로 분열된 사회를 다시 통합하고, 밖으로 급변하는 국제 정세에 대처할 수 있도록 국가 역량을 강화하려는 운동을 전개하게 되었다.……이러한 새로운 문화운동은 학술과 종교, 철학, 문학, 예술 등의 모든 문화 영역에서 발생하였지만, 그 중에서 학술 분야에 나타난 새로운 학풍을 우리는 실학이라고 부른다.[90]

85 국사편찬위원회, 『중학교 국사(상)』, 대한교과서주식회사, 1983, 2~3쪽.
86 국사편찬위원회, 『중학교 국사(상)』, 대한교과서주식회사, 1983, 21쪽.
87 국사편찬위원회, 『고등학교 국사(상)』, 대한교과서주식회사, 1983, 2~3쪽.
88 국사편찬위원회, 『고등학교 국사(상)』, 대한교과서주식회사, 1983, 25쪽.
89 국사편찬위원회, 『중학교 국사(상)』, 대한교과서주식회사, 1983, 23쪽.
90 국사편찬위원회, 『고등학교 국사(상)』, 대한교과서주식회사, 1983, 26~27쪽.

전체적으로 중·고등학교 모두 성리학에 대한 한계를 극복하려는 노력에서 발생하였다는 것은 비슷하다. 중학교의 경우 배경으로 양란 이후 신분사회의 모순과 백성들의 생활고 개선, 이를 해결하기 위한 성리학의 부적합, 새로운 시대 정신에 맞는 학문이 필요한 것이 실학이라 정의하였다. 이에 실학은 '민생 안정시킬 방도를 찾고 우리 것을 알아야 한다'는 사상이라고 하여 대체적으로 평이하게 정의하였다. 그러나 고등학교의 경우 배경으로 사림의 등장이후 당쟁으로 사회현실과 맞지 않는 명분의 집착으로 양란 발생, 화이론적인 입장을 고수하면서 생긴 사회 폐단(기술 저하, 사회폐단 불시정) 등의 설명은 장황하다는 느낌이 든다. 당쟁(혹은 붕당) 으로 인한 사림의 등장을 비판하는 경향이 있다. 그 대표적인 인물로 정여립과 정인홍을 예를 든 것도 생각해 볼 문제이다. 또한 이들이 광해군 대 새로운 학문 체제 운동의 역시 성리학자들의 반발로 실패하였다고 설명한 부분은 의문이다. 그 정의 역시 '학술 분야에 나타난 새로운 학풍'이라고 정의 역시 모호하다.

이후 서술에서 실학자를 '성리학적 소양을 갖춘 유학자지만, 성리학 이외의 학문과 사상도 폭넓게 받아들였다. 따라서, 그들의 학문은 실증적인 학풍이 지닌 점에 그 특색이 있다'라고 한 부분은 중학교와 비슷하면서도 당시 실학을 잘 설명하고 있다. 그 서술 형태 역시 차이를 보이는데, 중학교의 경우 〈실학 사상의 성장〉이라는 장을 통하여 이수광·한백겸·김육-효종과 현종 유형원·박세당·홍만선-숙종과 영조 이익·안정복-영·정조 정약용·유수원·서유구·홍대용·박지원·박제가 등의 계통의 흐름을 중심으로 서술하였다. 이후 실학자의 관심은 청의 고증학과 서학까지 미쳤다고 함으로서 역사적인 계통의 흐름을 강조하였다. 이러한 실학사상은 개화사상가에서 영향을 주었다고 하였다. 고등학교의 경우 실학을 정의한 후 이후 농업 중심 개혁사상, 상공업 중심 개혁사상을 개인별로 구체적으로 서술하였다. 농업 중심 개혁사상은 한말 애국 계몽운동과 일제 강점기 국학자들에게, 북학파의 사상은 박규수 등 개화사상으로 영향을 주었다고 구분하여 서술하였다.[91] 국학 연구활동에 대한 부분은 유사한데, 중학교의 경우 정의를 비교적 분명히 하였다면, 고등학교의 경우 모호한 정의와 장구한 설명, 너무 전문적인 설명으로 학생들의 이해도가 떨어진다.

서술의 방향에서도 중학교는 〈실학운동의 전승〉에서 실학자들을 계통적으로 설명하면서도 경학연구(정약용, 성해응, 김정희), 실생활 중심 학문(유수원, 서유구), 대표적 실학자(홍대용, 박지원, 박제가), 역사인구(안정복, 한치윤) 등을 소개하였다. 그리고 북학파에 대한 정의를 살펴보자.

[표 16] 북학파의 정의 서술

중학교	농업과 더불어 상공업을 중시해야 한다고 주장한 학자들은 청에서 선전 문명을 배워야 한다고 주장하였는데, 이들을 북학파라고 불렀다. 북학파 학자 중에는 홍대용, 박지원, 박제가 등이 유명하였다.[92]
고등학교	18세기 후반에 와서 크게 발달한 상공업과 급속히 성장한 청 문화의 영향을 받아 새로운 경향의 실학 사상을 가진 학자들이 나타났다. 그들은 청 및 그를 통하여 들어온 서양 문화의 영향을 많이 받았으므로 북학파(北學派)라고도 하고, 농업뿐만 아니라 상공업의 진흥과 기술의 혁신 등 물질 문화의 발달에 관심을 쏟았으므로 이용후생학파라고도 한다.[93]

북학파에 대한 정의는 비슷하다. 중학교는 상공업 중시와 청의 선진 문물 수용을, 고등학교는 약간의 차이는 있지만, 청을 통해 들어온 서양 문화의 영향, 물질 문화 발달에 관심이 있다는 면에서도 비슷하다. 중학교는 홍대용, 박지원, 박제가를 예를 들고 있다. 고등학교는 '농촌 생활

---

91 국사편찬위원회, 『고등학교 국사(상)』, 대한교과서주식회사, 1983, 27~33쪽.
92 국사편찬위원회, 『중학교 국사(상)』, 대한교과서주식회사, 1983, 26쪽.
93 국사편찬위원회, 『고등학교 국사(상)』, 대한교과서주식회사, 1983, 31쪽.

의 경험을 많이 가진 남인파에서 주로 나온 것과는 대조적으로, 북학파는 서울의 도시적 분위기에서 성장하고 외국 여행이 경험이 있는 노론 집권층에서 다수 배출되었다.'고 하였다. 홍대용, 박지원, 박제가와 함께 유수원을 추가하여 설명하였다. 고등학교에서는 〈상공업 중심의 개혁 사상〉에서 북학파를 다루면서, 〈농업 중심의 개혁 사상〉이라는 장을 통하여 유형원-이익-정약용 등 중농주의 학자들을 비중있게 다루었다. 그런데 중학교에서는 "이들 사회적, 경제적 개혁을 주장하는 학자들 중에는 농업을 보다 중시하고, 토지 제도 개혁을 개혁해야 한다고 주장하는 사람들과"라고 하여 중농주의에 대해서만 언급만 할 뿐이었다. 이후 중·고등학교 모두 국학연구를 다루고 있다.

중·고등학교 세도 정치에 대한 서술을 살펴보면,[94] 상호 비슷하다. 중학교의 경우, '순조이후 60여 년간은 이른바 세도정치기이다.'라고 하면서 세도가의 횡포와 삼정 문란, 민란 발생, 천주교의 확산과 동학의 발생이라는 구조로 서술하였다.[95] 고등학교의 경우 19세기 '외척에 의한 세도 정치'로 인하여 정치 기강 문란과 국가 재정의 어려움, 농민 경제 파탄, 그 연장 선상에서 천주교와 서양 세력의 위협으로 양반 사회에 위협, 천주교와 도교의 유행, 동학운동의 발생이라는 구조는 비슷하다.[96]

세도정치의 정의를 살펴보자.

---

94 국사편찬위원회, 『중학교 국사(상)』, 대한교과서주식회사, 1983; 국사편찬위원회, 『고등학교 국사(상)』, 대한교과서주식회사, 1983.
95 국사편찬위원회, 『중학교 국사(상)』, 대한교과서주식회사, 1983, 40쪽.
96 국사편찬위원회, 『고등학교 국사(상)』, 대한교과서주식회사, 1983, 49쪽.

[표 17] 세도정치 서술

중학교	세도정치란. 특정한 인물이 국왕의 신임을 얻어 국정을 맡아 왕권을 대행하는 비정상적인 정치를 말한다.[97]
고등학교	정조의 뒤를 이어 순조. 헌종. 철종 등 나이 어린 임금이 잇달아 즉위하면서 정치적 실권이 왕의 외척 손에 넘어 갔으니. 이를 세도정치라 한다.[98]

　　중학교는 세도정치를 "특정한 인물이 국왕의 신임을 얻어 국정을 맡아 왕권을 대행하는 비정상적인 정치"라고 하여 사전적인 의미를 먼저 설명하였다. 이후 그 정치형태로 순조 때 김조순, 헌종 때 풍양조씨, 철종 때에 안동김씨의 세도 정권이 이루어졌다는 정치 형태를 설명하였다. 그 특징으로 '국민의 이익보다는 자신의 제도권의 유지를 위한 정치'임을 강조하고, 그 폐해로 삼정의 문란, 농민봉기 등을 설명하고 있다. 그러나 고등학교의 경우 영조 때의 장헌세자의 죽음을 둘러싸고, 시파와 벽파의 분리와 정치 변동을 설명하면서, 이후 세도정치의 정의를 외척정치를 세도정치라고 규정하였다. 3대 60년간, 세도가의 요직차지와 부정부패로 정치기강이 무너져 삼정의 문란이 왔음을 서술하였다. 중·고등학교 둘 다 외척이 정치를 장악하였다는 것은 비슷하지만, 정의면에서는 중학교의 경우 정의를 설명한 후 정치형태를 설명하고 있다면, 고등학교는 정치형태를 정의라고 하고 있다. 이후 특징 역시 간결하게 표현하였다면, 고등학교의 경우 다른 부분과 마찬가지로 장황하게 설명한 부분이 있다.

IV. 맺음말

　　이상으로 제4차 교육과정기 국사교과서의 조선시대 서술체제와 내용

97　국사편찬위원회, 『중학교 국사(상)』, 대한교과서주식회사, 1983, 41쪽.
98　국사편찬위원회, 『고등학교 국사(상)』, 대한교과서주식회사, 1983, 51~52쪽.

을, 중·고등학교를 3~5차 교육과정과, 중·고등학교를 상호 비교해 보았다. 이를 정리하는 것으로 맺음말을 대신하고자 한다.

제3~5차 교육과정기 중·고등학교 국사교과서의 조선시대 서술 기조와 구성상의 특징을 살펴보면, 먼저 외형상 중·고등학교 모두 제3차에서 단권이 제4차부터 상하 양권으로 분리되면서 전체적인 분량이 증가하였다. 고등학교의 경우 제3~5차 전체적으로 329→406→450쪽으로 증가하였으며, 조선시대 분량은 110→111→134쪽으로 증가하였다. 특히 일제강점기와 현대사 부분의 증가가 많았다. 또한 보조자료 역시 제3~5차의 고등학교의 경우 47→87→130으로 증가하면서 학생들의 이해를 돕기 위한 노력이 보인다. 특히 문화에서 다양한 그림과 글씨를 수록하여 이해를 돕고 있다. 그러나 여전히 당시 중·고등학교 학생들이 이해하여 어려운 책의 표지 등을 단순하게 수록하는 한계가 존재하고, 시대에 맞지 않은 자료가 있는 한계를 보인다. 그러나 학생들을 이해시키기 위한 다양한 보조 자료 추가 노력들은 이후 교과서가 좀 더 알차고, 이해하기 쉽게 다가갈 수 있는 계기를 마련하였다. 그러나 집필자의 숫자에는 제3~5차의 중학교는 3→4→7명으로, 고등학교의 경우 3→4→9명으로 변화한다. 특히 5차에서 가장 큰 변화를 가져왔다. 그러나 조선시대의 경우 1~2명 정도로 국한된 한계를 보인다. 전체적으로 서술 내용을 확정한 이후라고는 하지만 집필자의 다양성을 통한 다양한 서술은 이루어지지 않고 있다. 중·고등학교의 가장 큰 차이는 목차상 중학교의 경우 왕조별 명칭을 사용한 반면에서 제4차부터 고등학교의 경우 시대구분상의 용어인 '근세 사회의 발전'이나 '근대 사회의 태동'이라는 용어를 사용 18세기 이후를 근대로 보려는 관점을 적용하였다는 것이다.

제4차 중·고등학교 구성과 내용의 차이점과 공통점을 살펴보면, 먼저 목차 서술상 정치사 중심의 왕조명의 중학교와 사회문화사 중심의 시대구분의 용어를 사용한 고등학교 교과서상의 차이점이다. 그러나 소단원의 제목이나 내용 구성은 자세히 살펴보면, 조금의 차이는 있지만 중·고등학교의 정치사 부분의 서술은 비슷한 면이 많으나 고등학교의 경우 사회·문화사 위주의 서술하려는 노력이 보이지만 너무 전문적이라 학생들이 이해하기가 쉽지 않아 보인다. 아직 식민주의 역사학을 옹호하는 있는 용어들이 보인다는 것이다. 즉, 당쟁과 성리학에 대한 부정적인 시각 등이 그것이다. 이것은 70, 80년 내재적 발전론으로 대표되는 국사 연구의 식민주의 역사학을 완전 극복한 것이 아니라는 한계이기도 하다. 그렇다 보니 아직 기존의 국사 연구들이 그대로 적용되고 있는 것으로 보인다. 이러한 한계들은 점차 국사 연구의 확대로 발전적으로 변화하는 계기를 마련하였다.

둘째, 중학교의 세계사 속의 우리 나라와 고등학교의 한국사 중심의 서술이라고는 하지만 구조적 면은 비슷하다. 서술 체제상으로 서양과 동양(중국) 개관이후 조선으로 서술하였다는 면에서는 이를 실천하고자 하였지만 서양과 중국의 역사 흐름을 조선에 강제 대입하려는 경향성이 강하다. 즉 서양의 르네상스와 절대 왕정, 중국의 명·청대의 국가 활동과 한문화 활동의 전통 부활, 조선의 15세기 민족문화와 중흥정치 실학운동으로 대입시킨 느낌이 강하다.

셋째, 제3차 교육 과정이후 중·고등학교 모두 '국적있는 교육'을 강조하면서 '민족 중흥'을 강조하였다. 중·고등학교 모두 조선시대를 민족문화의 근간이라고 서술하면서 '민족 문화의 전성'을 이루었다고 평가하였다. 그 속에서 훈민정음의 창제를 강조하면서, 조선후기 영·정조대를 주목하고 '민족의 중흥'으로 보고 특히 실학을 강조하면 근대성을 강조하였다.

넷째, 중·고등학교 국사 서술과 용어 사용의 불일치 경향이 있다. 같은 시대 사용하고 있는 국사 교과서이지만 중학교와 고등학교에서 사용하고 있는 역사 용어는 통일되지 못한 경우가 있다. 역사 용어에 대한 설명(정의) 역시 일치하지 않은 경우도 있다. 권문세족, 훈구와 사림 등은 정치 세력의 등장 시기 모호하다. 같은 정치 세력을 설명하면서도 구귀족과 권문세족으로 용어상의 차이를 보이는 경우도 있다. 용어 정의의 혼용되는 경우도 있다. 훈구와 사림이라는 용어는 동일한 책에서 중학교에는 신진 세력과 신진사대부를 다르게 사용되었다. 또한 중인과 향리, 천민과 노비 등으로 같은 책에서 다른 용어를 사용하기도 한다. 고등학교에서는 사대부 혹은 신진사대부라고 혼용하며, 비슷한 용어로는 온건파와 혁명파라는 용어를 사용하는데 이때 혁명파라는 용어는 당시 정권 권력의 정당성 표현(혁명파, 재건, 이성계)으로 보이기도 한다. 아울러 중학교의 경우 왜란 극복에 긍정적인 반면, 고등학교는 조선후기의 근대성을 강조하였다. 실학에 대한 서술 역시 중학교는 학자별 계통 흐름 중심이라면, 고등학교는 중상주의, 중농주의 사상별로 서술하기도 하였다.

이상으로 제4차 교육과정기 중·고등학교 국사교과서의 조선시대 구성과 서술체제와 내용은 이전의 내용을 답습하면서도 구성상 상하권으로 구분한다거나 보조 자료를 많이 추가하는 등의 변화를 주고자 노력하였지만 식민주의 역사학, 정치 권력과 관련된 서술이 보이고, 중·고등학교 내의 역사 서술의 동일성과 계열화는 아직 이루어지지 않은 한계를 보인다.

04

제4차 교육과정기 국사교과서 근현대사 서술의 특징

Ⅰ. 머리말

한국사회에서 국사교과서[1]는 학교 현장에서 사용하는 교과서 이상의 위상을 가지고 있다. 대학수학능력시험에서도 한국사 과목은 유일한 필수과목이라는 점에서 일반적인 학교교육을 받는 한국사람이라면 모두 배운다고 할 수 있다. 뿐만 아니라 국사편찬위원회에서 2006년부터 시행한 한국사능력검정시험의 2급 이상 합격자에게는 5급 국가공무원 공개경쟁채용시험 및 외교관 후보자 선발시험의 응시자격을 부여하고, 3급 이상의 합격자에게는 교원임용시험의 응시자격을 부여하는 등 이 시험은 각종 시험의 자격 고시적인 성격도 갖고 있다. 따라서 교양으로서의 한국사 학습은 국가적으로 지원하고 있기도 하다.

이명박·박근혜 정권 하에서 이른바 교학사판 한국사의 검정 통과와

---

1 제4차 교육과정기 교과의 이름이 '국사'였으므로 본고에서도 '국사'라 칭하도록 한다.

한국사의 국정교과서정책은 단순히 교과서 정책에 그치는 것이 아니라 한국사회의 좌우 이념 대립 현상을 그대로 보여주는 것이었다. 그러므로 국사교과서의 편찬과 발행에 대한 한국사회의 관심은 매우 증폭된 것도 사실이다.

이와 같은 국사교과서에 대한 한국사회의 관심은 결은 다르지만 해방 직후부터 꾸준히 이어져 왔다. 특히 1961년 5·16군사정변을 통해 정권을 장악한 박정희 군부세력은 자신들의 부족한 정통성을 민족주의의 고취, 반공정책, 경제개발정책 등을 통해 극복하려 하였다. 이 과정에서 1965년 한일국교정상화가 이루어지면서 반공·방일교육정책은 반공·국제친선 교육정책으로 전환하였다. 특히 전국민적인 반대를 무릅쓰고 강행한 한일국교정상화가 굴욕적이라는 비판을 박정희 정권은 민족주의의 고양을 통해 무마하려 하였다. 그리하여 박정희 정권은 1967~68년 국사교과서의 검정, 발행과 국민교육헌장의 공포, 1969년 제2차 교육과정[2]의 개정, 1972년 유신 선포와 1974년 국사교과서의 국정화 및 제3차 교육과정의 제정으로 민족주의를 넘어 국가주의를 강화하였다.[3]

---

2 조성운, 「제2차 교육과정의 제정과 국사교과서의 편찬」, 『한국사학보』 66, 고려사학회, 2017; 허은철, 「제2차 교육과정기 고등학교 국사교과서의 발행과 서술 변화」, 『역사와교육』 24, 동국대학교 역사교과서연구소, 2017; 박진동, 「제2차 교육과정기 '사회2'에 적용된 중학교 역사의 통합 방식과 검정 교과서의 내용 구성」, 『역사와교육』 24, 동국대학교 역사교과서연구소, 2017; 신선혜, 「제2차 교육과정기 한국고대사 연구와 국사교과서의 서술 검토」, 『역사와교육』 24, 동국대학교 역사교과서연구소, 2017; 조건, 「제2차 교육과정기 민족주체성 교육의 시행과 국사교과서의 서술내용 분석」, 『역사와교육』 24, 동국대학교 역사교과서연구소, 2017.

3 강만길, 「사관과 서술체제의 검토」, 『창작과 비평』 32, 창작과비평사, 1974년 여름; 이원순·진영일·정선영, 「중고등학교용 국정국사교과서의 분석적 고찰」, 『역사교육』 16, 역사교육연구회, 1974; 김한종, 「해방 이후 국사교과서의 변천과 지배이데올로기」, 『역사비평』 17, 역사비평사, 1991; 윤종영, 「국사교과서 발행제도에 대한 고찰」, 『문명연지』 1(2), 한국문명학회, 2000; 윤종영, 「국사교육강화정책」, 『문명연지』 2(1), 한국문명학회, 2001; 이신철, 「국사교과서의 정치도구화의 역사」, 『역사교육』 97, 역사교육연구회, 2006; 차미희, 『중등 국사교육의 내용 변천에 대한 연구: 국사과 독립시기를 중심으로』, 고려대학교 대학원 박사학위논문, 2005; 장영민, 「박정희정권의 국사교육 강화정책에 관한 연구」, 『인문학연구』 34(2), 충남대학교 인문과학연구소, 2007; 구경남, 「1970년대 국

1979년 10월 26일 대통령 박정희가 살해된 이후 1980년 5월 광주민주화운동을 무력을 동원해 진압하고 1981년 2월 제5공화국을 수립한 전두환 신군부세력은 정권의 정당성을 확보하기 위한 방안의 하나로 교육개혁을 모색하였다. 이들은 문교부 편수관을 중심으로 마련되었던 종래의 방식과는 달리 제4차 교육과정은 한국교육개발원에 위탁, 개발하였다. 이 과정에서 1978년부터 준비[4]하였던 제4차 교육과정의 내용에 변화가 생길 수밖에 없었다. 이에 따라 교육과정의 기본방향을 국민정신교육의 체계화, 전인교육과 진로교육의 강화, 과학기술교육의 심화, 교육내용의 양과 수준의 적정화로 설정[5]한 제4차 교육과정이 1981년 12월 31일 공포되었다.

제4차 교육과정의 공포와 함께 교육과정에 따른 새로운 교과서의 집필이 필요하였다. 이에 국사교과서도 새로 편찬, 발행되었다. 이러한 제4차 교육과정기의 국사교육과 국사교과서에 대한 연구는 제4차 교육과정 국사과 교육과정의 내용과 국사교과서의 내용에 대한 차미희의 연구 이외에는 사실상 없는 형편이다.[6] 그러므로 제4차 교육과정기 국사교육

정 〈국사〉 교과서에 나타난 애국심 교육과 국가주의」, 『역사교육연구』 19, 한국역사교육 학회, 2014; 조성운, 「제3차 국사과 교육과정의 성립과 국사교과서 개편」, 『역사와교육』 27, 동국대학교 역사교과서연구소, 2018; 김한종, 「제3차 교육과정기 교육이념과 인간 상」, 『역사와교육』 27, 동국대학교 역사교과서연구소, 2018; 이정빈, 「제3차 교육과정기 고등학교 『국사』의 한국고대사 서술과 특징」, 『역사와교육』 27, 동국대학교 역사교과서 연구소, 2018; 황인규, 「제3차 교육과정 국정 고등국사의 편찬과 중세사 서술 비판」, 『역사와교육』 27, 동국대학교 역사교과서연구소, 2018; 한철호, 「제3차 교육과정기 고등학교 『국사』 국정교과서의 한국근·현대사 서술과 그 특징」, 『역사와교육』 27, 동국대학교 역사교과서연구소, 2018.

4 이병희, 「국사교과서 국정제도의 검토」, 『역사교육』 91, 역사교육연구회, 2004, 77쪽.

5 劉奉鎬, 『韓國敎育課程史硏究』, 교육과학사, 1992, 382쪽.

6 제4차 교육과정기 국사교과서에 대한 본격적인 연구는 차미희가 수행한 다음의 연구 외에는 없다. 차미희, 『중등 국사교육의 내용 변천에 대한 연구: 국사과 독립시기를 중심으로』, 고려대학교 대학원 박사학위논문, 2005; 「4차 교육과정기(1982~89) 중등 국사과 교육과정의 성격」, 『교과교육학연구』 10(2), 이화여자대학교 교과교육연구소, 2006; 「4차 교육과정기(1982~89) 중등 국사교과서의 내용상 특성」, 『열린교육연구』 15(3), 한국 열린교육학회, 2007; 『한국 중·고등학교의 국사교육』, 교육과학사, 2011.

과 국사교과서에 대한 연구를 통해 이 시기 국사교육과 국사교과서에 대한 이해를 높여야 한다고 생각한다.

본고에서는 제4차 교육과정기 고등학교 국사교과서의 근현대사 서술체제와 내용을 고찰하려 한다. 이를 위해 이 시기 국사교과서 근현대사 부분의 서술 체제를 살펴본 후 근현대사 서술의 특징을 찾을 것이다. 이를 통해 이 시기 근현대사 교육이 어떠한 방향에서 이루어졌는가를 확인할 수 있을 것이며, 향후 국사교과서와 국사교육의 발전 방향을 모색할 수 있기를 기대한다.

Ⅱ. 제4차 교육과정 국사교과서의 서술체제

제3차 교육과정이 지향한 인간상은 국가발전에 도움이 되는 인간이었다. 제3차 교육과정에서는 이러한 발전의 원동력을 지식이나 지적 능력이 아닌 국민정신에 두었으며, 경제성장의 논리와는 달리 교육적 기반을 전통문화와 정신에서 찾았다.[7] 제4차 교육과정기에는 "민주, 복지, 정의 사회의 건설에 적극적으로 이바지할 수 있는, 자주적이고 창의적인 국민을 길러내는 것"[8]을 목적으로 하였다. 그리고 학교 교육은 올바른 정신과 튼튼한 몸을 단련하는 건강한 사람, 취향이 고상하고 아름다움을 추구하는 능력 있는 사람, 인간을 존중하며 규범에 따라 행동하는 도덕적인 사람, 자신과 공동체의 일을 스스로 결정하여 실천하는 자주적인 사람으로 자라게 도와주어 전인적 발달이 이루어지도록 해야 한다고 규정하였다.[9]

---

7 김한종, 「해방 이후 국사교과서의 변천과 지배이데올로기」, 『역사비평』 17, 역사비평사, 1991, 33쪽.
8 「문교부 고시 제442호 1981.12.31. 별책 4」(국가교육과정정보센터에서 인용).
9 「제4차 교육과정」(국가교육과정정보센터에서 인용).

이러한 인간상을 육성하기 위한 도구로서의 교과서는 제4차 교육과정이 공포된 1981년 12월 31일 이후 집필, 편찬되어야 함에도 불구하고 고등학교 국사과와 국민윤리과는 1982년 3월 1일부터 적용하도록 하였으므로 국사교과서와 국민윤리교과서는 교육과정 공포 이전에 집필과 편찬이 완료되어야 하였다. 이는 제3차 교육과정기 국사교과서의 편찬과 마찬가지 방식이었다.

제4차 교육과정기 국사교과서 개발과 관련하여 1981년 5월 보고된 『初·中·高 國史敎科書 內容分析 및 體制研究』(康宇哲·具然武·李存熙·崔完基. 이하 보고서)에 따르면 역사교육이 정치교육 또는 국민정신교육의 요청을 수용하였으며, 교양교육적 측면의 요청이 있었음을 밝히고 있다.[10] 국민정신교육이란 제4차 교육과정의 기본방향의 하나였으므로 국사교과서의 편찬에 제5공화국의 교육정책을 반영한다는 것을 의미하는 것이며, 교양교육적 측면이란 "비전문적 사가들에 의한 국수적이며 사이비 애국사관을 내세우는 경향",[11] 즉 재야사학자들의 주장을 비판하는 것으로 이해할 수 있다.

이 보고서에 따르면 제3차 교육과정기 중학교 국사교과서의 근대사 서술의 특징은 'Ⅶ. 근대화의 시련과 자주운동'에서는 정치적 사건에 관계된 사실이 압도적이며, 'Ⅷ. 일제의 침략과 줄기찬 독립투쟁'에서는 일제의 침략과 그에 대처한 민족의 주권수호운동 및 독립투쟁에 관한 사실이 집중적으로 수록되어 있다고 분석하였다.[12] 고등학교 국사교과서 '근대 및 현대사회'에서는 "새로운 근대 서구문화의 수용 과정과 독립운동의 일환으로 민족문화의 옹호 내용을 주로 취급하고 있다. 일제의 민족

---

10 康宇哲·具然武·李存熙·崔完基, 『初·中·高 國史敎科書 內容分析 및 體制研究』, 2쪽.
11 康宇哲·具然武·李存熙·崔完基, 『初·中·高 國史敎科書 內容分析 및 體制研究』, 2쪽.
12 康宇哲·具然武·李存熙·崔完基, 『初·中·高 國史敎科書 內容分析 및 體制研究』, 14쪽.

성 말살정책에 맞서서 민족의 살길을 찾고 활로를 개척하기 위해서도 민족문화옹호운동은 절실하였던 것이다."[13]라고 그 특징을 지적하였다.

이러한 분석을 바탕으로 보고서는 제4차 교육과정기에 사용할 국사교과서의 내용 선정에 대해 중학교 국사교과서의 경우에는 내용 선정은 시대사, 정치사 중심으로 내용을 선정하고, 역사적 사실을 상호 연관된 설명 속에서 사건의 전모를 이해하고 그 인과를 올바로 파악할 수 있게끔 내용이 선정되도록 할 것을 제안하였다.[14] 그리고 다음을 학습 내용 조직에 투영시킬 것을 제안하였다.

(가) 국민학교, 그리고 고등학교와의 종적인 계속성이 있어야 한다. 계속성이 배제되면 단절된 역사경험을 가지게 될 것이다.

(나) 내용의 선정에서뿐만 아니라 조직에 있어서도 최소한의 기본 지식을 고려해야 한다. 많은 량의 교육보다는 기본지식을 통한 역사의식의 배양에 유의해야 한다.

(다) 균형이 잡혀야 한다. 시대별 배분뿐만 아니라 영역에 있어서도 정치, 경제, 사회, 문화가 적절히 조화되어야 할 것이다. 용어, 사실, 개념, 원리의 조직에 있어서도 일정한 비율에 의하여 균형 있게가 꾸며져야 한다.

(라) 보다 중요한 것은 학생들의 흥미, 능력, 성취 동기의 다양성을 존중해야 한다. 학생의 관심도와 유리된다면 역사의식의 배양은 곤란하게 된다.[15]

한편 보고서는 초등학교, 고등학교와의 계열성을 감안해야 한다고 제

---

13 康宇哲·具然武·李存熙·崔完基,『初·中·高 國史敎科書 內容分析 및 體制硏究』, 29쪽.

14 康宇哲·具然武·李存熙·崔完基,『初·中·高 國史敎科書 內容分析 및 體制硏究』, 35~36쪽.

15 康宇哲·具然武·李存熙·崔完基,『初·中·高 國史敎科書 內容分析 및 體制硏究』, 37쪽.

안하였다. 고등학교 국사교과서의 경우에는 내용 선정에서 학습자의 심리적 요청뿐만 아니라 학문적 요청과 국가사회적 요청을 충분히 고려해야 한다면서 제3차 교육과정기의 국사교과서의 문제점과 특징을 다음과 같이 지적하였다.

첫째, 집권층의 역사를 중심으로 하고 있기 때문에 일반 대중들의 생활사나 대중문화에 대한 내용이 극히 빈약하고, 단원에 따라서는 전혀 취급되어 있지 않은 곳도 많다.

둘째, 고대사의 비중이 너무 크다. 이것은 역사교육상 큰 문제가 아닐 수 없다. 근대사, 현대사 위주의 역사서술이 아쉬워진다.

셋째, 고등학교 역사교육의 주요 방향 중의 하나가 문화사, 사상사를 중심으로 해야 함에도 불구하고 정치사 분야가 지나치게 큰 비중을 차지하고 있다.

넷째, 사회사, 경제사의 내용이 많지 않다. 물론 학문적 연구 성과의 문제도 없지 않겠으나 인간생활에 서 가장 중요한 비중을 차지하고 있는 이 분야에 대한 서술을 크게 늘려야겠다.

다섯째, 현대사 분야가 미약하다. 특히 광복 이후로부터 현재에 이르기까지의 내용이 부족하다. 양과 질에 있어서도 같은 입장이다. "모든 역사는 현대의 역사다."라는 크로체(Croce, Benedetto)의 말은 역사 해석의 관점이나 가치관의 문제를 포함하여 역설한 말이다. 현대사 중심으로 교재 내용이 선정 되어야 교과서로서 기능을 다할 수 있기 때문이다.[16]

또 제3차 교육과정기 국사교과서의 내용 선정의 문제점을 다음과 같이 지적하였다.

---

16 康宇哲·具然武·李存熙·崔完基, 『初·中·高 國史敎科書 內容分析 및 體制硏究』, 40쪽.

(1) 지질학상으로 본 구석시 시대의 동아시아 상황에 대한 간략한 설명이 필요하다. 홍적세, 충적세의 기후 및 지표의 개관 정도면 족할 것이다.

(2) 부족국가시대의 주변 정세를 알 수 있게 우리나라의 인접국에 대한 상황을 간략하게 첨가해야 한다.

(3) 청동기시대의 농업발달에 대한 설명이 미흡하다.

(4) 성읍국가 당시의 권력 구조에 대한 특징을 소개함으로써 부족 연맹왕국으로 발전하는 과정을 이해하도록 해야 한다.

(5) 부족국가시대의 상황을 부여, 고구려, 옥저, 동예, 삼한 등으로 나누어 설명하지 말고 당시 사회의 일반적인 성격과 특징을 중심으로 취급하는 것이 바람직하다.

(6) 고대국가의 성격을 설명한 것은 좋으나 고대국가의 동서양 성격을 비교할 수 있는 자료도 제시해야 한다.

(7) 전쟁사보다는 당시의 국제정세 및 정치의 역학관계를 설명했으면 좋겠다.

(8) 삼국시대의 행정조직이나 정치조직의 특징을 삼국별로 나누어 서술하지 말고 전체적으로 취급하는 것이 좋겠다.

(9) 사회 신분의 특징을 서구사회 및 현대사회와의 비교 서술이 바람직하다.

(10) 고교 국사가 문화사 위주로 이루어져야 함을 감안할 때 미술사, 사상사, 유학사 분야에 있어서는 더욱 폭넓고 깊이 있게 다루어야 하겠다.

(11) 통일신라의 경제구조상의 서술이 극히 빈약하므로 보완되어야 하겠다.

(12) 민정문서(서원경 장부)의 내용을 원사료대로 소개하여 탐구학습이 이루어지도록 해야 하겠다.

(13) 발해사의 비중을 높여야 한다.

(14) 불국사를 본보기로 하여 고대 佛寺의 특징과 성격을 밝히는 것이 좋겠다.

(15) 고려의 전시과 체제의 설명이 부족하다.

(16) 족벌(문벌)의 개념 설명이 빈약하다.

(17) 몽고의 침략과 지배상에 대하여 지나치게 비중을 두어 서술하고 있으므로 분량을 과감히 축소하여 항몽의식을 주로 하는 내용으로 전환시켜야 하겠다.

(18) 조선 초기의 신분구조에 대한 설명이 빈약하므로 이것을 보완해야 한다.

(19) 척사사상에 대하여 비중을 높여 서술해야 한다.

(20) 19세기 이후의 근대사 및 현대사 분야가 극히 빈약하다. 과감하게 이 분야를 늘려야 하겠다.[17]

그리고 내용 조직상의 문제로 초중고의 교과서 모두가 편년체로 구성되어 있기 때문에 편년체 서술을 재고할 필요가 있으며, 국민학교는 인물사, 사례사(事例史), 생활사 중심으로 서술하고, 중학교는 정치사, 외교사, 전쟁사 중심의 편년체 서술로 하고, 고등학교는 사상사, 문화사, 예술사, 주제사, 구조사, 분류사 등의 방식을 취하여 교과서 서술 방식을 달리 할 것을 제안하면서 고등학교 국사교과서는 2권으로 편찬하여 1권은 통사적 서술, 2권은 정치사, 경제사, 사회사, 문화사의 분류사적 편술(編述)을 제안하였다.[18] 또한 사진, 삽화 등 학습자료는 학교 급별로 중복되지 않게 사용할 것, 역사 지식 내용의 분량이나 심도(深度)의 차이가 약간은 있으나 중고 국사교과서의 차이가 없으므로 편제를 달리하여 중고간의 연계 문제를 해결할 것, 고등학교 국사교과서는 구조사적 입장에서 사회사 및 민중사 내용을 많이 취급할 것을 제안하였다.[19]

---

17 康宇哲·具然武·李存熙·崔完基, 『初·中·高 國史教科書 內容分析 및 體制研究』, 40~41쪽.

18 康宇哲·具然武·李存熙·崔完基, 『初·中·高 國史教科書 內容分析 및 體制研究』, 43쪽.

19 康宇哲·具然武·李存熙·崔完基, 『初·中·高 國史教科書 內容分析 및 體制研究』, 44쪽.

이러한 관점에서 보고서는 중고등학교 국사교과서의 편제를 [표 1], [표 2]와 같이 제안하였다.

[표 1] 『初·中·高 國史敎科書 內容分析 및 體制硏究』의 중학교 국사교과서 편제[20]

중학교 국사(상)		중학교 국사(하)	
Ⅰ. 고대 사회의 성립과 발전	1. 한국의 선사문화 (1) 민족의 기원 (2) 구석기 문화 유적의 발견 (3) 신석기 문화의 발달 (4) 씨족 공동체 사회의 전개	Ⅰ. 근대 사회의 여명	1. 사회경제적 변화 (1) 농업의 발달 (2) 광업과 수산업 (3) 수공업의 발달 (4) 상업계의 변화 (5) 무역의 발달
	2. 고조선의 성립 (1) 청동기 문화의 보급 (2) 단군신화 (3) 고조선의 발전 (4) 한 군현의 설치 (5) 부족 연맹체 사회의 발달		2. 민중의식의 성장 (1) 서구 문물의 전래 (2) 반주자학운동의 전개 (3) 천주교의 보급 (4) 동학의 성립
	3. 삼국의 성립 (1) 고대국가의 성격 (2) 고구려의 흥기 (3) 백제의 성립 (4) 신라의 성립과 발전		3. 실학운동의 전개 (1) 중농학파의 성립 (2) 중상학파의 성립 (3) 국학 연구의 유행 (4) 과학기술의 발달 (5) 문학과 예술
	4. 삼국의 발전 (1) 삼국의 정치 (2) 삼국의 사회와 경제 (3) 삼국의 문화 (4) 대외관계의 발전		
	5. 통일신라와 발해 (1) 신라의 삼국통일 (2) 통일신라의 정치 (3) 통일신라의 사회와 경제 (4) 통일신라의 문화 (5) 발해의 건국과 발전		4. 문호의 개방 (1) 서세동점의 물결 (2) 병인양요와 신미양요 (3) 개항론과 강화도조약

---

20 康宇哲·具然武·李存熙·崔完基, 『初·中·高 國史敎科書 內容分析 및 體制硏究』, 60~63쪽.

중학교 국사(상)		중학교 국사(하)	

Ⅱ.
중세
사회의
형성
	1. 민족의 재통일
	  (1) 신라 사회의 동요와 후삼국
	  (2) 고려의 건국
	  (3) 민족의 재통일
	  (4) 고려의 국가 이념
		Ⅱ.
		근대
		사회의
		진전
			1. 근대문화의 수용
			  (1) 수신사의 파견
			  (2) 갑오개혁의 실시
			  (3) 애국계몽운동
			  (4) 근대문물의 보급

	2. 고려의 발전
	  (1) 왕권의 확립
	  (2) 제도의 정비
	  (3) 사회생활의 전개
	  (4) 경제구조의 모습
			2. 민족의 갈등
			  (1) 척사운동의 전개
			  (2) 임오군란과 갑신정변
			  (3) 동학농민혁명운동

	3. 고려의 대외관계
	  (1) 거란과의 항쟁
	  (2) 여진과의 외교
	  (3) 몽고의 침입과 삼별초
	  (4) 왜구와 홍건적
			3. 민족의 수난
			  (1) 청일전쟁의 발발
			  (2) 을미사변과 아관파천
			  (3) 러일전쟁의 발발
			  (4) 을사조약의 강요와 민중의 분노

	4. 귀족 회의 동요와 무신정권
	  (1) 문벌사회의 성립
	  (2) 귀족 문벌의 대립
	  (3) 무신의 난과 사회동요
	  (4) 최씨 정권의 수립		

	5. 불교의 발달
	  (1) 천태종의 성립
	  (2) 조계종의 발달
	  (3) 대장경 간행과 인쇄술
	  (4) 불교예술의 발달
	  (5) 문학과 역사
			4. 일제의 식민통치
			  (1) 일제의 강제 합방
			  (2) 무단통치의 강행
			  (3) 문화정치의 의도
			  (4) 민족말살정책의 시행

Ⅲ.
중세
사회의
발전
	1. 조선의 성립]
	  (1) 사대부의 대두
	  (2) 위화도 회군
	  (3) 조선의 건국
	  (4) 조선의 국가 이념
		Ⅲ.
		현대
		사회의
		전개
			1. 민족의 독립운동
			  (1) 의병운동의 전환
			  (2) 3·1운동의 전개
			  (3) 독립군의 투쟁
			  (4) 광주학생운동

	2. 조선의 발전
	  (1) 왕권의 확립
	  (2) 정치조직의 정비
	  (3) 경제질서의 재편
	  (4) 사회조직과 사회생활
			2. 해외에서의 정치운동
			  (1) 대한민국 임시정부의 수립
			  (2) 미국에서의 활동
			  (3) 유럽에서의 활동

중학교 국사(상)		중학교 국사(하)
3. 농장과 서원 (1) 사림의 형성 (2) 농장의 발달 (3) 서원의 성립 (4) 향약의 보급		3. 사회경제적 실력향상운동 (1) 소작쟁의와 노동쟁의 (2) 물산장려운동 (3) 교육구국운동 (4) 신간회의 설립
4. 성리학의 융성 (1) 관학과 사학 (2) 주리론과 주기론 (3) 편찬사업의 발달 (4) 과학기술의 보급 (5) 문학과 예술		4. 문화의 혁신운동 (1) 일제의 문화 침탈 (2) 국학운동의 전개 (3) 현대문학의 보급 (4) 예술의 현대화
Ⅳ. 중세 사회의 동요	1. 관료의 대립과 양란 (1) 사화와 당쟁 (2) 왜란의 전개 (3) 광해군과 인조반정 (4) 호란과 북벌운동	Ⅳ. 현대 사회의 발전
	2. 제도의 개혁 (1) 정치군사제도의 정비 (2) 영정법의 실시 (3) 대동법의 실시 (4) 균역법의 실시	2. 민주정치의 추구 (1) 대한민국의 수립 (2) 자유당과 민주당 (3) 공화당과 민정당 (4) 민주복지국가
	3. 신분제의 분해 (1) 양반체제의 강화 (2) 몰락양반의 형성 (3) 경영형 부농의 출현 (4) 노비제도의 동요	3. 민족자본의 형성 (1) 특권 재벌의 횡포 (2) 중소기업의 성장 (3) 경제개발5개년계획과 경제발전 (4) 기간산업의 확충
		4. 사회문화계의 변화 (1) 노동계층의 성장 (2) 사상의 다양화 (3) 대중문화의 융성
	4. 민란의 발발 (1) 홍경래의 난 (2) 진주민란 (3) 민란의 확대	5. 국제 정세의 변화와 한국 (1) 냉전체제의 전개 (2) 다원화 외교의 실시 (3) 제3세계와 한국 (4) 우리의 앞길

[표 2] 『初·中·高 國史敎科書 內容分析 및 體制硏究』의 고등학교 국사교과서 편제[21]

고등학교 국사(I)	고등학교 국사(II)
1. 기원전의 민족사 　(1) 석기문화의 보급 　(2) 청동기 문화와 고조선의 성립 　(3) 철기문화의 전래와 부족국가의 발전	1. 정치의 근대화 　(1) 정치제도사 　(2) 민주주의 이념사 　(3) 민주정치사 　(4) 헌정사 　(5) 정당사
2. 고대국가의 성립과 발전(1～6C) 　(1) 고대국가의 수립 　(2) 삼국 초기의 정치와 사회 　(3) 삼국 초기의 문화 　(4) 고구려의 성장과 백제의 흥기 　(5) 신라의 발전 　(6) 삼국 전성기의 정치와 사회 　(7) 고대문화의 발전	
3. 전제왕권의 성립과 호족사회(7～10C) 　(1) 고구려의 대외항쟁 　(2) 신라의 삼국통일 　(3) 통일신라의 발전 　(4) 발해의 건국과 발전 　(5) 고대문화의 융성 　(6) 골품제도의 모순 　(7) 호족의 대두 　(8) 후삼국의 성립 　(9) 고려의 통일 　(10) 호족의 문화	2. 국제 정세의 변화와 한국 　(1) 1875～1894년 　(2) 1894～1905년 　(3) 1905～1910년 　(4) 1910～1919년 　(5) 1919～1945년 　(6) 1945～1960년 　(7) 1960～1980년
4. 문벌귀족사회의 형성과 발달(11～12C) 　(1) 귀족사회의 성립 　(2) 고려의 정치 기구 　(3) 고려의 사회경제 구조 　(4) 귀족문화의 발달 　(5) 고려의 대외정책 　(6) 귀족사회의 동요	3. 민족자본의 형성 　(1) 민족 경영과 일인 경영 　(2) 서구 자본 　(3) 일본의 시장화 　(4) 일본의 병참기지화 　(5) 미국에의 예속 　(6) 민족자본의 계기 　(7) 중진국으로의 도약
5. 사대부의 성장(13～14C) 　(1) 최씨 무단정치의 전개 　(2) 몽고와의 항쟁 　(3) 고려 왕실과 원 　(4) 사대부의 성장 　(5) 문화의 변동 　(6) 조선의 건국	

21　康宇哲·具然武·李存熙·崔完基, 『初·中·高 國史敎科書 內容分析 및 體制硏究』, 63～66쪽.

고등학교 국사(I)	고등학교 국사(II)
6. 관료사회의 성장과 발달(15~16C) (1) 관료사회의 형성 (2) 조선의 통치 기구 (3) 조선의 경제 구조 (4) 양반 관료의 문화 (5) 조선 초기의 대외 관계 (6) 관료사회의 대립과 분열 (7) 임진왜란의 발발	4. 생활 환경의 혁신 (1) 교통기관 (2) 통신 (3) 자연보호 (4) 사회복지 (5) 범죄와 도덕
7. 새로운 의식의 성장(17C) (1) 호족과의 항쟁 (2) 서양과의 접촉 (3) 경제구조의 개편 (4) 초기 실학의 여러 형태(반주자학적 접근)	5. 사회계층의 변화 (1) 가족제도 (2) 사회 형태 (3) 윤리·도덕의 수용 (4) 인구 증가 (5) 핵가족 분화와 근대사 (6) 도시 집중 (7) 직업 분화 (8) 가치관의 변화
8. 서민사회의 성장(18C) (1) 농촌경제의 성장 (2) 상업자본의 발달 (3) 실학의 융성 (4) 서민문화의 발달	
9. 양반사회체제의 해체(19C 전반) (1) 벌열정치와 신분제 동요 (2) 경제질서의 파탄과 민란 (3) 천주교의 전파와 교세 확대 (4) 이양선의 출몰	6. 의식 구조의 성장 (1) 민족주의운동 (2) 사회주의운동 (3) 좌우 대립 (4) 종교운동 (5) 국가의식의 성장 (6) 민중의식
10. 개항과 국제 무대의 진출(19C 후반) (1) 왕권의 재확립과 쇄국정책 (2) 자본주의 세력의 한반도 침략 (3) 개항 후의 경제적 변화 (4) 민족저항운동의 진전 (5) 민족주의 계몽운동	
11. 민족운동의 전개(20C 전반) (1) 일제의 침탈 (2) 식민정책의 실시 (3) 광복운동의 맥락 (4) 민족의 문화수호운동	7. 대중문화의 발달 (1) 문학 (2) 사회과학 (3) 자연과학 (4) 기술 (5) 체육 (6) 오락 (7) 예술 (8) 매스코뮤우니케이션(대중매체)
12. 민족사의 새 전개(20C 후반) (1) 광복과 독립 (2) 제1공화국의 수립 (3) 제2공화국의 수립 (4) 제3공화국의 수립 (5) 제4공화국의 수립 (6) 제5공화국의 수립 (7) 앞으로의 과제	

그러나 제4차 국사과 교육과정은 보고서와는 달리 [표 3]과 같이 구성되었다.

[표 3] 제4차 교육과정 중고등학교 국사과 단원 구성[22]

중학교 국사		고등학교 국사	
2학년		상권	
한국사의 시작	(1) 한국의 선사 문화 (2) 고조선의 성립과 발전 (3) 부족의 연맹체 사회의 발달	고대사회의 성립과 발전	(가) 선사 문화의 발전 (나) 부족 연맹체의 형성과 발전 (다) 고대 국가의 형성과 발전 (라) 고대 문화의 발달
삼국의 성장과 민족의 통일	(1) 삼국의 성립과 발전 (2) 민족의 통일 (3) 삼국의 사회와 문화		
통일신라와 발해	(1) 통일 신라의 발전 (2) 발해와 그 문화 (3) 민족 문화의 발달 (4) 신라 말의 사회 변화		
고려의 사회와 문화	(1) 민족의 재통일 (2) 고려의 발전 (3) 고려 사회의 동요 (4) 고려 문화의 발달	중세사회의 성장	(가) 중세 사회의 성립 (나) 귀족 중심의 경제 생활 (다) 불교 중심의 문화 (라) 귀족 사회의 동요 (마) 중세 문화의 변절
조선의 성립과 발전	(1) 조선의 성립 (2) 조선의 발전 (3) 민족 문화의 융성 (4) 대외 관계와 시련의 극복	근세사회의 발전	(가) 근세 사회의 성립 (나) 농업 중심의 경제 생활 (다) 유교 중심의 문화 (라) 양반 사회의 동요 (마) 이민족과의 항쟁
3학년		하권	
조선사회의 변화	(1) 조선의 중흥 정치 (2) 경제 성정과 사회 변화 (3) 문화의 새 기운 (4) 격동하는 조선 사회	근대사회의 맹아	(가) 근세 사회의 변질 (나) 경제 질서의 변화 (다) 문화의 새 기운 (라) 정치 사회의 혼란

---

22 「문교부 고시 제442호 1981.12.31. 고등학교 교육과정」(별책 4).(국가교육과정 정보센터에서 인용).

중학교 국사		고등학교 국사	
근대사회의 전개	(1) 근대 문물의 수용 (2) 전통과 외래 문화의 갈등 (3) 민족의 수난과 자주 민권 운동	근대사회의 전개	(가) 왕권 재확립 운동 (나) 개화 운동과 척사 운동 (다) 자주 민권 운동의 전개 (라) 민족의 독립 투쟁 (마) 민족 문화의 수호
민족의 독립투쟁	(1) 일제의 식민 통치 (2) 민족의 독립 투쟁 (3) 민족 문화의 수호		
대한민국의 발전	(1) 대한 민국의 수립 (2) 민족의 시련 (3) 대한 민국의 발전 (4) 오늘의 우리	현대사회의 발전	(가) 민주 국가의 수립 (나) 경제 성장과 해외 진출 (다) 생활의 현대화 (라) 민족의 과제

그런데 보고서에서 제안한 내용 중 제4차 교육과정기 국사교과서는 교과서를 상, 하 2권으로 편찬한다는 형식적인 측면만 채택되고 내용 조직은 채택되지 않은 채 여전히 편년체에 입각하여 상권은 임진왜란 이전의 조선 전기까지의 전근대, 하권은 조선 후기부터 제5공화국까지의 근현대로 구성되었다. 보고서에서 제안한 바와 같이 근현대사 부분을 과감하게 늘렸던 것이다. 실제 발간되어 사용된 제4차 교육과정기 고등학교 국사교과서는 [표 4]와 같이 편찬되었다.

[표 4] 제4차 교육과정기 고등학교 국사과 단원 구성

	대단원	중단원	소단원
상권	I. 고대 사회의 발전	1. 우리 역사의 시작	(1) 선사시대의 사회와 문화 (2) 고조선의 건국과 발전 (3) 철기문화와 사회의 발전
		2. 삼국의 성립과 발전	(1) 삼국의 성립 (2) 삼국의 대외관계와 민족통일
		3. 삼국시대의 사회와 문화	(1) 삼국시대의 사회 (2) 삼국시대의 문화
		4. 통일신라와 발해의 발전	(1) 통일신라의 발전 (2) 발해의 건국과 발전 (3) 신라의 학술과 불교문화의 발달 (4) 신라의 예술 (5) 신라말기의 사회변동

대단원		중단원	소단원
상권	Ⅱ. 중세 사회의 발전	1. 고려의 건국과 귀족사회의 성립	(1) 고려의 성립 (2) 통치구조의 정비 (3) 고려 전기의 대외관계
		2. 귀족사회의 발전과 변동	(1) 고려 전기의 사회 (2) 문화의 발전 (3) 귀족사회의 동요
		3. 고려후기의 사회와 문화	(1) 무신정권의 성립과 변천 (2) 몽고의 침입과 항쟁 (3) 고려말기의 정치와 사회 (4) 문화의 새 경향
	Ⅲ. 근세 사회의 발전	1. 조선왕조의 성립과 발전	(1) 조선의 건국과 집권체제의 강화 (2) 정치·사회구조의 개편 (3) 조선초기의 대외관계
		2. 민족문화의 발달	(1) 조선초기의 사상조류 (2) 훈민정음의 창제와 편찬사업 (3) 문학과 예술의 발달
		3. 사회·문화의 변동	(1) 사회·경제체제의 변질 (2) 사림의 성장과 관료 간의 대립 (3) 학문과 예술의 진전
		4. 왜란과 호란	(1) 왜란 (2) 호란
하권	Ⅰ. 근대 사회의 태동	1. 조선후기의 사회변동과 대외 관계	(1) 정치·군사상의 변화 (2) 세제의 개혁 (3) 산업의 발달
		2. 문화의 새 기운	(1) 실학의 발달 (2) 유교 철학의 동향 (3) 문학과 예술의 새 경향
		3. 사회의 동요와 종교의 새 기운	(1) 사회의 동요 (2) 종교의 새 기운

	대단원	중단원	소단원
하권	II. 근대 사회의 성장	1. 민족의 각성과 근대문화의 수용	(1) 흥선대원군의 집정 (2) 개항 (3) 개화운동과 척사운동 (4) 동학운동 (5) 갑오경장과 근대문물의 수용
		2. 근대 국가의 성립과 시련	(1) 제국주의 열강의 대립 (2) 독립협회의 활동과 대한제국 (3) 일제의 국권 침탈과 민족의 저항 (4) 의병의 구국항전 (5) 애국계몽운동
		3. 3·1운동과 대한민국 임시정부	(1) 일제 침략하의 민족의 수난 (2) 3·1운동 이전의 독립운동 (3) 3·1운동 (4) 대한민국 임시정부의 수립과 활동
		4. 독립운동의 새 단계와 민족문 화의 수호	(1) 독립운동의 강화 (2) 무장독립전쟁 (3) 광복군의 대일전쟁 (4) 민족문화의 수호
	III. 현대 사회의 발달	1. 대한민국의 정통성	(1) 대한민국의 성립 (2) 6·25남침
		2. 민주주의 발전의 새 전기	(1) 민주주의의 성장 (2) 대한민국의 발전 (3) 제5공화국의 성립 (4) 오늘의 역사적 사명

[표 2], [표 3], [표 4]를 통해 알 수 있듯이 보고서의 시안과 교육과정의 단원 구성, 실제 발행된 고등학교 국사교과서의 단원구성은 전혀 다른 것이었다. 이는 보고서의 내용과 상관없이 교육과정의 단원이 편제되었고, 교육과정의 내용과 달리 교과서를 집필하였다는 것을 의미한다. 특히 교육과정상의 대단원 '근대사회의 전개', '현대사회의 발전'과 교과서의 '근대사회의 성장', '현대사회의 발달'은 중단원의 구성이 완전히 다르게 편제되었다. 이러한 결과가 어떠한 과정을 거쳐 발생하였는가에 대해 밝혀야 하지만 이에 대한 자료를 찾을 수 없어 본고에서는 서술할 수

없음을 유감으로 생각한다.[23] 다만 앞에서도 언급했듯이 1981년 12월 31일 공포된 제4차 교육과정에 따른 교과서는 1984년에 적용하도록 되어 있었으나 국민정신교육과 관련된 국사와 국민윤리는 1982년 3월 1일부터 적용하도록 하였으므로 국사교과서는 제4차 교육과정이 공포될 무렵에는 이미 개발이 완료되어 인쇄 중이었을 가능성이 높다고 할 수 있다. 또한 교육과정의 규정과는 달리 일반사회2(사회문화)도 1982년부터 발행되어 사용되었다.[24]

다음으로 제4차 교육과정기 국사교과서와 제3차 교육과정기의 1979년판 국사교과서의 근대사 부분의 서술 체제를 비교하면 [표 5]와 같다.

---

23 참고로 제4차 국사과 교육과정의 단원 편제와 실제1982년 발행된 교과서의 단원 편제의 원활한 비교를 위하여 다음의 〈표〉를 제시한다.

			4. 독립운동의 새 단계와 민족문화의 수호	(1) 독립운동의 강화 (2) 무장독립전쟁 (3) 광복군의 대일전쟁 (4) 민족문화의 수호
현대사회의 발전	(가) 민주 국가의 수립 (나) 경제 성장과 해외 진출 (다) 생활의 현대화 (라) 민족의 과제	현대사회의 발달	1. 대한민국의 정통성	(1) 대한민국의 성립 (2) 6·25남침
			2. 민주주의 발전의 새 전기	(1) 민주주의의 성장 (2) 대한민국의 발전 (3) 제5공화국의 성립 (4) 오늘의 역사적 사명

24 「고교서도 이념교육」, 『동아일보』, 1982년 3월 3일.

[표 5] 제3차 교육과정 국사교과서(1979)와
제4차 교육과정 국사교과서(1982) 근현대사 부분 단원 구성 비교

제3차 교육과정 국사교과서(1979)				제4차 교육과정 국사교과서(1982)			
Ⅲ. 조선 사회	4. 왜란과 호란	(1) 왜란	·왜란 전의 대일 관계 ·임진왜란 ·수군의 승리 ·의병의 항쟁 ·왜군의 패퇴 ·정유재란과 전 쟁의 종결 ·왜란의 영향	Ⅰ. 근대 사회의 태동	1. 조선 후기의 사회 변동과 대외관계	(1) 정치· 군사상의 변화	·비변사의 확대, 강화 ·5군영과 속오군 ·정치적 대립의 격화 ·탕평책과 정치 안정
		(2) 호란	·광해군의 혁신 정치 ·인조반정과 여 진족의 침입 ·북벌론의 대두			(2) 세제의 개혁	·전세의 개혁 ·대동법의 실시 ·균역법의 시행
	5. 조선 후기의 사회변동	(1) 당쟁의 격화와 탕평책	·당쟁의 격화 ·탕평책			(3) 산업의 발달	·농업기술의 발전 ·민간수공업의 발달 ·광산의 개발 ·자유상업의 발달 ·대외무역 ·화폐경제
		(2) 세제의 변화	·전세의 변화 ·대동법 ·균역법		2. 문화의 새 기운	(1) 실학의 발달	·실학의 배경과 그 성격 ·농업 중심의 개혁 사상 ·상공업 중심의 개 혁사상 ·국학연구의 확대 ·서학의 전래 ·과학의 연구
		(3) 산업의 발전과 신분제의 변화	·농업의 진흥 ·수공업과 광업 의 발달 ·상업과 대외무 역의 발달 ·화폐의 유통 ·신분제의 변화			(2) 유교 철학의 동향	·성리학의 경향 ·양명학의 연구

제3차 교육과정 국사교과서(1979)				제4차 교육과정 국사교과서(1982)			
Ⅲ. 조선 사회	6. 문화의 새 기운	(1) 실학의 발달	·실학의 발생과 그 성격 ·농업 중심의 개 혁사상 ·상공업 중심의 개혁사상 ·국학의 발달 ·자연과학의 발달	Ⅰ. 근대 사회의 태동	3. 사회의 동요와 종교의 새 기운	(3) 문학과 예술의 새 경향	·서민문학의 대두 ·서화의 새 경향 ·공예와 건축
		(2) 철학의 발달	·주리파와 주기파 의 논쟁 ·한학과 양명학			(1) 사회의 동요	·신분제의 변화 ·외척세도정치 ·농촌사회의 동요 ·민란의 발생
		(3) 문학, 예술의 새 경향	·문학의 새 경향 ·그림의 새 경향 ·공예, 건축, 서도			(2) 종교의 새 기운	·도교와 도참신앙 ·천주교의 박해 ·동학의 발생
		(4) 신앙의 새 경험과 사회의 동요	·도교와 도참신앙 ·천주교의 전래 ·동학의 발생 ·농촌사회의 동요 ·민란의 발생				
Ⅳ. 근대 사회	1. 민족적 각성과 근대 문화의 수용	(1) 대원군의 개혁정치와 쇄국정책	·대원군의 내정 개혁 ·쇄국정책과 양요	Ⅱ. 근대 사회의 성장	1. 민족의 각성과 근대 문화의 수용	(1) 대원군의 집정	·전제왕권의 강화 ·쇄국정책과 양요
						(2) 개항	·개항전의 국제관계 ·강화도조약과 개항 ·구미제국과의 수교
						(3) 개화운동과 척사운동	·개화사상과 개화 운동 ·개화와 보수의 갈등 ·위정척사운동

제3차 교육과정 국사교과서(1979)				제4차 교육과정 국사교과서(1982)		
IV. 근대 사회	1. 민족적 각성과 근대 문화의 수용	(2) 개화· 척사운동	·개항 ·개화운동 ·척사운동 ·열강의 침략	II. 근대 사회의 성장	(4) 동학운동	·열강의 대립 ·일본의 경제적 침투 ·동학 교세의 확대 ·동학운동
		(3) 동학농민 혁명운동과 근대문물의 수용	·동학농민혁명 운동 ·제도의 개편 ·근대문물의 수용		(5) 갑오경장과 근대문물의 수용	·갑오경장 ·개혁추진에 대한 반발 ·근대문물의 수용
		(4) 독립협회와 대한제국	·제국주의 열강의 각축 ·독립협회의 활동 ·대한제국의 성립		(1) 제국주의 열강의 대립	·러일간의 각축 ·열강의 잇권 침탈
		(5) 민족 수난의 시작	·러일의 대립 ·일제의 침략 ·간도 개척		(2) 독립협회의 활동과 대한제국	·독립협회의 활동 ·자주적 근대사상 ·대한제국과 광무 개혁
		(6) 애국계몽 운동과 의병의 항전	·민족의 저항 ·애국계몽단체와 언론활동 ·민족주의 교육의 발달 ·국학의 연구와 문학의 새 경향 ·새로운 종교활동 ·의병의 항전		2. 근대 국가의 성립과 시련	(3) 일제의 국권 침탈과 민족의 저항	·러일전쟁 ·간도와 독도 ·국권의 침탈 ·민족의 저항
					(4) 의병의 구국항전	·무력항일운동의 시작 ·의병항전의 재기 ·의병전쟁의 격화 ·의병전쟁의 확대
					(5) 애국 계몽 운동	·경제자립운동 ·사회단체와 언론 활동 ·민족교육의 발달 ·국학과 신문학 ·종교활동의 변화

제3차 교육과정 국사교과서(1979)			제4차 교육과정 국사교과서(1982)		
IV. 근대 사회	2. 민족의 독립 운동과 민족 문화의 수호	(1) 일제의 식민지정책	·무단정치 ·식민지 경제 ·식민지 교육	II. 근대 사회의 성장	3. 3·1운동과 대한민국 임시정부	(1) 일제 침략하의 민족의 수난	·헌병경찰통치 ·토지의 수탈 ·산업의 침탈 ·식민지 교육
						(2) 3·1운동 이전의 독립운동	·항일비밀결사의 조직 ·독립운동기지의 건설
		(2) 독립운동의 방향과 3·1운동	·독립운동의 방향 ·3·1운동			(3) 3·1운동	·2·8독립선언 ·3·1운동의 전개 ·3·1운동의 의의
						(4) 대한민국 임시정부의 수립과 활동	·독립운동의 중추 기구 ·임시정부의 헌정
		(3) 민족운동의 성장	·식민통치의 강화 ·임시정부의 활동 ·독립군의 활동 ·국내에서의 민족운동		4. 독립운동의 새 단계와 민족문화의 수호	(1) 독립운동의 강화	·일제의 고등경찰 통치 ·민족실력의 양성 ·독립운동의 확대 ·사회·경제적 독립운동
						(2) 무장독립전쟁	·독립전쟁의 방향 ·봉오동·청산리 전투 ·독립전쟁의 고난
						(3) 광복군의 대일전쟁	·광복군의 결성 ·대일선전포고 ·광복군의 국내진 입작전
		(4) 일제의 민족성 말살 정책과 민족 문화의 수호	·민족성 말살 정책 ·민족문화의 수호			(4) 민족문화의 수호	·일제의 민족말살 정책 ·국학운동 ·문예운동

제3차 교육과정 국사교과서(1979)				제4차 교육과정 국사교과서(1982)			
V. 현대 사회	1. 대한민국의 정통성	(1) 대한민국의 성립	·광복군의 항전 ·민족의 해방 ·대한민국의 수립	III. 현대 사회의 발달	1. 대한민국의 정통성	(1) 대한민국의 성립	·민족의 광복 ·국토의 분단 ·대한민국정부의 수립
		(2) 6·25 사변의 민족 시련	·북한의 공산화 ·민족 시련의 극복			(2) 6·25 남침	·북한의 공산화 ·공산집단의 남한 교란 ·6·25남침과 공산 군 격퇴 ·휴전 반대와 전후 복구
	2. 민족 중흥의 새 전기	(1) 민주주의의 성장	·4월의거 ·5월혁명		2. 민주주의 발전의 새 전기	(1) 민주주의의 성장	·4월의거 ·5월혁명
		(2) 대한민국의 발전	·경제성장 ·새마을운동 ·10월유신			(2) 대한민국의 발전	·경제성장 ·국력의 신장 ·새마을운동 ·평화통일의 노력
						(3) 제5공화국의 성립	·제5공화국의 출범 ·민주복지국가의 지향
	3. 오늘의 역사적 사명					(4) 오늘의 역사적 사명	

[표 5]를 통해 확인할 수 있는 것은 제4차 교육과정기 국사교과서는 제3차 교육과정기 1979년판 국사교과서에 비해 근현대사 서술이 자세하다는 점이다. 1979년판 국사교과서는 근대사를 'IV. 근대사회'의 단일 단원으로 다루었으나 제4차 교육과정기 국사교과서는 'I. 근대사회의 태동'과 'II. 근대사회의 성장'으로 대단원을 2개로 나누어 서술하였다는 점이 가장 큰 특징이다. 그리고 1979년판 국사교과서 'IV. 근대사회'는 '1. 민족적 각성과 근대문화의 수용'과 '2. 민족의 독립운동과 민족문화의 수호'의 두 개의 중단원으로 구성되었으나 제4차 교육과정기 국사교과서는

'1. 민족적 각성과 근대문화의 수용'을 '1. 민족의 각성과 근대문화의 수용'과 '2. 근대 국가의 성립과 시련', '2. 민족의 독립운동과 민족문화의 수호'는 '3. 3·1운동과 대한민국 임시정부'와 '4. 독립운동의 새 단계와 민족문화의 수호'으로 각각 2개의 중단원으로 세분하여 자세하게 서술하였다. 특히 제4차 교육과정기 국사교과서 'Ⅱ. 근대사회의 성장'의 '2. 근대 국가의 성립과 시련'에는 '시련'이라는 용어를 사용하여 『시련과 극복』식의 역사서술의 영향을 강하게 받았음을 확인할 수 있다. 그리하여 우리 민족의 독립투쟁의 역사를 1979년판보다 자세하게 서술하였다. 특히 1979년판 국사교과서에 서술되지 않던 삼부통합운동의 결과 국민부가 조직되었다는 점을 서술하였으며, '(3) 광복군의 대일전쟁'이라는 중단원을 신설하여 대한민국 임시정부와 광복군의 활동을 보다 자세하게 서술하였다. 현대사 부분의 경우에는 1979년판 국사교과서는 'Ⅴ. 현대사회'를 '1. 대한민국의 정통성', '2. 민족 중흥의 새 전기', '3. 오늘의 역사적 사명'으로 편제하였으나 제4차 교육과정기 국사교과서는 '1. 대한민국의 정통성'과 '2. 민주주의 발전의 새 전기'로 편제하였다. 중단원이 세분되었으므로 자연히 소단원의 구분도 더욱 세분되었음을 확인할 수 있다.

그에 따라 근대사 서술 분량도 크게 차이난다. 1979년판 교과서는 근대사 부분 66쪽(21.9%), 현대사 부분 12쪽(4%)으로 총 25.9%인데 비해 제4차 교육과정기 국사교과서는 150쪽에 달한다. 제4차 교육과정기 국사교과서 상하권의 쪽수가 각각 201쪽이므로 이는 전체 쪽수의 38.3%, 현대사는 9쪽으로 2.2%로 이를 합하면 40.5%에 해당한다. 그러므로 근현대사 교육의 강화를 목적으로 하였던 제4차 교육과정의 취지에 맞게 국사교과서가 편찬되었음을 알 수 있다. 이러한 서술 분량의 변화는 1979년판 국사교과서에서 조선시대에서 편제하였던 조선후기사를 제4차 교육과정에서는 이를 하권의 'Ⅰ. 근대사회의 태동'이라는 대단원으로 서술하였던 것에 기인한다고 할 수 있다.

이는 앞 시기의 국사교과서의 시대구분과는 크게 달라진 것으로 제4차 교육과정기 국사교과서의 가장 큰 특징 중의 하나라 할 수 있는데, 이는 보고서에서 보이는 바와 같이 자본주의 맹아론을 적극 수용하였기 때문이다. 이 때문에 대원군 집권 시기 역시 제3차 교육과정에서는 조선시대에서 서술하였으나 제4차 교육과정 국사교과서에서는 "개항을 전후하여 동학사상, 개화사상, 위정척사사상이 자라났"고, "이러한 속에서도 우리의 근대화를 위한 노력이 계속되었다."[25]고 하여 대원군 집권기를 개항을 전후한 시기로 파악하여 근대 사회의 성장을 위한 배경으로 서술하였다. 그리하여 'Ⅰ. 근대 사회의 태동'의 각 중단원의 '개요'에서 조선후기 근대 사회로의 발전하는 모습을 사회경제적 측면, 문화적 측면, 종교·사상적 측면에서 서술하였던 것이라 할 수 있다.[26] 예를 들면 '1. 조선 후기의 사회 변동과 대외 관계' 개요에서는 이 시기의 변화의 모습을 다음과 같이 서술하였다.

> 국가적 노력과 사회 변화가 연결되어 산업이 크게 발전하였다. 농업에 있어서는 새로운 영농기술이 개발되고, 상공업에 있어서도 전기와 달리 자유 상공업이 크게 발전하였다. 이러한 움직임은 근대 사회로의 내재적 성장을 의미한다.[27]

이는 또한 제4차 교육과정기 국사교과서가 이전 시기와는 달리 고대,

---

25 국사편찬위원회 1종도서연구개발위원회, 『고등학교 국사』(하), 대한교과서주식회사, 1982, 59쪽.

26 제4차 교육과정기의 조선후기사 즉 '근대사회의 태동'에 대한 분석은 차미희의 연구(「4차 교육과정기(1982~89) 중등 국사교과서의 내용상 특성」, 『열린교육연구』15-3, 한국열린교육학회, 2007.)를 참조 바람.

27 국사편찬위원회 1종도서연구개발위원회, 『고등학교 국사』(하), 대한교과서주식회사, 1982, 3쪽.

중세, 근대, 현대로 시대구분을 한 것과도 밀접한 관련이 있다고 생각된다. 즉 조선후기를 근대사회의 태동기로 설정함으로써 중세(고려)—근세(조선전기)—근대사회의 태동기(조선후기)—근대(개항 이후)—현대(해방 이후)로 이어지는 역사인식 체계를 마련함과 동시에 이후 국사교과서 시대구분의 전범을 마련하였던 것이다.

그리고 제4차 교육과정기에는 대단원의 시작 부분에는 단원 개관과 해당 시기의 세계역사지도, 중단원에는 제3차 교육과정기와 마찬가지로 개요와 연구 과제를 배치하였다. 이러한 단원 도입부는 도입글, 시각자료, 문자자료, 핵심질문, 연표, 역사지도, 문자자료를 시각화 자료 등으로 구성되며, 학생들에게 흥미와 호기심을 불러일으키고 단원의 중요한 개념이나 시대상 등 배경 지식을 제공하며 학생들에게 문제의식을 제시하여 역사적 사고력을 높이는 기여를 한다.[28] 제4차 교육과정기 국사교과서에서 주목되는 것은 대단원 도입부에 세계역사지도를 배치하였다는 점이다. 이는 "한국사에 대한 종합적 이해를 통하여 올바른 민족 사관을 확립시키고, 우리 역사에 대한 긍지를 배양하며, 자주적인 태도로 민족 중흥에 이바지 하게 한다."는 제4차 교육과정 국사과 교과목표를 보다 적극적으로 해석한 것으로 보인다.

그런데 1982년 일본의 역사교과서 왜곡사건이 발생하자 1983년판 고등학교 국사교과서는 1982년판과는 달리 수정, 발행되었다. 고등학교 『국사』(하)의 'Ⅰ. 근대사회의 태동'의 중단원 '1. 조선 후기의 사회변동과 대외관계'가 [표 4]에서 볼 수 있듯이 1982년판에서는 3개의 소절로 구성되었으나 1983년판에서는 '(4) 대외관계'가 추가되어 4개의 소절로 변화하였다. '(4) 대외관계'는 '청과의 관계'와 '일본과의 관계'로 구성되었다.

---

28 송치중, 「고등학교 한국사교과서 단원 도입부의 형태와 특징」, 동국대학교 대학원 석사학위논문, 2017, 3쪽.

'청과의 관계'에서는 호란 이후의 청과의 관계 변화와 백두산정계비에 대한 내용이 서술되었으며, '일본과의 관계'에서는 임진왜란 이후 조일 관계의 변화, 특히 통신사의 파견을 통해 조선이 일본에 선진문물을 전달하였다는 점을 강조하였다. 또한 1983년판(6쪽)에서는 1982년판에는 생략되었던 제승방략체제에 각주 처리를 하여 왜의 침략에 대한 조선의 방어체제에 대한 설명을 강화하였다.

Ⅲ. 제4차 교육과정기 국사교과서 근현대사 서술

제4차 교육과정기 고등학교 국사교과서 근현대사 서술에서 가장 큰 특징 중의 하나는 조선후기사를 자본주의 맹아론에 입각하여 'Ⅰ. 근대사회의 태동'에서 다루었다는 것이다. 그리고 1982년 일본역사교과서왜곡사건이 발생하자 이에 대응하여 1983년 개정판을 발행하였다.

1982년 초판이 발행된 제4차 교육과정기 국사교과서의 중요 내용은 다음과 같이 보도되었다.

> 고교
> ▲ 고대사회의 발전 : ① 민족 기원과 발전과정 강조 ② 단군을 항목으로 설정 ③ 삼국의 대외관계를 민족의 통일과정으로 연결시켜 서술 ④ 화백제도와 화랑도를 신라사회에 통합하여 연결시킴
> ▲ 중세사회의 성장 : ① 고려사회를 중세사회로 시대구분 ② 후삼국의 분열에서 고려초의 통일과정을 연결시킴 ③ 조선 초기 과학기술에서 국방과 관련된 내용 서술
> ▲ 근대사회의 태동 : ① 조선후기를 근대사회의 태동으로 시대구분 ② 대원군의 정치를 전제왕권 강화의 입장에서 서술 ③ 동학

혁명운동을 동학운동으로 ④ 일제 국권 침탈과 독도 설명 ⑤ 만주의 독립군 활동 강조, 광복군의 대일선전 포고와 국내진입작전계획 상술

▲ 현대사회의 발달 : ① 광복과 분단 과정 상술 ② 경제개발계획의 성과 상술 ③ 국력 신장 상술 ④ 제5공화국 성립의 의의와 발전 강조

중학

▲ 우리나라역사의 여명 : ① 고조선의 발전을 역사발전 과정에서 설명 ② 부족국가 성립, 발전과정 상술

▲ 삼국의 형성과 발전 : ① 진흥왕의 적성비 내용 기록 ② 고구려, 백제의 대외 진출 상술

▲ 통일신라와 발해 : 발해의 만주 지배 강조

▲ 고구려시대의 생활 : ① 거란과 여진과의 관계 서술 ② 고려청자의 우수성 강조 ③ 고구려 회화의 일본에의 영향

▲ 조선의 발전 : ① 초기 대외 관계와 영토 수복 내용 서술 ② 국가의 경제정책 강조

▲ 조선사회의 새 동향 : ① 정치 안정을 위한 노력 ② 실학 강조 ③ 서양문물의 전래와 서학 연구 내용 서술 ④ 농업기술의 진전 내용 상술

▲ 근대화의 시련과 자주운동 : ① 흥선대원군의 정치 내용 ② 위정척사운동의 성격 ③ 일본의 경제적 침투에 반발한 농민의 활동 서술 ④ 동학농민혁명운동 과정 상술 ⑤ 갑오경장을 단원명으로 세움

▲ 일제의 침략과 민족의 독립투쟁 : ① 국민저항운동 ② 민족교육운동 ③ 국채보상운동 ④ 의병과 의사 활동 강조

▲ 대한민국의 성립과 발전 : 제5공화국의 성립과 발전 상술[29]

---

29 「새 중고 국사교과서 중요내용」, 『경향신문』, 1982년 1월 19일.

위의 인용문의 고등학교 국사교과서의 중요내용이 실제 교과서에 어떻게 서술되었는가를 [표 6]의 1979년판 국사교과서와의 비교를 통해 알아보자.

[표 6] 제3차 교육과정 국사교과서(1979)와
제4차 교육과정 국사교과서(1982) 근대사 부분 내용 비교

	1979년판 국사교과서		1982년판 국사교과서
대원군의 내정개혁	그는 집권하자 안으로는 유교적 위민정치(爲民政治)의 부흥과 부국강병을 실현하고 **왕권강화**정책을 추진하였고, 밖으로는 열강의 도전과 침략을 단호히 배격하는 쇄국정책을 강행하였다.	전제왕권의 강화	그는 정권을 장악하자 안으로는 **전제왕권**의 재확립을 위한 정책을 과단성 있게 추진하였고, 밖으로는 개항을 요구하는 열강의 접근에 대하여 쇄국정책으로 대항하였다.
동학농민 혁명운동	고부민란에서 발전한 동학농민혁명운동은 우리나라 역사상 최대의 농민혁명의 추진이었고, 농민전쟁의 성격을 띠었다. 안으로는 붕괴되고 있는 유교적 전통사회를 부정하여 자율적 개혁을 도모하였고, 밖으로는 외국의 침략을 몰아내려는 민족운동의 양상을 나타냈다.	동학운동	고부군수 조병갑의 횡포와 착취에 항거하여 일어난 고부민란에서 발전한 동학운동은, 안으로는 유교적 전통사회를 부정하고 밖으로는 외국의 침략을 몰아내야 한다는 민족운동의 양상을 띠었다.
일제의 침략	러일전쟁→중립선언→한일의정서: 대한시정강령→고문정치→포오츠머드강화조약→을사조약→통감부설치→헤이그밀사사건→고종의 강제퇴위→정미7조약→차관정치→군대해산→경찰권, 사법권 박탈→한일합방조약	일제의 국권침탈과 민족의 저항	러일전쟁→한일의정서→제1차 한일협약(고문정치)→**카쓰라·태프트밀약**→제2차 **영일동맹**→포오츠머드강화조약→을사조약→통감부설치→헤이그밀사사건→고종의 강제 퇴위→**한일신협약(정미7조약)**→차관정치→군대해산→경찰권, 사법권 박탈→국권강탈
간도 개척	간도 개척 서술 있으나 독도 서술 없음.	간도와 독도	한편 동해상의 독도는 울릉도에 부속되어 있는 섬으로, 삼국시대 이래로 우리나라 영토였다. (하략)
독립군의 항전	국민회군, 북로군정서군, 대한독립군, 서로군정서군, 대한의용군, 광복군영군, 봉오동전투, 청산리대첩, 경신참변, 대한독립군단, 자유시참변, 육군주만참의부, 정의부, 신민부, 삼시협정(三矢協定), 한중연합군, 광복군	(2) 무장독립 전쟁 (3) 광복군의 대일전쟁	국민회군, 북로군정서군, 대한독립군, 서로군정서군, 대한의용군, 광복군총영, 봉오동전투, 청산리전투(대첩), 경신참변, 대한독립군단, 육군주만참의부, 정의부, 신민부, 국민부, 미쓰야협정(三矢協定), 한중연합군, 광복군, **조선의용대, 조선혁명군, 대일선전포고, 버어마·인도전선에 광복군 파견, 국내진입작전**

[표 6]을 통해 알 수 있는 것은 대원군의 개혁정치를 1979년판 국사교과서에서는 왕권강화를 목적으로 하였다고 하였으나 제4차 교육과정기 국사교과서에서는 전제왕권의 확립을 위한 것으로 소제목에서 규정하였다. 이는 대원군의 개혁정치를 5·18민주화운동을 짓밟고 집권한 전두환 정권의 그것과 대비하려 한 것이 아닌가 생각된다. 그러므로 동학농민운동은 '농민혁명'이어서는 안되었다. 그리하여 '동학농민혁명운동'을 '동학운동'으로 그 용어를 바꾸면서 '우리나라 역사상 최대의 농민혁명', '농민전쟁으로서의 성격'을 부여하였던 것을 '안으로는 유교적 전통사회를 부정하고 밖으로는 외국의 침략을 몰아내야 한다는 민족운동'으로 그 위상을 격하시켰다고 판단된다. 이에 반해 우리나라에 대한 일제의 침략을 보다 자세하게 서술하는 동시에 '독립군의 항전'을 '독립전쟁'이라 높이 평가하고, 이전까지 서술하지 않던 국민부, 조선의용대, 조선혁명군, 대일선전포고, 버어마·인도전선에 광복군 파견, 국내진입작전 등을 처음으로 교과서에 수록하였다. 국민부를 제외한 나머지 사실들은 광복군과 관련 하에 서술하였다. "조선의용대를 흡수하여 3개 지대로 보강함으로써 증강된 광복군"[30]이라 하여 조선의용대가 광복군에 합류한 사실을 강조하기 위한 것이었다 하더라도 김원봉과 조선의용대를 서술한 것은 국사교과서 서술에 큰 변화라 할 수 있다. 이는 김원봉이 월북하여 북한정권에 참여하였기 때문에 그와 그가 조직하였던 조선의용대는 국사교과서 서술에서 배제되었었기 때문이다.

그런데 1982년 일본역사교과서왜곡사건이 발생하자 문교부는 "일본의 대한 편견에 대한 근본적인 대응책으로 국내 교과서의 세계사 중 일본사 교육 내용을 크게 보강하고 교원 연수 및 각종 사회교육과정에 국

---

30 국사편찬위원회 1종도서연구개발위원회, 『국사』(하), 대한교과서주식회사, 1982, 146쪽.

사교육을 강화, 학교 교육에서 민족사관에 입각한 국사교육을 강화"[31]하기로 하였다. 이에 따라 각 시도교육위원회는 일제 침략사 부분만이라도 별도의 교재를 만들어 교육하겠다는 움직임을 보였고, 문교부는 국제교과서센터의 설립을 통해 외국 교과서의 한국관 시정사업을 발전적으로 보완하겠다는 방침을 밝혔다.[32] 또한 교육공무원 중 장학연구직 공무원과는 별도의 직제인 편수직을 신설해 각급 학교 교과서의 장기 개발, 수정 작업 및 국내외 교과서의 내용분석과 검토 등의 업무를 담당하도록 하였다.[33] 그리고 당시 이규호(李奎浩) 문교부장관이 언급하였던 "각급 학교의 교과과정 중 국사교육의 비중을 높이고 특히 현대사 부분을 많이 가르치도록 하며 각급 입시에서 국사가 차지하는 비중을 높이는 구체적인 방안을 검토"[34]한 결과 초중고의 국사 및 역사 관련 교과서를 광범위하게 개편하여 1983년부터 사용하도록 하였다. 개편의 주된 내용은 일본을 주체로 한 근대사의 서술 방법과 우리나라가 일본에 문화를 전수해 준 고대사의 내용 등으로서 한일관계사 중 우리 주체사관의 입장에서 잘못된 부분을 재정립하고 우리의 역사에 대한 인식을 강화하는 것이었다.[35] 이러한 방침 하에 역사교과서의 개편 방향을 다음과 같이 결정하였다.

초중고 과정에서 국민교육의 강화를 위해 주체적인 민족사관과 민족사적 정통성을 이룩할 수 있도록 기술하고 근현대사에 관한 내용은 분량을 늘려 크게 강조하기로 했다. 내용에 있어서는 계열성을 유지할 수 있도록 학교급별로 생활사와 정치사상, 문화사상 등 각기 다

---

31 「문교부 민족사관 입각 국사교육 강화」, 『매일경제신문』, 1982년 8월 5일.
32 「민족추제사관의 정립과 한국관 시정사업」, 『경향신문』, 1982년 8월 6일.
33 「교과서 편수 전문직 신설」, 『동아일보』, 1982년 8월 23일.
34 「국사교육 강화 방침」, 『동아일보』, 1982년 8월 16일.
35 「문교부 각급교 역사·국사 교과서 대일 관계 전면 개편 착수」, 『경향신문』, 1982년 8월 23일.

른 각도에서 기술한 내용을 다루기로 했다. 역사 기술의 시대구분을 현행 왕조 중심에서 탈피한 것은 획기적인 변화로 역사의 흐름을 왕조 중심이 아닌 전체적인 측면에서 이해하도록 한 것이다. 근대 이후의 역사교육에 큰 비중을 두어 분량을 늘리고 내용도 보강하기로 한 것은 일본역사교과서 왜곡 사건을 계기로 주체성 있는 교육의 필요성이 더욱 커졌기 때문에 이를 반영시키기로 한 것. 또 우리 민족의 능동적인 입장에서 역사의 발전과정을 기술하기로 한 것은 그동안 계속 문제점으로 제기돼온 식민사관에 의한 역사 기술의 잔재에서 탈피, 역사교육을 통한 국적있는 교육을 시행해야 한다는 필요성이 구체적으로 반영된 것.[36]

이와 같은 민족주체성에 대한 강조는 일본에 국한되었던 것으로 보인다. 제4차 교육과정기 국사교과서(1982)에는 "일본은 조선보다 앞서 미국과 수교를 맺고, 뒤이어 유럽 여러 나라와도 수호통상조약을 체결하여 재빨리 서양의 문물제도를 받아들여 근대국가로 성장"[37]하였다고 하여 서양의 문물을 수용하는 것이 근대국가로의 발전이라는 인식을 드러내었던 것이다.

한편 1963년 설치된 국사교육통일심의위원회가 같은 해 6월 「국사교육 내용의 통일」(문교부, 『편수자료』 5, 대한교과서주식회사, 1964)을 발표한 이후 근대사의 기점은 강화도조약으로 결정되었다. 그리고 1965년 한일국교 정상화 이후 정부는 지금까지의 반공방일교육을 폐기하고 반공국제친선교육을 표방하면서 근대사 중심으로 역사용어를 정정하였다. 이에 따라 [표 7]과 같이 역사용어도 정리되었다.

---

36 「달라진 초중고 교과서 개편 내용 왜곡 계기 주체의식 반영」, 『동아일보』, 1982년 11월 10일.
37 국사편찬위원회 1종도서연구개발위원회, 『국사』 (하), 대한교과서주식회사, 1982, 65쪽.

[표 7] 제2차 교육과정~제6차 교육과정기 한국근대사 관련 주요 역사용어의 변천

교육과정	교과서명(저자)	강화도조약	동학농민운동	갑오개혁	을사조약	3·1운동	6·10만세운동	광주학생운동
교수요목	국사교본(이병도)	병자조약(강화도조약)	동학란	갑오경장	제2차한일협약(을사조약, 보호조약)	삼일운동 또는 기미만세사건		광주학생사건
제1차교육과정	고등국사(역사교육연구회)	강화도 조약(병자수호조약)	동학란	갑오경장	제2차한일협약(을사보호조약)	3·1운동	6·10만세사건	광주학생사건
제2차교육과정	국사(이원순)	병자수호조약	동학혁명, 동학혁명운동	갑오경장	을사5조약(을사조약)	기미독립운동	6·10만세운동	광주학생운동
	국사(이병도)	병자수호조약(강화조약)	동학혁명	갑오경장	제2차한일협약(을사조약)	3·1운동	6·10만세운동	광주학생운동
제3차교육과정	국사(문교부, 1974)	강화도조약	동학혁명운동	갑오경장	을사조약	3·1운동		광주학생운동
	국사(문교부, 1979)	강화도조약	동학농민혁명운동	갑오경장	을사조약	3·1운동	6·10만세운동	광주학생운동
제4차교육과정	국사(문교부)	강화도조약	동학운동	갑오경장	을사조약	3·1운동	6·10독립만세운동	광주학생항일운동

[표 7]을 통해 알 수 있듯이 1979년판 국사교과서와 비교하여 제4차 교육과정기 국사교과서에서는 동학농민혁명운동이 동학운동, 6·10만세운동이 6·10독립만세운동, 광주학생운동이 광주학생항일운동으로 바뀌었다. 또한 제3차 교육과정기 국사교과서의 척사운동이 제4차 교육과정기에는 위정척사운동이라 개칭되었으며, 광무개혁, 헌병경찰통치, 2·8독립선언, 광복운동, 무장독립전쟁, 국학운동 등이 처음으로 등장하였고, 근우회운동을 여성의 애국계몽운동이라 정의하여 당대 연구 수준을 엿볼

수 있게 한다.[38] 이와 같은 역사용어는 [표 8]과 같이 편수용어의 변천과 궤를 같이 한다고 할 수 있다.

[표 8] 해방 이후 국사과 편수용어의 정리

자료명	내용	연도
교수요목	중학교 사회생활과 교수요목	1948
외국지명 표기법 통일안		1956
로마자의 한글화 표기법		1958
외래어 및 띄어쓰기 표기자료 중고등학교 (검인정교과서용) : 중등학교		1959
편수자료 제1호	로마자의 한글화 표기방법 국정교과서 외래어 일람표	1959
외래어 시안 표기 자료 중고등학교 (검인정교과서용) : 중고등학교		1959
편수자료 제2호	외국지명 한글표기	1959
편수자료 제3호	한글 맞춤법에 관하여, 한글의 로마자 표기법, 로마자 한글 표기 세칙	1960
편수자료 제4호	외국지명 한글 표기	1960
사회과 인명, 지명표기 통일안		1963
편수자료 제4호	사회과 인명, 지명 표기	1963
편수자료 제5호	학교문법 및 국사교육내용의 통일	1964
민족주체성 확립을 위한교육과정 운영지침		1966
편수자료 제7호	외래어 표기 용례	1977
국사교과서 내용전개의 준거안		1987
편수자료 II-3(인문사회과학)	국사교과서 내용 서술의 원칙	1987
국사교육 내용전개의 준거안 연구보고서		1994
교과서 편수 자료 II-1(인문사회과학 편)	편수 용어	2002
국사교육 내용전개안 연구		2004
역사교과서 집필 기준		2007
중등 역사과 검정 도서 집필 기준(안)		2017

※ 자료: 조성운, 『대한민국의 국사교과서』, 선인, 2019, 264쪽.

---

38 조성운, 『대한민국의 국사교과서』, 선인, 2019, 298쪽.

또한 제4차 교육과정기 국사교과서는 이전 시기의 국사교과서보다 다양한 학습자료를 수록하였다. 이를 근대사 부분에만 국한하여 보면 [표 9], [표 10]과 같다.

[표 9] 제4차 교육과정기 국사교과서의 근대사 관련 학습자료

	3차(79년판)	4차
사진	원구단, 흥선대원군, 척화비, 한말의 남자 교환수, 덕수궁 석조전, 서재필과 독립신문, 강화 진위대 장병, 고종의 신임장, 황성신문, 대한문전, 항일전을 전개한 의병, 성명회 선언문, 대한민국 임시정부 및 임시의정원, 청산리대첩 때 사용된 독립군의 무기, 한국통사, 창조와 백조의 표지, 소(이중섭 그림)	집짓기(김홍도), 남한산성, 탕평비, 토지문서, 대동법 실시 기념비, 야공도, 보부상, 상업도, 상평통보, 반계수록, 목민심서, 열하일기, 북학의, 대동여지도, 거중기, 정제두의 글씨, 홍길동전, 춘향전, 금강전도, 씨름도, 선유도, 영통골 입구도, 세한도, 청화백자, 화각장, 수원성, 민화, 동경대전(이상 근대사회의 태동) 원구단, 흥선대원군, **경복궁, 경기도, 척화비, 강화도조약 체결 광경, 조미수호조통상조약 조약문, 별기군 훈련, 갑신정변의 4주역, 우정국, 이항로의 글씨, 최익현, 조선책략, 동학군 봉기지,** 한말의 남자교환수, **경인선 기공식,** 덕수궁 석조전, 명동성당, 러시아공사관, 서재필과 독립신문, **대한문, 시위대, 백두산정계비, 독도, 진위대, 고종황제와 황태자(순종),** 고종의 신임장, 항일전을 전개한 의병, 안중근의 글씨, 한성순보, 대한문전, 단군영정, 천도교당, 성명회 선언문, 105인 관계 인사 수감, 식민지 교육, 독립의군부 칙명장, 간도의 한국인 마을, '고국민대회' 소집 격고문, 3·1독립선언문, 광주학생운동기념탑, 청산리대첩 때 사용된 독립군의 무기, **영국군에 파견된 한국광복군, 대일선전포고문,** 박은식과 한국통사, **조선어학회회원,** 창조와 백조의 표지, 소(이중섭 그림)(이상 근대사회의 성장)
사료	개화파의 14개조 개혁요강, 독립협회 헌의6조, 교육입국조서(일부), 대한민국 임시헌장 선포문, 물산장려회 궐기문.	이덕일(탕평책 관련 글), 갑신정변 때의 14개조 개혁요강, **12개조 폐정개혁안, 홍범14조,** 헌의6조, 교육입국조서(일부), **한말 애국가의 한 종류, 권학가,** 대한민국 임시헌장 선포문
지도	동학농민군의 봉기, 간도 개척과 한민족의 해외 이주도.	**18세기 경의 세계지도, 조선후기의 무역지와 상업활동, 홍경래의 난과 민란 봉기지(이상 근대사회의 태동)** **19세기 후반 세계지도,** 동학운동 봉기도, 간도 개척과 한민족의 이주, **자주독립선언문, 물산장려회궐기문(이상 근대사회의 성장)**

	3차(79년판)	4차
도표	소유주별 농가 홋수(1916), 미곡 생산량과 대일 수탈량	**신분별 인구통계(대구), 갑오경장 때의 정부조직표,** 소유주별 농가 홋수(1916), **민족별 광산액(1918),** 미곡 생산량과 대일 수출량.

※ 굵은 글씨는 제4차 교육과정기 국사교과서에 처음으로 수록된 것임.

[표 10] 제4차 교육과정기 국사교과서의 현대사 관련 학습자료

	3차 교육과정(1979년판)	4차 교육과정(1982년판)
사진	농업의 기계화, 정부 수립 경축 행사, 6·25사변 중 파괴된 대동강 철교, 4월의거 기념탑, 국민교육헌장 선포식	**수출상품을 싣고 있는 선박, 민족의 광복, 반탁운동의 확대,** 정부 수립 경축 행사, **제헌국회 개원식 광경, 경찰충혼비, 학도병의 참전, 국군의 반격, 자유대한으로 넘어오는 북한동포, 한미방위조약, 4월의거 기념탑, 중동으로 진출한 우리의 기술(2장), 새마을운동의 성과(2장), 7·4남북공동성명을 보도한 신문, 6·23선언을 보도한 신문, 제5공화국 출범, 뻗어가는 우리 국력**
사료	혁명공약	
지도		**현대의 세계지도(제2차 세계 대전 직후)**
도표	수출의 증가	수출의 증가

※ 굵은 글씨는 제4차 교육과정기 국사교과서에 처음으로 수록된 것임.

[표 9], [표 10]의 굵은 글씨는 제4차 교육과정기에 처음으로 등장한 학습자료이다. 1982년판 '근대사회의 태동'을 제외한 '근대사회의 성장'에는 사진 48개, 사료 8개, 지도 4개, 도표 3개 등 63개의 학습사료가 수록되었으며, 조선후기의 것 33개를 포함하면 모두 99개의 학습자료가 수록되었다. '현대사회의 발달에 수록된 학습자료는 사진 17개, 지도 1개, 도표 1개 등 19개였다. 이는 1979년판 국사교과서의 근대사 서술에 사진 17개, 사료 5개, 지도 2개, 도표 2개 등 26개의 학습자료가 수록되었고, 현대사 서술에 사진 5개, 사료와 도표가 각 1개 등 7개의 학습자료가 수록되어 근현대사 서술에 활용된 학습자료가 35개였던 것과 비교할 때 그 수가 대폭 증가하였음을 알 수 있다.

특히 1979년판에는 개화정책과 개화운동 관련 사진이 8장(원구단, 한말의 남자 교환수, 덕수궁 석조전, 서재필과 독립신문, 강화 진위대 장병, 고종의 신임장, 황성신문, 대한문전)이었으나 1982년에는 19개(원구단, 강화도조약 체결 광경, 조미수호조통상조약 조약문, 별기군 훈련, 갑신정변의 4주역, 우정국, 조선책략, 한말의 남자교환수, 경인선 기공식, 덕수궁 석조전, 명동성당, 러시아공사관, 서재필과 독립신문, 대한문, 시위대, 진위대, 고종의 신임장, 한성순보, 대한문전)로 크게 증가하였다. 또한 1979년판에 수록된 독립운동 관련 사진이 성명회 선언문, 대한민국 임시정부 및 임시의정원, 청산리대첩 때 사용된 독립군의 무기 등 3장에 불과하였으나 1982년판에는 8장이나 수록되었다. 이 중 1982년판에 처음으로 수록된 것은 105인사건 관련 사진 1장, 독립의군부 관련 사진 1장, 3·1운동 관련 사진 2장('고국민대회' 소집 격고문, 3·1독립선언문), 대한민국 임시정부 관련 사진 2장(영국군에 파견된 한국광복군, 대일선전포고문)으로서 1979년판보다 1982년판이 3·1운동과 대한민국 임시정부의 활동을 더욱 강조하였음을 알 수 있다. 해방 이후의 사진은 해방 직후부터 1948년 정부 수립까지의 사진이 4장(민족의 광복, 반탁운동의 확대, 정부 수립 경축 행사, 제헌국회 개원식 광경), 반공 관련 사진 5장(경찰충혼비, 학도병의 참전, 국군의 반격, 자유대한으로 넘어오는 북한동포, 한미방위조약), 경제성장과 관련된 사진이 3장(수출상품을 싣고 있는 선박, 중동으로 진출한 우리의 기술, 새마을운동의 성과), 남북 통일에 관련된 것이 2장(7·4남북공동성명을 보도한 신문, 6·23 선언을 보도한 신문), 제5공화국의 출범에 관련한 것이 2장(제5공화국 출범, 뻗어가는 우리 국력)이다. 이로 보아 현대사 서술은 해방과 반공, 남북대화 등 정치사 중심의 서술이 이루어졌으며, 제5공화국 출범의 정당성을 강조하는 바탕에서 서술되었음을 알 수 있다.

이를 제4차 교육과정기 국사교과서의 학습자료 중 사진 설명을 정리한 [표 11]을 통해 보다 명확히 알 수 있다.

[표 11] 제4차 교육과정기 국사교과서에 처음 등장한 사진의 설명

경복궁	조선 태조 때 세운 왕궁으로 임진왜란 때 불타버린 것을 흥선대원군이 왕실의 권위를 높이고 중흥의 기세를 나타내기 위해 중건하였다.
경기도	신증동국여지승람에 있는 경기도의 지도이다.
강화도조약 체결 광경	강화도에서 일본과 조약을 체결하여 조선은 개항을 하게 되었다.
조미수호통상조약 조약문	서양 제국과는 최초로 미국과 수호조약을 체결하였다.
별기군 훈련	신식군대는 외국인 교관을 초빙하여 사관생도를 훈련시켰다.
갑신정변의 4주역	왼쪽으로부터 박영효, 서광범, 홍영식, 김옥균
우정국	근대적인 체신 사무를 맡아보던 관아. 갑신정변이 일어나자 폐지됨. 서울 소재.
이항로의 글씨	이항로는 조선 후기의 대표적인 성리학자로 위정척사를 주장하였다.
최익현	한말의 대표적인 척사론자. 을사조약 체결 후 의병을 일으켜 대일 항쟁을 펴기도 하였다.
조선책략	수신사로 일본에 갔던 김홍집이 가져온 책으로 정부의 개화정책에 영향을 끼쳤다.
동학군 봉기지	농민과 동학교도들은 보국안민을 부르짖으며 전라도 고부에서 봉기하였다.
경인선 기공식	경인선은 우리나라에서 최초로 부설된 철도이다.
명동성당	서양 중세에 유행한 고딕식 건축양식으로 세워진 건물이다. 서울 명동 소재.
러시아공사관	한말의 러시아 공사관. 르네상스 건축 양식으로 지었다. 서울 정동 소재.
대한문	덕수궁의 정문. 광무 원년(1897)에 고종이 옛 이름인 대안문을 대한문으로 개칭하였다. 서울 소재.
시위대	한말 서울에 주둔하여 왕실을 지키던 군인들의 모습이다.
백두산정계비	백두산에 세운 조선과 청 사이의 경계비. 압록·토문 두 강을 경계로 한다는 내용이 있다.
독도	우리나라 최동단에 위치한 섬으로 동서 두 개의 섬으로 되어 있다.
진위대	헤이그 밀사 사건을 구실로 고종을 퇴위시킨 일본은 한국군을 강제 해산시켰다.
고종황제와 황태자(순종)	
단군영정	나철, 오기호 등이 일제의 침략에 대항하여 단군신앙으로 발전시켜 대종교를 창립하였다. 서울 단군 현양회 소장.
천도교당	천도교는 손병희가 동학 내의 친일세력을 제거하고 민족종교로 확립시켜 3·1운동 때 민족운동의 주도적 활약을 하였다. 서울 소재.

105인사건 관계 인사 수감	일제는 독립운동자를 박해하기 위해 총독암살미수사건을 날조하여 많은 인사를 체포, 투옥하였다.
식민지교육	일제의 교육은 우리 민족이 그들의 하수인이 되게 하는 데 목적이 있었다. 교사가 칼을 차고 교단에 섰다.
독립의군부 칙명장	의병활동을 하던 임병찬에게 고종이 밀조를 내려 독립의군부를 조직하게 한 칙명장이다.
간도의 한국인 마을	일제의 압제를 피해 간도로 건너간 우리 민족은 이곳을 근거지로 하여 독립운동을 전개하였다. 간도 용정촌.
'고국민대회' 소집 격고문	고종황제가 독살 당했다고 폭로하면서 민중대회를 소집할 것을 주장한 내용이다.
3·1독립선언문	
광주학생운동기념탑	광주학생운동의 정신을 기리는 탑이다. 전남 광주 소재.
영국군에 파견된 한국광복군	광복군은 버어마 주둔 영국군 사령부와 협정을 맺고 공작대를 파견하여 실전에 참가하였다.
대일선전포고문	일본이 하와이 진주만을 공격한 직후 임시정부는 대일선전을 정식으로 포고하였다.
박은식과 한국통사	한국통사는 박은식이 지은 것으로 한일 관계를 중심으로 한 한국인의 태도와 일본의 학정을 상세하게 서술하였다.
조선어학회회원	일제의 식민 정책 하에서 우리의 말과 글을 지키고 발전시키는 데 큰 공헌을 하였다.
수출상품을 싣고 있는 선박	4차에 걸친 경제개발5개년계획의 성공으로 우리나라는 수출 200억 달러를 상회하는 수출국으로 성장하였다.
민족의 광복	민족의 광복은 우리 민족의 독립운동이 계속된 속에서 일본이 연합국에 무조건 항복하여 이루어졌다.
반탁운동의 확대	모스크바 3상회의에서의 한반도의 5개년 간 신탁통치 결정은 **온 국민을 격분시켰다.**
제헌국회 개원식 광경	
경찰충혼비	여수, 순천 반란사건 때 **공산 폭도들을 소탕하다가 희생된** 경찰관의 충혼비이다. 전남 여수 소재.
학도병의 참전	나이 어린 학도병들도 조국 수호를 위해 국군과 함께 전선에 뛰어들었다.
국군의 반격	우리 국군은 유우엔군과 함께 격전을 치르면서 **공산군을 물리쳤다.**
자유대한으로 넘어오는 북한동포	파괴된 대동강 철교를 건너 **자유를 찾아오는 피난민의 대열**이다.
한미방위조약	6·25의 공산 남침으로 공산주의자들의 흉계가 어떠한가를 알고 난 후 **자유 수호를 위한** 두 나라의 상호협조가 굳게 다져졌다.

중동으로 진출한 우리의 기술	우리 기술자들은 동남아시아, 중동, 아프리카, 남아메리카 등지까지 진출하여 우리 겨레의 우수성을 보여주고 있다.
새마을운동의 성과	새마을운동은 농촌의 환경 개선과 소득 증대는 물론 도시에도 새로운 의식 혁명을 일으켰다.
7·4남북공동성명을 보도한 신문	
6·23선언을 보도한 신문	
제5공화국 출범	
뻗어가는 우리 국력	

※ 1979년판 국사교과서 조선시대에 수록된 것은 제외하였다.

[표 11]을 통해 볼 수 있는 두드러진 특징은 구한말~일제 강점기까지는 사실 설명 위주로 하였는데 비해 해방 이후에는 굵은 글씨로 되어 있는 것에서 보이듯이 가치 판단이나 평가를 덧붙였다는 점이다. 특히 '경찰충혼비'의 설명에서는 '여수순천10·19사건'에 참여한 세력들을 모두 공산폭도로 규정하였으며, '국군의 반격', '한미방위조약'의 설명에서는 북한과 북한군이라 표기하지 않고 '공산군', '공산주의자들의 흉계'로 표기하여 공산군, 공산주의자를 북한군, 북한과 일치시키고 있다. 이는 반공주의적인 서술의 전형이라 할 수 있다. 또한 '중동으로 진출한 우리의 기술'에서는 중동 등에 대한 진출을 '우리 겨레의 우수성'을 보여주는 사례로 설명하였으며, '새마을운동의 성과'에서는 '새로운 의식혁명'을 일으켰다며 높게 평가하였다. 이는 이러한 진출과 성과의 그늘에 대한 설명을 생략한 것이므로 자본가와 국가 중심의 역사관을 보여주는 것이라 판단된다.

이외에도 '별기군 훈련'에서는 '외국인 교관을 초빙'했다고 설명하여 "일본인 교관을 채용"[39]했다고 한 본문 서술과는 다르게 서술하였다. 그

---

39 국사편찬위원회 1종도서연구개발위원회, 『국사』(하), 대한교과서주식회사, 1982, 71쪽.

리고 '이항로의 글씨'와 '최익현'에서는 각각 '위정척사를 주장'과 '척사론 자'로 설명하여 위정척사와 척사론을 구분하였으나 그 용어의 차이에 대한 설명을 하지 않아 혼동을 일으키고 있다. 그리고 교과서 본문에서는 "고부민란에서 발전한 동학운동"[40]이라 서술하여 고부봉기가 동학농민운동의 시작점인지 아니면 그 배경인지를 명확히 서술하지 않았으나 '동학군 봉기지'에서는 '전라도 고부에서 봉기'했다고 설명하여 고부봉기가 동학농민운동의 출발점이라는 것을 명확히 하였다. '광주학생운동기념탑'은 비의 명칭이 광주학생운동기념탑이기 때문에 어쩔 수 없다 하더라도 그 설명에서는 본문과 같이 광주학생항일운동을 기념하는 탑으로 하는 편이 좋았을 것이다. '영국군에 파견된 광복군'의 설명에서는 버어마에 파견된 광복군이 영국군과 함께 '실전'에 참여하였다고 설명하였고, "대일전에 참전한 광복군은 전투에 참가하는 것 외에도"[41]라고 본문에 서술하여 실제 광복군이 일본군과 전투를 한 것으로 서술하였다. 이는 전후 사정을 감안하더라도 역사적 사실에 어긋나는 것이었다.

다른 한편 1982년 일본역사교과서왜곡사건이 발생하자 한국 정부는 일본에 대해 역사왜곡의 수정을 요구하는 한편 한국 국사교과서의 일본 관련 내용을 수정하여 1983년에 개정판을 내었다. 1983년 고등학교 국사교과서의 수정 내용은 [표 12]와 같으나 이에 대해서는 후고를 기약하며 생략한다.

---

40 국사편찬위원회 1종도서연구개발위원회, 『국사』 (하), 대한교과서주식회사, 1982, 81쪽.
41 국사편찬위원회 1종도서연구개발위원회, 『국사』 (하), 대한교과서주식회사, 1982, 147쪽.

[표 12] 1983년 고등학교 국사교과서 수정 內容[42]

현행 교과서 내용	수정 내용	1983년판 교과서 서술 내용(쪽수)
〈고대사회〉 ▲ 우리 민족은 세 갈래로 한반도로 이주해 왔다.(이동설) ▲ 부족국가 ▲ 부족연맹체 ▲ 단군과 고조선(항목) ▲ 하느님의 아들인 (중략) 고조선을 건국하였다는 단군신화를 가지게 되었다. ▲ 한은 고조선을 넘어뜨린 후 (중략)에 한사군을 설치(하략) ▲ 고대국가의 성립(단원) ▲ 광개토대왕은 백제를 압박하여 (중략) 요동지역을 확보하였다.	▲ 우리 조상들은 「화이허」요허, 만주, 한반도에 널리 분포하여 살았다.(분포설) ▲ 우리 선사문화가 일본에 건너가 일본 선사문화 형성에 많은 영향을 주었다. ▲ 읍락 중심의 사회 ▲ 초기 국가 또는 국가 ▲ 단군의 건국과 고조선(역사적 사실로 객관화) ▲ 삼국유사에는 (중략) 고조선을 건국하였다는 내용이 실려 있다. ▲ 단군의 건국에 관한 기록은 (중략) 세계 여러 나라에서 흔히 볼 수 있는 건국신화와 같은 유형이다.	▲ 우리 조상들은 대체로 요서, 만주, 한반도를 중심으로 한 동북 아시아에 넓게 분포되어 있었다.(4쪽) ▲ 한편 신석기 시대 이래로 우리나라의 선사문화는 일본에 전해져 그곳의 선사문화 성립에 큰 영향을 끼쳤다.(9쪽)－주)2로 보충설명 ▲ 여러 읍락을 통합한 부족장은 점차 그의 권력을 강화하여 지배조직을 갖추어서 국가를 이룩하였다.(10쪽) ▲ 단군의 건국과 고조선(10쪽) ▲ 삼국유사에는 하느님의 아들인 (중략) 고조선을 건국하였다는 내용이 실려 있다.(10쪽) ▲ 단군의 건국에 관한 기록은 삼국유사, 제왕운기, (중략). 이와 같은 건국에 관한 내용은 세계 여러 나라에서 흔히 볼수 있는 건국신화와 같은 유형이다.(10쪽)－주)1로 처리

---

42 「일본과의 관계 주체적 서술」, 『동아일보』, 1982년 12월 30일. 1983년판 교과서 서술 내용(쪽수)은 필자가 교과서를 비교하여 확인한 것이다. 그런데 『日本敎科書의 韓國關係 歪曲內容 檢討』(국사편찬위원회, 1982.8.)에는 한사군(한사군의 위치, 대방군의 위치), 한국사의 영역 축소(고구려 건국, 발해), 한국문화의 東流(금속기와 농경문화, 삼국문화의 영향), 임나경영설, 통일신라와 일본과의 관계, 왜구, 조선전기의 대일관계, 임진왜란, 통신라의 내왕, 문호개방(한일수교, 운양호 사건, 강화도조약), 개화·척사운동(임오군란, 갑신정변), 제국주의 침략과 민족의 저항(방곡령, 동학농민운동, 갑오개혁, 민비시해), 주권 침탈과 구국운동(일본의 대륙 침략, 한일의정서, 제1차 한일협약, 제2차 한일협약, 해아밀사, 고종 퇴위, 한일신협약, 한국병탄, 의병, 안중근), 무단통치, 토지약탈, 3·1운동, 식민통치의 전환, 관동대진재, 광주학생운동, 한국어 말살, 신사참배 강요, 징병, 징용, 정신대 등을 검토하였으며, 『日本歷史敎科書의 韓國史 歪曲內容의 分析』(대한민국 문교부 국사편찬위원회, 1983.3.31.)에는 근대사의 왜곡에 일본의 침략, 운양호 침입사건, 강화도조약, 임오군란, 갑신정변, 방곡령, 동학농민운동, 갑오개혁, 명성황후시해, 주권침탈, 해아특사, 의병전쟁, 안중근과 경술국치 등 13항목과 현대사의 왜곡에 무단통치, 토지약탈, 3·1운동, 식민정책의 강화, 관동대지진, 광주학생운동, 신자참배강요, 한국어말살, 성명말살, 징용, 징병, 여자정신대, 항일독립운동, 일제 강점기의 연장 등 14항목을 설정하여 모두 27개 항목의 왜곡사실에 대해 분석하였다.

현행 교과서 내용	수정 내용	1983년판 교과서 서술 내용(쪽수)
	▲ 고조선의 발전에 관한 기록으로 기재동래설이 한서 지리지 (중략) 등에 수록되어 있으나 학계에서 부정하고 있으며 (하략)	▲ 고조선의 발전과 관련하여 기자 조선에 관한 기록이 있다. (중략) 기자가 조선왕에 책봉되어 동래하였다고 하였으나 (하략)(10쪽)–주)2로 처리
	▲ 한은 고조선의 일부 지역에 (중략) 4군을 두었다.	▲ 한은 고조선의 일부 지역에 낙랑, 진번, 임둔, 현도의 4군을 두었다.(12쪽)
	▲ 삼국의 성립(단원)	▲ (1) 삼국의 성립(21쪽)
	▲ 광개토대왕은 (중략) 백제를 압박하여 남으로 한강선까지 진출하였으며, 신라와 가야에 침입한 왜구를 몰아냈고 서쪽에서는 후연을 격파하여 요동지역을 확보하였다.	▲ 82년판과 83년판의 본문 서술이 같음.(25쪽) ▲ 주)1로 처리(25쪽)
	▲ 광개토대왕비와 그 비문 및 일본군의 비문 위작	
	▲ 삼국 문화는 일본의 고대 문화 형성에 많은 영향을 주었다.	▲ 82년판과 83년판의 내용이 같으나 83년판에 "특히 현재 일본에 남아있는 불상은 그 형태미나 특징으로 보아 거의가 삼국의 불상이 전해진 것이다."(46쪽)를 추가
〈중세사회(고려)〉 ▲ 요동지방을 회복하였다.	▲ 요동지방을 회복하여 옛날 우리 민족의 활동 무대를 되찾으려고 요동정벌을 계획하였다.	▲ 반영 안됨
〈조선후기〉	▲ 대외관계(소단원 신설) – 청과의 관계 : 외교 관계 지속, 사신 왕래, 문물 전래, 정계비 – 일본관의 관계 : 왜란 이후 교섭 재개, 통신사 활동 – 기유약조 내용 – 통신사 왕래 내용 및 의의	▲ 대외 관계 신설(22쪽)

현행 교과서 내용	수정 내용	1983년판 교과서 서술 내용(쪽수)
〈개화운동〉	▲ 개화사상이 대두, 형성되는 과정에서 박제가가 이규경 등 선구적 실학자들의 문호개방과 대외통상론 주장	▲ 주)1로 처리(문호를 개방하여 외국과 교역해야 한다는 진보적 사상은 이미 실학자에게서 나타나고 있었다. 박제가는 외국과 통상을 해야 부강해진다고 주장하였고, 이규경은 영국상선이 처음으로 통상을 요구해 왔을 때 이에 응하자고 하였다. 또 최한기도 문호개방을 주장하였다. 개항 직전에 중국을 왕래한 강위는 서양과 대결하기 위해서는 양이의 기술을 받아들여 부국강병을 이룩해야 한다고 하였다.(72쪽)
〈일제의 침략〉 ▲ 정부 내에서도 이 조약의 반대가 절대적이었으나 (하략) ▲ 5적 대신을 위협하여 체결시켰다. (중략) 고종은 (중략) 인준하지 않았다. ▲ 헤이그 밀사	▲한성조약, 텐진조약 내용 ▲ 고종황제와 내각은 조약 체결을 정식으로 거부하였으나 ▲ 5적을 위협하여 조약에 서명하도록 하였고 정식으로 체결되지 않은 조약을 일본은 일방적으로 공포하였다. (상략) 고종황제는 (중략) 인준하지 않았고 조약의 무효를 선언하였다. ▲ 헤이그 특사 ▲ 헤이그 특사의 활약 내용	▲ 주01(한성조약은 갑신정변으로 조선에서의 약화된 세력을 만회하기 위하여 일본이 무력을 앞세워 강요한 조약으로 일본인 피해자의 보상금 지불, 일본공사관 신축 기지 및 신축 비용 지불 등 5개조로 되어 있다.(77쪽) 주)2로 처리(텐진조약은 갑신정변으로 청일군이 조선에서 충돌하여 일어난 문제를 가지고 청과 일본이 타협을 하기 위해 맺은 조약이었다. 이 조약으로 일본은 조선에서 청과 대등한 위치를 유지하게 되었으며, 후에 청일전쟁을 유발하게 한 원인이 되었다. 그 내용은 청일 양군은 조선에서 철병할 것, 조선 내에 변란이 발생할 때 청일 양국 혹은 어느 한 나라가 파병을 할 필요가 있을 때 양국이 문서를 통하여 미리 연락할 것 등 3개조이다.(77쪽) ▲ 고종황제와 내각은 조약 체결을 정식으로 거부하였으나 이토오는 적극 반대하는 참정대신 한규설을 일본 헌병을 시켜 회의실에서 끌어내고 이완용, 박제순 등의 이른바 5적을 위협하여 조약에 서명하도록 하였고, 정식으로 체결되지도 않은 조약을 일제는 일방적으로 공포하였다. 그러나 고종황제는 이 조약을 마지막까지 인준하지 않았으며 그 무효를 선언하였다.(104~105쪽)

현행 교과서 내용	수정 내용	1983년판 교과서 서술 내용(쪽수)
		▲ 주)1로 처리(헤이그에 파견된 특사는 한국에 외교권이 없다는 이유로 본 회의 참석이 일본의 방해로 거부되자 각국 대표와 신문기자들에게 일본의 침략 행위와 한국의 사정을 호소하여 많은 외교적 성과를 거두었으나 회의 참석에는 끝내 실패하였다.(107쪽)
〈민족독립운동〉 ▲ 청산리전투는 (중략) 격전 끝에 전군을 섬멸한 혁혁한 (하략)	▲ 3·1운동의 규모, 참가 인원, 발생 지역, 피해 상황 상술 ▲ 광주학생운동 참가학교, 학생수, 피해 학생 수 ▲ 청산리 (중략) 격전 끝에 일본군 3,300명을 살상시키는 혁혁한 전과를 올렸다.	▲ 주)1로 처리(이 운동은 전국 218개군 가운데 211개군이 참여하였고, 만주, 연해주 등지로도 번져 나갔다.), 주)2로 처리(정주, 사천,맹산, 수안, 남원, 합천 등지에서는 (중략) 수원 제암리에서는 (하략)(132쪽) ▲ 주)1로 처리(이때 참가한 학교는 194개교로서, 총 54,000여 명의 학생들이 참가하였고, (하략)(143쪽) ▲ 이에 대하여 일본군은 한국 내에 주둔한 부대와 관동지방에 파견된 부대 및 연해주 지역에 출동한 부대가 동, 서, 남 세 방향에서 공격하여 왔다. 독립군은 일본군 연대 병력 이상을 청산리 80리 계곡으로 유인, 4일간 격전 끝에 일본군 3300여 명을 살상하는 혁혁한 전과를 올렸다.(1920.10.). 이것이 청산리대첩이다.(145~146쪽)
〈일제의 식민통치〉 ▲ (상략) 마침내는 징병제로 바꾸었다.	▲ (상략) 마침내는 징병제로 바꾸어 일본, 중국, 인도차이나 (중략) 등지로 강제 동원하였고, 여자까지 침략전쟁의 희생물로 삼기도 하였다.	▲ (상략) 마침내는 징병제로 바꾸어 일본, 중국, 인도차이나 (중략) 등지로 강제 동원하였고, 여자까지 침략전쟁의 희생물로 삼기도 하였다.(151쪽)

IV. 맺음말

제4차 교육과정은 1979년 10월 박정희시해사건 이후 민주화운동을 짓밟고 들어선 제5공화국 정권에 의해 마련되었다. 이에 따라 각 교과의 교과서도 새롭게 저술, 출판되었다. 제4차 교육과정을 앞두고 1981년 5월 『初·中·高 國史教科書 內容分析 및 體制研究』가 보고되었으나 이 보고서 는 국사교과서 편찬에 제대로 반영되지 않았다. 이는 1981년 12월 31일 공포되고 1982년 3월 1일부터 적용된 제4차 교육과정 국사와 국민윤리 교과서가 1982년 3월 신학기부터 사용되었기 때문이다. 교과서 집필을 위 한 최소한의 시간마저 주어지지 않은 상황에서 교과서가 사용되었다는 것 은 교육과정이 마련되기 전에 교과서 집필이 이루어졌다는 것을 의미하기 때문이다. 이는 제3차 교육과정기 국사교과서의 편찬과정에서도 발견되 는 것이었다. 이렇게 보면 국민정신교육과 관련된 국사교과서 편찬은 교 육과정에 따라 편찬된 것이 아니라 정권의 요구에 따라 이루어졌을 가능 성이 매우 크다는 것을 의미한다고 할 수 있다. 그러므로 제4차 교육과정 기 국사교과서는 정권의 역사관 혹은 역사인식이 반영되었다고 할 수 있 다. 이는 보고서의 내용과 상관없이 단원이 편제되고, 교육과정의 내용 과 달리 교과서가 집필된 것에서도 확인할 수 있다. 다만 제4차 교육과정 기 국사교과서는 상권과 하권의 2권으로 발행되어 이 보고서에서 건의한 형식적 측면이 수용되었음을 알 수 있다.

먼저 제4차 교육과정기 국사교과서의 서술체제는 이전 시기와는 달 리 고대·중세·근대·현대로 시대구분을 하면서 조선후기를 근대사회의 태동기로 설정함으로써 고대−중세(고려)−근세(조선전기)−근대사회의 태동 기(조선후기)−근대(개항 이후)−현대(해방 이후)로 이어지는 역사인식 체계를 마련함과 동시에 이후 국사교과서 시대구분의 전범을 마련하였다. 이 결 과 1979년판 국사교과서에서는 조선후기사 서술이 제4차 교육과정기에 는 하권의 'Ⅰ. 근대사회의 태동'이라는 대단원으로 서술하였다. 이는 제 3차 교육과정기 국사교과서의 시대구분과는 크게 달라진 것으로 제4차 교육과정기 국사교과서의 가장 큰 특징 중의 하나라 할 수 있는데, 이는 자본주의 맹아론을 적극 수용하였기 때문이다. 이 때문에 대원군 집권 시기 역시 제3차 교육과정에서는 조선시대에서 서술하였으나 제4차 교육과정 국사교과서에서는 대원군 집권기를 개항을 전후한 시기로 파악하여 근대 사회의 성장을 위한 배경으로 서술하였다. 또한 제4차 교육과정기에는 대단원의 시작 부분에는 단원 개관과 해당 시기의 세계역사지도, 중단원에는 제3차 교육과정기와 마찬가지로 개요와 연구 과제를 배치하였다. 특히 제4차 교육과정 국사과 교과목표를 보다 적극적으로 해석하여 대단원 도입부에 세계역사지도를 배치하여 '한국사에 대한 종합적 이해를 통하여 올바른 민족 사관을 확립시키고, 우리 역사에 대한 긍지를 배양하며, 자주적인 태도로 민족 중흥에 이바지 하게' 할 수 있도록 하였다.

그리고 제4차 교육과정 근현대사 서술의 특징은 [표 6]에서 확인할 수 있듯이 1979년판 국사교과서의 서술과 비교하면 다음과 같다. 즉 대원군의 내정개혁을 왕권강화라 평가하였으나 제4차 교육과정기 국사교과서에서는 전제왕권의 확립이라는 관점에서 서술하였다. 그리고 '우리나라 역사상 최대의 농민혁명', '농민전쟁으로서의 성격'이라 평가하였던 '동학농민혁명운동'을 '안으로는 유교적 전통사회를 부정하고 밖으로는 외국의 침략을 몰아내야 한다는 민족운동'이라는 의미의 '동학운동'이라 평가절하 하였다. 이는 광주민주화운동을 짓밟고 집권한 전두환 정권의 정통성을 강화하기 위한 것이라 생각된다. 반면에 일제의 침략을 자세하게 서술함과 동시에 독립군의 항전'을 '독립전쟁'이라 높이 평가하고, 이전까지 서술하지 않던 국민부, 조선의용대, 조선혁명군, 대일선전포고, 버어마·인도전선에 광복군 파견, 국내진입작전 등을 처음으로 교과서에 수록하는 등 독립운동에 대한 서술을 대폭 강화하였다.

또한 제4차 교육과정기 국사교과서는 이전 시기의 국사교과서보다 다양한 학습자료를 수록하였다. 이는 교과서 서술의 문제에 국한되는 것이 아니라 교육과정에 다양한 학습자료를 통해 교수할 수 있도록 하는 방향으로 교육과정이 변화하게 되는 계기가 되었다고 할 수 있다.

요컨대 제4차 교육과정기 국사교과서는 정통성이 약한 제5공화국 정권의 요구에 따라 민족주의의 강화를 통해 정권의 정통성을 강화하려는 목적에서 편찬되었다고 할 수 있다. 그리고 이는 1982년 일본의 역사교과서왜곡사건을 계기로 보다 강화되었다. 아쉽게도 본고에서 검토하지 못하였으나 일본의 역사교과서왜곡사건에 대한 제4차 교육과정기 국사교과서의 서술 변환에 대해 상론하지 못하였으나 이는 1982년판 국사교과서와 1983년판 국사교과서의 비교, 분석을 통해 파악할 수 있을 것이다.

참고문헌

1. 자료

『高麗史節要』
『高麗史』
『東國李相國集』
『東文選』
『帝王韻紀』
『朝鮮經國典』
『朝鮮金石總覽』
『韓國文集叢刊』

문교부, 『79학년도부터 사용할 1종 도서 집필 세부 계획서(인문계고등학교)』.
문교부, 『민족주체성 확립을 위한 교육과정 운영지침』, 국정교과서주식회사, 1966.
문교부, 『고등학교 교육과정 해설』, 1968.
문교부 중앙교육행정연수원, 『문교월보』 40, 1973.
「문교부 고시 제442호 1981.12.31. 고등학교 교육과정」(별책 4).
이해영 외, 『한국 근대 학교교육 100년사 연구(Ⅲ) (연구보고 RR98-8)』, 한국교육개발원, 1998.
최용규·최석진, 『제5차 고등학교 국사과 교육과정 시안 연구 개발(RR87-11)』, 한국교육개발원, 1987.

2. 교과서

국사편찬위원회, 『고등학교 국사』, 국정교과서주식회사, 1979.
국사편찬위원회, 『국사』, 문교부, 1979.
국사편찬위원회, 『중학교 국사』, 국정교과서주식회사, 1979.

국사편찬위원회, 『고등학교 국사(상)』, 국정교과서 주식회사, 1982.
국사편찬위원회, 『고등학교 국사(하)』, 국정교과서주식회사, 1982.
국사편찬위원회, 『고등학교 국사』(하), 대한교과서주식회사, 1982.
국사편찬위원회, 『중학교 국사(상)』, 국정교과서주식회사, 1982.
국사편찬위원회, 『중학교 국사(하)』, 국정교과서 주식회사, 1982.
국사편찬위원회, 『고등학교 국사(상)』, 국정교과서 주식회사, 1983.
국사편찬위원회, 『고등학교 국사(하)』, 국정교과서 주식회사, 1983.
국사편찬위원회, 『중학교 국사(상)』, 대한교과서주식회사, 1983.
국사편찬위원회, 『중학교 국사(하)』, 대한교과서주식회사, 1983.
국사편찬위원회, 『고등학교 국사』, ㈜두산, 2008.
김상기, 『국사』, 장왕사, 1968.
도면회 외, 『고등학교 한국사』, 비상교육, 2014.
문교부, 『고등국사』, 대한교과서, 1974.
문교부, 『(인문계 고등학교) 국사』, 문교부, 1977.
신석호, 『중등국사』, 동방문화사, 1948.
이병도, 『국사교본』, 일조각, 1946.
이현희, 『국사』, 실학사, 1968.
정재정 외, 『고등학교 한국사』, 지학사, 2014.
한우근, 『국사』, 을유문화사, 1968.
한철호 외, 『고등학교 한국사』, 미래엔컬쳐, 2014.
한철호 외, 『고등학교 한국사』, 미래엔, 2020.

3. 단행본

14세기 고려사회 성격 연구반, 『14세기 고려의 정치와 사회』, 민음사, 1994.
가타기리 요시오·기무라 하지메 외 저, 이건상 역, 『일본 교육의 역사 – 사회
　　사적 시각에서』, 논형, 2011.
강우철 외, 『초중고 국사교과서 내용분석 및 체제 연구』, 한국교육개발원,
　　1981.
강우철, 『역사의 교육』, 교학사, 1974.
강우철·구연무·이존희·최완기, 『初·中·高 國史教科書 內容分析 및 體制研
　　究』, 1981.
강우철·구연무·이존희·최완기, 『초·중·고 국사 교과서 내용분석 및 체제연구

(1986년도 문교부 정책과제 연구비에 의한 논문)』, 1986.

교육과정·교과서연구회 편, 『한국 교과교육과정의 변천-고등학교-』, 대한교
　　과서, 1990.

교학도서주식회사 편집부 편, 『초·중·고(인문, 실업) 새 종합교육과정 및 해
　　설』, 교학도서주식회사, 1977.

국사편찬위원회, 『자료대한민국사 2』, 1969.

국사편찬위원회, 『신편한국사 15』, 1995.

김광철, 『고려후기 세족층연구』, 부산, 동아대학교 출판부, 1991.

김광철, 『高麗後期世族層研究』, 東亞大學校出版部, 1991.

김돈, 『朝鮮前期 君臣權力關係 研究』, 서울대학교출판부, 1997.

김두진, 『고려 전기 교종과 선종의 교섭사상사 연구』, 일조각, 2006.

김상현, 『신라 화엄사상사 연구』, 민족사, 1991.

김용덕·미야지마 히로시 편, 『근대교류사와 상호인식 Ⅲ : 1945년 전후』, 아연출
　　판부, 2008.

김원용 외, 『韓國史』1-韓國의 先史文化-, 國史編纂委員會, 1974.

김의규 편, 『고려사회의 귀족제설과 관료제론』, 지식산업사, 1985.

김정배, 『한국고대의 국가기원과 형성』, 고려대학교출판부, 1986.

김종수 외, 『고등학교 한국사』, 금성출판사, 2014.

김철준, 『한국고대사회연구』, 지식산업사, 1975.

김철준, 『韓國古代國家發達史』, 한국일보사, 1975.

김한종, 『역사교육과정과 교과서 연구-역사교육 계열화를 위한 고등학교 국사
　　교육 내용구성-』, 선인, 2006.

김한종, 『역사교육과정과 교과서연구』, 선인, 2006.

김한종, 『역사교육으로 읽는 한국현대사』, 책과함께, 2013.

김한종, 『민주사회와 시민을 위한 역사교육』, 서울대학교출판문화원, 2017.

김흥수, 『한국역사교육사』, 대한교과서, 1992.

리선근, 『화랑도와 삼국통일』, 세종대왕기념사업회, 1974.

리선근, 『화랑도와 삼국통일(제2판)』, 세종대왕기념사업회, 1999.

문화공보부 문화재관리국, 『居昌屯馬里 壁畵古墳 및 灰槨墓 發掘調査報告』, 문
　　화공보부 문화재관리국, 1974.

문교부, 『중학교 국사 교사용 지도서』, 문교부, 1981.

문교부, 『고등학교 새 교육과정 개요』, 연수자료, 1982.

문교부, 『중학교 교육과정 해설』, 문교부, 1988.

문화재관리국 文化財研究所,『全谷里: 遺蹟發掘調査報告書』, 1983.

박용운,『고려사회와 문벌귀족가문』, 경인문화사, 2003.

박정희,『우리민족의 나갈길: 사회 재건의 이념』, 동아출판사, 1962.

박찬수,『고려시대 교육제도사연구』, 경인문화사, 2001.

비교역사문화연구소 기획,『근대 한국, '제국'과 '민족'의 교차로』, 책과함께, 2011.

손진태,『손진태선생전집』, 태학사, 1981.

신세호 · 곽병선 · 김재복,『교육과정 개정안(총론)의 연구 · 개발 ‒답신보고서‒』, 한국교육개발원, 1981.

앙드레 슈미드 저, 정여울 역,『제국 그 사이의 한국 1895~1919』, 휴머니스트, 2007.

역사교육연구소,『우리 역사교육의 역사‒고대부터 현대까지 한국 역사교육이 걸어온 길‒』, 휴머니스트, 2016.

역사와교육학회 · 역사교과서연구소,『제3차 교육과정과 국사 교과서 서술』, 2018년도 역사와교육학회 · 역사교과서연구 정기학술대회, 2018.6.23.

오천석,『발전한국의 교육이념 탐구』, 광명출판사, 1975.

유봉호,『韓國敎育課程史硏究』, 교육과학사, 1992.

윤종영,『국사 교과서 파동』, 혜안, 1999.

이경섭 · 이홍우 · 김순택,『교육과정 ‒이론 · 개발 · 관리』, 교육과학사, 1982.

이기동,『신라 골품제와 화랑도』, 일조각, 1984.

이기백,『韓國史像의 再構成』, 一潮閣, 1991.

이병도,『한국사』고대편, 을유문화사, 1959.

이병도,『韓國古代史硏究』, 博英社, 1976.

이병도,『한국고대사연구』, 박영사, 1981.

이병휴,『朝鮮前期 畿湖士林派硏究』, 一潮閣, 1984.

이선근,『花郎道硏究』, 海東文化社發行, 1949.

이선근,『화랑도와 삼국 통일』, 세종대왕기념사업회, 1974.

이성무,『朝鮮初期 兩班硏究』, 一潮閣, 1992.

이성시 저, 이경희 역,『만들어진 고대』, 삼인, 2001.

이용범,『古代의 滿洲關係』, 韓國日報社, 1976.

이지원,『日帝下 民族文化 認識의 展開와 民族文化運動‒民族主義 系列을 중심으로‒』, 서울大學校 博士學位論文, 2004.

이진희,『廣開土王陵碑의 硏究』, 吉川弘文館, 1972.

이태진 편, 『朝鮮時代 政治史의 再照明−士禍·黨爭篇』, 汎潮社, 1991.

이호영, 『한국고대사의 이해』, 형설출판사, 1979.

이화여자대학교 박물관, 『거창의 역사와 문화. 2, 둔마리 벽화고분』, 2005.

젊은역사학자모임, 『한국고대사와 사이비역사학』, 역사비평사, 2017.

정선영 외, 『역사교육의 이해』, 三知院, 2004.

정두희, 『朝鮮初期 政治支配勢力 研究』, 一潮閣, 1983.

조성운, 『대한민국 국사교과서』, 선인, 2019.

진단학회, 『역사가의 遺香』, 일조각, 1991.

차미희, 『중등 국사교육 내용 변천에 대한 연구: 국사과 독립 시기를 중심으로』, 고려대학교 박사학위논문, 2006.

차미희, 『한국 중·고등학교의 국사교육』, 교육과학사, 2011.

천관우, 『加耶史研究』, 一潮閣, 1991.

최승희, 『朝鮮初期 政治史研究』, 지식산업사, 2002.

최이돈, 『朝鮮中期 士林政治構造研究』, 一潮閣, 1997.

한국교과서연구재단, 『한국 편수사 연구 1』, 2000.

한국교육개발원, 『초·중등학교 교육과정 개선을 위한 기초 연구』, 1980.12.

한국교육개발원, 『교육과정 개정안(총론)의 연구·개발−답신보고서』, 1981.3.

한국교육개발원, 『고등학교 교육과정 개정안』, 1981.7.

한국교육개발원, 『유치원·국민학교·중학교·고등학교 교육과정 개정에 관한 종합세미나 보고서』, 1981.12.

한국사연구회 편, 『韓國史研究入門』, 지식산업사, 1981.

한국역사연구회 엮음, 『한국역사연구입문 ① −원시·고대편−』, 풀빛, 1995.

한국중세사사학회, 『21세기에 다시 보는 고려시대의 역사』, 혜안, 2018.

한영우, 『朝鮮時代 身分史研究』, 집문당, 1997.

함수곤, 『한국편수사연구 1』, 한국교과서연구재단, 2000.

함종규, 『한국교육과정 변천사 연구』, 교육과학사, 2004.

허강 외, 『한국편수사연구 (1)』, 한국교과서연구재단, 2000.

허흥식, 『고려불교사연구』, 일조각, 1986.

황종연 엮음, 『신라의 발견』, 동국대학교출판부, 2008.

林泰輔, 『朝鮮史』, 東京吉川半七, 1892.

井上秀雄, 『新羅史基礎研究』, 東出版, 1974.

4. 논문

강만길 외, 「특집-국사 교과서의 문제점」, 『창작과 비평』 9(2), 1974.

강만길, 「사관과 서술체제의 검토」, 『창작과 비평』 32, 1974.

강진웅, 「중등 사회 교육과정과 국가 정체성 교육의 변천사」, 『사회과교육』 56(1), 2017.

강진철, 「韓國史의 時代區分問題에 대하여」, 『역사학보』 31, 1966.

구경남, 「1970년대 국정 〈국사〉 교과서에 나타난 애국심 교육과 국가주의」, 『역사교육연구』 19, 2014.

권성아, 「해방 이후 교육이념의 설정과 국사교육」, 『역사와교육』 21, 2015.

권순형, 「한국사 교과서 고려시대 여성 관련 서술에 대한 분석과 제안」, 『여성과 역사』 24, 2016.

기경량, 「사이비 역사학과 역사파시즘」, 『한국고대사와 사이비역사학』, 역사비평사, 2017.

기경량, 「한국 유사역사학의 특성과 역사 왜곡의 방식」, 『강원사학』 30, 2018.

김성민, 「朝鮮史編修會의 組織과 運用」, 『한국민족운동사연구』 3, 1989.

김광수, 「古朝鮮·辰國硏究의 動向과 「국사」 敎科書의 敍述」, 『역사교육』 45, 1989.

김구진, 「고려시기 대외관계의 연구방향과 「국사」 교과서의 서술」, 『역사교육』 44, 1988.

김대현, 「사이비역사학자들의 이상한 민족주의-上古史에 숨은 군부독재의 유산-」, 『학림』 41, 2018.

김두진, 「고려 광종대의 전제왕권과 호족」, 『한국학보』 15, 1979.

김영수, 「오교양종에 대하여」, 『진단학보』 8, 1937.

김용곤, 「고려시기 사상사 연구동향과 「국사」교과서의 서술」, 『역사교육』 44, 1988.

김용선, 「일본·한국에 있어서의 한국사 서술」, 『역사학보』 31, 1966.

김원룡, 「한국문화의 고고학적 연구」, 『한국문화사대계 1』, 고려대 민족문화연구소, 1964.

김정배, 「特輯 『國史』 敎科書의 제문제: 上古史에 대한 검토」, 『창작과 비평』 9(2), 1974.

김정배, 「소도의 정치사적 의미」, 『역사학보』 79, 1978.

김정인, 「해방 이후 국사 교과서의 '정통성' 인식 -일제강점기 민족운동사 서술을 중심으로-」, 『역사교육』 85, 2003.

김정인, 「내재적 발전론과 민족주의」, 『역사와 현실』 77, 2010.

김정인, 「국정 『국사』 교과서와 검정 『한국사』 교과서의 현대사 체계와 내용 분석」, 『역사와 현실』 92, 2014.

김정학, 「고대국가의 발달(가야)」, 『한국고고학보』 12, 1982.

김종철, 「국사 교과과정의 변천과 그 문제점」, 『역사교육』 제61집, 1997.

김철준, 「新羅 上代社會의 Dual Organization(上·下)」, 『歷史學報』 1·2, 1952.

김철준, 「韓國古代史 硏究의 回顧와 展望」, 『東方學志』 6, 1963.

김철준, 「한국고대국가발달사」, 『한국문화사대계1』, 고려대학교 민족문화연구소, 1964.

김철준, 「新羅의 親族集團」, 『韓國史硏究』 1, 1968.

김철준, 「百濟 社會와 그 文化」, 『武寧王陵發掘調査報告書』, 文化財管理局, 1973.

김철준, 「부족연맹 세력의 대두」, 『한국사』 2, 국사편찬위원회, 1977.

김태식, 「5세기 후반 대가야의 발전에 대한 연구」, 『한국사론』 13, 1985.

김태식, 「6세기 후반 가야남부제국의 소멸과정 고찰」, 『한국고대사연구』 1, 1988.

김태식, 「가야의 사회발전단계」, 『한국 고대국가의 형성』, 민음사, 1990.

김태식, 「중등학교 교과서(국사 및 사회)의 가야사 서술과 문제점」, 『학교교육과 사회교육으로서의 가야사』, 2002.

김태웅, 「해방 후 고등학교 '국사' 교과서에서 1894년 농민전쟁 서술의 변천」, 『역사교육』 133, 2015.

김한종, 「해방 이후 국사교과서의 변천과 지배이데올로기」, 『역사비평』 17, 1991.

김한종, 「학교교육을 통한 국민교육헌장 이념의 보급」, 『역사문제연구』 15, 2005.

김한종, 「국사교과서의 연구 동향 1-1990년대 이전」, 『역사교육과정과 교과서 연구』, 선인, 2006.

김한종, 「국사교육 강화와 국가주의 역사교육」, 『우리 역사교육의 역사-고대부터 현대까지 한국 역사교육이 걸어온 길-」, 휴머니스트, 2015.

김한종, 「제3차 교육과정기 교육이념과 인간상」, 『역사와교육』 27, 동국대학교 역사교과서연구소, 2018.

김현영, 「실학 연구의 반성과 전망」, 『한국 중세사회 해체기의 제문제(상)』, 한울, 1987.

노중국, 「사비시대 지배체제의 변천」, 『韓㳋博士停年紀念史學論叢』, 1981.

노중국, 「한성시대 백제의 지방통치-담로체제를 중심으로-」, 『邊太燮博士華甲紀念史學論叢』, 1985.

노태돈, 「국가의 성립과 발전」, 『한국사연구입문』, 지식산업사, 1981.

대한민국 국회의원 동우회, 「국사 교육에 큰 개혁」, 『정우』, 1983년 3월호.

민현구, 「1971~1972年度 韓國史學界의 回顧와 展望: 國史 古代」, 『歷史學報』 60, 1973.

박기석, 「일본 역사 교과서의 한국사 왜곡」, 한양대학교 석사학위논문, 1991.

박미선, 「교과서 속 삼국통일·남북국 서술과 통일교육」, 『사학연구』 133, 2019.

박상국, 「대장도감의 판각성격과 선원사문제」, 『가산 이지관스님 화갑기념논총 한국불교문화사상사』 상, 1992.

박성현, 「박정희 정권의 '화랑도' 교육」, 『역사와 현실』 96, 2015.

박용운, 「고려시기 중앙정치체제에 대한 연구동향과 「국사」 교과서의 서술」, 『역사교육』 44, 1988.

박종기, 「고려시기 군현제 연구성과와 「국사」 교과서의 서술」, 『역사교육』 44, 1988.

박진동, 「해방 후 현대사 교육 내용 기준의 변천과 국사교과서 서술」, 『역사학보』 205, 2010.

박진동, 「제2차 교육과정기 '사회2'에 적용된 중학교 역사의 통합 방식과 검정 교과서의 내용 구성」, 『역사와교육』 24, 2017.

박찬흥, 「고조선은 최초의 '국가'인가, 최초의 '고대국가'인가」, 『내일을 여는 역사』 24, 2006.

박찬흥, 「제3차~제7차 교육과정 고등학교 국사 교과서의 고대 국가 발달단계론에 대한 서술 검토」, 『역사와 담론』 54, 2009.

배기동, 「舊石器時代 研究史」, 『國史館論叢』 19, 국사편찬위원회, 1990.

서의식, 「고대·중세초 지배세력연구의 동향과 「국사」 교과서의 서술」, 『역사교육』 45, 1989.

서인원, 「동학농민운동의 한국사 교과서 서술 내용 분석 -제1차~제7차 교육과정의 고등학교 교과서를 중심으로-」, 『숭실사학』 32, 2014.

성춘택, 「역사 교과서의 선사시대 서술에 대한 비판적 검토 -구석기·신석기시대를 중심으로-」, 『인문학연구』 31, 경희대학교 인문학연구원, 2016.

손보기, 「石壯里의 前期·中期 舊石器 文化層」, 『韓國史研究』 7, 1972.

송찬식,「특집, 국사교과서의 문제점 −조선후기」,『창작과비평』9(2), 1974.

송치중,「고등학교 한국사교과서 단원 도입부의 형태와 특징」, 동국대학교 대학원 석사학위논문, 2017.

송치중,「고등학교『한국사』교과서 단원 도입부의 형태와 특징 −해방 이후부터 2011 개정 교육과정까지−」,『역사와 실학』63, 2017.

신동하,「신라 골품제의 형성과정」,『한국사론』5, 서울대학교 국사학과, 1979.

신선혜,「제2차 교육과정기 한국고대사 연구와 국사교과서의 서술 검토」,『역사와교육』24, 2017.

신세호,「교육과정 발전을 위한 정책방향」,『교육개발』3(1), 한국교육개발원, 1981.

신용하,「申采浩의 愛國啓蒙思想(上)」,『韓國學報』19, 일지사, 1980.

신주백,「국민교육헌장 이념의 구현과 국사 및 도덕과 교육과정의 개편 (1968~1994)」,『역사문제연구』15, 2005.

신주백,「한국근현대사에서 고구려와 발해에 관한 인식」,『역사와 현실』55, 2005.

신형식,「韓國古代史硏究의 成果와 推移」,『韓國古代史의 新硏究』, 일조각, 1984.

안귀덕,「국민정신교육을 위한 교육과정상의 접근방안」,『교육개발』4(5), 1981.

양은주·조경원·임현식,「한국 교육과정의 교육적 인간상에 대한 비판적 고찰」,『교육과정연구』19, 2000.

양정현,「국사 교과서 고대사 서술에서 민족·국가 인식의 변천」,『한국고대사연구』52, 2008.

여호규,「고대의 국가형성」,『역사와 현실』19, 1996.

『역사비평』편집위원회 엮음,「훈구와 사림」,『논쟁으로 읽는 한국사 1 −전근대』, 역사비평사, 2009.

오경후,「해방이후 한국사 교과서의 동아시아 관련 전근대사 서술의 변천 −조선시대를 중심으로」,『역사와교육』23, 2016.

오성철,「박정희의 국가주의 교육론과 경제성장」,『역사문제연구』11, 2003.

오제연,「1960~70년대 박정희 정권과 대학생의 '동학농민전쟁' 인식」,『역사문제연구』33, 2015.

유승원,「고려 귀족사회론에 대한 본격적 비판: 고려사회를 귀족사회로 보아야 할 것인가」,『역사비평』38, 1997.

윤병석,「韓國史와 歷史意識」,『歷史敎育』24, 1978.

윤종현, 「國民精神敎育强化의 條理」, 『교육개발』 3(6), 1981.

윤종영, 『國史敎科書의 編纂方向」, 『歷史敎育』 48, 1990.

윤종영, 「국사교과서 발행제도에 대한 고찰」, 『문명연지』 1(2), 2000.

윤종영, 「국사교육강화정책」, 『문명연지』 2(1), 2001.

이경식, 「古代中世初 經濟制度硏究의 動向과 「國史」 敎科書의 敍述」, 『歷史敎育』 45, 1989.

이경화, 「파주 용미리 摩崖二佛竝立像의 조성시기와 배경 ―성화 7년 조성설을 제기하며」, 『불교미술사학』 2, 2005.

이규호, 「I. 애국적인 국민을 기르는 교육」, 『國民精神敎育指導資料』, 대한교과서, 1981.

이기동, 「신라 내물왕계의 혈연의식」, 『역사학보』 53·54, 1972.

이기동, 「古代」, 『歷史學報』 72, 1976.

이기동, 「騎馬民族說에서의 韓·倭 연합왕국론 비판」, 『韓國史 市民講座』 11, 1992.

이기백, 「民族主義史學의 問題」, 『思想界』 2월호, 1963.

이기백, 「社會經濟史學과 實證史學의 問題」, 『文學과 智性』 봄호, 1971.

이기백, 「1973~1975年度 韓國史學界의 回顧와 展望: 韓國史 總說」, 『歷史學報』 72, 1976.

이기백, 「1976~1978年度 韓國史學界의 回顧와 展望: 總說」, 『歷史學報』 82, 1979.

이기백·이기동, 『韓國史講座 1―古代篇―』, 일조각, 1982.

이난영, 「1970년대 박정희 집권기 국사교육의 특징 ―중·고등학교 독본용 교과서 『시련과 극복』 분석을 중심으로―」, 『典農史論』 10, 2004.

이도학, 「백제의 요서경략과 중·고등학교 한국사 교과서의 기술」, 『한국전통문화연구』 15, 2015.

이만열, 「百濟의 遼西經略說」, 『講座 三國時代史』, 知識産業社, 1976.

이만열, 「渤海」, 韓國史硏究會 편, 『韓國史硏究入門』, 知識産業社, 1981.

이문영, 「1960~1970년대 유사역사학의 식민사학 프레임 창조와 그 확산」, 『역사문제연구』 39, 2018.

이미지·오치훈, 「2009 개정 교육과정에 따른 고등학교 한국사 교과서(2014.3 적용) 〈고려귀족사회의 형성과 변천〉 영역 분석」, 『사학연구』 115, 2014.

이병도, 「기자조선의 정체와 所謂 箕子八條敎에 대한 新考察」, 『韓國古代史硏

究』, 博英社, 1976.

이병도·김재원,『韓國史 -古代篇-』, 乙酉文化社, 1959.

이병희,「고려시기 경제제도 연구동향과「국사」교과서의 서술」,『역사교육』44, 1988.

이병희,「국사교과서 국정제도의 검토」,『역사교육』91, 역사교육연구회, 2004.

이부오,「제1차~제7차 교육과정기 국사교과서에 나타난 고대 영토사 인식의 변화」,『한국고대사탐구』4, 2010.

이봉규,「박정희정권기 역사교육학계의 민족주체성 인식과 국사교육 강화」,『역사문제연구』37, 2017.

이상록,「전통의 현대화 담론과 민족주체성의 강조 -박종홍의 탈식민 주체화 전략과 식민주의적 (무)의식-」,『사학연구』116, 2014.

이성무,「특집, 국사교과서의 문제점-조선전기」,『창작과비평』9(2), 1974.

이성무·정만조 외,『朝鮮時代 黨爭의 綜合的 檢討』, 韓國精神文化研究院, 1992.

이수정,「해방 이후 국사교과서의 가야사 서술 변천과 대안」,『역사와교육』19, 2014.

이신철,「국사교과서 정치도구화의 역사 -이승만·박정희 독재정권을 중심으로-」,『역사교육』97, 2006.

이영식,「가야제국의 국가형성문제 -'가야연맹설'의 재검토와 전쟁기사분석을 중심으로-」,『백산학보』32, 1985.

이영식,「구간사회와 가락국의 성립」,『가야문화』7, 1994.

이영호,「一溪 金哲埈 -해방 후 한국고대사학의 개척자-」,『한국고대사연구』53, 2009.

이용범,「高麗와 渤海」,『韓國史』4 -高麗貴族社會의 成立-, 國史編纂委員會, 1974.

이용빈,「백제 지방통치제도 연구 현황과 과제」,『명지사론』14.15, 2004.

이우성,「1969~1970年度 韓國史學界의 回顧와 展望: 國史-總說」,『歷史學報』49, 1971.

이우성,「三國史記의 構成과 高麗王朝의 正統意識」,『震檀學報』38, 1974.

이우성,「특집, 국사교과서의 문제점 -고려시대」,『창작과비평』9(2), 1974.

이우성,「南北時代와 崔致遠」,『創作과 批評』10(4), 1975.

이원순·진영일·정선영,「중고등학교용 국정국사교과서의 분석적 고찰」,『역사교육』16, 역사교육연구회, 1974.

이정빈, 「광개토왕릉비 탁본 연구방법의 성과와 과제」, 『동북아역사논총』 49, 2015.

이정빈, 「국정 역사교과서의 한국고대사 서술과 유사역사 문제」, 『역사교육연구』 31, 2018.

이정빈, 「제3차 교육과정기 고등학교 『국사』의 한국고대사 서술과 특징」, 『역사와교육』 27, 2018.

이정빈, 「제3차 교육과정기 고등학교 『국사』의 한국고대사 서술과 특징」, 『제3차 교육과정과 국사교과서 서술』, 2018년도 역사와교육학회·역사교과서연구소 정기 학술대회 발표집, 2018.

이종욱, 「신라중고시대의 성골」, 『진단학보』 50, 1980.

이종욱, 「한국의 초기국가 형성과 신라의 정치적 성장」, 『제2판 한국사연구입문』 지식산업사, 1987.

이진희 저, 이기동 역, 「參謀本部에 의한 石灰塗付作戰」, 『廣開土王碑의 探究』, 일조각, 1982.

임기환, 「백제 遼西진출설과 역대 교과서 서술 검토」, 『한국사학보』 63, 2016.

임기환, 「3~7차 교육과정 국정 국사교과서의 고조선, 한사군 관련 서술의 변화」, 『사회과 교육』 56(1), 2017.

임병태, 「한강유역무문토기연대」, 『이홍직박사회갑기념 한국사논총』, 1969.

임하영, 「한국근현대사 교육의 변천과 쟁점」, 『한국근현대사 교육론』, 선인, 2005.

장미애, 「민족의 국사 교과서, 그 안에 담긴 허상」, 『역사비평』, 2016.

장신, 「해제-중·고등학교 국사교육개선을 위한 기본방향」」, 『역사문제연구』 36, 2016.

장신, 「해제 『국사교육강화를 위한 건의내용(제2차)」」, 『역사문제연구』 37, 2017.

장영민, 「박정희 정권의 국사교육 강화 정책에 관한 연구」, 『인문학연구』 34(2), 2007.

정구복, 「사학사에 있어서의 시대구분과 각 시대의 특성」, 『한국사의 시대구분에 관한 연구』, 1995.

정구종, 「일본 교과서 역사왜곡의 실태」, 『관훈저널』 42, 1986.

정다함, 「근대 한국의 역사 서술과 타자화된 여진족」, 비교역사문화연구소 기획, 『근대 한국, '제국'과 '민족'의 교차로』, 책과 함께, 2011.

정영화, 「回顧와 展望(考古·美術): 舊石器時代」, 『歷史學報』 72, 1976.

정중환, 「新羅聖骨考」, 『李弘稙博士回甲紀念韓國史學論叢』, 1969.

조건, 「美軍政期 吳天錫의 교육정책 수립과 역사교육」, 『역사와교육』 21, 2015.

조건, 「제2차 교육과정기 민족주체성 교육의 시행과 국사교과서 근현대사 서술 내용 분석」, 『역사와교육』 24, 2017.

조동원, 「한말 의병에 대한 『국사』 교과서 서술내용의 분석」, 『건대사학』 8, 1993.

조성운, 「반공주의적 한국사 교육의 성립과 강화-미군정기~제4차 교육과정기를 중심으로-」, 『한국민족운동사연구』 82, 2015.

조성운, 「해방 이후 고등학교 한국사 교과서의 신간회 서술 변천」, 『역사와 실학』 57, 2015.

조성운, 「해방 이후 고등학교 한국사교과서의 동학농민운동 서술의 변천」, 『민족종교의 두 얼굴』, 선인, 2015.

조성운, 「해방 후 고등학교 한국사교과서의 근대교통사 서술의 변천」, 『역사와교육』 21, 2015.

조성운, 「해방 이후 한국사 교과서의 전주화약 서술의 변천」, 『숭실사학』 37, 2016.

조성운, 「제2차 교육과정의 제정과 국사교과서의 편찬」, 『한국사학보』 66, 2017.

조성운, 「제3차 국사과 교육과정의 성립과 국사교과서 개편」, 『역사와교육』 27, 2018.

조인성, 「申采浩의 郎家思想에 對한 一考察 -「東國古代仙敎考」를 中心으로-」, 『慶大史論』 창간호, 1985.

조인성, 「이병도의 『조선사개강』-1920년대 초반 문화사학의 일례」, 『백산학보』 98, 2014.

조인성, 「'고대사파동'과 고조선 역사지도」, 『한국사연구』 172, 2016.

조인성, 「'고대사파동'과 식민주의 사학의 망령」, 『역사비평』 118, 2017.

주보돈, 「한국 고대국가형성에 대한 연구사적 검토」, 『한국 고대국가의 형성』, 민음사, 1990.

지두환, 「조선 후기 실학 연구의 문제점과 방향」, 『태동고전연구』 3, 1987.

차경수, 「VI 국민정신교육의 학교급별 지도방향」, 文敎部 編, 『國民精神敎育指導資料』, 대한교과서, 1981.

차미희, 「3차 교육과정기(1974~1981) 중등 국사과의 독립 배경과 국사교육 내용의 특성」, 『한국사학보』 25, 2006.

차미희, 「4차 교육과정기(1982~89) 중등 국사과 교육과정의 성격」, 『교과교육학연구』 10(2), 이와여자대학교 교과교육연구소, 2006.

차미희, 「4차 교육과정기(1982~89) 중등 국사교과서의 내용상 특성」, 『열린교육연구』 15(3), 한국열린교육학회, 2007.

천관우, 「箕子攷」, 『동방학지』 15, 1974.

천관우, 「삼한의 국가형성」, 『한국학보』 3, 1976.

천관우, 「나의 한국사 연구」, 『한국사시민강좌』 2, 일조각, 1988.

천은수, 「오개념을 형성하는 '고려·거란 관계' 역사 교과서 분석」, 『역사교육연구』 14, 2011.

최광식, 「남한학계의 고대국가 연구경향」, 『고대 한국의 국가와 제사』, 한길사, 1994.

최덕수, 「중등학교 국사교과서에 있어서 일본관계서술」, 『역사교육』 37·38, 1985.

최병택, 「해방 후 역사 교과서의 3·1운동 관련 서술 경향」, 『역사와 현실』 74, 2009.

최병택, 「국정 '국사' 교과서 서술 방향의 문제점과 '민주주의' 교육 원칙의 왜곡」, 『역사교육논집』 61, 2016.

최병헌, 「回顧와 展望(韓國史): 古代」, 『歷史學報』 84, 1979.

최성락, 「고고학에서 본 고대 한일 문화교류의 쟁점」, 『동북아역사논총』 8, 2005.

최연식, 「박정희의 '민족' 창조와 동원된 국민통합」, 『한국정치외교사논총』 28(2), 2007.

하일식, 「고교 '국사'의 발행제 변천과 전근대 서술 −권력의 의도와 교과서 서술−」, 『역사와 현실』 92, 2014.

한영우, 「조선전기의 사회계층과 사회이동에 관한 시론」, 『동양학』 8, 1978.

한철호, 「제3차 교육과정기 고등학교 『국사』 국정교과서의 한국근·현대사 서술과 그 특징」, 『역사와교육』 27, 2018.

허은, 「유신시대 학교와 학생의 일상사」, 김성보 외, 『한국현대생활문화사: 1970년대』, 창비, 2016.

허은철, 「실업계 고등학교 국사 교육과정 및 국정교과서 검토」, 『역사와 교육』 21, 2015.

허은철, 「제2차 교육과정기 고등학교 국사교과서의 발행과 서술 변화」, 『역사와 교육』 24, 2017.

황병주, 「국민교육헌장과 박정희 체제의 지배 담론」, 『역사문제연구』 15, 2005.

황병주, 「1960년대 박정희 체제의 '탈후진 근대화' 담론」, 『한국민족운동사연구』 56, 2008.

황인규, 「고려후기 조선초 강진 백련사의 고승과 사세」, 『한국사상사학』 46, 2014.

황인규, 「정체성과 역동성 공동체 정신 함양을 위한 한국사연구와 역사교육」, 『역사교육』 138, 2016.

황인규, 「제3차 교육과정 국정 고등국사의 편찬과 중세사 서술 비판」, 『역사와교육』 27, 2018.

황인규, 「제3차 교육과정 국정 『고교국사』의 편찬과 중세사 서술」, 『역사와교육』 27, 2018.

황인규, 「제3차~7차 교육과정기 국정·1종 고등국사 고려시대 불교사 서술」, 『역사교육연구』 36, 2020.

今西龍, 「百濟五方五部考」, 『百濟史研究』, 近澤書店, 1934.

井上秀雄, 「新羅の骨品制度」, 『歷史學研究』 304, 1965.

小野玄妙, 「高麗祐世僧統義天の大藏經板雕造の事蹟」, 『東洋哲學』 18編2, 明治 44년 1월.

5. 기타(인터넷, 신문)

www.kice.re.kr

국사편찬위원회 우리역사넷(http://contents.history.go.kr/)

『경향신문』

『동아일보』

『매일경제신문』